가난한 미국
부유한 중국

◇ 당신은 언제나 옳습니다. 그대의 삶을 응원합니다. – **라의눈 출판그룹**

가난한 미국 부유한 중국

초판 1쇄 | 2022년 4월 15일

지은이 | 김연규
펴낸이 | 설응도   편집주간 | 안은주
영업책임 | 민경업   디자인 | 박성진

펴낸곳 | 라의눈

출판등록 | 2014 년 1 월 13 일 (제 2019−000228 호)
주소 | 서울시 강남구 테헤란로 78 길 14−12(대치동) 동영빌딩 4층
전화 | 02−466−1283   팩스 | 02−466−1301

문의 (e−mail)
편집 | editor@eyeofra.co.kr
마케팅 | marketing@eyeofra.co.kr
경영지원 | management@eyeofra.co.kr

ISBN 979−11−92151−11−3   13320

RARE EARTH ELEMENTS

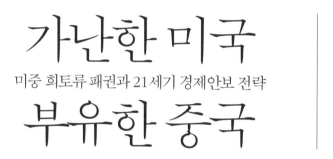

가난한 미국

미중 희토류 패권과 21세기 경제안보 전략

부유한 중국

· 김연규 지음 ·

인류의 역사에서 국가와 민족의 흥망성쇠는 역사학, 경제학, 정치학, 국제학 등 사회과학에서 언제나 관심의 중심에 있었다. 그것이 인간이 추구하는 절대가치인 '행복'의 전제조건이라 할 '경제적 풍요'라는 문제와 직결되어 있기 때문이다.

인류는 더 많은 물질적 풍요를 누리기 위한 갈등과 타협으로 일관해왔고, 대개의 국가와 민족, 그리고 그 속에 존재하는 기업과 그 속에 살아가는 개인은 풍요를 쟁취하기 위한 경쟁에 매진해왔다.

지금 세계는, 4차 산업혁명의 디지털 전환과 기후 변화 대응의 에너지 전환의 시대에 살고 있다. 또한 이것의 성공적 달성을 위해 꼭 필요한 핵심 광물 확보를 위한 신자원 전쟁과 산업화 성공을 위한 기술 전쟁(원천/응용/제조)이 치열하게 진행 중이다. 중국의 개혁 개방 정책, 미국의 경제

세계화 정책, 이에 따른 선진국의 해외투자, 중국의 세계무역기구 가입으로 중국은 서방의 해외투자를 적극 유치하여 세계의 공장 역할을 하면서 제조업과 산업 발전에 치중하는 한편 자본과 기술 그리고 경영기법 등을 이전 받아 고속 성장의 기초를 닦아 미국과 중국이 각각 소비와 생산으로 역할을 나눠 두 나라가 상호 협력적의존적 관계로 발전한다는 '차이메리카'의 신조어를 탄생하게 하였다. 세계화는 'made in world'의 글로벌 분업시스템에 의해 세계 각국이 촘촘하게 연결되어 가장 싸고 효율적인 방식으로 제품을 생산해왔다.

이제 세계의 지각판이 흔들리고 있다.

중국이 2015년 저비용의 노동집약형 산업에서 10년 내 첨단제조강국으로 도약하기 위한 '중국제조 2025'를 선포했기 때문이다. 중국의 대미 무역 흑자와 불공정 관행에 불만이 쌓일 대로 쌓인 상황에서 미국은 이를 자국의 '글로벌 기술주도권'에 대한 위협으로 인식했다. 트럼프 미국 대통령이 2017년 8월 미국대표부에 중국의 지적재산권 침해와 기술 강제 이전 요구 등 부당한 관행을 조사토록 하는 내용의 행정 명령에 서명하면서 미국과 중국의 무역전쟁 발발 조짐은 시작되었고, 2018년 3월 미국이 중국 제품에 고율 관세를 부과하면서 본격화되었다.

무역전쟁은 이후 미국의 화웨이 제재조치를 계기로 기술분야로 확산되었다. 특히, 화웨이에 대한 미국의 이번 조치는 제조업부문의 초강대국으로 발전하겠다는 중국 정부의 핵심산업 육성 프로젝트인 '중국제조 2025'를 정조준한 것이라는 분석이 많은데 미국은 중국 정부가 이 목표를 달성하기 위해 국유기업에 각종 특혜를 제공하고, 중국에 진출한 외국기업에 기술 이전 등을 강요해 불공정한 시장 경쟁으로 미국기업에 큰 피해를 입히고 있다고 주장해왔다.

이어서 미 상무부는 화웨이와 70개 계열사 등을 미 정부 허가 없이는 미국기업과 거래할 수 없는 거래 제한 기업 리스트에 올렸다. 그리고 이와 같은 방침 이후 구글이 화웨이에 대한 소프트웨어와 기술 서비스 중단을 결정했으며 인텔, 퀄컴 등 미국 반도체 회사들도 화웨이에 대한 반도체 칩 공급 중단에 나섰다.

중국은 시진핑 국가주석이 대미무역 협상의 총책인 류허 부총리를 대동하고 장시성의 희토류 생산업체를 시찰했다. 이에 중국 관영매체들은 중국이 미국과의 무역분쟁에서 희토류 공급 카드를 활용할 수 있음을 시사하는 것이라고 보도했다. 실제로 중국은 2010년 일본과의 영토분쟁 당시 일본에 희토류 수출을 금지하는 등 희토류를 정치적 무기로 사용한 바 있다.

영국 왕립 국제문제연구소인 채텀하우스도 '세계 2대 경제 대국 간의 현 분쟁은 무역관세나 맞보복 문제를 넘어선다'라며 '충돌의 근본적 동인은 글로벌 기술패권을 둘러싼 경쟁'이라고 분석했다.

미중 갈등의 본질은 미래산업 전쟁이고 또한 광물자원 전쟁이며 이제 패권전쟁의 시작 단계에 불과하다. 미국의 대중국 무역압박은 미국이 중국의 도전과 패권국가화를 저지하기 위한 일종의 예방조치 같은 성격을 띄고 있다. 설사 이 무역전쟁이 끝나더라도 미국이 남중국해 내 중국의 불법 군사기지화를 철폐하라고 요구하는 등 다른 분야에서도 새로운 전쟁이 계속될 것이다.

아마도, 중국이 미국의 패권에 도전하기를 진정으로 중단하거나 또는 도전할 만한 힘이 없는 국가로 변모할 때까지 20세기 냉전체제와 같은 진영 간 대립형태가 수십 년간 계속될 수도 있다.

중국의 희소금속, 특히 희토류의 무기화로 인한 공급망 병목현상, 코로나19 팬데믹으로 인한 특정지역의 생산 중단, 봉쇄, 수출 금지 등의 문제 발생과 기후변화로 인한 홍수, 산불, 가뭄 등으로 생산 중단 가능성 등의 갖가지 형태의 전혀 의외의 순간에 경제를 위협하는 요인으로, 글로벌 공급망(Upstream, Midstream, Downstream)에 대한 문제가 '시장논리' 대신 '경제안보'의 논리로 접근하기 시작했다.

최근 글로벌 환경은, 미국과 중국이 자국산업을 지키려 하는 '자국패권주의'가 강화되면서 '신 냉전시대'로 돌입하고 있고 이에 전 세계 각 나라들은 '내셔널리즘'과 '신 보호 무역주의'를 강화하는 분위기로 전환되고 있다. 이제 글로벌 공급망 문제는, 국가의 생존마저 위협할 만큼 중요한 이슈가 됐다.

미국의 바이든 대통령이 2021년 2월 배터리, 반도체, 희토류, 의약품 4대 업종에 대한 공급망 리스크를 지시하는 행정명령을 내렸고, 6월 공개된 미국의 '글로벌 공급망' 보고서는 '대중국 기술주권 보고서'라고 불릴 정도이다. '글로벌 공급망'에서 '미국의 제조역량이 취약하다는 단점'을 메우기 위해 인텔 등 자국 제조기업을 지원하는 한편 동맹국 첨단 제조공장의 유치에도 적극적으로 나서고 있다.

바이든 대통령이 외국 반도체 기업들을 연일 백악관으로 불러 정보 공유와 공장 신설을 독촉하는 것도 모두 패권국가로서 기술 및 자원주권을 확보하기 위한 일환이다. 기술주권은 국가경제와 국민복지를 위해 필요한 기술을 주권적 의지에 따라 스스로 조달할 수 있는 국가의 능력을 말한다. 기술주권은 핵심전략기술과 이를 뒷받침하는 제조역량이 있을 때 확보된다.

지금의 한국의 반도체와 배터리산업에 대해 전 세계가 협력하자고 손을 내밀고 있는 것은 바로 그들이 갖지 못한 전략기술과 이를 실현할 수 있는 제조역량을 우리가 가지고 있기 때문이다. 백신이라는 전략기술이 없어 불안했던 지난 시간을 떠올려보면 전략기술과 기술주권의 힘을 금방 이해할 수 있다.

'경제안보'는 국가경제의 운영과 국민의 삶을 위해 필수적인 기술과 제조역량을 갖추고, 글로벌 공급망을 안정적으로 유지할 수 있을 때 지켜진다. 즉, 전략기술이 있어야 기술주권을 가질 수 있고, 기술 및 자원주권이 있어야 경제안보가 보장된다. 기술과 자원이 단순 '시장경쟁'을 넘어 '공급망통상' '외교안보적' 역학 관계에서 핵심적 수단으로 부상하고 있어 국익 관점에서 이를 통합적으로 아우르는 기술자원 전략이 필요한 시점이다. 『가난한 미국 부유한 중국: 미중 희토류 패권과 21세기 경제안보 전략』의 출간은 여러 가지 측면에서 시의적절하다고 할 수 있다.

미국·중국 무역전쟁이 지금은 휴전 중이지만 다시 언제든지 발발할 수 있고 그때 중국이 '희토류 카드'를 사용할 수도 있다는 점을 고려해 보면서 우리나라의 대응방안을 마련하는 데에 많은 참고 내용이 기술되어 있어 더욱더 출간의 의의가 크다고 하겠다.

이 책이 다른 국내 저서나 해외 저서들과 비교해 확연히 구분되는 것은 사실 중국 정부의 희토류 정책과 산업은 외부 세계에는 아직도 잘 알려지지 않고 공개가 되지 않았는데, 중국기업에서 수년간 실무경험이 있는 연구자가 최근 중국정부의 희토류 관련 정책과 시장상황 등에 대한 자료를 직접 수집해서 중국 내부에 돌아다니고 있는 희토류 고급정보들을 재가공하여 사용하였다는 점이다. 특히, 중국의 희토류 소재와 정밀부품 등의 기업들과 산업생태계에 대해서는 거의 최초로 공개되는 정보이다.

이 책에서는 20세기 미국이 세계 석유생산, 가격, 운송, 정제산업 등의 공급망을 지배하여 패권을 유지한 것을 중국이 벤치마킹하여 희토류와 희소금속의 생산, 가격, 정제와 공급망을 지배하여 패권에 도전하려는 움직임을 잘 설명하고 있다.

이 책은 중국이 미중 무역전쟁에서 중국의 히든 카드 3가지 중 하나인 '희토류'에 대해 '왜 덩샤오핑이 중동에 석유가 있다면 중국에는 희토류가 있다'라고 했는지, '왜 희토류가 첨단산업의 비타민'이라고 불리는지를 아주 상세하게 설명하고 있다.

저자는 이 책의 저술이 시작된 동기가 '단순한 호기심'이라고 밝히고 있지만 필자의 생각으로는 '2000년대 중반부터 미국, EU, 일본, 중국 등 주요 국가 간 배터리 금속과 특히 희토류 자원의 공급 차질을 위해 국가 차원에서 대비하고 자원확보를 하기 위한 '힘겨루기'와 '무기화'가 격화되고 있었고, 급기야 미중 무역분쟁 과정에 중국이 희토류 카드를 사용할 수 있다고 언급하고 바이든 대통령이 배터리, 반도체, 희토류, 의약품 4대 업종에 대한 공급망 리스크를 지시하는 등 긴장이 고조되는 시점에 '우리나라는 어떻게 대처하고 있는가?'라는 '국제관계학, 국제정치학 교수로서, 글로벌 에너지 센터 책임자로서 연구에 대한 욕구와 사명감'으로 저술하였을 것이라 생각된다.

이 책은 궁극적으로 '어떻게 중국이 희토류 관련 산업의 세계 최강국으로 등장할 수 있었으며 근본적으로 중국이 미국을 상대로 패권경쟁을 벌일 수 있는 힘은 무엇인가?'를 연구한 조사보고서라고 필자는 생각한다.

또한 이 책의 최종 목표는 '이러한 시점에 우리나라의 생존전략은 무엇인가? 무엇을 어떻게 미리 준비해나가느냐?' 하는 정책 제안서도 될 수 있다고 말할 수 있다.

미국은 항상 대통령 당선자를 위해 미국국가정보위원회NIC가 미국 16개 정보기관과 정상급 싱크탱크들이 4년간 준비한 '미래예측보고서 – 글로벌 트렌드'를 1997년부터 대선이 있는 해에 대통령 당선자에게 보고하는 것으로 유명하다.

『가난한 미국 부유한 중국: 미중 희토류 패권과 21세기 경제안보 전략』이 대통령 당선자 보고용으로도 손색이 없는 이 분야의 명저로서 필자는 강력히 추천하고 싶다

저자는 책 말미에 '우리나라는 희소금속, 특히 배터리와 희토류의 공급망에서 가장 취약한 부분은 원자재 수급이다. 이를 해결하기 위해 장기적으로 정부와 공기업, 민간이 협력하여 위축된 국내 및 해외 자원 개발을 핵심 광물 위주로 다시 활성화하는 방안을 강구해야 한다'라고 강조하고 '핵심전략품목에 대해 '공급망 리스크'를 종합적으로 관리하기 위한 국가 차원에서 Upstream, Midstream, Downstream의 모든 단계에 이르기까지 공급망 각 부분의 리스크를 체계적으로 점검하고 장기 구매계약 지원 및

공급처를 다변화하기 위한 국제협력을 주도하는 컨트롤 타워 구축의 필요성'도 잊지 않고 언급하였다.

필자는 독자들이 이 책을 읽으면서 저자의 세계관과 가치관을 접하고 저자의 원초적인 시각과 생각을 느낄 수 있도록 가급적 상세한 책 내용을 추천사에 언급하는 것을 삼가하였다.

사실 필자는 이 책이 아주 재미있고 유익하여서 자원경쟁, 기술경쟁, 경제경쟁과 패권경쟁의 관점에서 여러 번 탐독하였는데 모든 내용들이 상세하게 잘 기술되어 있어서 관심사에 따라 다양한 학습을 할 수 있었다.

모쪼록 이 책이 우리 모두—정부와 기업, 개인, 그리고 우리 사회 모든 구성원들—에게 현재 세계의 흐름을 파악하고 미리 대비하는 유용한 길잡이가 될 수 있기를 기대하면서 필독서로 강력히 추천하는 바이다.

김중겸

한양대학교 글로벌 기후환경학과 초빙교수

기획재정부 경제발전경험 공유사업KSP 수석고문

전) 한국전력공사 사장, 현대건설 사장, 현대엔지니어링 사장

양대 강대국으로서 미국과 중국의 향후 세력경쟁의 결과를 점쳐 본다는 것은 매력적인 연구 주제가 아닐 수 없다. 실제 많은 연구자들이 경쟁적으로 다양한 시각을 제시하고 있다. 『가난한 미국 부유한 중국: 미중 희토류 패권과 21세기 경제안보 전략』은 다른 연구들과는 달리 미중 세력경쟁을 첨단산업과 그 원재료로서의 희토류와 희소금속 쟁탈전의 시각에서 살펴본다.

이 책의 제목인 '가난한 미국'과 '부유한 중국'은 새롭게 재편되는 세계 경제질서에 대한 은유적 표현이다. '가난한 미국'은 전기차 배터리, 태양광·풍력 등의 재생에너지를 비롯한 21세기 첨단산업 체계와 희토류, 리튬, 코발트, 니켈, 망간, 흑연 등 핵심광물 원자재 공급 기반이 결여된 미국의 현 상황을 나타낸다. 반면 '부유한 중국'은 해당 첨단산업과 핵심광물 원자재 공급망을 장악하고 있는 중국의 상황을 표현한다.

미국은 어쩌다 21세기 첨단산업의 제조와 원자재 기반을 결여하고 자원 빈국으로 전락하였나? 중국은 어떻게 전기차와 배터리, 재생에너지, 희토류rare earth elements, 희소금속rare metal 강국으로 등장하였나? 이 책은 오늘날 국제관계와 세계경제의 가장 뚜렷한 추세인 미국과 중국의 극적 대비 상황을 다루고 있다.

미국과 중국의 향후 세력경쟁의 결과는 '반도체, 전기차 배터리, 재생에너지 산업을 누가 지배하느냐'에 달려 있다. 정답은 정해져 있다. 희토류와 희소금속을 지배하는 국가가 미래를 지배할 것이다. 세계 경제 자본의 흐름을 읽기 위해서는 첨단산업과 그 원재료인 희토류, 리튬, 코발트, 니켈 등의 움직임을 주시해야 한다.

최근 탈석유화와 디지털 전환으로 인해 전 세계 국가들 간 희토류, 희소금속과 같은 전략광물 확보 경쟁이 치열해지고 있다. 20세기의 냉전과 미·러 강대국 대립은 전통 제조업과 그 원료인 석유와 가스를 기반으로 한 것이었다. 하지만 21세기 미중 간의 경쟁은 재생에너지, 전기차, 드론, 양자컴퓨터, 3D 프린팅, 인공지능과 로봇, 첨단무기를 대상으로 일어나고 있는 만큼 핵심 원료인 희토류와 희소금속 등을 두고 소리 없는 전쟁을 벌이고 있는 상황이다.

미국과 중국의 세력경쟁이 표면화되고 본격적인 신냉전의 길로 들어서게 된 것은 21세기 미래 산업의 원재료를 두고 중국이 미국의 제조업 기반을 정면으로 와해시킬 노선을 택했기 때문이다. 미국, 유럽, 일본의 재생에너지와 전기자동차 등 미래 핵심 산업은 중국의 희토류와 희소금속에 기반하고 있었다.

현재 시점에서는 '미국이 가난하고 중국이 부유하다'라고 말할 수밖에 없다. 2020~2030년 우리가 가장 주목해야 할 세계정세의 방향은 '미국이 계속 가난할 것인가'이다. 소위 '글로벌 공급망 재편'이라는 이름 아래 미국 바이든 정부의 첨단산업 제조 능력 따라잡기가 진행되고 있다. 반도체 산업에서 중국의 추격을 따돌리기 위해 미국 정부는 다양한 경제안보 수단들을 활용하고 있으며, 중국이 월등하게 앞서가고 있는 전기차 배터리 분야에서 미국의 행보가 더욱 두드러진다.

미국이 부유해지기 위해서는 지금부터 2025년까지가 매우 중요하다. 미국은 이미 우리나라 배터리 제조 3사와 합작으로 미국 내에 40여 개의 전기차 배터리 제조공장을 건설하기로 되어있다. 배터리 셀 제조 분야는 빠르게 중국과의 갭을 줄여나갈 수 있을 것이다.

미국이 부유해지는 데 있어 가장 큰 장애물은 희토류와 리튬, 코발트, 니켈 등 희소금속 원자재 확보이다. 우리 역시 마찬가지 상황이다. 우리나라 배터리 3사는 미국과 유럽으로의 전기차 확산과 배터리 제조업 호황을 맞아 미국과 유럽 시장 점유율을 높여 가는 전략을 구사하고 있는데, 최대 아킬레스 건은 원자재 확보이다. 현재 중국이 거의 모든 배터리 원자재를 장악하고 있다.

미국이 중국의 희토류 공급망 독점에서 벗어나 자체 희토류 공급망을 구축할 수 있을지 여부가 21세기 세계경제와 국제정치 질서를 바꿀 것이다.

미국은 1960년대 세계에서 가장 많은 희토류와 리튬을 생산했었다. 이제 미국도 자국 내 희토류 광산 개발과 가공 영구자석 제조까지 독립적 공급망 구축을 추진하고 있어 귀추가 주목된다. '하얀 석유'라고 불리는 리튬 광산도 네바다, 노스캐롤라이나, 캘리포니아 등의 지역에서 본격 개발을 앞두고 있다.

중국 희토류 전략의 최우선 목표는 중국에서 채굴된 희토류 원재료를 국내에서 화학적 가공 분리하여 최종 영구자석 부품으로 만든 후 중국산 전기차, 풍력터빈, 태양광패널, 절전형 조명 시스템에 조립하는 것이다. 두 번째 목표는 자국 내 원재료가 충분하지 않을 것을 대비해 호주, 캐나다, 아프리카, 남미, 동남아에서 전략광물을 확보해 가능하면 중국에서 분리 가공하는 것이다. 이렇게 되면 각각의 제품에 있어 희토류 공급망이 다른 국가들에 의존하지 않고 온전히 중국 국내에 남게 되는 것이다. 이를 통해 이제 중국은 서구 국가들로부터 기술 자립을 이룬 것처럼 보인다.

이 책이 다루는 1990~2020년은 주로 재생에너지와 전기자동차를 대상으로 한 것으로, 이제까지 중국 부상의 경제적 기반이 해당 기간 희토류 영구자석 응용기술 확보에 있었음을 알 수 있다. 희토류의 산업적 중요성은 더욱 증가할 것이다. 지금부터의 경쟁은 디지털로 표현되는 훨씬 더 첨단의 산업을 두고 중국, 미국, 일본, 유럽의 국가들이 경쟁할 것이며 희토류의 응용기술은 더욱 더 중요한 역할을 할 것이다. 이미 중국은 희토류를 응용한 수소저장 기술 개발에 집중 투자하고 있다.

이 책에 실린 많은 내용은 2021년 2학기 한양대학교 대학원에서 저자가 강의했던 '자원순환과 세계경제'에 기반하고 있다. 당시 강의를 수강했던 에너지공학과와 국제학대학원 석박사 대학원생들과의 교류가 저서 구상에 많은 영감을 주었으며 일부 대학원생들은 리서치에 큰 도움을 주었음을 밝힌다. 국제학대학원 박도연 학생, 에너지공학과 김정훈, 윤채원, 김주영, 이경호 학생 등에게 특히 감사의 마음을 전한다.

2022년 3월, 김연규

차례

CHAPTER 01

—

희토류,
왜 21세기 최고의
전략자원인가?

01

프롤로그

2010년의 한 장면

2010년 9월 일본 해상보안청이 센카쿠 (중국명은 댜오위다오) 인근에서 조업 중이던 중국 어선을 나포하고 선장을 체포했다. 5개의 무인도와 3개의 암초로 이루어진 센카쿠 열도는 중국, 대만, 일본 3국의 분쟁 지역으로, 일본의 일방적 나포 조치에 중국은 격렬히 항의했다. 하지만 일본은 결전의 의지를 다지며 중국의 항의와 선장 석방 요구를 무시했다.

그런데 제대로 붙을 줄 알았던 이 싸움은 싱겁게 끝났다. 중국이 보복 조치로 희토류 수출 중단을 선언했기 때문이다. 언론은 일본이 백기를 들었다고 했지만 사실상 무릎을 꿇은 것이나 진배없었다. 희토류가 도대체 뭐길래 콧대 높은 일본이 바로 꼬리를 내렸을까?

이 일로 가장 충격을 받은 것은 일본이었겠지만, 미국이나 유럽 선진국들의 충격도 그 못지않았다. 그 충격의 정도를 가늠하기 위해 '희토류'의 자리에 '석유'를, '중국'의 자리에 '사우디아라비아'를 대입해보자. 사우디아라비아가 일본에 석유 수출을 중단하겠다고 한다면, 일본은그렇게 화들짝 놀라지 않았을 것이다. '대안'이라는 것이 존재하기 때문이다. 희토류의 자리에 '옥수수, 쇠고기'를 중국의 자리에 '미국, 호주'를 대입해도 마찬가지다.

센카쿠 분쟁을 지켜본 미국과 유럽 선진국들 역시 '중국의 희토류'에 대한 대안이 없기는 마찬가지였으므로 착잡함을 넘어선 당혹감으로 이 사태를 지켜봤다. 사실 당혹감이란 말에는 어폐가 있다. 중국의 희토류 독점이 하루아침에 일어난 일이 아니기 때문이다.

희토류는 명실공히 21세기 산업의 필수품이다. 이런 필수품을 한 국가가 독점한다는 것은 어떤 경우에도 정상적이지 않다. 큰 솥에서 삶기는 개구리는 물의 온도가 서서히 올라가는 것을 체감하기 어렵다. 별일 없었으니 앞으로도 별일 없을 거라 쉽게 믿어 버린다. 문제는 이것이 시작일 뿐이라는 것이다.

2021년의 두 장면

센카쿠 사태로 중국은 자신감을 얻었다. 자신들이 예상했던 것보다 희토류의 힘이 강력하다는 것을 확인했기 때문이다. 이후, 중국은 자신의 힘을 과시라도 하듯이 걸핏하면 희토류 수출을 제한할 수 있다고 언급했다. 더군다나 미중 2강 체제로 재편된 세계

질서에서 미 · 중은 자주 충돌했고 희토류는 그 싸움의 전면에 등장했다.

2021년 2월, 영국의 경제지 파이낸셜타임즈는 중국이 희토류 17종의 생산 및 수출 통제 조치를 취하려 한다고 보도했다. 중국이 대미 희토류 수출을 중단했을 때, 미국 국방력에 어떤 악영향을 미칠지 궁금해한다는 것이다. 더 구체적으로는 록히드마틴의 5세대 스텔스 전투기 F-35를 만드는데 어떤 타격을 줄 것인지 알기를 원했다.

F-35 한 대를 만들기 위해서 417kg의 희토류가 필요하다고 한다. 참고로 이지스 구축함 알리버크급 한 척에는 2,358kg, 버지니아급 핵추진 잠수함 한 척에는 무려 4,173kg의 희토류가 필요하다. 중국 정부는 수출 금지에 미국이 어떤 대응을 할 것인지 지켜본 후에 자신들의 전략을 재설정하고자 했다.

한편 2021년 10월, 대한민국은 때아닌 요소수 파동으로 시끄러웠다. 언론에서는 전국의 디젤 자동차가 올 스톱 위기에 처했다고 떠들어댔다. 요소수는 디젤차의 배기가스 저감장치로 사용되는데, 개정된 대기환경보전법은 디젤차에 반드시 요소수를 사용해야 한다고 규정하고 있다. 요소수는 법률상 필수품이지, 차가 굴러가지 않는다는 의미에서 필수품은 아니다. 게다가 요소수는 말 그대로 석탄에서 추출하는 요소에 정제수만 섞으면 되는 간단한 공정으로 만들어진다. 특별한 원료나 대단한 기술력의 산물이 아니란 말이다.

또한 중국이 어떠한 의도를 가지고 만들어낸 사태도 아니다. 미중 무역 갈등으로 호주에서 수입하던 석탄 양이 급감하자 중국은 심각한 석탄 부족 사태에 빠졌고, 석탄으로 요소를 만들어 수출할 형편이 아니었을 뿐이다. 유탄을 제대로 맞은 건 우리다. 어쩌면 오늘의 사태는 10여 년 전 국내 업체들이 요소수 생산에서 완전히 손을 떼었을 때 예고된 것이다. 우리의 산업용 요소 중국 의존도는 97%다.

일견 황당해 보이는 요소수 사태를 겪으며 소환된 것이 다시 '희토류'다. 기술이 없어서도 아니고, 원료가 없어서 못 만드는 것도 아닌 요소수 때문에 이 정도 혼란이 벌어졌는데, 만약 중국이 고의적이든 어쩔 수 없어서든 희토류 수출을 중단한다면 어떤 일이 벌어질까? 센카쿠 사태에도 강 건너 불구경하듯이 했고, 일본의 반도체 소재 수출 규제에도 무덤덤했던 사람들이 21세기 자원 전쟁의 심각성을 드디어 피부로 느끼기 시작했다.

'희토류가 무엇이냐'라는 질문에 조리 있게 대답하지는 못해도 우리는 대충 안다. 한시도 손에서 떼지 못하는 스마트폰과 미래 운송수단인 전기 자동차, 반도체와 디스플레이, 레이저, 풍력발전 터빈, 전투기와 미사일 등 첨단 무기에 없어서는 안 될 소재라는 것을. 희토류는 특정 국가에 집중적으로 분포되어 있다는 것을. 또한 생산 과정에서 엄청난 환경 오염이 발생한다는 것을.

하지만 우리가 모르는 것이 있다. 희토류는 희소하지 않다는 것, 희토류에 대한 중국의 욕망은 70년 전에 이미 시작되었다는 것, 우리가 생각하는 것보다 희토류를 분리·가공하는 중국의 기술력은 '서구의 몰락'이라 표현할 정도로 압도적이라는 것, 그리고 중국의 희토류 장악력은 시간이 갈수록 더 커지고 있다는 것.

우리는 적어도 어떤 일이 벌어지고 있는지 알아야 한다. 그래야 자원 전쟁의 틈바구니에서 생존을 모색할 수 있고 미래를 도모할 수 있다. 앞으로 이 책을 통해 희토류가 무엇이고, 중국은 어떻게 희토류 종주국의 권좌에 올랐는지, 자원 빈국인 우리나라는 어떻게 대응해야 할지에 대해 하나하나 살펴보고자 한다.

02
도대체
희토류가 뭐길래

희토류는 희소금속이다

희토류稀土類, REE: Rare Earth Elements를 한자 그대로 해석하면 희소한 흙의 종류다. 일단은 흔하지 않다는 것이고, 복수 형태인 것으로 보아 하나의 원소가 아니라 일단의 원소들을 지칭하는 용어임을 짐작할 수 있다. 그런데 희토류를 설명하기 위해서는 반드시 희소금속에 대해 얘기해야 한다. 희토류는 희소금속의 일종이기 때문이다. 희소금속의 일종이면서 금속이 아닌 흙이란 이름을 가진 데는 분명 이유가 있을 터이다.

금속은 크게 기본금속Base Metal과 희소금속Rare Metals으로 나뉜다. 철, 구리, 니켈, 알루미늄 등등 우리에게 익숙한 금속들이 기본금속이다. 그리고 기본금속은 다시 철과 비철금속으로 나뉜다. 이런 분류 체계만 보아도 철의 위상이 대단함을 알 수 있다. 인류가 철기 시대를 맞아 도약할 수 있었던 이유는 전 세계에 널리 분포되어 있으면서 매장량 또한 풍부하기 때문이다.

그런데 기본금속과 대척점에 있는 희소금속은 개념상 모호하고 상대적이다. 언뜻 생각해봐도 나라마다 부존량이 다르고 경제 수준에 따라 수요도 다를 것이기 때문이다. 희소금속이 '희소한 금속'이라는 '수식어와 명사'의 형태가 아니라 하나의 용어로 정립된 것은 1954년 미국에서 발간된『희소금속 핸드북Rare Metals Handbook』이 시작이다. 이 책에서는 아래의 4가지 사항 중 하나의 조건만 만족시켜도 희소금속에 속한다고 정의했다.

1. 지각 내 부존량이 적은 경우
2. 부존량은 많으나, 생산하는 데 경제성이 있는 품위의 광석이 적은 경우
3. 부존량은 많으나 생산 및 추출이 어려운 경우
4. 추출한 금속의 용도가 없고, 특성이 뚜렷하지 않아 미개발로 있는 경우

위의 기준을 보면 '희소하다'는 가치 판단은 단순 부존량을 일컫는 것이 아니다. 인간의 노력에 의해 사용 가능하도록 만들어지기까지의 과정상에서의 종합적 판단이다. 뒤에서 자세히 설명하겠지만 희토류는 부존량 차원에서 희소하지 않다. 사실 은보다 흔하고 납보다 매장량이 많다는 주장도 있다. 그러니 희토류는 희소금속의 정의 중 2번과 3번에 해당한다고 할수 있다. 2번은 생산성, 3번은 기술력과 환경오염의 측면에서 본 것이다.

희토류를 이야기하면서, 희소금속의 정의에 대해 구구절절이 설명하는

이유는 간단하다. 희토류가 희소금속의 일종일 뿐만 아니라, 우리가 희토류에 대해 우려하는 것과 똑같은 문제가 희소금속에서도 발생하고 있고 앞으로 더욱 증폭될 우려가 있기 때문이다.

많은 사람들이 희토류만이 첨단산업의 비타민, 21세기의 전략자원이라고 생각한다. 사실 희토류와 희소금속은 혼용되는 경우가 많고 혼용될 수밖에 없다. 거의 같은 특징과 상황을 공유하기 때문이다.

우리가 꼭 기억해야 할 것은 희소금속 전체가 21세기에 새롭게 등장한 디지털, 통신, 재생에너지, 전기차, 첨단 무기를 생산하는 데 없어서는 안 될 자원이며 대체가 거의 불가능하다는 사실이다. 희소금속 역시 중국을 포함한 5개국이 전 세계 매장량의 80%를 독점하고 있다. 우리에게 익숙한 리튬, 크롬, 니켈, 코발트, 지르코늄, 규소, 망간, 카드뮴, 게르마늄 등이 앞에서 밝힌 4가지 기준에 부합하는 희소금속이다.

참고로 한국지질자원연구원KIGAM은 2011년부터 본격적으로 이러한 금속들을 유형별로 정의하고 표준화·통계화하는 일을 하고 있다. 연구원은 희소금속이 일본식 용어이므로 '희유금속'이란 용어로 통일할 것을 권장하고 있으나, 현재 희소금속이란 용어가 광범위하게 사용되고 있어 용어 통일은 쉽지 않아 보인다.

희소금속에 대한 내용은 다음 장에서 자세히 설명하기로 하고, 지금부터 희소금속 중에서도 최근 중요도가 부각되는 희토류의 특징에 대해 좀 더 자세히 알아보자.

원소 주기율표와 희토류

희소금속 중에서도 희토류라는 특정 카테고리를 만든 데는 분명 이유가 있을 것이다. 우리들은 고등학교 화학 시간에 멘델레예프 주기율표의 아래에 따로 있는 두 줄 중 위쪽이 희토류라고 배웠다. 맞다. 희토류는 제3족 란탄계(원소기호 57번 란탄부터 71번 루테튬까지) 원소 15개에 21번 스칸듐, 39번 이트륨을 포함한 17종을 일컫는다. 옆의 주기율 표에서 빨간색으로 표시된 원소들이다. 이 책을 다 읽게 된다면 꽤 친근해질 17가지 희토류의 이름은 다음과 같다.

원자 번호 순서대로 스칸듐Sc, 이트륨Y, 란탄La, 세륨Ce, 프라세오디뮴Pr, 네오디뮴Nd, 프로메튬Pm, 사마륨Sm, 유로퓸Eu, 가돌리늄Gd, 테르븀Tb, 디스프로슘Dy, 홀뮴Ho, 에르븀Er, 툴륨Tm, 이테르븀Yb, 루테튬Lu이다.

이들은 희소금속 중에서도 독특한 화학적, 전기적, 자성적, 발광적 성질을 공유한다. 주기율표에서 멀리 떨어져 있는 이트륨이 희토류로 분류되는 이유는 물리·화학적 성질이 유사할 뿐 아니라 같은 광물에서 채취되기 때문이다. 스칸듐의 경우는 화학적 성질이 유사한데, 란탄계 희토류보다 훨씬 희소하다는 것이 특징이다.[1] 앞에서 희토류의 희소성은 부존량이 아니라 추출, 정제, 가공 과정에서의 생산성과 환경오염 측면에서 말하는 것이라 했다. 그렇다면 금속의 가공 과정에 대해 좀 더 알아야 한다.

지구의 지각Earth's Crust은 대부분 수소와 산소로 이루어져 있고, 지각 내 가장 많이 존재하는 금속 원소는 알루미늄과 철이다. 이 4가지 원소가 지각의 약 90%를 구성하고 실리콘, 니켈, 마그네슘, 황, 칼슘 등이 나머지 중 9%를 차지한다. 그리고 주기율 표에 나온 100여 가지 원소들이 마지막

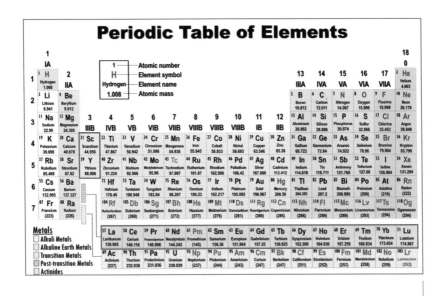

멘델레예프 주기율표 ©Wikimedia

1%를 구성한다.

지각은 암석 형태로 이루어졌는데, 이 암석은 하나 이상의 광물로 구성된다. 지각의 최소 구성단위가 광물이란 말이다. 우리가 금속을 손에 얻기 위해서는 그 광물에서 채취, 분리, 정제, 가공하는 복잡하고 지난한 과정이 필요하다. 금과 같은 귀금속은 처음부터 광물이 아니라 금속 원소로 존재하기 때문에 정제, 가공하는 과정이 비교적 간단하다. 금 원료를 높은 온도에서 녹이기만 하면 된다. 금이 녹을 때 붕산 등을 첨가해 오염 물질을 걸어 내기만 하면 순도를 높일 수도 있다.

이에 비해 구리의 채취, 가공 과정은 상당히 노동 집약적이고 복잡하다. 게다가 철은 붉은 빛이 도는 가루 형태, 즉 산화철 상태로 흙에 섞여 있어 정제하고 가공하는 과정의 어려움은 말할 것도 없다. 인류 역사에서 철기보다 청동기 시대를 먼저 맞은 것은 그나마 구리를 추출하고 가공하는 과정이 쉬웠기 때문이다.

희토류 역시 같은 맥락에서 생각할 수 있다. 희토류라는 이름 때문에 매우 드문 금속이라는 오해를 불러일으키곤 하지만, 희토류는 대체로 지표에 풍부하게 분포한다. 오해를 확실하게 풀기 위해 우리가 매우 잘 알고 있는 금속들의 부존량과 비교해서 살펴보자.

대표적 희토류인 세륨의 지각 분포는 60ppm으로 10ppm인 납보다 6배 흔하다. 이름에 걸맞게 희소한 희토류인 루테튬이 0.5ppm인데, 금은 그보다 200배 희소한 0.003ppm이다.[2] 또한 이트륨은 리튬만큼 풍부하고, 세륨은 아연만큼 풍부하고, 네오디뮴과 란탄은 구리만큼 풍부하다. 귀하다는 디스프로슘조차 금보다 2배 풍부하다.

희토류의 매장량은 현재 글로벌 연간 생산량의 798배다. 즉 가채연수가 700년 정도 된다는 말이다. 석유의 가채연수가 40년이란 점을 감안하면 상대적으로 매우 풍족한 편이다. 물론 수요 급증과 특정 국가 편중 현상은 별개로 하고서다. 최근 강원도 양양에서 대규모 희토류 광맥이 발견되었고, 국내에서 50년간 자급이 가능한 양이라는 보도도 있었다.

그렇다면 희토류가 희토류 광맥에서 발견된다는 것은 어떤 의미일까? 철 광맥, 구리 광맥처럼 희토류 광맥이라는 게 따로 존재하는 것이 아니다. 가장 흔한 철광맥이나 탄산염, 인산염 광맥에서도 희토류가 나온다. 또한 희토류가 발견되었다면 대개는 하나가 아니라 여러 가지 희토류들이 동시에 존재한다고 생각해야 한다.

출처: Brian Daigle and Samantha DeCarlo, "Rare Earths and the U.S. Electronics Sector: Supply Chain Developments and Trends," US International Trade Commission (USITC), Office of Industries Working Paper ID-075 June 2021, p. 5.

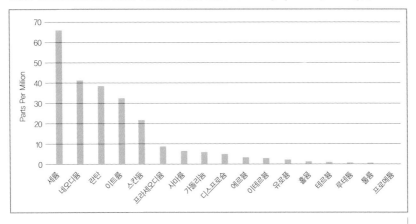

희토류 지각 분포량

희토류 17종은 물리, 화학적 성질이 매우 유사하다 보니, 장고의 세월과 지질 변화에도 불구하고 광맥 안에 함께 존재한다. 게다가 같은 성분끼리 뭉쳐 있는 다른 금속들과 달리, 마치 흙을 흩뿌려 놓은 듯이 점점이 흩어져 있다. 여기서 왜 희토류를 금속이 아닌 흙土이라고 부르는지, 왜 개별 이름이 아닌 류類라고 퉁치는지 의문이 해결된다. 아울러 희토류를 채취, 정제하는 과정이 왜 힘든지도 알 수 있다.

쉽게 비유하자면, 밀가루 반죽에 콩과 옥수수 알갱이가 박혀 있다면 분리하기 쉽지만, 밀가루 반죽에 콩가루, 옥수수가루가 섞여 있다면 분리하기 어려운 것과 같은 이치다. 사실상 모든 문제는 여기서부터 시작한다고 해도 과언이 아니다.

희토류가 지각에 풍부하게 존재한다는 것은 단순한 평균 농축도와 질량

값만을 반영한 것이다. 실제 채굴 과정에서는 이것과 전혀 상관없는 상황이 벌어진다. 덩어리 상태로 채굴되는 금, 구리와 달리, 희토류는 도대체 어느 단계부터 희토류라고 불러야 할지조차 좀 모호하다. 그만큼 채굴과 정제, 가공 과정이 어렵다.

희토류의 별명들

각 국가별로 희토류를 지칭하는 키워드들이 있다. 이를 통해 희토류의 기능과 중요성에 대한 이해뿐 아니라 해당 국가가 희토류를 바라보는 관점까지 가늠할 수 있다.

- 첨단산업의 비타민 – 미국
- 스파이스spice 메탈 – 독일
- 산업의 MSG – 중국
- 근대산업의 피는 석유, 육체는 철, 비타민은 희토류 – 일본

중국의 경우, 희토류를 MSG라 칭한 것을 보면 MSG에 대한 이미지가 우리와는 좀 다른 모양이다. 아무튼 모두 소량으로 대체 불가능한 역할을 한다는 의미를 담고 있다. 필자 개인적으로는 일본의 정의가 원래의 의미를 가장 잘 전달하고 있다고 본다.

희토류가 중요한 이유는 간단하다. 현재와 미래의 산업에 필수불가결하기 때문이다. 청동기 시대엔 구리가 중요했고, 철기 시대엔 철이 중요했고, 산업혁명 이후엔 석유가 중요했던 것과 다르지 않다. 희토류는 이미

일상생활의 일부가 되었다.

예를 들어, 우리가 한시도 손에서 떼어놓지 못하는 스마트폰 하나엔 희토류 17종 가운데 8종이 들어간다. 스마트폰의 선명한 색상을 가능케 하는 것은 테르븀과 디스프로슘, 회로와 스피커, 진동 기능을 위해서는 디스프로슘과 네오디뮴이 필요하다. 물론 이것은 현재까지의 상황이다. 앞으로 또 어떤 희토류가 어떻게 스마트폰을 업그레이드할지 모른다.

우리는 4차 혁명 시대의 첨단 기술이란 이름 아래, 희토류 덕분에 삶이 풍족해지고, 희토류 덕분에 환경의 지속가능성이 커지는 상황 속에 살고 있다. 재생에너지, 전기차, 디지털 산업, 첨단 무기 분야는 희토류 없이 존립할 수 없다. 희토류에 21세기 첨단산업과 국가 안보의 운명이 걸려 있는 셈이다.

특히 최근엔 희토류의 산업적 응용과 활용도가 급속히 증가하면서 새로운 자원 쟁탈전이 벌어지고 있다. 자원이 문제가 되는 것은 희소성과 편재성 때문이다. 희토류는 치열한 글로벌 자원 전쟁, 그 중심에 서 있다. 지금부터 산업혁명 이후 인류가 벌여온 자원전쟁의 양상이 어떻게 흘러왔는지 살펴보고, 그 연장선상에서 희토류가 갖는 의미를 파악해 보고자 한다. 희토류는 21세기에 갑자기 돌출된 존재가 아니다. 모든 일이 그렇듯 맥락이 존재한다.

03
지난 200년간의
자원 전쟁

19세기 영국·독일의 아프리카 쟁탈전

인류는 오랜 기간 바람, 태양과 같은 자연 에너지에 의존해 살아 왔다. 18세기에 들어서야 최초로 증기 기관을 사용해 기관차를 구동할 만큼의 강력한 기계적 에너지를 만들어냈다. 석탄을 이용한 증기기관은 1차 산업혁명을 주도했다. 세계 최대 석탄 생산국이었던 영국은 풍부한 자원과 증기기관 기술을 이용해 산업뿐 아니라 군사적으로도 세계 최강대국에 올랐다.

19세기 국제 질서의 가장 큰 특징은 영국과 독일의 패권 경쟁이다. 재미있는 사실은 당시 영국은 현재의 미국과 유사하고, 당시 독일은 현재의 중국과 유사하다는 점이다. 영국은 시장경제에 기반해 산업혁명을 주도하였으며 기술적으로 우월했다. 반면 독일은 후발 산업국으로서 정부 주도의 산업화 전략을 펼쳤다. 금융기관들에 영향력을 행사해 자국 산업을 보호, 육성하였으며, 영국의 산업화와 기술을 추격하고 모방했다.

19세기 말로 오면서 자유무역을 표방하던 영국의 제조업 경쟁력이 약화되고 독일의 제조업 기술이 약진하면서, 무역과 관세 전쟁이란 형태로 본격적인 영국-독일 간의 패권 경쟁이 시작되었다.[3]

두 강대국의 경쟁은 에너지, 자원, 광물, 식량의 확보를 위해 당시 최고의 신흥 시장이자 자원 공급지인 아프리카로 옮겨갔다. 영국의 이코노미스트지는 당시 이러한 강대국들의 움직임을 '아프리카 쟁탈전scramble for Africa'이라 칭했다.[4] 이는 매우 의미심장한 지점이다. 21세기 희토류를 향한 글로벌 자원 전쟁에서도 똑같이 아프리카가 중요한 키워드로 등장하기 때문이다.

20세기 미국의 석유 패권

20세기에 들어와 자동차의 가솔린 엔진으로 대표되는 2차 산업 혁명이 일어났다. 이는 석유를 주인공으로 하는 에너지 전환이기도 했다. 20세기 미국 주도의 세계 경제에서 자동차 산업의 역할은 지대했다. 자동차는 도시를 만들었고, 이동의 개념을 바꿔놓았다.

원재료와 소재라는 측면에서, 자동차 연료로서의 석유는 원유를 정제해서 나오는 수많은 화학제품 중 하나에 불과하다. 원유라는 원재료가 중동 등지에서 채굴된 다음, 대규모 석유화학 시설을 갖춘 나라로 옮겨져 석유화학 공정을 거치면, 다양한 제조업의 소재와 부품이 탄생한다. 이렇게 원유 정제 과정에서 나오는 화학 제품은 20세기 제조업의 다양한 소재가 되었고, 여러 국가들이 글로벌 석유화학 밸류체인에 분업 형태로 참여해 공급망supply chain을 구축했다. 우리나라 역시 오랫동안 중간 소재인 석유화학 제품 수출의 강자로 군림해 왔다.

중동, 아프리카 등 원재료 채굴에 특화한 국가들은 오랫동안 상위 밸류체인인 석유화학 공정 시설을 갖추지 못한 채, 저부가가치의 원재료 수출에만 매달렸다. 산유국들은 원재료 확보를 위한 강대국들의 치열한 각축장이 되었고, 석유는 수많은 분쟁과 전쟁의 원인이 되기도 했다.

미국의 동맹 관계와 세계 군사 배치의 이면에는 석유 자원 확보와 운송로 보호라는 전략이 숨어 있었다.[5] 미국은 원유의 주생산지인 중동지역을 정치적으로 장악하고, 원유를 정제하여 소재화하는 기술과 공급망을 지배했으며, 석유를 원료로 하는 자동차산업과 부품산업을 장악했다.

21세기의 석유, 희소금속과 희토류

20세기를 관통하는 키워드이자 최대의 모티브는 '석유'였다. 모든 정치적 제스처와 경제활동의 이면에 석유가 있었다고 해도 과언이 아니다. 석유는 인류가 한 번도 경험해보지 못한 풍요로움을 선물했지만 동시에 갈등과 수탈, 패권과 전쟁을 유발했다. 두 차례의 세계 대전과 오일 쇼크를 통해 인류는 자원이 무기가 되는 세상을 맞이했다.

1970년대의 석유 위기는 각 나라에게 에너지 자립이 얼마나 중요한지를 각인시켰다. 미국도 예외가 아니었다. 미국은 40여 년의 준비 끝에 마침내 중동의 석유로부터 자유로워졌다. 2010년대 들어와 셰일 혁명을 통해 에너지 독립을 이룬 것이다. 그런데 기쁨은 잠시뿐이었다.

세상은 어느새 화석연료 중심에서 벗어나 4차 산업혁명에 진입해 있었기 때문이다. 20세기의 문법으로는 21세기의 경제 구조와 산업 형태를 읽어낼 수 없다. 기술적으로는 디지털 전환, 운송수단 측면에서는 전기자동차와 드론, 에너지 측면에서는 재생에너지, 도시적 측면에서는 스마트시티 등이 4차 산업혁명의 키워드다.

21세기 자원 전쟁에서 우리가 주목해야 할 것을 세 단계로 나눠보자.

첫째, 21세기의 첨단 제조업은 어떤 원재료와 소재 부품을 사용할 것인가?

둘째, 이러한 원재료들이 밸류체인상 어떤 국가에서 채취되고, 어떤 국가에서 중간 공정을 거칠 것인가?

셋째, 중간 공정을 거친 원재료들이 어떤 국가에서 4차 산업의 최종 제품이 되기 위한 부품으로 만들어질 것인가?

개략적으로 말해 앞으로는 석유와 석유화학 공정 대신에 희토류를 포함한 희소금속이 원재료가 되어 다양한 밸류체인을 거쳐 첨단 제조업과 4차 산업의 최종 제품으로 태어날 가능성이 매우 크다.[6]

21세기의 초입에서 인류는 뜻하지 않은 복병 코로나19를 만났다. 문제는 인류를 괴롭히고 있는 이 특별한 바이러스가 에너지 전환을 가속화하고 있다는 것이다. 코로나19로 인해 석유와 가스의 시대는 예상보다 빨리 저물고, 희토류와 희소금속의 시대는 성큼 앞으로 다가왔다. 화석연료의 시대가 가고 재생에너지의 시대가 도래하면 에너지를 둘러싼 지정학적 충돌이 사라질 것이라는 환상은 이미 깨진 상태다.

재생에너지와 디지털 시대는 보다 많은 종류의 희토류와 희귀금속을 필요로 하기 때문이고, 이러한 광물은 석유보다 더욱더 특정 국가와 지역에 편재되어 있기 때문이다. 더 큰 문제는 석유의 정제, 가공과는 비교도 되지 않을 정도로 복잡하고 정교한 희소금속 정제, 가공 기술을 특정 국가가 독점하다시피 한 것이다.

21세기 자원을 향한 지정학적 충돌은 이미 시작되었다. 미중 무역 분쟁으로 주요 광물의 공급망이 새롭게 재편되는 중에 구리, 코발트, 콜탄 등 디지털 경제 구축에 필수적인 원료들을 두고 미국과 중국의 치열한 경쟁이 가속화될 전망이다.[7]

유한한 자원을 두고 세계가 무한 경쟁을 벌인다는 것이 별스러운 일은 아니다. 50년 전에 이미 이런 사태를 정확히 예고한 사람이 있었다. 1968년 스탠포드대학의 경제지질학자 찰스 박Charles Park 교수는 그의 저서 『Affluence in Jeopardy(위험에 처한 풍요)』에서 '선진국들의 경제적 풍요는 해외 개도국들로부터의 자원 수입에 의존하고 있는데, 이러한 개도국들에서 채굴된 자원과 광물의 안정적 공급이 선진국 경제 풍요의 생사를 결정한다'라고 지적한 바 있다. 선진국들이 자원 수입과 국내 자원 개발을 동시에 유지하지 않으면 경제적 위기가 올 수 있음을 경고한 것이다.[8]

4차 산업혁명과 희토류 5형제

21세기 첨단산업에 있어서 희토류 의존은 갈수록 심화될 것이다. 어떤 기기가 소형화, 경량화, 고기능화, 친환경화되었다면 희토류가 관련되었다고 보면 된다. 쉽게 말해 스마트폰의 화질이 더 좋아졌다면 그만큼 희토류가 더 사용된 것이다.

내연기관 차보다 전기차엔 몇 배 많은 희토류가 들어가고, 기존 전력 시스템보다 재생 에너지 시스템엔 그보다 더 많은 희토류가 들어간다. 전투기와 미사일이 개량되었다면, 그만큼 많은 희토류가 사용되었다고 생각해도 무방하다. 즉 '디지털 전환'과 '그린 에너지 전환'을 희토류와 희소금속에 대한 수요 급증으로 읽어도 된다.

17개의 희토류 소재 가운데 우리가 특히 주목해야 할 것은 다섯 가지, 즉 네오디뮴, 디스프로슘, 유로퓸, 테르븀, 에르븀이다.

희토류 응용 산업 가운데 가장 혁명적인 것은 영구자석 소재인데, 이것이 전기차와 풍력 터빈의 핵심 부품이다. 1980년대 일본은 희토류를 이용해 영구자석을 만드는 데 성공했다. 희토류 합금 자석은 기존 자석보다 2배 이상 강력하면서도 작고 가벼웠다. 이는 오디오, 전기 모터, 이어폰, 휴대폰 등 가전기기에 일대 혁신을 일으켰다.

따라서 향후 폭발적으로 늘어날 전기차와 풍력 터빈은 영구자석 부품의 원활한 공급에 성패가 달려 있다. 다시 말해 그 원료인 네오디뮴과 디스프로슘이 공급되지 않으면 끔찍한 결과가 발생한다는 뜻이기도 하다.

특히 디스프로슘Disprosium, Dy은 네오디뮴Neodymium, Nd 자석의 성능을 향상시키는 데 사용된다. 전기차와 풍력 터빈에 들어가는 영구자석이 고온에 견딜 수 있게 해주는 것이 디스프로슘이다. 네오디뮴은 그나마 공급이 따라주지만, 디스프로슘은 필수불가결한 반면 공급 부족이 예상되어 각 국가들이 핵심 금속으로 특별 관리하고 있다.

많은 전문가들이 산업적 중요도와 공급 부족 위험도 모두 가장 큰 희토류로 디스프로슘을 꼽는다. 영구자석의 사용 온도가 높을수록 디스프로슘이 많이 필요하기 때문이다. 디스프로슘 가격은 네오디뮴의 10배에 달해, 각 국가는 가능한 한 사용을 안 하는 방법을 찾고 있으나 전기 모터의 효율을 위해서는 불가피하다.

최근 기존 자동차 회사들뿐 아니라 인공지능 회사들까지 전기자동차 생산에 뛰어들고 있다. 향후 전기자동차를 구입하겠다는 소비자도 늘어나고 있다. 각국 정부는 전기자동차에 대한 지원책을 앞다퉈 내고 있다. 전기자동차 한 대당 대략 100그램의 디스프로슘이 사용된다고 한다. 전기자동차와 풍력 발전의 확대에 따라 디스프로슘 공급 부족과 가격 상승은 심각한 문제로 대두될 것이다.

미래 에너지와 관계 있는 대표적 희토류는 테르븀Terbium, Tb이다. 미래 에너지에서 효율적 조명의 역할은 매우 크다. LEDLight Emitting Diode는 전기 에너지를 빛 에너지로 전환함에 있어 엄청난 효율을 자랑한다. 최대 90%까지 에너지를 절약할 수 있어, 에너지 효율이 5%밖에 되지 않는 백열등, 형광등을 대체할 수 있는 차세대 에너지원으로 각광받고 있다.

물질이 에너지를 흡수하여 빛을 방출하는 기제를 발광luminescence이라고 한다. 일반 발광물질은 산화물에 들어가면 화학적 성질이 바뀌어 시간이 지날수록 빛을 잃는다. 그런데 희토류는 독특한 전자 궤도 덕분에, 다른 물질에 녹거나 결정에 들어가도 자신의 성질을 유지한다. 즉 디스플레이 액정에서 원래의 선명함을 오래 유지한다.

희토류 중 테르븀이 발광 소재로 사용되고 있고, 유로퓸Europium도 비슷한 기능을 갖고 있다. 유로퓸은 고가이지만 생산량은 비교적 여유가 있는 편이다. 반면 테르븀은 희토류 중에서도 부존량이 매우 적어 공급 부족이 우려되므로, 녹색 경제 성장을 위협하는 요소로 지적된다.

미래 디지털 산업을 대표하는 것이 광통신이다. 광통신은 빛을 이용해 정보를 주고받는 통신 방식을 말한다. 다른 모든 통신 채널과 마찬가지로 광섬유 역시 전송거리가 길어질수록 신호의 세기가 약해진다. 구리선의 경우 수 킬로미터마다 신호를 다시 생성해 주어야 하지만, 광섬유는 약 100km마다 다시 생성해 주는 것으로 충분하다. 이것은 초기 광통신의 최대 장점이었다. 그러나 100km마다 달려 있는 전기적 증폭기는 비용과 속도 측면에서 장애물로 작용했다. 이러한 문제를 해결한 것이 '광증폭기'다.

이전에는 감소된 광신호를 전기적인 신호로 바꾼 뒤에 증폭시키고, 이를 다시 광신호로 바꿔주는 복잡한 과정을 거쳐야 했다. 그런데 광증폭기를 설치하면 빛의 상태에서 그대로 증폭시킬 수 있어 번거로운 과정이 일거에 해결된다. 현재 가장 널리 이용되고 있는 것은 희토류 에르븀Erbium이 첨가된 광섬유증폭기EDFA다.

지금부터 희토류와 가장 직접적으로 관련된 세 분야를 보다 상세하게 살펴보면서 희토류의 의미와 가치에 대해 생각해 보고자 한다. 세 분야는 전기자동차, 풍력 터빈, 첨단 무기다.

04

전기차, 재생에너지, 첨단 무기의 공통점

전기차와 희토류

하이브리드 자동차인 토요타의 프리우스 한 대에는 약 13kg의 희토류가 들어간다. 결코 적은 양이 아니다. 일반적으로 전기차와 하이브리드 차량에는 디스프로슘, 네오디뮴, 테르븀, 란탄 등의 희토류가 들어간다. 그런데 가끔 전기차에만 희토류가 사용된다고 오해하는 분들이 있다. 희토류는 전기차뿐만 아니라 일반 내연기관 차량의 주요 기능을 향상시킨다. 다음은 자동차 부품에 사용되는 희토류 현황이다.

- **유로퓸, 이트륨, 세륨**: 대시보드 LCD 화면
- **세륨**: 자외선 차단 유리 및 거울

출처: Danica Cullinane, "Rare earth stocks on the ASX: The Ultimate Guide," September 11, 2019 (https://smallcaps.com. au/rare-earth-stocks-asx-ultimate-guide/)

전기차에 필요한 희토류

- **란탄**: 배기가스 정화장치catalytic converters, 하이브리드 모델 연료 정제
- **네오디뮴**: 헤드라이트 유리, 전기모터용 소형 영구자석(한 대당 약 40개)
- **이트륨**: 다양한 부품 센서

전기차 관련해 가장 중요한 희토류는 단연 영구자석에 들어가는 네오디뮴이다. 앞에서 말했듯이 전기차 한 대에 약 13kg의 희토류가 소요되는데 그중 영구자석에 사용되는 것이 약 2kg이다.[9] 생산되는 희토류의 약 70%가 유리, 합금, 정유화학 산업에 사용되고, 나머지 약 30%가 영구자석 제

조에 사용된다.

전기차를 구동하는 전기를 만들어내는 것이 영구자석이다. 전기 견인 모터electric traction motors에 있는 2개의 영구자석이 서로 밀쳐내는 힘으로 전기를 얻는 것이다. 테슬라가 전기차 초기 모델을 만들었을 때는 영구자석이 아닌 인덕션 모터를 사용했다. 르노 전기차 역시 영구자석을 사용하지 않는 전기모터wound rotor motors를 사용했다. 하지만 효율이란 측면에서 영구자석을 따라오지 못한다. 현재 영구자석을 사용하는 전기모터가 92~93%에 달하며, 2019년 이후 테슬라 모델3도 영구자석을 사용한다.[10]

일반적으로 자석의 강도는 보자력coercivity과 자속 밀도flux density로 측정된다. 영구자석에는 네 가지 유형이 있는데, 이중 네오디뮴으로 만든 자석이 보자력이 가장 높고 자속 밀도도 좋아 고출력 전기차에 적합하다.[11] 네오디뮴 자석은 일반 자석에 비해 12배 강력한 것으로 알려져 있다.

이렇게나 강력한 네오디뮴 자석이지만 치명적 단점을 갖고 있다. 바로 작동 온도가 낮다는 문제로, 고온(60~80℃)의 전기 엔진에서 자성를 잃는다는 의미다. 이 문제를 해결하기 위해, 또 다른 희토류인 디스프로슘(또는 드물지만 테르븀)을 첨가해 작동 온도를 160℃ 이상으로 높일 수 있다. 또한 네오디뮴에 디스프로슘과 프라세오디뮴을 합금하면 자석의 보자력도 증가시킬 수 있다. 따라서 전기차용 네오디뮴 자석은 네오디뮴 24%, 디스프로슘 7.5%, 프라세오디뮴 6%로 구성되는 경향이 있다.[12]

• 전기차에 필요한 희토류는 충분한가?

국제에너지기구IEA에 따르면, 전기차는 2017년 310만 대에서 2030년

1억 2500만 대로 증가할 것이다. 완전한 전기차에는 1~2kg의 영구자석이 필요하고 하이브리드 차량의 경우 0.42kg이 필요하다는 점을 감안할 때, 앞으로 10년 동안 희토류 수요는 급증할 수밖에 없다. 2017년 전기차에 사용된 디스프로슘의 양은 약 180~360톤이었다.

IEA의 예측대로라면, 전기차에 필요한 디스프로슘은 2030년까지 6,000~13,000톤에 달한다. 네오디뮴은 2017년 582~1,162톤에서 2030년까지 20,000~40,000톤으로 증가할 것이다. 프라시오디뮴은 2017년 150~300톤에서 2030년까지 5,000~10,000톤으로 급증이 예상된다.

물론 이러한 수치는 희토류를 사용하지 않아도 될 대체기술이 개발되면 줄어들 수도 있다. 그럼에도 불구하고, 전기차가 대세가 되면서 희토류 수요는 놀라운 성장을 보일 것이 불을 보듯 뻔하다. 그리고 수요 급증은 가격 급등으로 이어질 우려가 있다.

영구자석 제조에서의 중요성으로 볼 때, 네오디뮴의 가격 급등이 가장 가시적 문제로 대두된다. 글로벌 희토류 공급 위기가 닥쳤던 2010년 네오디뮴은 최고 270$/kg(이하 이 책에 등장하는 달러 단위는 USD를 의미한다), 디스프로슘은 1,600$/kg, 프라세오디뮴은 225$/kg에 달했다.

공급 위기 상태에서 벗어난 2011년과 2015년 사이, 네오디뮴은 48$/kg, 디스프로슘은 278$/kg, 프라세오디뮴은 75$/kg으로 하락했다. 이후 디스프로슘과 네오디뮴 가격은 다시 각각 172$/kg과 62$/kg으로 조정되었다. 아직까지는 가격대가 저렴한 편이라, 희토류 부문의 주식 투자는 고위험 저수익으로 간주된다. 그러나 네오디뮴 등의 신규 개발 투자는 다소 어렵기 때문에, 전기차 부문이 꾸준히 성장하고 중국의 감산이나 수출 규제가

이어지면 중장기적으로 가격이 인상될 것으로 예상된다.[13]

• 희토류를 쓰지 않는 전기차, 가능한가?

희토류를 쓰지 않는 전기차는 지금 당장은 가능하지 않다. 질문을 바꿔서 '디스프로슘을 사용하지 않는 전기차는 가능한가?'라고 묻는다면 답은 '지금도 가능하다'이다. 2018년 초 토요타 자동차는 네오디뮴 사용량을 줄인 새로운 내열 자석을 개발했다고 발표했다.

네오디뮴이 적게 들어가므로, 네오디뮴을 고온에서 견디게 하기 위해 합금되는 디스프로슘이나 테르븀을 사용하지도 않는다. 네오디뮴을 비교적 풍부한 희토류인 란탄과 세륨으로 대체한 것이다. 란탄과 세륨은 현재 과잉 생산되는 측면이 있어, 상대적으로 저렴하고 쉽게 구할 수 있다. 이러한 대체 물질 개발이 이어진다면 2020년대 전반기에는 영구자석 관련 신기술이 등장하고, 2030년이 되면 고성능 차량 구동 모터가 탄생할 것으로 예상된다.

풍력발전과 희토류

풍력 발전은 친환경 미래 에너지의 대표주자다. 우리가 흔히 보는 풍력 터빈은 바람개비 모양을 하고 있다. 메인 샤프트에 하나의 로터rotor(회전 날개)가 달려 있고, 그 주변에 블레이드 2~3개 붙어 있는 형태다. 바람의 힘으로 프로펠러가 회전함으로써 샤프트가 회전하고 그 힘으로 전기가 생성된다.

기존의 풍력 터빈은 블레이드를 발전기에 연결하기 위해 기어박스를 사

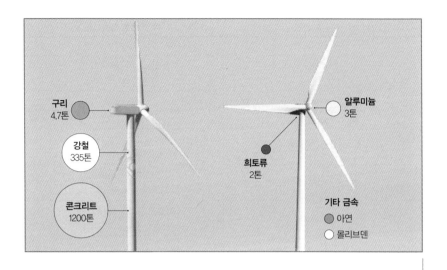

기어 구동식 터빈과 직접 구동식 터빈 비교

구리
4.7톤

강철
335톤

콘크리트
1200톤

알루미늄
3톤

희토류
2톤

기타 금속
● 아연
○ 몰리브덴

용한다. 이런 방법으로 낮거나 중간 정도의 풍속에서도 블레이드 회전 속도를 높여 전기를 생성할 수 있다. 그림에서 보듯이 이러한 기어식 터빈은 상당한 양의 구리를 필요로 한다. 2009년에 설치된 전체 풍력 터빈 용량의 85%가 코일 구동 발전기를 사용하는 기어식 모델이었다.[14]

그런데 2005년 영구 자석을 이용한 직접 구동식(다이렉트 드라이브) 터빈이 등장했다. 기어박스를 사용하지 않으므로 일단 제조 단가가 낮아졌고, 더 가볍고 작아졌으며, 더 안정적이고 유지관리 비용 또한 저렴하다. 게다가 약한 바람에서도 더 많은 전기를 만들어낸다.

2018년 유럽의 해상 풍력 터빈 중에 영구자석을 사용하는 직접 구동식이 76%에 달했다.[15] 이 기술은 특히 낮은 유지보수 비용이 필수적인 해상 풍력 터빈 제작에 적용되어, 향후 몇 년간 가장 많이 사용될 것으로 예상

금속	메가와트당 킬로그램
알루미늄	N/A
붕소 (Boron, B)	0.8 중고속 스피드 터빈 7.0 저속 스피드 터빈
크롬 (Chromium, Cr)	789 - 902
구리 (Copper, Cu)	1,140 - 3,000
디스프로슘 (Dysprosium, Dy)	2.8 중고속 스피드 터빈 25.0 저속 스피드 터빈
철 (Iron in magnet)	52 중고속 스피드 터빈 455 저속 스피드 터빈
주철 (Iron, cast)	20,000 중고속 스피드 터빈 23,900 저속 스피드 터빈
납 (Lead, Pb)	N/A
망간 (Manganese, Mn)	32.5 중고속 스피드 터빈 80.5 저속 스피드 터빈
몰리브덴 (Molybdenum, Mo)	116 중고속 스피드 터빈 136 저속 스피드 터빈
네오디뮴 (Neodymium, Nd)	0 중고속 스피드 터빈 186 저속 스피드 터빈
니켈 (Nickel, Ni)	557 중고속 스피드 터빈 663 저속 스피드 터빈
프라세오디뮴 (Praseodymium, Pr)	4 중고속 스피드 터빈 35 저속 스피드 터빈
강철 (Steel)	103,000 중고속 스피드 터빈 115,000 저속 스피드 터빈
테르븀 (Terbium, Tb)	0.8 중고속 스피드 터빈 7.0 저속 스피드 터빈
아연 (Zinc, Zn)	5,150 중고속 스피드 터빈 5,750 저속 스피드 터빈

풍력 터빈 제조에 필요한 희토류와 희소금속

된다. 유럽이나 해상 풍력에 국한하지 않고, 전 세계로 확대해보면 어떤 결과가 나올까? 2018년 기준으로 전 세계 풍력 터빈 중 약 1/3이 희토류 기반의 영구자석을 포함하고 있으며, 15년 안에 이 비중이 2/3까지 늘어날 것으로 전망된다.

한편에서는 풍력용 영구자석 발전기의 희토류 함량을 줄이기 위한 노력이 계속되고 있으며, 일부 진전이 있었다. 이런 노력은 당연히 희토류의 공급 불안정과 가격 급등 때문이다. 풍력 터빈 상위 5개사에 속하는 스페인의 지멘스 가메사Siemens Gamesa Renewable Energy와 중국의 골드윈드Goldwind는 영구자석 제품의 디스프로슘 함량을 1% 미만으로 줄이는 데 성공했다.

여기서 더 나아가, 그린스퍼GreenSpur Renewables는 희토류를 포함하지 않는 페라이트Ferrite 기반 영구자석 발전기를 개발 중이다. 수년간 기술적 테스트를 거쳤고, 현재 상용화를 위한 첫 단계 연구가 진행되고 있다. 현재 이 새로운 발전기는 최대 12MW(메가와트) 시험에 성공했으며, 2022년까지 20MW 발전기에 대한 결과가 나올 예정이다.

첨단무기와 희토류

희토류는 첨단 무기 체계에도 두루 활용된다. 이는 산업 분야에서 강조되는 희토류의 가치와는 차원이 다른 문제를 야기한다. 미중 무역전쟁에서 중국이 희토류 수출 제한 카드를 쓴다면, '희토류를 무기화한다'라는 것이 비유가 아닌 현실이 될 것이다. 블룸버그 통신은 희토류 공급 위기로 타격을 받을 미국 무기 체계는 유도 미사일, 전투기, 장갑차, 야간 투시경, 레이저 표적화 장치 등이라 전했다. 거의 전방위 타격을 받는 셈이다.

미국의회조사국CRS의 보고서에 따르면, 미국 록히드마틴이 생산하는 최첨단 전투기 F-35 라이트닝2에는 약 920파운드(417kg)의 희토류가 들어간다. 미사일 구축함 DDG-51 Aegis-class Navy destroyer에는 5,200파운드(2,359kg), SSN 버지니아급 잠수함에는 무려 9,200파운드(4,173kg)의 희토류가 필요하다. 그 이름도 유명한 토마호크 순항 미사일, 무장 드론 프레데터에도 희토류가 필수적이다.

희토류가 사용되는 국방 분야는 다음의 5가지로 요약된다.[16]

- 미사일 유도 및 제어 시스템에서 미사일 방향을 컨트롤하는 핀 액추에이터fin actuator
- 항공기, 탱크, 미사일 시스템에 장착된 디스크 드라이브 모터
- 지뢰 및 수중 지뢰 탐지용 레이저
- 잠수함 및 전투함의 위성 통신 장치, 레이더 및 소나sonar
- 광학 장비 및 스피커

희토류가 가장 광범위하게 사용되는 무기 체계는 미사일이다. 정밀 유도탄Precision Guided Missiles, PGM에는 디스프로슘, 네오디뮴, 프라세오디뮴, 사마륨 및 테르븀이 사용된다. 전략 핵무기뿐 아니라 순항 미사일, 대함 미사일ASM 및 지대공 미사일SAM, 벙커 버스터에도 필수적이다.

열 추적 미사일 AIM-9 사이드와인더Sidewinder는 비행 물체의 궤적을 따라가며 추적하는데, 이는 희토류 자석 때문에 가능한 기능이다. 세계 최장거리 미사일로 알려진 AIM-120 암람AMRAAM 공대공 미사일은 사마륨-

코발트 액추에이터에 의해 유도된다.

스팅어 휴대용 지대공 미사일은 팁에 열 센서가 있고, 핀을 제어하기 위해 희토류 자석 모터를 사용해 항공기 엔진으로 직접 유도하는 컴퓨터가 장착된다. 토마호크Tomahawk 순항 미사일은 꼬리 제어 핀에 유도 시스템을 연결하기 위해 직접 구동 희토류 자기 액추에이터를 사용한다.

한마디로 희토류 공급을 중국에 의존하는 미국으로서는 심각한 약점을 노출한 셈이고, 중국은 엄청난 카드를 손에 쥔 것이다. 중국은 시시때때로 희토류 무기화를 시사하면서 미국을 심리적으로 압박하고 있다.

미 국방부는 국내 생산을 촉진하고 중국 의존도를 낮추는 방안을 정부에 촉구하고 있지만, 애초에 하루 아침에 될 일이 아니다. 뒤에서 자세히 언급하겠지만, 중국은 아주 오래전부터 희토류 독점을 꿈꾸며 생산뿐 아니라 정제, 가공, 응용 분야에서 독보적인 기술력과 노하우를 쌓아 왔기 때문이다.

문재인 정권 들어 국방 분야에 투자를 대폭 늘리고 있다. 또한 무기 국산화와 수출에 박차를 가하고 있는 만큼, 우리로서도 희토류에 대해 더 이상 무관심할 수는 없다. 미국 걱정할 때가 아니란 뜻이다. 희토류는 우리 발등에 떨어진 뜨거운 어젠다가 되었다. 싫든 좋든 관심을 가지고 적극 대처해야 한다.

05
희토류의 발견과
선구자들

성지가 된 위테르비 마을

그렇다면 희토류는 언제 어떻게 인류의
역사에 등장했을까? 희토류의 첫 발견은 우리의 예상과는 달리 꽤 과거로
거슬러올라간다.

스웨덴 스톡홀름에서 차로 약 30분 거리에 있는 위테르비Ytterby라는
작은 마을에, 육군 중위이자 아마추어 지질학자인 칼 아르테니우스Carl
Arrhenius가 살고 있었다. 그는 1787년 어느 날, 위테르비 채석장에서 이상
한 물건을 발견했다. 처음 본 무겁고 검은 돌이었다. 그는 화학자 친구에
게 그 돌이 무엇인지 연구해 보라고 넘겨주었다.

이후 백 년 가까운 기간 동안 수십 명의 과학자에 의해, 이 검은색 돌멩
이 하나에서 여러 가지 희토류가 발견되었다. 금광이나 철광석을 발견하

는 것과는 너무나 다른 풍경이다. 희토류의 채굴과 분리가 얼마나 어려운지 단적으로 보여 주는 장면이기도 하다. 스웨덴 위테르비는 이른바 희토류의 성지가 되었다.

그렇다면 최초로 발견된 희토류는 무엇이었을까? 좀 애매하지만 '가돌리늄'이라 할 수 있다. 애매하다고 한 것은 여러 원소가 함께 발견되는 희토류의 특성 때문이다. 그러니 최초로 발견된 희토류라는 표현보다는 최초로 발견된 희토류 광석이라는 표현이 정확하다.

즉 가돌리늄이란 희토류가 발견된 것이 아니라, 가돌리늄이 들어 있는 광석 '가돌리나이트'가 발견되었다는 의미다. 1794년 핀란드의 화학자 요한 가돌린Johan Gadolin은 아르테니우스 장교가 주운 암석을 분석하여 철, 실리카, 그리고 30%는 '새로운 원소'로 구성되어 있다고 결론 내렸다.

1910년경의 위테르비 광산 전경 ⓒflickr

1795년 스웨덴의 화학자 안데르스 에셰베리Anders Gustaf Ekeberg 역시 새로운 광물의 발견을 확인하고 '이테르바이트Ytterbite'라는 이름을 붙였으나, 나중에 '가돌리나이트'라고 바꿔 불렀다. 화학자들은 가돌리나이트가 오랫동안 단일 원소인 줄 알았다. 가돌리나이트 광석에서 '가돌리늄'이라는 희토류가 최종적으로 발견된 것은 1880년이다. 여담이지만, 가돌리나이트 광석에는 가돌리늄이 그다지 많이 함유되어 있지 않다고 한다. 다른 희토류 원소들과 마찬가지로, 현재 가돌리늄은 모자나이트와 희토류광에서 주로 분리된다. 과학자들이 가돌리나이트에서 다른 희토류 원소를 발견하는 데는 30년이 더 걸렸다. 1839년 칼 구스타프 모산데르Carl Gustav Mosander는 질산염을 가열하고 생성물을 질산염에 용해시키는 방법으로 세리아를 분리했는데, 이 산화물을 란타나라고 불렀다. 3년 뒤엔 란타나를 디디뮴과 순수 란타나로 다시 분리한다. 모산데르는 1842년 이테리아ytteria를 순수한 이테리아, 테르비아terbia 및 에르비아erbia의 세 가지 산화물로 분리해내는 등 희토류 연구에 큰 업적을 남겼다.

짐작했겠지만, 희토류는 이처럼 '발견'이라기보다 '분리'라고 하는 것이 더 정확한 표현이 될 정도로 서로 성질이 비슷하고 분리가 어렵다. "뭔가 더 있을 것 같아"라고 희토류 연구자들은 끝없이 의심했고 의심은 번번이 맞아떨어졌다. 란탄의 그리스어 어원은 '숨어 있다', 디스프로슘은 '얻기 어렵다'라는 뜻을 갖고 있을 정도이니 말할 것도 없다.

어떤 원소가 발견되면 발견한 사람의 이름을 붙이기 마련인데, 특이하게도 희토류는 위테르비Ytterby라는 마음 이름에서 파생된 것이 많다. 분홍색을 띠는 희토류 물질은 테르븀terbium, 노란색 과산화물을 생성하는 것

은 에르븀erbium이라 이름붙였다.[17]

1842년까지 발견된 희토류는 이트륨, 테르비아, 란타늄, 디디뮴, 에르븀, 테르븀의 여섯 가지에 이르렀다. '디디뮴'은 1842년 란타나에서 분리된 것인데, 발견 당시에는 단일 원소로 여겨졌다. 하지만 1885년 오스트리아의 카를 아우어 폰 벨스바흐Carl Auer von Welsbach가 분광학 기술을 이용해 디디뮴을 '프라세오디뮴'과 '네오디뮴'으로 분리하는 데 성공했다. 그리하여 디디뮴은 40여 년 만에 주기율표에서 퇴장했다.

그런데 여기서 끝이 아니었다. 1879년 프랑스의 화학자 르코크 드 부아보드랑Paul Émile Lecoq de Boisbaudran이 디디뮴에서 새로운 원소인 사마륨을 발견했다. 그는 1886년 디스프로슘까지 발견한다. 아르헤니우스 장교가 검은 돌을 발견한 지 꼭 100년 만의 일이다. 이후 20세기에 들어와서 유로퓸(1901), 에르븀(1905), 루테튬(1907), 프로메튬(1947)이 발견된다.

스웨덴, 노르웨이 및 기타 유럽 국가의 과학자들은 희토류 채굴 작업과 그 산화물, 화학, 야금, 자기, 전기 광학 및 원자력의 특성과 같은 중요한 희토류의 초기 발견과 연구에 크게 공헌하였다. 특히 희토류의 성지라 불리는 위테르비 마을을 가진 스웨덴은 특출한 업적을 자랑한다. 1735년 게오르그 브란트Georg Brandt가 코발트를 발견한 것을 시작으로 스웨덴 과학자들은 무려 19개 원소를 발견했고, 이중 상당수가 희토류다.

희토류의 역사는 다음의 3단계로 나눠 볼 수 있다.

• 1단계(1788~1891): 희토류 원소 발견, 연구되는 과정. 특정 분야에 사용되지는 않음.

- 2단계(1892~1930): 희토류 원소 발견. 산업적 응용 방법 모색.
- 3단계(1931~1960): 희토류 원소의 체계적 특성 확립. 산업 전반에 광범위한 적용.

1단계는 단적으로 발견의 시기다. 이 시기에 발견된 원소 중 하나가 세륨인데 희토류 가운데 가장 흔하다고 알려져 있다. 세륨은 공교롭게도 2명의 과학자가 동시에 발견했다. 독일의 화학자 마르틴 클라프로트Martin Heinrich Klaproth와 스웨덴의 화학자 옌스 야코브 베르셀리우스Jöns Jakob Berzelius는 1803년 비슷한 시기에 세륨을 발견했다. 누가 먼저인가를 두고 독일과 스웨덴 간에 분쟁이 일어나기도 한 유명한 사건이다.

이 시기에 희토류란 이름도 만들어졌다. 당시 과학계에서는 금속 산화물을 흙earths이라고 불렀다. 불그스름하고 부슬부슬한 형태가 금속이라기보다는 흙에 가까워 보였기 때문이다. 이러한 이유로 산화 마그네슘(마그네시아)은 bitter earths, 산화 지르코늄(지르코니아)은 zirconium earths, 산화 베릴륨(베릴리아)은 beryllium earths로 불렸다. 여기서 Rare Earths, 즉 희토류가 기원했다.

1839년 여러 종류가 혼합된 희토류를 체계적으로 분리하는 데 성공한 사람은 모산데르다. 이후 많은 과학자에 의해 희토류 원소를 분류하는 작업이 이루어졌는데, 분광기spectroscopy 등의 도구가 많은 진전을 가져왔다. 1891년까지 희토류에 관한 연구 결과가 다량 축적되었다. 그러나 이는 단순한 학문적 성취일 뿐, 희토류를 산업적으로 응용한 사례는 없었다.

희토류는 복잡한 물리-화학적 특성으로 인해 본격적으로 희토류를 채

출처: J.H.L. Voncken, Rare Earths Elements: An Introduction (Swiss: Springer International, 2016), p. 11.

발견자	생애	발견 원소	국가
카를 아우어 폰 벨스바흐	1858~1929	프라세오디뮴, 1885 네오디뮴, 1885 루테튬, 1907	오스트리아
옌스 야코브 베르셀리우스	1779~1848	세륨, 1803	스웨덴
페르 테오도르 클레베	1840~1905	툴륨, 1879	스웨덴
찰스 D. 코리엘	1912~1971	프로메튬, 1947	미국
마르크 드라폰테인	1837~1911	홀뮴, 1878	스위스
외젠아나톨 드마르세이	1852~1903	유로퓸, 1901	프랑스
요한 가돌린	1760~1852	이트륨, 1794	핀란드
장 샤를 갈리사르 드 마리낙	1817~1894	가돌리늄, 1880 이테르븀, 1878	스위스
로렌스 엘긴 글렌데닌	1918~2008	프로메튬, 1947	미국
찰스 제임스	1880~1928	에르븀(pure), 루테튬, 1907	영국/미국
마르틴 하인리히 클라프로트	1743~1817	세륨, 1803	독일
폴 에밀 르코크 드 부아보드랑	1838~1912	사마륨, 1879 디스프로슘, 1886 가돌리늄, 1886	프랑스
제이콥 A. 마린스키	1918~2005	프로메튬, 1947	미국
칼 구스타브 모산더	1797~1858	테르븀, 1843 이트륨(very pure), 란탄, 1839 에르븀, 1843	스웨덴
라르스 프레드릭 닐손	1840~1899	스칸듐, 1879	스웨덴
B. 스미스 홉킨스	1873~1952	이트륨(very pure)	미국
자크 루이스 소레	1827~1890	홀뮴, 1878	스위스
조르주 우르바인	1872~1938	에르븀(pure), 1905 루테튬, 1907	프랑스

희토류의 선구자들

굴해서 순수한 금속으로 얻기까지는 오랜 시간이 걸렸다. 희토류 개발이 본격적으로 이루어진 것은 1880년대에 들어서서였다.[18]

인류 최초의 희토류 상업 제품은?

희토류를 응용한 첫 번째 상업 제품은 무엇일까? 정답은 램프다. 1890년대 유럽에는 많은 도시들이 등장했다. 당시 도시 설계에 있어 가장 큰 고민은 조명이었다. 전기 조명을 사용하기 전이라 등유kerosene 램프가 고작이었기 때문이다. 등유 이전에는 고래 기름을 사용한 램프가 유행해서, 전세계적으로 포경이 광범위하게 이루어졌다.

여기서 희토류 산업의 창시자인 카를 아우어 폰 벨스바흐Carl Auer von Welsbach에 대해 간략히 살펴보자. 인쇄 분야의 발명가인 아버지를 둔 그는 1858년 오스트리아 비엔나에서 태어났다. 아버지가 큰 유산을 물려준 덕분에 그는 마음 편히 화학 연구를 할 수 있었다.

벨스바흐는 1880년 독일 하이델베르그 연구실에서 희토류 연구에 눈을 뜬다. 독일 연구팀과 함께 분광학 연구에 참여하면서 훗날 희토류 연구에 큰 도움을 얻게 된 것이다. 그는 1858년에 희토류 프라시오듐과 네오디뮴을 발견한 과학자이기도 하다.

카를 벨스바흐는 모나자이트 광석에서 얻은 토륨 산화물 99%와 희토류 란탄 산화물 1%를 섞어 가스 맨틀mantle(그물 모양의 불꽃 덮개) 램프를 만들었는데, 이것이 희토류를 응용한 최초의 상업 제품이다. 가스등의 연소구에 가스 맨틀을 씌워 광출력을 크게 증가시킨 것이다. 당시로서는 획기적인 기술로 만들어진 이 램프는 전기 램프가 보편화되기 전까지 어둡고 긴

왼쪽 | **카를 아우어 폰 벨스바흐** ©wikimedia
오른쪽 | **벨스바흐사의 가스 맨틀 램프 카탈로그** ©flickr

밤을 보내야 하는 북유럽에서 선풍적인 인기를 끌었다. 카를 벨스바흐는 램프 제조 회사Treibacher Chemische Werke를 창립해 1891~1935년 기간에 무려 50억 개의 램프를 팔아치웠다.

1902년 미국에서도 린지 조명Lindsay Light이라는 회사가 같은 기술을 이용해 미국 내 램프 판매를 시작하였다. 램프 제조에 필요한 토륨은 독일에서 수입하였다. 맨틀 램프는 오늘날에도 외딴 곳에서 캠핑을 할 때나 기차역에서 역무원들이 신호를 주고받을 때 사용한다. 벨스바흐가 엄청난 성공을 거둘 수 있었던 것은 당시 거의 동시에 등장한 탄소 필라멘트 램프carbon filament lamp보다 맨틀 램프가 훨씬 저렴하면서 내구성도 좋았기 때문이다.

벨스바흐가 사업을 지속하기 위해서는 희토류 원소와 토륨 광석의 공급이 원활해야 했다. 그는 처음 희토류가 발견되었던 스웨덴의 가돌리나이트와 바스트네사이트 광석을 이용했다. 이후 새로운 원료를 찾다가 모나자이트라는 희토류 광석에 눈을 돌리게 된다. 미국 서부의 금광 지역에 모나자이트라는 희토류 광석이 묻혀 있다는 사실이 알려졌던 것이다. 모나자이트는 일명 '캐롤라이나 샌드'라고 불렸는데, 이후 브라질에도 매장량이 많다는 사실이 알려졌다.

벨스바흐의 회사는 램프 사업을 통해 큰 성공을 거두었지만, 한 가지 고민이 있었다. 램프에 사용되는 세륨은 1%에 불과하고 99%는 토륨과 지르코늄 조합이었으므로, 공급받은 세륨 산화물이 폐기물처럼 쌓여갔기 때문이다. 벨스바흐는 이 희토류를 활용해 간단한 점화 시스템을 개발하기로 결심한다. 사실 점화 성능은 전기 램프 쪽이 훨씬 우수했기 때문이다.

세륨의 특징 중 하나가 발화성 금속igneous rock이라는 점이다. 벨스바흐는 세륨 70%의 미시메탈mischmetal과 철 30%로 이루어진 합금 '플린트스톤flintstone'을 개발해 특허를 얻는 데 성공한다. 당시 스스로 불을 내는 합금pyrophoric alloy이라 부르기도 했고, 벨스바흐의 이름을 따서 '아우어 메탈Auer Metal'이라 부르기도 했다.

1907년 벨스바흐의 회사는 별도의 회사Treibacher Chemische Werke를 설립했다. 희토류의 자체 발광 성질을 이용해, 라이터와 각종 점화장치flintstone에 사용될 합금인 미시메탈을 본격적으로 생산하기 위해서였다. 1908년 최초로 800kg의 부싯돌이 시장에 출시되었다. 이것이 램프에 이은 희토류의 두 번째 상업화 제품이다.

벨스바흐의 상상력은 대단했다. 그는 가솔린 엔진의 점화에도 부싯돌을 사용하자는 아이디어를 냈다. 복잡한 전기 점화 대신 10,000마일마다 한 세트의 부싯돌을 삽입한다는 것이다. 엔진과 자동차를 좀 더 가볍게 만들어 줄 매혹적인 아이디어임에는 분명하나, 막대한 유지비를 지불해야 할 듯하다.

희토류의 세 번째 상업용 제품은 야간 투시 서치라이트, 의료용 광선요법light therapy, 영화 투사기 등이다. 이러한 특별한 조명 기술은 아크 라이트 카본arc light carbon에 희토류 불소rare earth fluoride를 첨가하는 것이 기본 구조다.

22년 동안(1908~1930) 부싯돌 생산에 약 1,300~1,800톤의 희토류 산화물rare earth oxide이 소요되었다. 조명 등 다른 산업에 소요된 희토류를 더하면 아마 2,000~3,000톤의 산화물을 소비했을 것이다. 아울러 벨스바흐 회사의 가스 램프 생산을 위해서 약 7,500톤의 질산토륨thorium nitrate이 필요했다. 모나자이트 광석이 6%의 산화 토륨과 60%의 희토류 원소를 포함하고 있다고 가정하면, 이 기간 동안 30,000톤의 희토류 산화물이 생산되었다고 볼 수 있다. 그중 실제로 소비된 것은 약 10% 정도이다.

1930년부터 10년 동안은 희토류의 광범위한 기술 상업화 적용 기간이라 볼 수 있다. 다양한 용도로 희토류 응용 기술이 개발되었다. 특히 성공적인 제품으로는 희토류 산화물을 사용한 유리 연마제, 산화 세륨을 이용한 유리 탈색제, 세라믹 유약의 불투명제, 선글라스 등이다. 여기서 끝이 아니다. 희토류 원소를 이용해 임신 중 구토나 멀미를 방지하는 약(Peremesin)과 혈전증 퇴치를 위한 약(Thrcmbodym)도 개발되었다.

인도에서 미국으로, 희토류의 중심 이동

희토류 초창기인 1885~1917년에는 희토류 주생산지가 인도였다. 미국에서는 캘리포니아에서 주로 사금placer deposits 형태로 채굴되었고, 일부는 모나자이트 광석에서 채굴되기도 했다. 해당 기간 미국의 희토류 생산량은 연간 5,000톤으로, 인도보다 훨씬 적었다.[19] 1941년 미국 내 희토류의 80%가 인도에서 수입되었으며, 1944년에는 전량을 인도에 의존하게 되었다.

그런데 1947년 인도가 영국으로부터 독립하면서 경제 성장 속도가 빨라졌다. 인도는 국내 희토류 소비를 충당하기 위해 희토류 수출 중단을 선언했다. 이것이 최초의 인도발 희토류 공급 위기다. 인도의 희토류 금수조치로 각 나라가 대체 수입국을 찾았고, 미국도 국내 희토류 광산 개발에 관심을 갖기 시작했다.

1949년 4월 광산업자들은 미국 네바다 남부 지역을 조사하던 중 마운틴 패스Mountain Pass 마을 근처에서 상당한 양의 희토류 산화물을 포함한 광석을 발견했다. 이후 미국지질조사국USGS: US Geological Survey이 조사한 결과, 마운틴 패스 지역에 있는 희토류 광석은 바스트네사이트bastnaesite이며 상당한 양의 희토류가 묻혀 있음을 확인했다.[20] 1950년 Molybdenum Corporation of America라는 기업이 마운틴 패스 지역 희토류 광산 개발권을 사들였으며 1952년부터 희토류 개발이 시작되었다.

마운틴 패스 광산 개발권을 사들인 회사는 1974년 몰리코프Molycorp로 사명을 변경했다. 몰리코프는 1977년 유니언 오일Union Oil에 인수되었고, 2005년에 셰브론Chevron Corporation의 일부가 되었다.[21] 2008년 셰브론은 마운틴 패스 광산을 비상장사인 몰리코프 미너럴스Molycorp Minerals LLC에 다시 매각했다. 미국이 세계 희토류 생산과 개발의 선두주자로 나서는 순간이었다.

지질학자들은 입을 모아, 미국이 희토류의 바스트네사이트 시대를 열었다고 말했다. 당시까지 미국 내 희토류는 대부분 모나자이트류에서 생산되었기 때문이다. 모나자이트는 인산염 광물로 세륨과 토륨의 중요한 상업적 원료이다. 이에 비해 바스트네사이트는 세륨 계열의 플루오르화탄산염fluorocarbonate 광물로 담황색이나 갈색을 띠며 세륨과 란탄, 그리고 미량의 이트륨을 함유하고 있다.

1940~50년대 미국이 희토류에 공을 들인 것은 같은 시기에 진행된 대규모 원자력 연구와도 맥을 같이 한다. 원자로의 핵분열 과정에서 대량의 희토류 원소가 만들어졌기 때문이다. 미국은 정부 주도로 희토류 원소들의 특성을 조사, 연구하기 시작했다. 50년대 말경에는 희토류 금속에 대한

마운틴 패스 광산의 2010년 전경 ⓒwikimedia

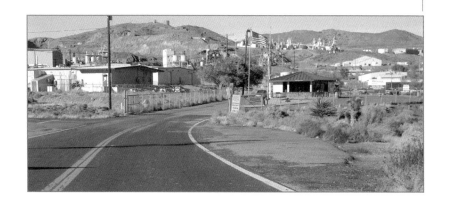

연구 결과가 꽤 많이 축적되었다.

당시 희토류 연구를 주도한 곳은 아이오와 주립대 에임즈 연구소Ames Laboratory의 희토류 센터였다. 프랭크 스페딩Frank Harold Spedding 교수가 설립한 희토류 센터는 이후 미국 희토류 연구의 기반을 마련했다고 볼 수 있다. 1947년 미국 원자력위원회Atomic Energy Commission는 에임즈 연구소를 국가 원자력과 희토류 연구센터로 공식 지정했다.[22]

아이오와 주립대 희토류 센터의 역할은 희토류에 관한 원천 기술을 개발해 민간기업에 넘겨주는 것이었다. 이곳에서 많은 기술이 개발되었는데, 그중 가장 기본이 되는 것이 희토류를 분류하는 기술이었다.

정부 차원에서 진행된 맨해튼 프로젝트에서 새롭게 밝혀진 사실 하나는 란탄이 실험실 차원에서 분리될 수 있다는 것이다. 에임즈 연구소는 이러한 발견을 더욱 진전시켜 상업적으로 사용할 수 있는 양의 란탄을 분리하는 기술을 개발하였으며, 이후 란탄과 관련된 산업이 급성장했다.

아이오와 주립대는 전세계 희토류 연구의 메카가 되었다. 당시 에임즈 연구소와 연계된 기업만 해도 50여 개나 되었다고 한다. 당시 기준으로는 희토류의 실리콘 밸리였던 셈이다. 아이오와 주립대에 대한 미국 정부의 지원은 여러 가지 이유로 1968년 중단된다.

희토류의 상업적 응용

1950~1960년대 희토류 산업은 미국, 인도, 브라질, 호주, 남아프리카가 주도했다. 미국은 캘리포니아주와 네바다주 접경에 위치한 세계 최대의 희토류 광산 마운틴 패스에서 전 세계 희

토류 생산량의 60%를 담당했다. 당시 미국은 희토류 밸류체인을 하나로 통합한, 일괄 공급망을 갖추고 있었다.

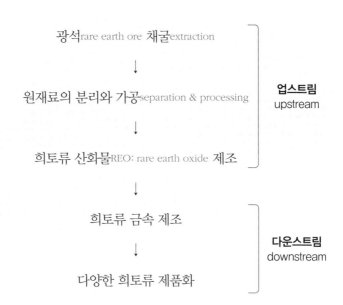

채굴에서 산화물 제조까지, 위의 세 단계를 업스트림upstream, 금속 제조와 제품화라는 아래의 두 단계를 다운스트림downstream이라 부른다. 당연히 다운스트림으로 갈수록 부가가치가 높아진다. 희토류 자원이 풍부한 개도국들은 대개 업스트림에서만 활동하고, 원재료 광석이나 REO를 선진국이라 할 수 있는 일본이나 서구 유럽 등에 공급하는 역할에 머물렀다.

1960년대 컬러 텔레비전과 레이저 형광 램프 등이 등장하면서 희토류 산업은 활황을 맞게 된다. 마운틴 패스 광산에 빛을 내는 성질을 갖고 있는 희토류 유로퓸이 다량 묻혀 있었기 때문이다. 이 시기를 기점으로 희토류 산업은 폭발적으로 증가한다.

출처: USGS Mineral Information 1997
강동준, "국내 · 외 희토류 수급현황 및 전망," 『기계와 재료』 2012. 12. p. 11.

산업	세부분야		주요용도
금속	제강	금속첨가제	• 미시메탈(mschmetal) 혹은 분리된 희토금속 첨가 탈황, 강도 및 경도 향상, 보호막 형성, 내부식성 향상 • 철강 비철금속 등에 첨가되어 유해한 불순물 제거
		스테인레스	• YO5 40% 첨가. 고온에서 성능향상, 산화방지, 연성 및 전성 증가
	발화합금	라이터돌소재	• 미시메탈 74% + Fe23% + Cu, Mg을 합금
		주조철소재	• Ce 첨가로 제품의 유연성 향상. 흑연을 단절하여 제품의 유연성을 향상시켜 충격이 심한 부품 제작에 이용
	기타합금제		• 마그네슘 합금, 알루미늄 합금, 고성능 합금소재
촉매	석유화학	정제	• (Ce, Eu) 제올라이트에 0.5% 치환시켜 석유분해 촉매제로 사용
	배기가스	정화	• (Ce, Eu, Y) 자동차 배기가스 정화장치 • (Ce) 질소산화물 감소
신세라믹	자기용 유약		• (Pr—황색, Y —오렌지색, Nd —보라색, Ce —백색): 고온하에서 안정성 있는 유약을 제조
	내화제		• (Y, Ce) 지르코니아 세라미드에 첨가되어 내화재 보호 역할
	전기전자용 신세라믹		• (Nd, La) 축전기의 수명 연장 • La, Cr 합금에 스트론튬 첨가. 고온 산화환원 안정된 전도체 형성 • 지르코니아, Y 합금을 물의 전기분해시 전극으로 사용. 효율 및 비용 절감 • La, Y을 합금소재로 사용, 컴퓨터와 통신기기의 광신호 전달 및 저장 전기제어 및 습도감지기
	공학용 신세라믹		• (Y) 지르코니아에 첨가하여 초고온 상태에서 경도, 강도, 내부식성을 유지. 절삭 공구, 내마모성 부품, 자동차엔진 등에 사용
자성체	영구자석		• 모터류, 컴퓨터 주변기기, 스피커류, 자기부상열차 등에는 소형 자성체를 사용하는 추세로 기존의 페라이트 자석을 대체 • Sm—Co 자석. 사마륨과 코발트 합금으로 고온에서 고자성 유지 • Nd —Fe — B 자석. 최고의 자력을 가지나 열에 대한 불안정성 및 산화부식이 약점 • 기타 기존램프의 조도 향상, X— Ray 스크린 향상, 체내 온도 측정
고순도 유리	형광	칼라TV , CRT, PDP, 형광램프 등	• REE가 전자장 내에서 원소별로 색을 달리하는 발광 특성을 이용. 통상 99.99% 이상 고순도 제품이 사용됨 • (Y, Eu, Tb) 가시광선 파장 범위 내에서 좁고 예민한 흡수 또는 발광 유리에 첨가되어 저분산성, 고굴절이 특징
	유리	유리/렌즈	• 원소별로 특정 파장의 가시광선 투과 효과 (Nd , Pr, Er, Ce 등의 산화물)
		유리/렌즈	• Fe로 인한 유리의 색소 제거(Ce)

산업	세부분야	주요용도
레이저	레이저	• (Nd, Y) 레이저 소자로 이용 • 전자파 흡수—방출
연마	브라운관, CRT, PDP, LCD 유리 연마	• (Ce) REO 45–90% 희토류 산화물 분말을 용해시키고 기계적 마찰을 가해 판유리, 브라운관, 광학렌즈의 표면 처리
여과	정수처리	• La
안료	페인트플라스틱	• 프랑스 Rhone—Poulenc社에서 황화세륨을 이용한 신안료재 개발
수소 에너지	수소—니켈배터리	• 미시메탈(희토류 혼합물의 화합금속)을 함유 • 노트북컴퓨터, 핸드폰 등과 같은 휴대용 전자제품에 사용
	광디스크	• (Gd, DJ, Tb, Nd) 고밀도 기억소자
	원자로	• (Eu, Sm, Gd, Dy, Y) 흡수 단면적이 커서 제어제로 활용 가능
	초전도체	• (Y) 바륨, 동과 반응시켜 질소 비등점 이상의 초전도체 제조
	인조보석	• Y
	비료	• Ce, La
	수소저장합금	• La
	자기버블메모리	• Lu, Gd

희토류의 응용 분야

06
희토류 생산량과
매장량갭

희토류의 주요 광석

그렇다면 희토류는 어디에 얼마나 묻혀 있고, 현재 어떤 나라가 얼마나 생산하는지 알아봐야 할 것이다. 우리가 막연하게 짐작하는 만큼 중국이 우위를 차지하고 있을까? 아니면 우리의 짐작 이상으로 중국의 장악력은 압도적인 것일까? 희토류 생산에 대해 알아보기 전에 희토류가 생산되는 광석이 무엇인지 되짚어보자. 희토류는 단일 광물이 아닌 광석의 형태로 채굴되기 때문이다. 희토류가 생산되는 주요 광석은 바스트네사이트, 모나자이트, 제노타임 및 이온 흡착 점토다.

• **바스트네사이트**Bastnaesite

스웨덴의 화학자 빌헬름 히싱어Wilhelm Hisinger가 발견했다. 바스트네사

이트의 화학식은 $CeCO_3F$로, 히싱어는 처음에 이를 기초–형광 세륨basis-fluor-cerium이라 기술했다. 바스트네사이트는 주로 경희토류인 세륨, 란탄, 프라세오디뮴, 네오디뮴을 함유한 희토류 광석이다. 이트륨을 제외하면 중희토류의 비율이 낮다. 바스트네사이트는 수산화hydroxy 광석 형태로도 존재한다. 즉 수산화바스트네사이트–Ce 및 수산화바스트네사이트–Nd 등이다. 이 광석은 중국의 바이원 어보 광산Bayan Obo과 미국 마운틴 패스 광산에서 주로 공급된다.

• **모나자이트**Monazite

모나자이트의 일반화된 화학식은 $CePO_4$이다. 모나자이트의 고립된 결정과 처음 발견되었을 때 매우 희소했다는 사실 때문에 '혼자 있다'를 의미하는 그리스어 'monazeis'에서 파생된 이름을 얻게 되었다. 세륨을 비롯한 대부분의 경희토류(La, Pr, Nd, Sm)와 소수의 중희토류가 포함되어 있다. 모

CHAPTER 01 희토류, 왜 21세기 최고의 전략자원인가? | 69

모나자이트 광석 ©wikimedia

나자이트에 있어 가장 큰 문제는 함께 처리해야 하는 방사성 잔류물이다. 모나자이트의 주요 공급원은 호주 마운트 웰드Mount Weld 광산이다.

• 제노타임Xenotime

제노타임은 노르웨이의 베르질리우스가 처음 발견했고, 일반 화학식은 YPO_4이다. 제노타임은 모나자이트, 바스트네사이트와는 다른 특성을 갖고 있다. 이트륨을 제외하면 상당한 양의 중희토류(Tb, Dy, Ho, Er, Tm, Yb, Lu)를 포함하고 있기 때문이다. 제노타임은 최대 67%의 희토류 원소를 함유하는데 대부분이 중희토류다. 가장 흔히 발견되는 것이 디스프로슘, 이테르븀, 에르븀, 가돌리늄이다. 제노타임은 테르븀, 홀뮴, 툴륨 및 소량의 루테튬도 포함한다. 제노타임과 이온 흡착 점토는 상대적으로 높은 비율의 중희토류를 함유하지만 이러한 광물 자체가 드물고 전체적으로 희토류 농도가 낮다. 이 광물의 주요 공급지는 중국 남동부이다.

모나자이트, 제노타임, 바스트네사이트의 일반적 구성 사례

성분	모나자이트-Ce	모나자이트-La	제노타임-Y
La_2O_3	16.95	33.95	–
Ce_2O_3	34.16	17.10	–
ThO_2	5.50	5.50	–
P_2O_5	29.55	29.58	38.60
Nd_2O_3	14.01	14.03	–
Y_2O_3	–	–	61.40
CO_2	–	–	–
F	–	–	–
$O = F_2$	–	–	–
합계	100.17	100.17	100.00
성분	바스트네사이트-Ce	바스트네사이트-La	바스트네사이트-Y
La_2O_3	–	74.76	
Ce_2O_3	74.90	–	
ThO_2	–	–	
P_2O_5	–	–	
Nd_2O_4	–	–	
Y_2O_3	–	–	67.24
CO_2	20.08	20.20	26.21
F	8.67	8.72	11.31
$O = F_2$	−3.65	−3.67	−4.76
합계	100.00	100.00	100.00

출처: J.H.L. Voncken, Rare Earths Elements: An Introduction (Swiss: Springer International, 2016). p. 20,2021. p. 5.

희토류 글로벌 생산량

　　　　　　1950년대, 아무도 희토류에 관심을 갖지 않았을 때도 희토류의 전 세계 생산량은 약 1,000톤이었다. 그러다가 1960년에는 두 배가 되었고, 1970년에는 생산량이 16,000톤으로 증가했다. 1980년에는 27,000톤, 1990년에는 53,000톤, 2000년에는 90,000톤으로 증가했고 2006년과 2009년에 각각 137,000톤과 135,000톤으로 두 번

정점을 찍었다.

그런데 2009년 정점을 찍은 후에 전 세계 생산량이 감소세를 탄다. 2014년에는 110,000톤으로 3년 내리 감소한 것이다. 물론 이것은 공식 생산량이다. 상당한 불법 채굴이 이루어진다는 사실을 감안하면 실제로는 훨씬 더 많은 생산이 이루어졌을 것이다.

희토류의 연간 불법 생산량은 40,000톤으로 추정된다. 희토류 전문가 더들리 킹스노스Dudley Kingsnorth는 유럽 희토류 역량 네트워크European Rare Earths Competency Network의 최종 회의에서 중국이 불법 희토류 공급의 40%를 인정했다고 밝혔다.

중국 바이윈 어보 광산에서 채굴되는 바스트네사이트에 포함된 희토류 중 50%는 세륨(CeO_2), 약 25%는 란탄(La_2O_3), 약 17%는 네오디뮴(Nd_2O_3)이다. 2014년 연간 생산량은 110,000톤이고, 여기에 함유된 세륨은 55,000톤, 란탄은 27,500톤, 네오디뮴은 18,700톤이다.

1990년부터 2014년까지 전 세계 희토류 채굴량을 보면, 1990년대 하반기부터 중국의 비중이 우상향으로 가파르게 올라가는 것을 감지할 수 있다. 이는 2000년대 후반 정점을 이루다가 감소세를 보인다. 그렇다면 왜 이런 양상이 나타났을까? 결론적으로 희토류 소재의 산업별 수요 패턴이 빠르게 변하고 있기 때문이다.

역사상 희토류의 첫 번째 상업적 이용이 가스등 덮개(맨틀)였고, 두 번째 이용이 라이터 부싯돌이었음을 상기해보자. 전기와 가스로 인해 그것들은 유물이 되었다. 과거에는 산업 수요가 높았으나, 기술 발전으로 인해 수요가 사라진 희토류가 늘어났다. 반면 산업적 수요가 증가하는 특정 희토류의 경우 오히려 생산량이 감소한다. 이 미스터리는 희토류 광물 안에 여러 가지 희토류가 동시에 존재하기 때문이다. 원하는 희토류만 골라서 더 많이 생산할 수 없다는 얘기다.

예를 들어 1970~80년대에는 주로 석유화학 분야의 촉매제, 연마제, 형광램프와 텔레비전, 컴퓨터 스크린 등에 희토류가 활용되었다. 이러한 산업 수요에 대응하는 경희토류인 세륨과 란탄은 중국 외에서도 수입할 수 있었다. 무엇보다 경희토류는 전 세계적으로 공급이 여유 있는 상태다. LED 전구가 등장하면서 형광램프 수요가 감소하여, 세륨의 수요도 감소하고 있기 때문이다.

희토류 소재를 산업에 응용하는 기술은 매우 빠른 속도로 발전하고, 수요 패턴도 급변하는 중이다. 현재 희토류의 산업 수요는 8개 분야로 나눠진다. 영구자석, 촉매제(자동차 배기가스 정화장치), 정유화학 촉매제, 자동차 배터리 합금, 세라믹 가공, 연마제, 금속 합금, 액정 디스플레이다. 이 중 최근 희토류 수요 증가를 견인하는 분야는 영구자석이다.

희토류는 채굴 직후의 원재료(업스트림 단계), 화학적 가공과 분리가 된 산화물(미드스트림), 그리고 영구자석과 같은 중간재(다운스트림) 사이에 엄청난 부가가치의 차이가 존재한다. 원재료가 영구자석이 되었을 때, 그 가치는 1,000배로 증가한다. 채굴이 되었을 때부터 상당한 가치를 지니는 금이나 구리, 원유와는 완전히 다른 양상이다.

여기서 중요한 문제가 대두된다. 중국의 희토류 장악이 업스트림이나 미드스트림에 머물러 있지 않다는 것이다. 희토류 밸류체인상 소재 분야의 최고 기술은 애초에 일본이 가지고 있었다. 일본은 전략적으로 중국이

세계 주요 희토류 광산과 특징

광상	위치	유형	주요 희토류	희토류 광석
마운틴 패스 (Mountain Pass)	미국 캘리포니아	카보나타이트	란탄, 세륨, 네오디뮴	바스트네사이트
바이원 어보 (Bayan Obo)	내몽골, 중국	카보나타이트 / 수열 (hydrothermal)	경희토류	바스트네사이트, 패리사이트(parisite), 모나자이트
마운트 웰드 (Mount Weld)	호주 남서부	라테라이트/ 카보나타이트	경희토류	인회석(Apatite), 모나자이트, 신키사이트(synchysite), 처자이트(churchite), 플럼보검마이트 (plumbogummite) 그룹 미네랄
일리마우삭 (Ilímaussaq)	그린란드(덴마크)	Peralkaline igneous	란탄, 세륨, 네오디뮴, 중희토류	유달라이트 (Eudialyte), 스틴스트루핀 (steenstrupine)
필라네스버그 (Pilanesberg)	남아프리카	Peralkaline igneous	세륨, 란탄	유달라이트
스틴캄프스크랄 (Steenkampskraal)	남아프리카	암맥(Vein)	란탄, 세륨, 네오디뮴	모나자이트, 인회석
호이다스 레이크 (Hoidas Lake)	캐나다	암맥	란탄, 세륨, 프라세오디뮴, 네오디뮴	인회석, 알라나이트 (allanite)
토르 레이크 (Thor lake)	캐나다	Alkaline igneous	란탄, 세륨, 프라세오디뮴, 네오디뮴, 중희토류	바스트네사이트
스트레인지 레이크 (Strange Lake), 미저리 레이크(Misery Lake)	캐나다	Alkaline igneous/ hydrothermal	란탄, 세륨, 네오디뮴, 중희토류	가돌리나이트, 바스트네사이트
놀란스 보어 (Nolans Bore)	호주	암맥	란탄, 세륨, 네오디뮴	인회석, 알라나이트
노라 카 (Norra Kärr)	스웨덴	Peralkaline igneous	란탄, 세륨, 네오디뮴, 중희토류	유달라이트
키비나 로보제로	러시아, 콜라 반도	Peralkaline igneous	경희토류 + 이트륨, 소형 중희토류	유달라이트, 인회석
은컴와 힐 (Nkwombwa Hill)	잠비아	카보나타이트	경희토류	모나자이트, 바스트네사이트
카간쿤데 (Kagankunde)	말라위	카보나타이트	경희토류	모나자이트-세륨, 바스트네사이트-세륨

광상	위치	유형	주요 희토류	희토류 광석
툰둘루 (Tundulu)	말라위	카보나타이트	경희토류	신키사이트, 패리사이트, 바스트네사이트
송궤 (Songwe)	말라위	카보나타이트	경희토류, 특히 네오디뮴	신키사이트, 인회석
중국 이온 흡착 퇴적물	중국 남부	토양	란탄, 네오디뮴, 중희토류	점토 광물
마오뉴핑 (Maoniuping)	중국 쓰촨성	카보나타이트	경희토류	바스트네사이트
동 파오 (Dong Pao)	베트남	카보나타이트	경희토류	바스트네사이트, 패리사이트
심해	태평양	지각, 원양 진흙 (pelagic muds)	경희토류	바스트네사이트, 패리사이트

출처: J.H.L. Voncken, Rare Earths Elements: An Introduction (Swiss: Springer International, 2016), p. 23.

희토류 미드스트림을 집중 개발하도록 허용했다. 하지만 미드스트림 기술을 획득한 중국은 멈추지 않았다. 그들은 지금 다운스트림 중간재 부품으로 가장 부가가치가 높은 영구자석 분야의 기술 국산화에 올인하고 있다.

매년 변하는 희토류 매장량

어폐가 있지만, 전 세계 희토류 매장량은 매년 달라진다. 성공적인 탐사 덕분이다. 2008년까지 전 세계 희토류 매장량은 8,800만 톤으로 추정되었으나, 2014년에는 1억 3천만 톤이 되었다. 이 중 5,500만 톤을 중국(42%)이, 2,200만 톤을 브라질(17%)이, 500만 톤을 호주와 미국(5% 미만)이 소유하고 있다.

2020년 자료에 의하면 중국(36.7%), 브라질(17.5%), 베트남(18.3%), 러시아(10%) 4개국이 1억 2천만 톤의 전 세계 육상 희토류 중 약 82.5%를 차지

주: 미국 지질조사국에 의해 별도로 분류된 스칸듐은 미포함.
출처: USGS "Rare Earths 2020" 2021년 1월

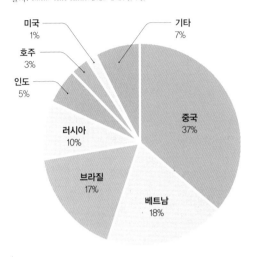

국가별 희토류 매장량 분포

한다. 다음이 인도, 호주, 그린란드, 미국, 탄자니아, 남아프리카공화국이다. 이상 열 개 국가가 전 세계 매장량의 95% 이상을 보유한다.

현재 탐사 프로젝트가 진행되고 있으니 더 많은 매장지를 탐지할 가능성이 있다. 현재 추정되는 매장량 1억 3천만 톤을 연간 생산량 110,000톤으로 나누더라도, 거의 1,200년간 생산이 가능하다는 계산이 나온다. 확실히 희토류는 희소한 자원이 아니다.

07
희토류 광산을
찾아서

전 세계 희토류 분포

오늘날 활성화된 주요 희토류 광산은 중국, 미국, 호주에 있으며 여러 글로벌 프로젝트가 개발 단계에 와 있다. 세계 최대의 희토류 광산은 중국의 바이원 어보Bayan Obo다. 내몽골자치구 바오터우(포두)시에 위치하며, 분리 및 정제 시설은 그곳에서 남쪽으로 약 150km 떨어진 곳에 위치한다. 기타 광산 지역은 주로 중희토류가 생산되는 쓰촨성과 중국 남동부에 있다.

미국은 폐쇄했던 마운틴 패스Mountain Pass 광산을 2012년에 재개장하고, 생산량을 40,000톤 REO(희토류 산화물)로 늘리는 옵션과 함께 연간 20,000톤 REO를 생산할 계획을 수립했다. 2014년 연례 보고서에서 마운틴 패스 광산은 약 5000톤 REO의 생산을 보고했지만, 상당한 위험과 문제가 있어

장기간 운영이 보장되지 않는다고 밝혔다. 현재 생산량은 시장 상황이 개선될 때만 증가할 것이라고 한다.

호주 기업 라이너스Australian Lynas Corporation는 호주 남서부에 마운트 웰드Mount Weld 광산을 열었다. 이곳에서는 인광석에서 희토류를 채굴하는데 2014년에 약 4000톤 REO를 생산했다. 하지만 2010년 계획상으로는 2014년 생산량이 22,000톤 REO가 되었어야 한다. 이 외에도 수많은 탐사 프로젝트가 진행 중이며 일부는 성숙한 계획 단계에 와 있다.

TMRTechnology Metals Research는 전 세계에서 진행 중인 희토류 광산 개발을 추적한 지표TMR Advanced Rare-Earth Projects Index를 발표했는데, 이에 따르면 현재 53개가 진행 중이다. 그중에는 그린란드, 캐나다, 미국, 케냐, 호주, 브라질, 남아프리카, 러시아의 거대한 광물 프로젝트가 포함된다. 2015년 11월 19일에 마지막으로 업데이트된 이 지수는 53개 고급 희토류 프로젝트 및 49개 회사와 관련되어 있으며, 16개국 35개 지역에 위치한 58개 희토류 광물 자원으로 구성되어 있다.

미래의 희토류 채굴에 대한 예측은 논란의 여지가 많다. 기본적으로 광산 회사가 제시한 미래 수요 예측은 낙관적일 수밖에 없기 때문이다. 2010년 라이너스사는 2014년의 글로벌 수요를 182,000톤으로 예상했으나, 실제 2014년 생산량은 110,000톤 REO에 그쳤다.

북경남중의 완전체, 중국

중국의 희토류 광산 분포를 한마디로 하자면 '북경남중北輕南重'이다. 경희토류 광산은 주로 북쪽에 위치하고, 중

희토류 광산은 남쪽에 위치한다는 뜻이다. 경희토류는 내몽골자치구 바오터우시, 산둥성 텅저우시, 웨이산현 등 북방지역 및 쓰촨성 량산이족 자치주에 매장되어 있다. 반면 이온형 중중中重, medium and heavy 희토류 광산은 주로 장시성 간저우, 푸젠성 롱옌시福建省龙岩市와 같은 남방지역에 매장되어 있다. 중국의 희토류는 전국적으로 분포한다고 할 수 있다.

그중 바이윈 어보와 쓰촨 지역의 희토류는 바스트네사이트라는 노천 광산의 광석rare earth ore 형태로 채굴되고, 채굴된 광석은 수차례의 분쇄milling와 부유선광flotation 등 6~7단계 공정을 거쳐 분리, 가공된다. 미국의 마운틴 패스 광산이 이와 같은 종류다. 이에 반해 인도, 브라질, 베트남 등의 희토류는 모나자이트나 제노타임에서 채굴되는데, 광석이 아닌 부스러기 상태라고 생각하면 된다. 이를 사광상沙鑛床, placer deposit이라고 한다.

지금부터 중국의 대표적 희토류 광산에 대해 자세히 살펴보자.

• 내몽골 바이윈 어보 광산

내몽골 자치구는 러시아와 국경을 접하고 있는데, 국경 근처에 위치한 바이윈 어보는 중국 내 가장 큰 광산 마을로 알려져 있다. 바이윈 어보 광산에는 희토류뿐 아니라 철광석과 니오븀Nb이 풍부하게 매장되어 있다. 광산은 1927년 발견되었고, 1957년에 철의 채굴이 시작되었다. 광석 매장량은 평균 등급이 35%인 철광석 약 15억 톤, 평균 등급이 0.13%인 니오븀 100만 톤, 평균 등급이 6%인 희토류 산화물REO 최소 4,800만 톤이다.

• 쓰촨 마오뉴핑 광산Sichuan Maoniuping Mining

쓰촨 마오뉴핑 희토류 광산은 1985~1986년경 발견되었다. 알칼리성 페그마타이트 탄산염 유형an alkaline pegmatite carbonate type의 매장지로서 산업 매장량은 약 100만 톤이며, REO 평균 등급은 3.7%이다. 유로퓸 등의 경희토류와 이트륨 등의 중희토류가 풍부하게 매장되어 있고, 희토류 외에도 중정석BaSO₄, 형석CaF₂, 철, 망간 등이 매장되어 있다.

• 중국의 이온 흡착 희토류 광산

1969년 중국 장시성에서 독특한 희토류 광석이 발견되었는데, 이를 이온 흡착 희토류 광산이라고 부른다. 수년에 걸쳐 화강암과 분출암이 풍화되면서 형성된 퇴적 희토류 광산이다. 이 유형의 광석은 이후 푸젠福建, 후난湖南, 광둥廣東, 광시廣西 등 중국의 다른 성에서도 발견되었다. 이온 흡착 희토류라고 부르는 이유는, 이곳의 희토류가 점토 광물(카올리나이트, 할로이사이트 및 일라이트)의 표면에 흡착된 양이온의 수화水化된 이온 형태이기 때문이다.

이온 흡착 희토류가 주목받는 것은 두 가지 이유 때문이다. 최근 가치가 높아지고 있는 영구자석 원료인 중희토류 함량이 높다는 점, 그리고 환경 오염도가 다른 광상에 비해 그나마 낮다는 점이다. 이 유형의 희토류는 일반적으로 0.05~0.5% REO로 비교적 낮은 등급이지만 앞서 밝혔듯이 중희토류 함량이 높다. 이 광상의 매장지에는 1×10^6톤 이상의 REO가 묻혀 있다고 알려져 있다.

중국의 유일한 경쟁국, 호주

희토류 생산에 있어 중국의 존재감이 워낙 크다 보니 2인자는 별 관심을 받지 못했다. 하지만 중국의 희토류 독점 현상이 심화되면서, 대체 수입지로서 호주가 주목받고 있다. 2015년부터 2018년까지, 호주는 세계 2위의 희토류 생산국으로서 중국의 유일한 경쟁국이었다. 2019년 미국의 마운틴 패스 광산이 문 닫은 지 3년 만에 생산을 재개하면서, 미국은 호주를 제치고 2위로 부상하였다.

2015~2020년 기간 동안 호주는 12,000~21,000톤의 REO를 생산했다. 2020년 최근 통계에서는 중국, 미국, 미얀마에 이어 세계 4위 생산국을 기록했다.

호주의 희토류 매장량 추정치는 340만~410만 톤으로 세계 6위에 해당하지만, 현재 희토류 공급량은 전 세계 공급량의 약 3%에 불과하다. 잠재력이 매우 크다고 이해해야 한다. 게다가 호주는 희토류 채굴에 있어 상당한 기술과 투자 시장을 가지고 있다. 또한 아시아 태평양 지역이라는 지정학적 위치 또한 호주에게 유리하다.

2010년 중국과 일본의 초기 희토류 분쟁의 결과, 일본은 호주에 상당한 투자를 결정했다. 그 결과 일본의 자금 지원을 받은 호주 기업 라이너스Lynas Corps, Ltd.는 중국을 제외한 세계 최대의 희토류 생산자가 될 수 있었다. 라이너스사는 2011년 서호주의 마운트 웰드Mt. Weld에서 생산을 시작했으며 현재 네오디뮴, 프라세오디뮴, 란탄 및 세륨을 생산하고 있다.

호주에서 생산되는 희토류는 말레이시아 콴탄Kuantan에 위치한 라이너스사의 가공 시설에서 처리됨으로써, 희토류 원자재 생산과 처리의 공급망 병목 현상을 피할 수 있게 되었다. 이후 라이너스사는 서호주 캘굴리 Kalgoorlie의 추가 처리 시설에 투자해서 중국 밖에서 가공되는 희토류 생산을 확장하고 있다. 라이너스 외의 호주 기업들도 노던 테리토리, 뉴사우스웨일즈 등의 지역에서 희토류 매장지를 탐사하고 있다.

• 호주 남서부 마운트 웰드

마운트 웰드는 서호주 라바톤Laverton에서 남쪽으로 35km 떨어져 있다. 희토류 매장지가 발견된 것은 1988년이지만, 중국의 저가 공세 딧에 오랫동안 개발되지 않았다. 2009년 이른바 희토류 위기가 발생하자 라이너스는 전격 생산을 결정했다. 2012년 1월 기준으로, 마운트 웰드 광산의 광물 자원은 총 2,390만 톤, 평균 등급 7.9% REO, 매장량 190만 톤 REO로 추정된다.

희토류를 함유한 주요 광물은 인회석, 모나자이트, 싱크로사이트이고, 희토류 포함 2차 광물은 옥시수산화철Fe-oxyhydroxides, 2차 모나자이트, 처자이트 및 플럼보검마이트 6족 광물이다.

중희토류 비중이 높은 캐나다

희토류의 공급 부족을 경희토류와 중희토류로 나눠 본다면, 상대적으로 경희토류는 사정이 나은 편이다. 미국 마운틴 패스 광산이나 호주 마운트 웰드 광산의 공급량이 늘어난다면 한숨 돌릴 수 있기 때문이다. 하지만 중희토류에 관해서라면 중국 독점의 폐해가 보다 심각하다. 특히 디스프로슘과 테르븀의 공급 부족은 쉽게 해결될

기미가 보이지 않는다. 이런 상황에서 상대적으로 중희토류 비중이 높은 캐나다가 주목받고 있다.

• 호이다스 레이크Hoidas Lake

캐나다 호이다스 호수 광상은 인회석과 알라나이트로 구성되어 있으며 대부분의 희토류를 갖고 있다. 모나자이트와 바스트네사이트는 소량만 존재한다. 주요 희토류는 란탄, 세륨, 프라세오디뮴, 네오디뮴이고 사마륨과 디스프로슘은 존재량이 미미하다. 광상의 등급은 총 희토류의 2~4%로 보고되며, 이들 광물은 알칼리성 또는 탄산염 마그마와 관련이 있다는 연구 결과가 있다.

• 스트레인지 레이크Strange Lake

캐나다 퀘벡주와 래브라도주 경계에 위치한 스트레인지 레이크(일명 Lac Brisson) 광상은 변성암과 석영 몬조나이트가 관입한 과알칼리성 화강암으로 중희토류 매장량이 풍부하다고 알려져 있다. 일단의 연구자들은 이 복합 단지의 암석이 나이, 구조적 배경, 공간적 연관성 및 화학적 성질에 있어 남서 그린란드의 가르다르 지방과 유사하다는 사실을 밝혔다.

• 미저리 레이크Misery Lake

미저리 호수 광상은 2007년 Quest Rare Minerals Ltd.가 정찰 샘플링 중에 발견했다. 2009년의 추가 조사에서는 희토류를 함유한 알칼리성 복합체가 풍부한 것으로 밝혀졌다. 미저리 호수 단지는 스트레인지 레이크 퇴적물에서 남쪽으로 120km 떨어져 있고, 총 면적은 44,856ha이다. 지질학적으로나 지구화학적으로 스트레인지 레이크와 유사하다.

육상 희토류 매장량 2위, 베트남

육상 희토류 매장량 세계 2위는 베트남이다. 매장량은 2,200만톤, 전 세계 공급량의 18%를 담당하고 있다. 베트남의 매장량은 지금까지 알려진 중국의 매장량 거의 절반에 해당하며, 미국 매장량의 10배가 넘는다. 베트남의 희토류는 중국 남부와 국경을 맞대고 있는 북서부 라오까이Lào Cai와 라이쩌우Lai Châu 지역의 모나자이트와 지르콘 매장지에 집중되어 있다.

베트남의 희토류 매장지(Mau Xe North, Mau Xe South 및 Dong Pao)에는 세륨, 란탄, 네오디뮴, 프라세오디뮴, 이트륨, 가돌리늄 및 유로퓸 등이 풍부하다. 그중 동파오Dong Pao 광상은 지난 20년간(2000~2020년) 전 세계에서 생산된 희토류의 2배 이상인 약 7백만 톤의 희토류가 매장되어 있다고 한다. 이러한 매장량에도 불구하고 베트남은 희토류를 거의 생산하지 않는다.

특히 2018년 이전 베트남의 희토류 생산은 미미했다. 미국지질조사국USGS은 2000년과 2011년 사이 베트남은 희토류 원료를 전혀 생산하지 않은 것으로 추정한다. 그러다가 2018년 400톤, 2019년 1,300 톤, 2020년에는 1,000톤으로 생산량을 늘었다. 이는 전체 공급량에 비해 극히 적은 부분이지만 투자자들의 관심을 끌기엔 충분했다.

2010년 토요타를 비롯한 다수의 일본 기업들은 호주와 함께 베트남 투자를 발표했다. 이러한 초기 관심이 실질적인 생산으로 이어지지는 않았지만 생산지 다변화에 대한 관심은 여전하다. 베트남 동파오 광산은 베트남 기업과 일본 기업이 공동으로 운영하고 있다.

미중 분쟁의 축소판, 그린란드

덴마크 자치령인 그린란드는 인구가 6만 명도 안 되는 소국이다. 이 나라의 경제는 주로 어업에 의존하고 있었으나, 최근 희토류 광산 개발이 활발하게 이루어지면서 전 세계의 관심을 한몸에 받고 있다. 특히 2019년 미국의 트럼프 대통령이 그린란드를 사버리겠다고 발언해 국제적 이슈가 되기도 했다. 현재 그린란드에서 희토류 생산을 놓고 경쟁하는 업체는 두 개다. 둘 다 호주에 본사를 두고 있지만 하나는 미국이 자금을 조달했고, 다른 업체는 중국 공기업이 지분을 갖고 있다. 이곳에서도 미중 분쟁이 진행 중인 셈이다.

• 남서 그린란드 일리마우삭Ilimaussaq 단지

일리마우삭 단지에서 고품질 희토류 광상 두 군데를 찾았는데, 지금까지 설명한 희토류 광상과는 완전히 다른 성격을 보인다. 이곳의 희토류는 소위 알칼리성 화성암과 관련이 있다. 일리마우삭 단지에는 희토류뿐 아니라 우라늄, 아연도 풍부하게 매장되어 있다. 게다가 남부 그린란드의 기존 기반시설에 인접해 있어 광물 자원 개발에 유리하다는 장점도 갖고 있다.

• 크바네필드Kvanefjeld 광산

크바네필드 광산은 1950년대에 발견되었고 이후 광범위하게 연구되었다. 주요 희토류 광석은 스틴스트루핀steenstrupine이다. 이 광석에는 세륨(약 40%), 란탄(약 25%), 네오디뮴(약 15%), 이트륨(약 10%), 프라세오디뮴(약 5%)이 포함되어 있고 나머지 5%는 중희토류다. 희토류 자원의 총량은 619Mt(Mt는 메가톤으로 100만 톤을 의미)이다.

• 크링글렌Tanbreez

희토류 자원 총량은 1000Mt 등급이며 경희토류와 중희토류의 분포는 88%와 12%로 보고되었다. 타브리즈Tanbreez Mining Greenland A/S는 미국의 지원을 받는 호주 업체인데, 회사의 이름을 따서 타브리즈 광산이라고도 불린다. 이 회사(Tanbreez)의 알파벳 철자는 탄탈럼Ta, 니오븀nb, 희토류ree, 지르코늄Zr의 약어로 구성된 것으로 유명하다.

남아프리카공화국, 브라질 등

1950년대 희토류 주생산지가 남아프리카공화국이었음을 아는 사람은 드물다. 그런데 최근 희토류 공급 부족이란 문제가 표면화되고 중국의 희토류 선점 움직임이 본격화되면서 아프리카 지역에 관심이 집중되고 있다.

남아프리카공화국 필라네스버그Pilanesberg 단지는 프리토리아에서 북서쪽으로 약 120km 떨어져 있으며, 현재 국립공원 및 자연보호구역으로 지정되어 있다. 스틴캄프스크랄Steenkampskraal 광산은 케이프타운에서 북쪽으로 약 350km 위치에 있고, 1952년부터 1963년까지 Anglo American의 자회사가 운영했다. 광산은 1963년에 폐쇄되었지만 희토류 공급을 위해 다시 문을 열었다.

스틴캄프스크랄 광산은 주로 모나자이트 광석에서 희토류를 생산한다. 세륨과 란탄이 풍부하지만 이트륨을 포함한 모든 희토류 원소가 존재한다.

브라질의 희토류 상황은 대체로 베트남과 유사하다. 무엇보다 희토류 매장량이 2,100만 톤에 달한다. 이는 전 세계 공급량의 약 17%로서 세계 3위에 해당한다. 희토류 매장지는 브라질 해안을 따라 뻗어 있다. Minas Gerais 및 Goias주의 내륙 지역과 수리남과 가이아나와의 국경 근처로 북쪽으로 더 뻗어 있다. 이곳에 네오디뮴과 세륨을 포함한 다양한 희토류가 매장되어 있다.

많은 매장량에도 불구하고 브라질의 희토류 생산량은 적다. 지난 몇 년 동안 연간 2,000톤을 초과하지 않았으며, 2000년에서 2018년 사이에 추정되는 연간 생산량은 500톤 미만이었다. 하지만 베트남과 마찬가지로 브라질의 희토류 매장량 연구 및 개발에 대한 관심이 높아지고 있다.

2021년 2월, 브라질 기업 Brazil Minerals는 브라질 북동부 지역(거의 20,000에이커)의 희토류에 대한 광물 채굴권을 취득했다고 발표했다. 희토류 외에도 리튬, 티타늄을 비롯한 '녹색 에너지 혁명'을 위한 광물이 다수 발견되었다는 내용이었다.

러시아는 전 세계 공급량의 약 10%에 해당하는 약 1,200만 톤의 REO가 매장되어 있다. 희토류는 대부분 시베리아에 집중되어 있다. 즉 바이칼 호수 북쪽 가장자리에 있는 콜라 반도와 러시아 북극 지역이다. 러시아의 희토류는 누가 봐도 개발이 어려운 지형과 기상 조건을 갖고 있다. 따라서 희토류 생산량은 비교적 적다. 2019년과 2020년 연간 생산량은 2,700톤으로 추산된다.

냉전 시기에 소련은 희토류(특히 우라늄)의 주요 생산국이었지만, 소련이 무너지면서 생산량이 감소했다. 통계에 일관성은 없지만, 2000년에서 2020년 사이에 연간 2,000에서 3,000톤이 생산된 것으로 추정된다.

일부 프로젝트가 개발 중이지만 기술 문제와 자금 조달로 어려움을 겪고 있는 실정이다. 가장 주목받고 있는 것은 톰토르스코예Tomtorskoye 광상으로, 성공적으로 개발되기만 하면 러시아에 큰 수익을 안겨 줄 것으로 보인다. 추정치이긴 하지만, 톰토르스코예 광상은 중국의 바이윈 어보 광상에 이은 세계에서 두 번째로 큰 희토류 단일 광상이다.

스웨덴의 노라 카Norra Kärr 단지는 스웨덴 남부에 위치하며 1906년 발견되었다. 중희토류가 풍부하여 총 희토류 함량의 50% 이상을 구성할 정도이다.

08

알아두면 쓸모 있는
희토류 백과사전

원자번호순 희토류 17종

이제부터 17종 희토류 각각의 특성과 면면에 대해 살펴보려고 한다. 17
종 희토류를 원자번호순으로 다시 한 번 소개한다. 란탄족 15종과 스칸듐,
이트륨이다.

- 란탄57 lanthanum, La, 세륨58 cerium, Ce, 프라세오디뮴59 praseodymium,
  Pr, 네오디뮴60 neodymium, Nd, 프로메튬61 promethium, Pm, 사마륨62
  samarium, Sm, 유로퓸63 europium, Eu, 가돌리늄64 gadolinium, Gd, 테르븀
  65 terbium, Tb, 디스프로슘66 dysprosium, Dy, 홀뮴67 holmium, Ho, 에르
  븀68 erbium, Er, 툴륨69 thulium, Tm, 이테르븀70 ytterbium, Yb, 루테튬71
  lutetium, Lu

- 스칸듐21 scandium, Sc

- 이트륨39 yttrium, Yt

전통적으로 희토류는 원자의 무게에 따라 경희토류LREE: Light Rare Earth Elements와 중희토류HREE: Heavy Rare Earth Elements의 2개 그룹으로 나뉜다. 경희토류에는 원자번호 57(La)부터 64(Gd)까지의 란탄족 원소들이 포함되고, 중희토류에는 원자번호 65(Tb)부터 71(Lu)까지가 포함된다. 특별한 경우에는 유로퓸과 가돌리늄을 중희토류에 포함시키기도 한다. 이트륨은 원자번호가 39번이지만 중희토류에 포함된다.[23]

희토류를 세 그룹으로 분류하는 방식도 있다. 란탄에서 사마륨까지를 경희토류, 유로퓸에서 디스프로슘까지를 중간 희토류, 마지막으로 홀뮴에서 루테튬까지와 이트륨, 스칸듐을 중희토류로 분류하는 것이다.

지금부터 원자번호 순서대로 각 희토류에 대해 상세하게 알아보자.

스칸듐 | scandium, Sc | 원자번호 21

멘델레예프는 1869년 주기율표를 만들면서 앞으로 새로운 원소가 발견될 것을 예견해 빈칸을 남겨두는 천재성을 발휘했다. 1879년 스웨덴의 광물학자 라르스 닐손Lars Fredrik Nilson은 육세나이트와 가돌리나이트에서 고순도의 산화 스칸듐을 추출하는 데 성공했다. 스웨덴인이었던 그는 스칸디나비아의 어원에서 따온 '스칸듐'이라는 이름을 붙였다. 하지만 1937년

이 되어서야 순수한 스칸듐이 최초로 분리되었다.

스칸듐은 대개 알루미늄 합금으로 사용된다. 스칸듐-알루미늄 합금은 주로 우주항공 분야 재료나 부품으로 사용된다. 물론 이 외에도 자전거 프레임, 낚싯대, 골프채, 야구 배트 등의 생활용품에 사용되기도 한다.

스칸듐은 산화 스칸듐의 형태로 생산되는데 연간 생산량이 2톤에 불과하고, 전 세계 소비량은 약 5톤에 달해 항상 공급 부족 상태라 할 수 있다. 대부분의 스칸듐은 우라늄과 텅스텐을 생산할 때 부산물의 형태로 얻는다. 러시아는 구소련 시절 우라늄을 정제하면서 얻은 스칸듐을 아직도 사용하고 있다고 전해진다. 스칸듐의 지각 분포량은 약 25ppm으로 코발트와 비슷하다.

우주항공 분야의 부품에는 약 0.1~0.5%의 스칸듐이 들어간다. 러시아제 군용기인 미그21과 미그29에도 사용되었으며, 냉전 시대 개발된 소련의 ICBM 탄두에도 사용된 것으로 알려져 있다.[24] 스칸듐은 수은등에도 사

노란빛을 띠는 산화 스칸듐 ⓒWikimedia

용된다. 아이오딘화 스칸듐을 수은등에 첨가하면 태양광과 유사한 광원을 생성하는데, 이는 가로등이나 야구장의 야간 조명뿐 아니라 TV 카메라 등에 활용된다.

현재 스칸듐은 고휘도 조명을 생산하는 데 제한된 규모로 사용된다. 스칸듐이 가장 값비싼 희토류 중 하나이기 때문이다. 99% 순도의 스칸듐은 2010년경 킬로그램당 15,000달러까지 가격이 치솟기도 했다.

반감기가 84일로 가장 긴 방사성 동위원소인 Sc46은 정유 공장에서 석유 정제 과정을 모니터링하는 데 사용된다. 스칸듐은 농업 분야에서도 활용된다. 옥수수, 완두콩, 밀에 황산 스칸듐의 희석 용액을 적용하면 발아하는 종자의 수가 증가된다.

이트륨 | yttrium, Yt | 원자번호 39

이트륨은 1794년 요한 가돌린이 발견했는데, 가장 먼저 발견된 희토류 원소라 할 수 있다. 희토류 원소를 분리하는 것이 지난한 작업이라는 사실은 이미 밝혔다. 이트륨 역시 1789년 산화물인 '이트리아'로 처음 분리되었고, 여기서 9가지의 다른 희토류를 모두 분리하는 데 100년이 넘게 걸렸다. 이트륨은 지각에 비교적 풍부하게 존재한다. 부존량 331ppm으로 전체 원소 중 28번째로 많고 이는 구리와 비슷한 수준이다.

특이한 점이라면 지구보다 달에 더 많이 존재한다는 것이다.[25] 미국의 우주선이 가져온 월면석에는 지구보다 3배나 많은 이트륨이 포함되어 있었다. 이트륨은 은빛 광택이 있으며 공기 중에서 상당히 안정적이다. 물론 미세하게 분할된 상태에서는 공기 중에서 불안정하다.

이트륨의 용도는 다양하다. 알루미늄, 마그네슘, 크롬, 몰리브덴, 지르 코늄 등 여러 금속에 소량(0.1~0.2%) 첨가하면, 해당 금속을 보다 단단하게 만들고 고온에서 잘 견디게 해준다. 경도 8.5의 이트륨-알루미늄 석류석 은 보석(모조 다이아몬드)으로 사용되고, 바나듐 및 기타 비철금속의 탈산제 로도 사용된다.

이트륨이 가장 많이 쓰이는 곳은 LED와 형광체이다. 그 밖에 레이저, 전 선, 초전도체 등 다양한 분야에서 활용된다. 이트륨-철-가닛YIG은 광통 신용 광 아이솔레이터와 고주파 발진기에 사용된다. 이트륨-알루미늄-가 닛YAG은 레이저 및 백색 LED의 형광체로 사용된다. 황산화이트륨은 컬러 텔레비전에서 빨간색을 내는 형광체로, 이트륨-바륨-구리 산화물YBCO은 고온 초전도체 물질로 사용된다.

이트륨 YVO$_4$-Eu 및 Y$_2$O$_3$-유로퓸 형광체는 컬러 텔레비전 및 모니터

이트륨 ©Wikimedia

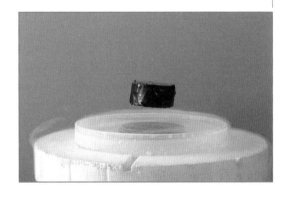

에 없어서는 안 될 요소다. 카메라 렌즈에 이트륨 산화물을 적용하면 열과 충격에 강해진다. 마이크로파 및 레이더 응용 분야에는 이트륨-철-가닛YIG과 이트륨-알루미늄-가닛YAG이 필요하다. 이렇게 이트륨 산화물은 산업에 광범위하게 응용되는 가장 중요한 산화물 중 하나다.[26]

| **란탄** | lanthanum, La | 원자번호 57 |

희토류 원소의 대부분을 차지하는 란탄족 원소의 대장격이다. 1839년 스웨덴 화학자 칼 구스타브 모산더Karl Gustav Mosander가 발견했는데 이후 140여 년간 대량생산을 하지 못해 거의 활용되지 못했다. 란탄은 '숨겨져 있다'라는 의미의 그리스어 'lanthanein'에서 유래되었다. 란탄은 합금, 배터리, 촉매제, 특수광학 유리, 초전도체, 형광체에 널리 사용된다.[27]

발견 초기에 용접장비, 캠핑용 램프, 극장 영사기 등에 소소하게 사용되던 란탄은 니켈수소NiMH 배터리가 개발되면서 위상이 완전히 달라졌다. 니켈수소 배터리는 수산화칼륨KOH을 전해질로 사용하기에 알카라인 축전지로서 충전이 가능했다.

그런데 니켈수소 배터리에서 진화된 니켈-카드뮴Ni-Cd 배터리보다 더 성능이 우수한 것이 바로 란탄-니켈-수소화물Lantan-Nickel Hydride: LaNiH 배터리이다. 이는 수소를 흡수하는 음극이 카드뮴 기반 전극을 대체한 것이다. 카드뮴의 독성을 고려할 때 이는 중요한 개선점이다. 토요타자동차의 하이브리드 차량 한 대에 란탄이 12kg 사용된다고 알려져 있다.

란탄의 대표적 활용 분야 중 하나가 촉매다. 석유화학에서 가장 중요한 전환 공정으로 꼽히는 유동층 촉매 분해 공정FCC은, 중질 원유를 가솔린, 디젤과 같이 더 가벼운 정유로 변환시킨다. 지금 전 세계에서 촉매Catalyst 시장을 선점하기 위한 화학기업들의 경쟁이 치열하다.

촉매산업은 중국 및 중동의 석유화학 산업 호조와 미국, 유럽, 일본의 환경규제 강화로 호황을 누리고 있다. 메이저 기업들은 세계 시장 진출을 가속화하는 한편, 신기술 도입으로 촉매 수요 폭증에 대응하고 있다. 최근 중동 및 아시아에서 유황 함유량이 적은 연료 사용을 입법화하면서 촉매 수요는 더욱 늘어날 전망이다.

란탄과 특수 광학 유리는 떼려야 뗄 수 없는 관계에 있다. 란탄Ⅲ 산화물 La_2O_3은 카메라 및 망원경 렌즈를 비롯한 특수 광학 유리를 만드는 데 사용된다. 광학기기에는 렌즈나 프리즘 등 다양한 광학유리가 사용되는데, 이러한 광학유리 설계에는 굴절률이나 파장분산 제어가 중요하고, 희토류는 이러한 광학 특성과 관계가 있다.

특히 란탄과 가돌리늄은 산화물 유리의 굴절률 증대에 효과적이며 무연 고굴절률 유리 설계에도 중요한 역할을 한다. 붕규산유리에 란탄과 가돌리늄을 높은 농도로 함유시키면 화학적 내구성이 우수한 고굴절 광학유리를 제조할 수 있다. 희토류는 광학기기에 소색재로 사용되기도 한다.

앞에서도 잠깐 나왔지만, 란탄은 라이터 등에 주로 사용되는 미시메탈 합금에도 사용된 바 있다. 미시메탈의 주요 성분은 세륨 55%, 란탄 25%, 네오디뮴 15~18%이다. 기본적으로 발화 합금의 성분으로 많이 사용되었고 알루미늄, 마그네슘 합금에 첨가제로 사용되기도 하였다. 그 밖에도 고온 세라믹의 초전도체, 여러 유형의 형광체에 광범위하게 사용되고 있다.

세륨 | Cerium, Ce | 원자번호 58

세륨은 1803년 베르젤리우스Jans Jacob Berzelius에 의해 발견되었다. 세륨이라는 이름은 당시 새로 발견된 행성인 'Ceres'에서 따왔다고 한다. 세륨은 희토류 원소 중 지각에 가장 많이 함유되어 있고, 사용량 또한 가장 많다.

자동차 점화장치용 플린트flint 소재로 사용되고 금속에 합금 형태로 첨가되어 내열성을 향상시킨다.[28] 산화 세륨은 자동차 배기가스에서 일산화탄소를 이산화탄소로 산화시키는 정화장치의 촉매로 사용되고, 정유공장의 석유 분해 촉매로도 사용된다. 또한 산화 세륨은 청황색을 띠어 도자기의 착색제로도 사용된다.

과거에 세륨과 세륨 산화물은 주로 연마제로 이용되었으나 최근에는 촉매용, 반도체용, 고체 산화물 연료전지, 초전도 재료 등의 첨단산업에 응용되고 있다. 세륨을 포함한 란탄족 원소들이 널리 사용되는 것은 인체에 해가 될 정도의 독성을 나타내지 않기 때문이다.[29]

• 연마제

산화세륨CeO_2은 세리아ceria라고도 불리는 담황-백색의 분말인데 대표적 용도가 연마제다. 광학유리나 디스플레이용 유리는 연마 가공을 해야

한다. 1950년대에는 산화철Fe₂O₄이 연마제로 이용되었으나, 현재는 대부분 연마 성능이 좋은 산화 세륨을 사용한다. 이 외에도 보석 세공 연마제, 안경 유리 연마제로 일부 사용된다.

• 합금

세륨이 포함된 합금 중 대표적인 것이 소위 미시메탈Misch Metal이다. 독일어에서 'Mischmetall'은 '혼합 금속'을 의미한다. 세륨 미시메탈, 혹은 희토류 미시메탈은 세륨 약 50%, 란탄 25%, 네오디뮴 15%, 기타 10%(프라세오디뮴, 유로퓸, 사마륨)로 구성되는데 이는 소위 발화성 합금이다. 미시메탈의 가장 일반적인 용도는 라이터와 토치의 점화 장치, 다시 말해 부싯돌이다. 미시메탈을 더 단단하게 만들기 위해 산화철과 산화마그네슘을 혼합하기도 하는데, 이를 페로세륨이라 부른다.

• 안료와 도금

얼마 전까지 용기, 장난감, 플라스틱 상자에 빨간색을 입히는 안료는 카드뮴 레드였다. 지금은 카드뮴 화합물이 환경적으로 바람직하지 않은 것으로 간주되어 무독성 황화 세륨으로 대체되고 있다. 이 화합물은 풍부한 붉은색을 띠며 350℃까지 안정적이어서 생활용품에 두루 활용된다. 세륨의 다른 용도는 크롬 도금과 백열 가스 맨틀이다. 또한 '셀프 크리닝 오븐'에서 탄화수소 촉매로도 사용된다.

프라세오디뮴 | praseodymium, Pr | 원자번호 59

1800년대 초 디디뮴이 발견되었고, 1885년이 되어서야 디디뮴은 서로 다른 2개의 원소, 즉 프라세오디뮴과 네오디뮴으로 분리되었다. '디뮴'은 쌍둥이를 뜻하는 그리스어에 기원을 두고 있다. 디디뮴 발견 당시, 희토류의 대장격인 란탄과 성질이 비슷해 란탄의 쌍둥이 원소라는 의미에서 디디뮴이란 이름을 붙였다. 프라세오디뮴의 지각 분포도는 9.5ppm으로 전체 원소 가운데 39번째로 많다. 란탄족 원소들이 그렇듯이 다양하게 활용되는데, 그중 대표적인 것이 미시메탈(조성의 약 5% 차지)이다.

프라세오디뮴의 다른 주요 용도는 다음과 같다.[30]
• 항공기 엔진용 고강도 금속 생산을 위한 마그네슘 합금
• 유리 및 에나멜용 안료(녹색, 노란색)

- 용접 고글에 사용되는 디디뮴 유리(프라세오디뮴 도핑 유리)

- 촉매

- 불소−유리 광섬유

네오디뮴 | neodymium, Nd | 원자번호 60

란탄족 원소는 원자번호 57번인 란탄La부터 71번인 루테튬Lu까지를 이르는데, 이들은 최외곽 전자껍질에 2개의 6s 전자를 갖고 있고, 원자번호가 클수록 4f 전자가 하나씩 더 많아진다. 따라서 네 번째 란탄족 원소인 네오디뮴은 4개의 4f 전자를 갖고 있다. 네오디뮴은 은백색의 무른 금속으로 화학 반응성이 아주 크고, 화합물에서는 주로 +3의 산화 상태를 갖는다.[31] 공기 중에서 표면이 산화되어 노란색 산화물 피막이 형성되는데, 산화물 피막이 떨어져 나오면서 금속 전체가 서서히 산화된다.

네오디뮴은 란탄족 원소 중 세륨 다음으로 많은 양이 존재한다. 지각에서의 존재비는 약 38ppm으로, 대략 27번째로 풍부한 원소이다. 존재비로 보면 구리(70ppm)나 아연(76ppm)보다는 적으나, 코발트(29ppm), 납(13ppm), 주석(2ppm)보다는 많다. 란탄은 100가지 이상의 광물에 다른 란탄족 원소들과 함께 들어 있는데, 상업적으로 가장 중요한 광석은 모나자이트와 바스트네사이트이다.

네오디뮴은 이들 광석에 들어 있는 란탄족 금속 중 약 10~18%를 차지한다. 예전에는 이들 광석에서 개별 성분을 분리하지 않고 미시메탈 형태로 회수했으나, 근래에는 수요가 많아 이온 교환 또는 용매 추출 방법으로 분리하여 사용한다. 2004년 전 세계 생산량은 산화네오디뮴III, Nd_2O_3으로 환산해서 약 7000톤이었다.[32]

네오디뮴을 얘기하면서 빼놓을 수 없는 것이 영구자석이다. 네오디뮴을 철, 붕소와 합금시킨 네오디뮴 영구자석$Nd_2Fe_{14}B$은 현재까지 알려진 것 중 가장 강력하다. 게다가 비교적 저렴하고 가볍기까지 하다. 마이크와 스피커, 이어폰, 컴퓨터 하드디스크 등에 사용되며, 하이브리드 자동차와 전기 자동차의 모터, 항공기, 풍력 터빈 등 가볍고 부피가 직으면서 강한 자기장이 필요한 거의 모든 기기와 장치에 사용된다.[33]

네오디뮴 영구자석은 1982년 제너럴 모터스General Motors와 스미토모 특수철강Sumitomo Special Metals이 동시에 개발했다. 많은 장점을 가지고 있지만 사마륨 코발트SmCo 자석에 비해 최대 작동 온도가 낮고 쉽게 부식된다는 단점을 갖고 있다. 자석이 성질을 잃게 되는 온도가 310~400℃로, 다른 자석 재료의 700~800℃에 비해 낮은 편이다. 부식의 문제는 표면을 니켈 또는 구리-니켈로 도금하는 방법으로 어느 정도 해결하고 있다.

네오디뮴 자석이 응용되는 분야는 실로 다양하다.[34] 컴퓨터 및 사무 자동화 기기, 프린터 및 팩스, 복사기 롤러, 자동차 산업, 스타터 모터, 센서, 연료 펌프, 액추에이터, 교류발전기, 카메라, 휴대폰, 에어컨, 보안 시스템 및 공장 자동화, 펌프, 모터, 베어링, 개방형 MRI 스캐너, 수술도구, 치과용 임플란트 등이다.

희토류 소결자석의 응용분야 중에서도 하이브리드 및 전기자동차 구동 모터의 수요가 최근 급격하게 증가하고 있다. 높은 온도에서 보자력이 크게 감소하는 단점은 디스프로슘Dy 또는 테르븀Tb 등의 중희토류를 첨가하여 극복할 수 있다. 디스프로슘을 첨가하면 자석의 퀴리점이 높아져 더 높은 온도에서 사용할 수 있다. 네오디뮴 자석에 첨가되는 디스프로슘 양은 0.8~1.2%이다.

Nd_3+가 첨가된 이트륨-알루미늄-가넷ytterium aluminum garnet, Nd:YAG을 이용한 레이저는 1964년에 처음 개발되었는데 YAG에 약 1%의 네오디뮴을 첨가시켜 만든다.[35] 이 레이저는 병원에서 널리 이용된다. 안과 레이저 수술, 전립선 수술, 피부암 제거, 양성 갑상선종 억제, 성형의학, 구강 내 연조직 수술 등에 사용된다. 산업적으로는 금속이나 플라스틱의 절단, 용접, 가공에 널리 이용되며, 군사적으로는 레이저 표적 지시기와 거리 측정기에 사용된다.

네오디뮴은 유리 착색제로도 사용된다. 용융된 유리에 산화네오디뮴

네오디뮴 영구자석 ©Wikimedia

Nd_2O_3을 첨가하면 노란색 빛은 잘 흡수하나 붉은색, 파란색, 녹색의 빛은 통과시켜 보통 적자색을 띤다. 다른 유리 착색제와 함께 네오디뮴을 첨가하면 다른 색깔의 유리도 얻을 수 있다. 네오디뮴 유리는 전등 갓을 만드는 데도 활용되는데, 조명 형태에 따라 색이 달라지는 특징이 있다. 네오디뮴 유리로 백열등 전구를 만들면, 보통 전구에 비해 태양빛에 가까운 백색광을 낸다.

디디뮴(네오디뮴과 프라세오디뮴의 혼합물) 유리는 용접이나 유리 세공을 할 때 착용하는 보안경으로 사용된다. 또한 백열등에서 나오는 노란색을 걸러내므로 실내 사진 촬영에서 색상 강화 필터로 사용된다.[36]

네오디뮴의 연간 글로벌 생산량은 산화네오디뮴(III, Nd_2O_3)으로 환산해서 약 7,000톤으로 추정되는데, 거의 전량이 중국에서 생산된다. 2012년 10월 현재, 금속 네오디뮴(순도 99% 이상) 가격은 미화로 약 125$/kg이고, 산

네오디뮴 유리 전등 갓. 네오디뮴 유리는 빛의 형태에 따라 나타나는 색이 다르다. 왼쪽은 형광등, 오른쪽은 백열등 아래서 보이는 모습 ⓒWikimedia

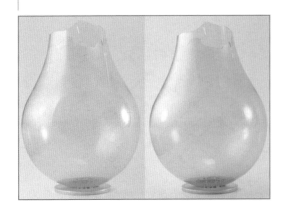

화네오디뮴(순도 99% 이상)은 약 95,000$/톤이다. 이러한 가격은 같은 무게의 란탄이나 세륨에 비해 4~6배 더 높다.[37]

프로메튬은 란탄족 중 가장 늦게 발견된 원소로, 1902년에 이미 그 존재가 예언된 바 있다. 안정된 원소는 없고 방사성 동위원소만 존재한다. 자연계에서는 발견되지 않다가 1947년 우라늄 핵분열 생성물에서 처음 분리·발견되었다. '제2의 불'이라 일컬어지는 우라늄의 핵분열 생성물에서 발견되었기 때문에, 그리스 신화에서 인간에게 불을 가져다 준 프로메테우스Prometheus에서 이름을 따왔다. 방사성 원소인 프로메튬은 반감기가 매우 짧고 주로 연구용으로만 사용된다.[38]

그런데 그 예외가 프로메튬 147Pm이다. 147Pm는 반감기가 2623년인 β−선 방출원으로 원자력전지에 사용된다. 이 전지는 147Pm 화합물을 두 장의 반도체판 사이에 넣어 만드는데, 1964년에 처음 만들어졌다. 다른 형태의 전지가 너무 무겁거나 커서 적합하지 않은 특수한 경우에 사용된다. 유도미사일 계기, 인공위성, 심장박동기 등의 에너지원이나 태양광이 약한 장소에서 활동하는 우주탐사선의 보조 열원과 동력원 등으로 사용된다.

같은 무게나 부피의 일반 전지에 비해 월등한 양의 전력을 얻을 수 있다는 장점이 있으나, 일반용으로 쓰기에는 매우 비싸다. 또한 147Pm의 반감기로 인해 수명이 약 5년 이내로 제한되며, 감마선을 잘 차폐해야 한다는 단점을 갖고 있다. 최근에는 삼중수소(3H, 반감기 12.32년) 등 다른 동위원소를 사용하는 원자력전지로 대체되고 있다.[39]

147PmCl₃은 인광체(예를 들어 황화아연)와 혼합해 방사성 발광 페인트로 사용된다. 처음에는 라듐Ra 산화물을 사용하였으나 라듐의 방사능 오염으로 많은 작업자들이 사망하자, 147Pm이나 삼중수소로 대체되었다. 안정성 측면에서는 147Pm이 삼중수소에 비해 선호된다. 147Pm 화합물에서 나오는 방사선은 물질을 투과하는데, 그 정도를 보고 물질의 두께를 측정할 수 있다. 또한 방사선을 금속 표적에 쪼여 X선을 발생시키는 휴대형 X선 발생장치에 이용될 것으로 기대된다.[40]

프로메튬은 주로 우라늄의 핵분열 생성물에서 분리해서 얻는다. 미국 오크릿지 국립연구소ORNL(당시 이름은 Clinton Laboratory)는 1960년대에 연간 650g의 프로메튬을 분리·생산할 수 있는 시설을 갖추고 있었는데, 이는 세계에서 유일한 대규모 프로메튬 생산시설이었다. 그러나 1980년 미국에서의 그램 단위 프로메튬 생산은 중단되었으며, 현재 러시아에서 비교적 대량으로 생산된다.[41]

사마륨 | Samarium, Sm | **원자번호 62**

란탄족 원소로 1879년 처음 발견되었다. 사마륨이 포함된 사마스카이트 samarskite 광상을 처음 발견한 러시아 광산 공병단 참모장 바실리 사마스키Vasili Samarsky-Bykhovets의 이름에서 유래되었다.

사마륨은 란탄족 원소 중에서 세륨Ce, 네오디뮴Nd, 란탄La, 프라세오디뮴Pr 다음으로 지각에 많은 양이 존재한다. 지각에서의 존재비는 약 8ppm(0.0008%)으로, 대략 40번째로 풍부한 원소이다. 모나자이트, 바스트네사이트, 세라이트cerite, 가돌리나이트, 사마스카이트 등의 광석에 존재한다.[42]

전 세계 연간 생산량은 산화사마륨Sm_2O_3으로 환산해서 약 700톤이며, 광석 매장량은 약 200만 톤으로 추정된다. 다른 희토류 원소들과 마찬가지로, 매장량은 많으나 분리가 어려워 생산량이 적다. 중국이 전 세계 생산량의 약 95%를 차지한다.[43]

19세기 후반 여러 과학자들이 사마륨의 존재를 검출했다고 발표했으나, 프랑스의 화학자 부아보드랑Paul Emile Lecoq de Boisbaudran이 1879년

사마륨 ⓒWikimedia

에 처음 발견한 것으로 인정된다. 부아보드랑은 1879년 미국 노스 캐롤라이나North Carolina 광산에서 채취된 사마스카이트 광석에서 얻은 디디뮴didymium의 산화물 디디미아didymia에서 새로운 금속 화합물을 분리하고, 여기서 나오는 스펙트럼 선의 관찰을 통해 사마륨을 발견하였다.

부아보드랑에 앞서, 1853년 스위스의 화학자 드 마리낙Jean Charles Galissard de Marignac도 디디뮴에서 새로운 스펙트럼 선을 관찰하였으나 당시에는 새로운 원소나 화합물을 얻지 못하였다. 그는 부아보드랑보다 1년 늦은 1880년에야 가돌리늄과 사마륨을 분리, 확인하였다.[44]

사마륨은 사마륨-코발트 영구자석, 화학 촉매와 시약, 방사성 의약품, 특수 유리 및 레이저 등에 사용된다. 사마륨의 가장 중요한 용도는 자석이다. 사마륨-코발트 자석은 1960년대 말에 발견되었다. 값비싼 코발트를 사용했기 때문에, 현재까지 알려진 가장 강력한 네오디뮴 자석에 비해 가격이 비싸고 자기장의 세기가 약간 작은 단점이 있다. 그러나 퀴리온도(물질이 강자성을 잃는 온도)가 높고, 녹슬지 않으며, 온도에 따른 자기장의 변화율이 적다는 장점을 갖고 있다.

사마륨-코발트 자석은 고가여서 소형 전기 모터, 헤드폰, 전기 기타 등 소형 기기에 사용된다. 구체적인 예로는 태양 에너지를 이용하는 경비행기 솔라 챌린저Solar Challenger의 전기 모터, 사마륨-코발트 무잡음SCN 전기 기타와 베이스 기타의 픽업 등이다.[45] 사마륨은 화학 반응의 촉매와 시약, X-선 레이저 등에도 유용하게 사용되며, 원자로의 중성자 제어봉에도 들어간다. 방사성 동위원소인 153Sm은 방사성 암 치료제와 통증 완화제로 사용된다.

사마륨이 첨가된 유리는 가장 값비싼 유리 중 하나로, 주로 적외선을 흡수하는 특수 광학 유리로 사용되고, 400nm(나노미터) 이하의 빛을 흡수하므로 자외선 필터로도 사용된다. 또한 사마륨을 이용한 X-선 레이저는 파장이 10nm보다 짧은 펄스를 발생시키므로 홀로그래피, 고분해능 현미경 등 다양한 분야에 사용될 수 있다. 사마륨은 사마륨-네오디뮴 연대 측정법에 이용되기도 한다. 147Sm, 144Nd, 143Nd의 상대적 비로 암석이나 운석의 형성 기원과 연대를 결정하는 것이다.

유로퓸 | europium, Eu | 원자번호 63

1901년 발견된 유로퓸은 유럽 대륙의 이름을 따서 원소 이름이 지어졌다. 희토류 원소 중에서도 매장량이 매우 적지만, 화학 반응성은 가장 크고 가격도 가장 비싼 편에 속한다. 유로퓸이 주로 사용되는 곳은 형광체다.

프랑스 화학자 드마르세이Eugene-Anatole Demarcay는 1896년 당시까지 순수한 사마륨이라 여겨졌던 물질의 스펙트럼에서 새로운 스펙트럼 선을 발견하고 사마륨 분리에 성공했다. 유로퓸이 발견됨으로써, 1803년 세라이트cerite 광석에서 새로운 금속 산화물 세리아ceria를 얻은 지 거의 100년 만에 세리아에 들어 있던 6가지 희토류가 모두 분리, 확인되었다.[46]

유로퓸은 발견 이후에도 특별한 용도가 없었는데, 1967년 사마륨을 컬러 TV 브라운관의 붉은색 인광물질로 사용함으로써 아주 밝은 색의 컬러 TV가 가능해졌다. 이후 유로퓸은 자연색에 가까운 빛을 내는 에너지 절약형 삼파장 형광등이나 수은등에도 사용되고, 액정화면LCD의 백색 후방 조명과 백색 발광다이오드LED에도 사용되고 있다. 현대 첨단 조명장치와 영상장치 거의 모두에 유로퓸 형광체가 사용된다고 봐도 크게 틀리지 않는다.

유로퓸은 형광 유리와 야광 페인트에도 사용된다. 지폐에는 보통 위조방지를 위해 형광체로 인쇄된 무늬가 삽입된다. 유로Euro 지폐에도 자외선 아래에서 붉은색, 녹색, 푸른색을 내는 형광 무늬가 숨겨져 있다.

전 세계 유로퓸 매장량은 약 15만 톤으로 추정되며, 연간 생산량은 약

위 | 유로퓸이 들어간 형광체와 다른 형광체들이 도색된 컬러 브라운관 안쪽 ©Wikimedia
아래 | 유로퓸 형광체가 사용된 절전형 형광등 ©Wikimedia

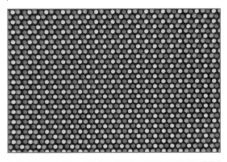

390톤이다. 중국에서 약 95%가 생산되는데, 희토류 원소 중에서도 가장 값비싼 원소로 꼽힌다. 2012년 11월 말 가격은 금속(순도 99% 이상)이 미화로 약 3,100$/kg, 산화물(순도 99.9% 이상)이 약 1,800$/kg이다. 그러나 이는 산업용으로 대량 구매할 때의 가격이고 연구용으로 소량 구입할 때는 더욱 비싸다. 일부 자료는 순수한 유로퓸 금속 1g의 가격이 1,350$이라고 제시한다.

가돌리늄 | Gadolinium, Gd | 원자번호 64

희토류 원소 중 사람의 이름을 따서 광석 이름을 짓고, 광석 이름에서 다시 원소 이름을 지은 것이 두 개 있다. 하나는 희토류 화학을 개척한 가돌린J. Gadolin의 이름을 딴 가돌리나이트에서 분리된 '가돌리늄'이다. 다른 하나는 사마스카이트 광석을 처음 발견한 사마스키Samasky의 이름을 딴 사마륨Sm이다. 그러나 공교롭게도 이들 둘 다 원소 이름이 유래된 광석에서는 거의 생산되지 않으며, 주로 모나자이트와 바스트네사이트에서 얻는다.

가돌리늄은 1880년 스위스 화학자 드마리낙Jean Charles Galissard de Marignac이 처음 발견했다. 높은 순도의 금속 가돌리늄은 1935년에야 처음으로 얻을 수 있었는데, 이후 몇 개월 만에 가돌리늄이 실온 부근에서 강자성을 갖는다는 것이 발견되었다. 가돌리늄은 원소 상태에서 강자성을 갖는 3대 강자성 원소인 철Fe, 코발트Co, 니켈Ni을 제외하고 가장 먼저 발

견된 원소이다.[47]

가돌리늄은 특정 용도로 대량 사용되지는 않으나, 여러 특수 용도에 소량씩 사용되고 있으며 새로운 용도가 계속 개발 중이다. 가돌리늄 화합물들은 핵자기공명NMR에서의 이동 시약과 자기공명영상MRI에서의 조영제로 사용된다. 가돌리늄 화합물을 정맥주사하면, 이것이 암조직과 같은 이상조직에 축적되어 MRI 영상에서 그 조직의 영상이 선명하게 나타난다. 이 외에도 가돌리늄 화합물들은 X-선과 PET 장비의 영상 시스템, 중성자 검출장비, 골밀도 측정기 등의 의료기기에 사용된다.[48]

가돌리늄은 원자로 차폐 및 중성자 이미징(중성자 방사선 촬영)에도 사용된다. 특히 칸두형 원자로CANDU type reactor에서 원자로 비상 정지와 중성자 차단 재료로 이용된다. 칸두형 원자로는 캐나다에서 개발한 천연 우라늄을 사용하는 중수 감속형 발전 원자로인데, 한국 원자로 중에서는 월성 원자로만 이에 해당된다. 또한 157Gd는 중성자 치료요법neutron therapy에서 종양 표적 물질로도 사용되어 왔다.[49]

가돌리늄을 철Fe이나 크롬Cr에 1%만 첨가해도, 금속의 가공성과 고온에서의 산화 저항성이 크게 향상된다. 가돌리늄이 첨가된 합금은 사용 후 핵연료의 저장 용기, 핵 반응로의 중성자 차단제 등에 유용하게 사용될 수 있다. 또한 가돌리늄-규소-게르마늄 합금Gd₅Si₂Ge₂은 실온 자기 냉각재료로 사용할 수 있는데, 이 유형의 냉각기는 일반 냉각기에 비해 효율이 20~30% 높다. 가돌리늄은 네오디뮴 영구자석 제조에도 사용되고, 가돌리

위 | 가돌리늄 이트륨 가넷은 전자레인지의 마이크로파 발생 소자로 사용된다. ⓒWikimedia
아래 | 가돌리늄 화합물은 컬러 TV 브라운관에서 녹색 형광체로 사용되기도 하였다. ⓒWikimedia

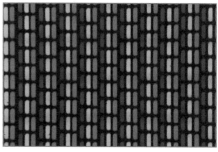

늄 화합물은 전자레인지의 마이크로파 발생 소자, 컬러 TV의 녹색 형광체 등에도 사용된다.[50]

| 테르븀 | Terbium, Tb | 원자번호 65

란탄족에 속하는 테르븀은 스웨덴 이테르비Ytterby 마을의 이름을 따서 지은 4가지 원소 중 하나다. 나머지 3가지 원소는 이트륨, 에르븀어븀, 이테르븀이터븀이다. 이들 원소들은 모두 이테르비 마을의 채석장에서 발견된 광석 가돌리나이트gadolinite에서 분리된 이트리아yttria에서 발견되었다.[51]

테르븀은 다른 희토류 원소와 마찬가지로, 여러 광물에 낮은 농도로 퍼져 있고, 성질이 비슷한 다른 희토류 원소들과 함께 존재해 테르븀만 분리하기가 쉽지 않다. 테르븀이 들어 있는 광석은 모나자이트, 제노타임, 육세나이트euxenite, 세라이트cerite, 가돌리나이트 등이다. 대표적인 희토류 광석인 모나자이트와 바스트네사이트에 각각 약 0.03%와 0.02% 정도 들어 있다. 육세나이트에는 대략 1% 함량으로 들어 있으나, 광석 자체가 희귀하다.

현재 가장 풍부한 테르븀 자원은 중국 남부에 널리 분포 되어 있는 이온-교환 점토로, 산화이트륨Y_2O_3을 약 65%로 농축시키면 테르비아terbia, 산화 테르븀가 약 1% 농도로 들어 있다. 하지만 현재 테르븀은 이러한 점토 자원보다는 모나자이트와 바스트네사이트에서 주로 얻는다. 현재 연간 글로벌 생산량은 약 200톤이며 광석 매장량은 30만 톤으로 추정된다. 그리고 대부분 중국에서 생산된다.

테르븀은 3원색의 하나인 녹색 빛을 내는 형광체에 사용된다. 녹색, 붉은 색, 푸른색의 3원색 빛을 적절한 비율로 혼합하면 원하는 색상의 빛이나 백색광을 얻을 수 있는데, 백열등을 제외한 대부분의 현대 조명과 영상 디스플레이 장치들은 이들 3원색 빛을 내는 형광체들을 사용한다. 대표적인 것이 삼파장 형광등과 컬러 텔레비전 브라운관이다.

테르븀은 X−선 스크린에서의 녹색 형광체, 그리고 유로화 지폐의 위조

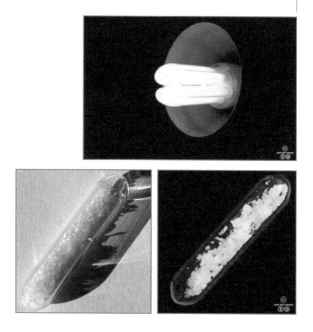

위 | 테르븀의 주용도는 절전형 삼파장 형광등이다. ©Wikimedia
아래 | 황산테르븀. 보통은 무색이나 자외선을 쪼이면
녹색 형광을 나타낸다. ©Wikimedia

방지용 형광 인쇄에도 이용된다. 자기 변형 소자와 고체 전자 소자 등에도 중요하게 쓰이며, 네오디뮴 자석이 고온에서도 자성을 유지하도록 첨가되기도 한다. 테르븀은 연료 전지에도 사용되며, 네오디뮴 자석에 디스프로슘Dy과 함께 합금제로 첨가되기도 한다. 이 외에도 합금의 형태로 엑추에이터actuator, 해군음향표적장치sonar, 사운드버그Soundbug 스피커, 광섬유 등에 사용된다.

테르븀은 에너지의 효율적 이용과 대체 에너지 개발과 같은 녹색 경제와 관련이 깊은데, 희토류 원소 중에서도 부존량이 매우 적고 공급 부족이 우려되어 녹색 경제 성장을 위협하는 요소가 되고 있다.[52]

디스프로슘 | Dysprosium, Dy | 원자번호 66

1886년 프랑스의 화학자 부아보드랑Boisbaudran이 발견했으며, '얻기 어렵다'는 의미의 그리스어 'dysprositos'에서 유래했다. 갈륨Ga과 사마륨Sm을 발견한 부아보드랑이 이런 이름을 붙였다는 것은 분리 과정이 얼마나 어려웠는지 짐작하게 해준다. 이름에 걸맞게 1950년대에 들어와서야 처음으로 상업적인 생산이 이루어졌다.

디스프로슘의 지각에서의 존재비는 5.2ppm(0.00052%)으로, 란탄족 원소 중에서는 가장 존재량이 많다. 100가지 이상의 광석에 에르븀Er, 홀뮴Ho 등 다른 희토류 원소들과 함께 존재한다. 바닷물 1리터에는 0.9ng(0.9×10⁻⁹g) 들어 있고, 태양계에는 약 2ppbparts per billion 농도로 존재한다. 상업적

디스프로슘은 밝은 은색 광택이 나는 금속으로,
칼로 자를 수 있을 정도로 무르다. ©Wikimedia

으로 생산되는 디스프로슘은 주로 모나자이트, 바스트네사이트, 중국 남부의 이온-흡착 점토 광물에서 얻으며, 중국이 거의 전량을 생산하고 있다.[53]

현재 디스프로슘의 가장 큰 용도는 네오디뮴 자석$Nd_2Fe_{14}B$이 높은 온도에서도 자력을 잃지 않고, 보자력coercivity이 높아지도록 네오디뮴의 일부를 치환하는 것이다. 하이브리드 자동차와 전기자동차의 전기모터, 풍력 발전기 터빈, 발전기 등에는 디스프로슘이 치환된 네오디뮴 자석을 사용한다. 이와 같은 다양한 첨단 기술과 청정 에너지 기술 분야에서의 용도 확대로, 디스프로슘은 가까운 장래에 공급 부족이 가장 심각하게 우려되는 희토류가 되었다.

전체 희토류 생산량 중 디스프로슘이 차지하는 비율은 대략 0.9%이고, 이를 근거로 추정하면 최근 1년간 글로벌 생산량은 대략 1,400톤이다. 앞으로 하이브리드 및 전기자동차, 풍력 발전이 확대되면 디스프로슘이 들어간 영구자석의 수요는 더욱 늘어날 것이다. 많은 전문가들도 중요도와 위험도가 큰 희토류로 디스프로슘을 꼽고 있다.

자석의 사용 온도가 높을수록 디스프로슘 치환 비율이 높은데, 문제는 디스프로슘이 네오디뮴에 비해 가격이 10배나 높다는 것이다. 그래서 업계는 가능한 한 낮은 치환 비율을 유지하려고 노력한다. 풍력 터빈에는 보통 4~5%가 치환된 것을 사용하고, 하이브리드 자동차나 전기자동차에는 11% 치환된 것을 사용한다. 하이브리드 자동차 1대당 디스프로슘 사용량은 약 100g으로, 이것이 최근 디스프로슘의 수요와 가격을 상승시킨 주요 요인이라 볼 수 있다.

디스프로슘은 녹는점이 높고 중성자를 잘 흡수해서 원자로 제어봉에 사용되는데, 이 제어봉은 오랫동안 중성자를 쪼여도 수축하거나 팽창하지 않는다는 장점이 있다. 디스프로슘과 강철 합금은 원자로 재료로 사용되기도 한다. 디스프로슘이 첨가된 황산칼슘$CaSO_4$이나 플루오르화칼슘 CaF_2 결정은 이온화 방사선에 노출되면 빛을 내므로 방사선 계측기에 사용된다.

디스프로슘은 현재까지 알려진 자기변형magnetostriction 물질 중 실온에서의 자기 변형 성질이 가장 탁월한 터페놀-디Terfenol-D(TbxDy1−xFe2: x≈0.3)의 한 성분이다. 이 합금은 음향표적장치sonar에 처음 사용되었고, 자기기계적 센서, 엑추에이터, 음향 변환기, 사운드버그 스피커 등에 사용된다. 이 외에도 CD와 하드 디스크의 데이터 저장 재료, 할로겐화 금속 램프, 레이저 등을 비롯한 여러 첨단 기술에 응용되고 있다.[54]

란탄족에 속하는 희토류 원소로 1878년 스위스 화학자 소레Jacques-Louis Soret와 드라폰테인Marc Delafontaine이 스펙트럼상에서 에르비아(에르븀 산화물)의 흡수띠를 발견했다. 1800년대 말 이전에는 분리 및 확인 기술이 확보되지 않아, 단일 물질로 알고 있던 것도 사실상 혼합물인 경우가 대부분이었다. 소레는 이 새로운 흡수띠를 미지의 원소 'X'의 산화물이라 결론짓고 학계에 보고했다.[55]

홀뮴이란 이름은 스톡홀름Stockholm의 옛 라틴어인 홀미아Holmia에서 유래했다. 1879년 스웨덴의 화학자 클레베Per Teodor Cleve는 에르비아에서 갈색과 녹색의 두 가지 새로운 산화물을 분리해 내었다.

그는 자신의 고향인 스톡홀름Stockholm의 옛 라틴어 이름 홀미아Holmia를 따서 이 갈색 산화물을 홀미아holmia라 명명하고, 녹색 산화물에는 스칸디나비아의 옛 이름인 툴레Thule를 따서 툴리아thulia라 명명했다. 홀미아holmia와 툴리아thulia를 이루는 금속 원소들은 각각 홀뮴holmium과 툴륨thulium으로 하였다. 홀미아는 소레가 'X'라 지칭한 원소의 산화물과 동일한 스펙트럼을 갖는 것이 확인되었다.

홀뮴은 제노타임, 가돌리나이트, 육세나이트, 퍼거소나이트 등에 대략 1%까지 들어 있다. 대표적 희토류 광석인 모나자이트와 바스트네사이트에는 단지 0.001~0.1%의 비율로 들어 있으며, 이들 광석에서 다른 희토류 원소들을 생산할 때 부산물로 얻는다.

최근에는 중국 남부의 이온-흡착 점토들도 희토류의 주요 자원이 되었는데, 이들은 제노타임이나 가돌리나이트와 비슷한 조성을 갖고 있다. 원래의 점토에는 희토류가 0.1% 정도 들어 있으나 쉽게 농축된다는 장점이 있다. 점토에 있는 희토류의 약 65%는 이트륨이고, 홀뮴은 약 1.5% 들어 있다. 홀뮴의 연간 글로벌 생산량은 약 10톤이고 광석 매장량은 40만 톤으로 추정되는데, 수요가 많거나 공급이 부족한 희토류 원소는 아니다.[56]

홀뮴은 자기의 강도를 강하게 해주므로, 강력한 전자석의 자극 또는 자속유도기magnetic flux concentrator로 사용된다. 또한 여러 고체 상태의 레이저에 사용되는데, 홀뮴 레이저는 임세포의 사멸, 신장결석의 파괴, 비대해진 전립선 및 치과 처치 등 여러 의료 목적으로 널리 사용된다. 홀뮴 염용액과 홀뮴 유리는 분광기의 자외선·가시광선 영역의 파장 보정에서 기준물질로 사용된다. 홀뮴은 인조 보석인 큐빅 지르코니아 채색제로도 쓰인다.[57]

홀뮴 산화물. 왼쪽은 자연광이고 오른쪽은 형광 ©Wikimedia

에르븀 | Erbium, Er, | 원자번호 68

이테르비 마을의 채석장에서 발견된 광석, 가돌리나이트에서 얻은 이트리아(산화 이트륨)에 포함된 불순물에서 발견되었다. 에르븀은 1843년 모산데르가 테르븀과 함께 발견했는데, 원자번호 65번인 테르븀과 성질이 비슷하나 용도는 크게 다르다. 테르븀은 에너지 관련 기술에 많이 사용되는 반면, 에르븀은 광섬유 통신과 레이저에 주로 사용되기 때문이다.

에르븀의 주요 용도는 광섬유와 레이저인데, 이는 Er_3+ 이온의 형광 성질을 이용한 것이다. 에르븀 첨가 광섬유증폭기Erbium-doped fiber amplifier, EDFA는 값비싼 중계기 없이도 장거리 통신을 가능하게 하여 광섬유 통신에 널리 사용된다. 또한 에르븀야그Er:YAG 레이저는 피부 주름, 흉터, 문신 등을 비롯한 피부 표피 제거, 사마귀 제거, 치아 및 뼈 절삭 등에 널리 사용된다. 에르븀은 원자로 제어봉에도 사용되고, 바나듐V의 경도硬度를 줄이고 가공성을 높이는 합금제로도 사용된다. 산화 에르븀은 유리, 큐빅 지르코니아, 도자기의 분홍색 착색제로 사용된다.[58]

산화 에르븀은 가시광선 및 적외선 흡수를 위한 보안경에서 매우 중요한 역할을 한다. 용접용 및 유리 송풍기용 안전 고글에는 산화 에르븀이 포함되어 있다. 분홍색을 띠는 산화 에르븀은 도자기와 에나멜 유약을 착색하는 안료로도 사용되었다(Emsley 2001). 에르븀은 적외선을 가시광선으로 변환할 수 있는 형광체에도 적용된다.

1879년 스웨덴의 클레베Cleve가 이트리아(이트륨 산화물)에 포함된 불순물에서 홀뮴Ho과 함께 발견한 원소로, 스칸디나비아를 가리키는 옛 이름 툴레Thule에서 유래된 이름이다. 스칸디나비아의 현재 이름을 딴 원소는 스칸듐Sc인데, 공교롭게도 툴륨과 스칸듐은 같은 해에 같은 광석에서 스웨덴 화학자에 의해 발견되었다. 단 발견한 사람은 다르다.[59]

희토류 원소 중 자연에는 거의 존재하지 않는 프로메튬Pm을 제외하면, 툴륨은 루테튬Lu과 함께 가장 희소하고 값이 비싸다. 의료용 레이저, 휴대형 X−선 발생원, 유로화의 위조 방지용 무늬에 주로 사용되며, 앞으로 차세대 광섬유 증폭기 등에도 요긴하게 사용될 것이 예상된다.

이 중 가장 중요한 용도는 단연 레이저 분야이다. 툴륨 레이저는 홀뮴 레이저와 파장이 거의 같은데, 이 파장의 레이저는 눈에 안전할 뿐 아니라 물에 잘 흡수되므로 조직에서의 침투 깊이가 작고 지혈 효과가 커서 작은 면적의 조직을 아주 정밀하게 가열하여 표층을 제거할 수 있다. 따라서 피부 미용 시술, 비대해진 전립선 적층술, 요도 결석의 파쇄 등에 널리 사용된다. 툴륨 레이저는 홀뮴 레이저에 비해 광 특성이 좋고 보다 정밀한 조직 절개가 가능하다는 장점을 갖고 있다.

툴륨 레이저는 광선 레이더LIDAR, light detection and ranging, 풍속 측정과 대기 감시에도 사용된다. 또한 툴륨이 첨가된 광섬유 레이저는 혁신적 고출력 레이저로 부각되고 있다. 툴륨을 첨가하면 높은 온도에서도 잘 작동하므로 인공위성에서 지구 표면의 사진을 얻는 데도 사용된다.

툴륨이 첨가된 광섬유증폭기TDFA는 차세대 광섬유 통신의 핵심 요소가 될 것으로 기대된다. 이 외에도 자기냉각소자, 고온초전도체, 마이크로파 소자용 페라이트, 일부 초합금, 스튜디오와 무대용 조명 램프 등에 두루 사용된다.[60]

툴륨은 조명 디자이너가 가장 반기는 희토류다. 다른 원소로는 얻기 어려운 녹색광을 내기 때문이다. 툴륨 화합물이 들어간 램프는 스포츠 경기장, 영화 촬영장, 무대 등의 조명에 사용된다. 또한 툴륨을 첨가한 황산칼슘은 적은 양의 방사선에서도 형광을 내므로 방사선검출배지 등의 방사선량계에 이용된다.

툴륨을 사용한 휴대형 X-선 장치는 고가이지만 전기가 공급되지 않는 조건에서도 요긴하게 사용할 수 있어 의료 및 치과 진단, 기계 및 전자부

툴륨 산화물을 사용한 휴대형 X-선 장치로 검사하는 군인의 모습　©Wikimedia

품의 비파괴 검사 등에 사용된다. 170Tm은 근접 방사선요법brachytherapy
을 이용한 암 치료에도 사용되고 있다.[61] 툴륨은 광섬유 증폭기에도 사용
되는데, 향후 차세대 광섬유 통신에서 매우 중요하게 이용될 전망이다.[62]

이테르븀 | Ytterbium, Yb, | 원자번호 70

이테르븀은 매우 희소해서 그동안 상업적 용도로 사용하기 어려웠다.
이테르븀은 스테인리스 강에 첨가되어 결정립 미세화grain refinement, 강도,
기계적 성질 등을 향상시키는 첨가제로 사용되고, 이 외에도 고체 상태 레
이저 첨가제, 휴대형 방사선원 등의 용도로 요긴하게 이용되고 있다. 앞으
로 새로운 용도의 발견이 기대되는 희토류 중 하나다.

이테르븀은 Yb_3+ 형태로 고체 상태 레이저의 활성매질에 첨가 치환되
는데, 활성매질로는 다양한 결정, 유리(광섬유), 세라믹 물질들이 사용된다.
이테르븀이 첨가된 광섬유 레이저는 금속이나 실리콘 웨이퍼 등 각종 재
료의 정밀 절단, 용접, 조각, 표시 등에 유용하게 사용된다.

반감기가 32일인 인공 방사성 동위원소 169Yb는 평균 에너지가 93keV
인 감마선을 방출하는데, 감마선은 X-선과 마찬가지로 신체의 연조직은
통과하나 뼈와 같은 조밀물질에 의해서는 차단된다. 따라서 의료 진단이
나 휴대형 X-선 장치의 방사선원으로 사용된다. 이 장치는 방사선의 평균
에너지가 낮아 휴대성은 좋지만, 반감기가 비교적 짧다는 단점이 있다.

174Yb는 원자 시계에 사용되는데, 교차하는 레이저 빛이 만든 격자에

Yb 원자를 가둘 수 있기 때문이다. 이는 광 주파수를 기본으로 한 차세대 원자광 시계optical clock로, 소수점 아래 열입곱 자리까지 정확하다. 현재 널리 사용되는 세슘 원자 시계에 비해 정확하면서도 복잡한 계산 과정, 시간, 비용 등의 부담을 줄일 수 있을 것으로 전망된다.

한편 이테르븀 금속에 높은 압력을 가하면 전기비 저항이 증가한다는 성질을 이용해 지진과 지하 폭발(핵폭발 등)에 의한 지반 변위를 감지하는 데도 이용된다. 이 외에도 이테르븀 화합물들은 특수 유리와 도자기 유약의 채색제, 유기 반응의 촉매로 사용된다.

루테튬 | lutetium, Lu, | 원자번호 71

희토류 원소 중 가장 단단하고 밀도가 크며 녹는점이 높다. 반면 원자의 크기와 이온 반경은 가장 작다. 루테튬은 프랑스, 오스트리아, 미국의 과학자에 의해 독립적으로 발견되었는데, 그중 한 명인 조르주 위르뱅이 자신의 고향인 파리의 로마시대 이름인 루테티아Lutetia에서 따와서 명명했다. 단, 독일에서는 1950년대까지 카시오페이움이라는 이름을 사용했다.

루테튬은 제노타임, 육세나이트 광물에서 생산되고, 연간 글로벌 생산량(산화 루테튬)이 약 10톤에 불과한 매우 희귀한 금속이다. 상업적 용도는 제한적이어서 석유화학의 촉매, 광전자의 재료, 양전자 단층촬영 검출기의 섬광체 등에 사용된다. 방사성 동위원소인 177Lu는 표적 방사성 치료제로 개발되고 있다.

미주

1. Ned Mamula & Ann Bridges. Groundbreaking! America's New Quest for Mineral Independence. (Washington, DC: Washington Times, 2019), p. 70.

2. J.H.L. Voncken, Rare Earths Elements: An Introduction (Swiss: Springer International, 2016), p. 5.

3. 허재환. 『코로나19 이후 G2의 운명』 유진투자증권. 2020. 07.01

4. The Economist. "The New Scramble for Africa." March 7, 2020.

5. 김연규. "미·중 패권경쟁과 아프리카 신흥 쟁탈전." CSF 전문가 오피니언. 2020년 7월. 대외경제정책연구원.

6. 김연규 "미중 21세기 세계경제 주도권 쟁탈전: 희토류 패권경쟁," CSF 전문가 오피니언. 2020년 9월. 대외경제정책연구원.

7. 김연규. "중국의 전기차 굴기와 리튬 그레이트 게임," CSF 전문가 오피니언. 2020년 8월. 대외경제정책연구원.

8. Mamula & Bridges. Ground breaking! America's New Quest for Mineral Independence, p. 41.

9. Edison Brilliant Knowledge, "Electric vehicles and rare earths," January 29, 2019 (https://www.edisongroup.com/edison-explains/electric-vehicles-and-rare-earths/)

10. Alves Dias, P., Bobba, S., Carrara, S., Plazzotta, B. "The Role of Rare Earth Elements in Wind Energy and Electric Mobility," JRC Science for Policy Report, European Commission, 2020, p. 6.

11. Ibid.

12. Ibid. 김효준. "희토류 영구자석 기술의 진보와 최근 동향." 『물리학과 첨단기술』 9월호, (2019), pp. 19−23.

13. Edison Brilliant Knowledge, "Electric vehicles and rare earths."

14. Lynas Rare Earths, "Wind Turbines," (https://lynasrareearths.com/products/how−are−rare−earths−used/wind−turbines/)

15. Alves Dias et. al., "The Role of Rare Earth Elements in Wind Energy and Electric Mobility," p. 7.

16. Valerie Bailey Grasso, Rare Earth Elements in National Defense: Background, Oversight Issues, and Options for Congress (Washington, DC: Congressional Research Service, 2013).

17. Ibid.

18. Roland Howanietz, China's Virtual Monopoly of Rare Earth Elements: Economic, Technological and Strategic Implications (London: Routledge, 2018), p. 31.

19. Howanietz, p. 31.

20. Ibid., p. 32.

21. Molycorp 2014, www.molycorp.com

22. 김연규 · 안주홍, "2005년 이후 중국의 글로벌 희토류 공급망 장악과 미국의 대응." 『국제지역연구』 제24권 4호, (2020), p. 253.

23. Ibid.

24. Sam Kean 지음, 이충호 옮김. 《사라진 스푼 : 주기율표에 얽힌 광기와 사랑, 그리고 세계사》. 해나무. 124쪽.

25. Voncken, p. 92.

26. Ibid., p. 91.

27. Ibid., p. 93.

28. 정연일의 원자재 포커스, 한국경제, 2019.6.12

29. Voncken, p. 93.

30. Ibid., p. 97.

31. 박준우, "네오디뮴," [네이버 지식백과], 2012. 11.07 (https://terms.naver.com/

entry.naver?docId=3575452&cid=58949&categoryId=58982)

32. Ibid.

33. Ibid.

34. Voncken, p. 98.

35. Ibid.

36. Ibid.

37. Ibid.

38. 박준우, "프로메튬" [네이버 지식백과], 2012, 11.14 (https://terms.naver.com/
entry.naver?docId=3575493&cid=58949&categoryId=58982)

39 Ibid.

40. Ibid.

41. Ibid.

42. 박준우, "사마륨" [네이버 지식백과], 2012, 11.21(https://terms.naver.com/
entry.naver?docId=3575543&cid=58949&categoryId=58982)

43. Ibid.

44. Ibid.

45. Ibid.

46. Ibid.

47. Ibid.

48. Ibid.

49. Ibid.

50. 박준우, "가돌리늄(Gd) [Gadolinium]—여러 첨단 분야에서 중요하게 사용되는 희
토류 원소," 2012, 12.05 (https://terms.naver.com/entry.naver?docId=3575635&cid
=58949&categoryId=58982)

51. Ibid.

52. 박준우, "테르븀 [Terbium] — 녹색 경제에 중요한 희토류 원소," 2012.12.14.
(https://terms.naver.com/entry.naver?docId=3575689&cid=58949&category
Id=58982)

53. Ibid.

54. 박준우, "디스프로슘 [Dysprosium] — 쓸모가 많으나 '얻기 어려운' 희토류 원소,"
2012.12.19. (https://terms.naver.com/entry.naver?docId=3575722&cid=58949&cat

egoryId=58982)

55. Ibid.

56. 박준우, "홀뮴 [Holmium] − 의료용 레이저와 분광기 파장 보정에 쓰이는 원소," 2012.12.25. (https://terms.naver.com/entry.naver?docId=3575835&cid=58949&cat egoryId=58982)

57. Ibid.

58. Ibid.

59. 박준우, "툴륨 [Thulium] − 레이저와 휴대형 X−선 장치 등에 쓰이는 귀한 원소," 2013.01.13. (https://terms.naver.com/entry.naver?docId=3575835&cid=58949&cat egoryId=58982)

60. Ibid.

61. Ibid.

62. Ibid.

CHAPTER 02

—

희토류를 넘어
희소금속이 문제다

01
디지털 혁명은
금속 혁명

중국의 희소금속 싹쓸이

2018년 1월 마이닝닷컴mining.com은 '중국의 핵심 금속 싹쓸이locking up critical minerals worldwide'를 주제로 기사를 올렸다. 이러한 행태는 지난 20년간 계속되고 있으며, 중국은 철광석과 알루미늄뿐 아니라 희소금속을 세계에서 가장 많이 생산하는 동시에 가장 많이 수입하는 국가라는 것이다.[1]

이 기사 하나가 우리에게 시사하는 바는 매우 크다. 일단 희토류가 아닌 희소금속의 중국 독점을 다루고 있다는 데에 주목하자. 앞에서 밝혔듯이 희토류는 첨단산업에 필요한 수많은 희소금속의 일부일 뿐이다. 재생 에너지, 전기차, 디지털 제품에 없어서는 안 될 리튬, 코발트, 흑연뿐 아니라 친근한 금속인 니켈, 크롬, 주석도 희소금속이다. 그러니 우리는 희토류에서 훨씬 확장된 희소금속이라는 개념에서 21세기 자원 전쟁의 프레임을 이해해야 한다. 이 장에서의 논의 역시 희토류를 포함한 희소금속이란 관점에서 진행될 것이다.

그런데 위의 기사에서 일반인들이 의아해 할 것은 아마도 철광석과 알루미늄 공급에 관한 문제일 듯하다. 기사의 행간에서 가장 흔하다고 생각했던 기본금속까지도 공급 부족이 생길 수 있다는 우려가 감지되기 때문이다. 어쩌면 금속 자원의 공급망 불안은 기본금속과 희소금속, 희소금속과 희토류를 가리지 않는 전방위적인 문제일 것이다.

2017년 4월, 중국의 시진핑 주석은 베이징 남쪽 지역 슝안Xiongan을 뉴욕 3배 크기의 도시로 개조한다는 계획을 발표했다. 컨설팅회사 우드맥켄지Wood Mackenzie는 이 도시를 건설하는 첫 10년 동안 약 2천만 톤의 강철, 40만 톤의 알루미늄, 25만 톤의 구리가 필요할 것으로 추정했다.

중국 제조 2025Made in China 2025 정책은 2025년까지 중국의 금속과 광물 수요를 더욱 부채질할 것이다. 구리 수요만 해도 추가로 232,000톤 증가할 것으로 예상되는데 이것은 철도, 전기자동차, 자동차 모터에 소요되는 추가 수요를 포함하지 않은 수치다. 구리뿐만이 아니다. 2015년까지 두 자릿수로 성장했던 경제 규모를 유지하기 위해 각종 금속을 수출하기보다는 국내 수요에 대비하고 비축하는 것으로 방향을 틀었다. 그것도 모자라 아프리카와 남미의 해외 자원을 확보하는 데 총력을 기울이고 있다.

우리는 청동기와 철기로 대변되는 금속의 시대를 지나 석유의 시대로 갔다가 다시 금속의 시대로 돌아온 건지도 모르겠다. 물론 인류가 금속의 도움을 받지 않고 살았던 시대는 없지만, 우리의 삶과 맞닿은 접촉면은 앞으로 더 넓어질 것이 확실하다. 디지털과 인공지능의 시대, 4차 산업혁명의 시대에 살아남으려면 우리는 금속에 대해 좀 더 자세히 알아야 한다.

❖ 금속과 광물, 광산과 광상, 정광과 제련 ❖

이 책을 통틀어 금속, 광물, 광상, 정광, 제련 등의 용어가 등장할 것이다. 기본적인 이해를 돕기 위해 간단한 개념을 설명하고자 한다.

금속과 광물을 혼동하기도 하는데, 광물에는 금속 광물과 비금속 광물이 있으므로 광물이 훨씬 포괄적인 개념이다. 대표적인 비금속 광물은 석회석, 고령토, 규석 등이다.

광산이 아닌 광상(鑛床, deposit)이란 용어도 자주 등장할 것이다. 유용한 광물이 자연적으로 모여 있어 채굴의 대상이 되는 것을 광상이라고 한다. 이 광상을 모암(母巖)에서 분리하는 작업이 바로 채광, 혹은 채굴이다. 이렇게 하면 원광석을 얻을 수 있다. 원광석에는 당연히 유용하지 않은 광석이 섞여 있다. 원광석에서 유용한 부분을 광석 광물(ore), 불필요한 부분을 맥석 광물이라고 한다.

광석 광물은 선광 작업을 거친다. 말 그대로 분쇄, 선별로 불필요한 성분을 제거해 순도를 높이는 과정이다. 이 상태를 거친 광석 광물의 집합체가 바로 정광(concentrate)이다. 구리 정광을 수입했다고 하면, 구리 원광석에서 불순물을 대충 제거한 상태라고 보면 된다. 정광이라고 해도 완전히 순수한 광물은 아니다. 정광에서 순수한 금속을 추출하는 과정이 바로 제련(製鍊)이다.

금속의 분류

인류의 역사는 금속을 사용해 무기와 도구를 만들어 온 시간이라 할 수 있다. 그 기록은 6천 년 전까지 거슬러 올라간다. 일반적으로 금속은 기본금속base metal과 희소금속으로 나뉜다. 기본금속은 인류가 오랫동안 사용해온 전통적 금속으로, 이들은 대량 생산되고 대량 소비되며, 원자재 시장이나 국제 가격이 형성되어 있다는 특징을 갖고 있다. 기본금속은 다시 철과 비철금속으로 나뉜다. 철과 철이 아닌 금속으로 나누는 분류 체계만 봐도 철의 중요성이 짐작된다.

오늘날 건설 자재의 90% 이상에 철이 사용되고 전자제품이나 생활용품에도 대부분 철이 사용된다. 이렇게 철이 인류의 대표 소재가 된 것은 편재되어 있지 않고 양도 풍부하기 때문이다. 철은 지각에서 네 번째로 많은 원소(질량으로 7경 5천 조 톤)이다. 20세기 초에 철이 고갈될 것이라 전망한 이들도 있었지만, 경제적 관점이 아닌 자원 매장량만으로 본다면 거의 무한한 자원이라 할 수 있다.

비철금속에는 구리, 알루미늄, 아연, 니켈, 주석의 5대 금속이 해당된다. 5대 비철금속은 3가지 공통점을 갖고 있다. 높은 전기 전도율, 높은 열전도율, 높은 변형성이다. 비철금속은 주로 철과 합금 형태로 사용된다. 열과 충격에 견디는 강도를 높인 초경 합금이나 내마모성 합금 등이 주된 응용 분야이다.

비철금속이 중요한 것은 게이트웨이 금속gateway metals이기 때문이다. 희토류가 그렇듯이 희소금속도 자체 광산에서 생산되기보다는 5대 비철금속의 생산 과정에서 부산물로 얻는 경우가 많다. 희소금속 생산을 늘리기 위해서는 기본금속의 광산 활동을 늘려야 한다는 의미다. 다음은 비철금속과 함께 얻어지는 희소금속의 예이다.

• **구리**: 텔루륨Tellurium, 몰리브덴Molybdenum, 레늄Rhenium, 셀레늄Sellenium

- **알루미늄**: 갈륨Gallium, 바나듐Vanadium

- **아연**: 게르마늄Germanium, 인듐Indium, 카드뮴Cadmium, 갈륨Gallium

- **니켈**: 코발트Cobalt, 팔라듐Pallidium, 로듐Rhodium, 스칸듐Scandium

02
희소금속이란
무엇인가

세상을 바꾸는 금속들

희소금속Rare metal이란 부존량이 적거나 편재되어 있고 추출 과정이 까다로우며 적은 양으로 활용도가 높은 금속을 총칭한다.[2] 알루미늄, 구리, 철 등 기본금속이 철도, 전기, 교량, 건축 등에 주로 쓰였다면 희소금속은 재생에너지, 전기차, 통신, 디지털 제품, 첨단 무기 등에 사용된다.

이러한 희소금속에 대한 수요가 급속히 늘어난 것은 1970년대부터다. 제품들이 디지털화하면서 전기·전자의 흐름을 배가하는 초전도체와 반도체적인 특징을 갖게 해주는 희소금속들이 없어서는 안 될 원료가 되었다. 일례로 스마트폰 내 커패시터의 일부로 사용되던 알루미늄은 탄탈럼으로 교체되었다. 매년 전 세계에게 10억 개의 스마트폰이 팔리고 있다는 사실을 상기한다면, 탄탈럼의 가치를 짐작할 수 있다.

희소금속은 환경 보호에도 중요한 역할을 해 왔다. 1970년대 이후 미국에서 생산되는 모든 자동차는 촉매 변환기catalytic converter를 장착하고 있는데, 여기에 백금, 팔라듐 및 로듐이 사용된다. 촉매 변환기에 포함된 5그램 정도의 희소금속이 촉매로 작용해 일산화탄소를 수증기로 만들고 수십만 마일 동안 무해한 배기가스가 배출되도록 한다. 금과 백금은 귀금속이지만 동시에 전자 제품, 내연 기관 엔진 등 산업에서 중요하게 활용되는 희소금속이기도 하다.

지난 30년간 가전제품, 의료기기, 전자통신, 첨단 무기 등 다양한 분야에서 희소금속의 사용과 응용이 폭발적으로 늘어났다. 1990년대부터 반도체, 컴퓨터, 재생에너지가, 2000년대 들어와서는 전기차가 희소금속의 가치를 끌어올리고 있다.

미국의 저명한 이론가인 제러미 리프킨Jeremy Rifkin은 이를 녹색 기술과 정보통신이 이끄는 '3차 산업혁명'이라 부른다. 이러한 세계에서 휴대폰, 태블릿, 컴퓨터는 보다 친환경적인 경제 모델의 핵심 구성 요소이다. 10년 동안 풍력 에너지는 7배, 태양 에너지는 44배 증가했다. 재생 에너지는 이미 세계 최종 에너지 소비의 19%를 차지하고 있으며 유럽은 2030년까지 그 비중을 27%로 늘릴 계획이다.[3] 그러므로 희소금속에 대한 수요는 갈수록 늘어날 것이 확실하다.

미국 의회조사처는 '2019년 전 세계에서 생산되는 희소금속 현황'에 대한 보고서를 발표하였다.[4] 2000년 이후 거의 모든 희소금속에 대한 수요와 생산이 급증하였고 크롬, 인듐, 리튬, 망간, 니오븀, 탄탈럼은 생산량과 수요가 2배 증가했다. 코발트, 갈륨, 텔루륨은 3배 가까이 급증했다.

현재 세계에서 사용되는 주요 에너지원(석탄, 석유, 가스)의 소비는 안정화나 감소, 아니면 기껏해야 약간 증가하는 추세이다. 반면 희소금속에 대한 잠재적 수요는 기하급수적으로 증가하고 있다. 우리는 이미 매년 20억 톤 이상의 금속을 소비하고 있다. 이를 하루 단위로 나누면, 매일 500개 이상의 에펠탑을 만들 수 있는 양이다.

희소성은 상대적 개념이다

기본적으로 지구에 존재하는 모든 금속은 유한하다. 그렇다면 희소금속과 희소하지 않은 금속을 나누는 기준이 있을까? 희소금속의 정의는 '전 세계적으로 매장량이 극히 적고, 지역적으로 편재돼 있으며, 추출하기 어려운 금속 원소'이다. 상당히 상대적 기준이 아닐 수 없다. 각 나라의 자원과 기술 수준, 산업 수준에 따라 엄청난 차이가 날 것이다. 그래서 희소금속은 국가별로 분류 기준이 다르다.

미국은 33종, 일본은 31종을 희소금속으로 분류한다. 우리나라는 지질자원연구원의 분류에 따라 총 35종 56원소(희토류와 백금족 원소들은 각각 1종으로 분류)를 희소금속으로 지정해 관리한다. 특히 그중에서도 니켈, 텅스텐, 마그네슘, 인듐, 백금, 코발트, 리튬, 희토류, 갈륨, 티타늄 등을 10대 희소금속으로 지정했다.

희소금속이든 기본금속이든 확보하지 못한다면 전자, 자동차, 철강, 기계, 의료, 군수 등 관련 산업이 위축되고 경제에 막대한 영향을 미친다. 따라서 각각의 중요성과 취약성을 면밀히 검토해, 관리의 우선순위 리스트

	원소	주요 용도	2016년 수입액 (단위: 천 달러)
1	규소	반도체, 유리, 합금재료, 태양광 전지	3,119,736
2	니켈	스테인레스강, 특수합금, 2차전지, 도금	1,231,128
3	백금족(6종)	장신구, 화학촉매, 의료기기, 의약품	887,052
4	리튬	2차전지, 알루미늄 제련, 의약품	794,728
5	티타늄	항공기 동체, 광촉매, 안료	749,373
6	크롬	스테인리스강, 도금, 안료	352,355
7	망간	강철 합금, 전지, 안료	419,453
8	주석	초전도 자석, 액정투명전극, 도금	326,884
9	몰리브덴	강철 합금, 항공기 부품, 촉매	319,215
10	텅스텐	초경합금, 무기 제작, 안료, 촉매	293,825
11	니오븀	초합금, 장신구, 초전도자석	181,209
12	희토류(17종)	영구자석, 레이저, 연마제, 2차전지, 형광체	179,484
13	마그네슘	합금, 의약품	168,263
14	탄탈럼	전자부품(커패시터), 합금, 의료기기, 공구	160,304
15	코발트	초합금, 2차전지, 안료, 촉매	137,279
16	붕소	핵반응 조절제, 의약품, 세제, 유리, 강철 합금	89,428
17	바나듐	합금, 촉매, 안료	72,680
18	바륨	의약품, 고온 초전도체, 안료	64,839
19	지르코늄	원자로용 소재, 항공기 부품, 세라믹	59,959
20	안티모니	난연재, 폴리에스테르 중합 촉매	47,361
21	카드뮴	강철 합금, 플라스틱 안정제, 니켈-카드뮴 전지	30,169
22	인듐	액정투명전극, 반도체, 태양전지, LED, 합금, 의약품	23,852
23	인	비료, 식품 첨가물, 살충제	15,283
24	스트론튬	자석 제조, 불꽃놀이용 화약	10,762
25	게르마늄	광섬유, 촉매, 열감지장치, 렌즈	6,357
26	갈륨	LED, 레이저, 반도체, 태양전지	5,288
27	창연(비스무트)	X선 차단제, 의약품, 도금, 퓨즈	3,400
28	베릴륨	고강도 합금, 스피커, 항공 소재	1,268
29	텔루륨	합금, 반도체, 광디스크, 착색제, 화학촉매	829
30	셀레늄	유리 탈색제 및 착색제, 감광막, LED, 합금	805
31	하프늄	원자로 제어봉, 금속 합금, 플라스마 절단 장비	389
32	비소	LED, 농약, 의약품	351
33	레늄	고온 초합금, 촉매	136
34	탈륨	반도체, 광학재료, 방사선 영상촬영, 초전도체	22
35	세슘	광전지, 형광체, 방사선 계측기, 석유시추	—

주: 백금족과 희토류는 각 1개 군으로 분류. 수입액은 원재료와 소재, 부품을 모두 포함.
출처: 희유금속 원재료 교역분석 2017(한국지질자원연구원), 광물자원통계포털

를 만드는 일은 매우 중요하다.[5]

금속 자원의 공급 리스크는 다양하다. 신흥국의 고성장에 따른 기본금속 소비 급증, 그린 산업 발전으로 인한 희소금속 의존도 확대, 자원 보유국의 공급 통제, 대형 자원 기업의 고가격 정책 등이 해당된다. 한마디로 언제 어디서 금속 자원의 공급 불안이 발생할지 모르는 상황이다.[6] 따라서 각 나라는 금속 자원 관리를 위해 보다 확장된 개념을 도입했다.

미국은 2007년 공급 차질이 발생할 우려가 있는 금속을 핵심광물Critical Mineral로 지정했다. 기본금속으로는 구리, 희소금속으로는 망간, 갈륨, 인듐, 니오븀, 탄탈럼, 리튬, 티타늄, 바나듐, 백금 계열 금속, 희토류 등이 포함된다. 일본은 31종을 희소금속으로 지정하는 한편 니켈, 크롬, 텅스텐, 몰리브덴, 코발트, 망간, 바나듐의 7종을 전략비축 물자로 관리하고 있다.

EU는 2008년 전략물자를 지정한 데 이어, 2009년 6월에는 「EU를 위한 핵심 원자재Critical raw materials for the EU」 리스트를 발표하였다. 여기에는 희소금속을 비롯한 41개 자원이 포함된다. 그중에서도 자원 대체 및 리사이클의 가능성, 자원 보유국의 불안정성 등을 고려해서 14개(희토류는 1개로 취급) 고위험 자원을 적시했다. 안티모니, 베릴륨, 코발트, 게르마늄, 텅스텐, 마그네슘, 천연 흑연, 형석Fluorspar 등이다.

한국 무역협회 국제무역연구원도 2018년 발표한 『첨단산업의 비타민, 희소금속의 교역동향과 시사점』이라는 보고서에서, 첨단 제조업과 4차 산업을 분류하고 각 산업에 필요한 희소금속을 명시하고 있다.

21세기 첨단 제조업 4차 산업과 희소금속

유망 신사업	사용 광물자원
전기차, 자율주행차	2차전지(리튬, 코발트, 니켈, 망간), 영구자석(희토류), 경량소재(티타늄, 마그네슘) 등
3D 프린팅	코발트, 크롬, 니켈, 티타늄 등
항공우주, 드론	경량소재(마그네슘, 티타늄), 특수합금(니켈, 크롬, 텅스텐, 니오븀, 몰리브덴, 바나듐) 등
첨단 로봇	고강도 합금(니켈, 크롬, 망간, 텅스텐, 티타늄), 모터(희토류) 등
IoT 가전	반도체, 디스플레이 사용 희소금속
디스플레이, 반도체	희토류, 텅스텐, 갈륨, 인듐, 백금족, 몰리브덴 등
에너지 신사업	ESS(리튬 등 2차전지 원료), 신재생(실리콘, 갈륨, 셀레늄) 등

출처: 한국 무역협회 국제무역연구원, 2018, 「첨단산업의 비타민, 희소금속의 교역동향과 시사점」, p. 1.

03
금속의 편재성과
독점 구조

가채연한에 의한 분류

희소금속의 가장 큰 특징은 당연히 생산량이 적다는 것이다. 예를 들어 갈륨이라는 금속은 1년에 600톤밖에 생산되지 않는다. 갈륨의 생산량은 연간 구리 생산량의 25,000분의 1에 불과하다. 희소금속의 하나인 희토류는 매년 160,000톤 생산된다(희토류의 매장량이 많은 것과는 별개의 문제이다). 이는 연간 철 생산량 20억 톤 대비 15,000배 적은 양이다

생산량이 적으면 그만큼 가격은 올라가게 마련이다. 갈륨 1kg은 약 30만 원이다. 귀금속인 은 1kg이 백만 원임을 감안하면 적지 않은 가격이다. 갈륨은 철보다 9,000배 비싸고, 게르마늄은 철보다 90,000배 비싸다.[7] 희소금속이 비싼 이유는 정제 과정에서도 찾아볼 수 있다.

바나듐 1kg을 얻으려면 8.5톤의 광석을 정제해야 하고, 갈륨 1kg을 얻으려면 50톤의 광물을 정제해야 한다. 희토류인 루테튬의 경우, 1,200톤이 채굴되어야 겨우 1kg을 얻을 수 있다.

지각에서 채굴되는 금속의 희소성은 보통 'parts per' 단위로 표시된다. 어떤 희소금속은 ppmparts per million 단위로 존재하고, 경우에 따라서는 ppbparts per billion 단위로 존재하기도 한다. 보통 공기나 물의 오염도를 측정하는 데 ppm 단위가 사용된다는 점을 상기한다면, 그 희소성을 짐작할 수 있다.

희소한 귀금속인 백금은 지각의 10억분의 4 존재한다. 지각 내의 원자 10억 개 중 4개가 백금이라는 의미다. 오스뮴, 레늄, 이리듐, 루테늄도 10억분의 1보다 훨씬 적은 양으로 존재한다.

이런 관점에서 지구에서 가장 희소한 금속은 희토류의 하나인 프로메튬Promethium이다. 가장 최근의 추정치로도, 지각 내의 총 존재량이 586그램에 불과하다. 만약 산업에 사용될 정도로 충분한 양이 존재한다면 그 효과는 어마어마할 것이다. 한 번에 수십 년 동안 작동하는 원자 배터리에 전력을 공급하는 용도로 사용될 것으로 예상된다.[8]

그런데 가채연한이라는 기준으로 보았을 때 각종 금속의 공급 리스크는 예상과 다른 결과를 보여준다.[9] 관심의 초점이 되고 있는 리튬의 경우, 가채연수가 500년이 넘는다. 생산량에 비해 매장량이 풍부한 편이다. 미국 지질연구소USGS에 따르면 희토류의 매장량은 연간 글로벌 생산량의 798배로, 700년을 넘는 가채연수를 가지고 있다. 이처럼 희토류는 지각 분포도가 매우 높지만 채굴과 분리의 어려움이 문제이다.[10]

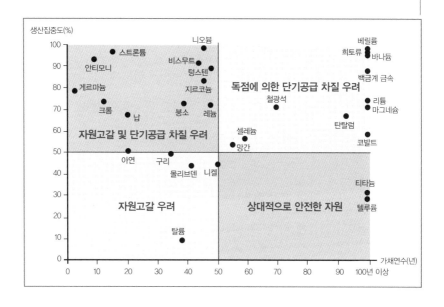

금속	가채연수	금속	가채연수
철광석	70	망간	56
구리	34	니켈	50
납	20	텅스텐	48
아연	18	레늄	48
갈륨	12,821	니오븀	47
베릴륨	571	지르코늄	46
리튬	550	비스무트	44
마그네슘	461	몰리브덴	44
텔루륨	244	탈륨	38
바나듐	241	붕소	38
백금족	190	스트론튬	16
티타늄	128	크롬	15
코발트	106	안티모니	11
탄탈럼	95	게르마늄	3
셀레늄	59	희토류	798

주: 2009년 세계 생산량과 확인 매장량으로 시산
자료: 미국 지질조사국, Mineral Commodity Summaries, January 2010
출처: 이지평, "잠재적인 경쟁력 위협요인, 금속 자원 리스크," LG Business Insight, 2010.11.17., p. 3.

그런데 문제는 희토류나 희소금속에 국한되지 않는다. 그동안 매장량이 풍부한 것으로 인식되어 왔던 구리, 아연 등의 기본금속이 수요 급증과 함께 가격 상승세를 보이고 있기 때문이다. 가채연수로만 보면 구리가 30년, 주석은 20년, 아연은 18년 정도에 불과하다. 중국, 인도 등 신흥 공업국의 성장으로 수요 급증에 따른 공급 불안이 발생할 가능성이 높다.[11] 그런데 첨단산업에서 구리의 수요는 갈수록 증가하고 있다.

- 내연기관차에 비해 전기차에 3배 이상 많은 구리가 필요하다.
- 기존 전력시스템에 비해 재생에너지 시스템은 5배 많은 구리가 필요하다.
- 1MW(1000kW) 규모의 풍력 발전에 3.6톤의 구리가 필요하다.
- 1MW 태양광 발전에 4~5톤의 구리가 필요하다.

게다가 구리의 생산량 확대를 담당할 중앙아프리카 지역을 '구리 벨트'라고 하는데 콩고민주공화국 및 잠비아 등이 정치적으로 불안정해서 공급 불안의 뇌관이 될 수 있다. 수송 인프라가 미진한 몽고와 정치적으로 불안정한 중남미 등에 자원이 집중되어 있다는 것도 문제다. 특히 중국이 주도하는 세계 최대 구리 광산 개발 프로젝트는 극도의 정치 혼란을 보이는 아프가니스탄에서 진행된다.

이들 국가의 관련 인프라 부족에 따른 생산 및 수송 차질, 자원 관련 세율 인상, 국유화 등이 구리 가격의 상승세를 부추길 잠재 요인이다. 이러한 공급 불안으로 인해 투기 자금이 구리 시장에 유입되는 경향도 있어,

이것이 다시 가격 급등락의 원인으로 작용한다.[12]

금속의 대표격인 철광석의 경우, 구리에 비해 자원 매장량에 상대적으로 여유가 있으나 호주 BHP 등 메이저 기업의 지배력이 강해 수요 확대기에 가격이 급등하기 쉬운 상황이 지속되고 있다. 구리나 철광석 등의 기본 금속은 대량의 자원을 활용하는 데다 대체기술의 개발도 쉽지 않다는 데에 어려움이 있다.[13]

글로벌 공급 불안

희소금속은 매장량이 적은데 그나마도 몇몇 국가에 편중되어 있다. 희소금속 부자 나라는 5개로 중국, 캐나다, 러시아, 호주, 미국이다. 이들이 전체 매장량의 80%를 차지하고 있는데, 모두 땅덩어리가 큰 나라들이다. 여기에 코발트는 콩고민주공화국, 백금은 남아공, 니오븀은 브라질과 같은 식으로 특정 희소금속 매장량이 압도적인 나라들도 있다.

100여 종의 희소금속 중에는 이렇게 집중적으로 매장되고 집중적으로 생산되는 금속들이 많다. 특히 중국에 편중된 금속들이 많다. 당연하게도 자원의 편재성이 클수록 공급 불안정을 보일 가능성이 높다. 만약 지역 편중이란 특성이 다른 요인(가채연한과 산업적 중요성 등)과 결합되어 나타날 때 극심한 공급 불안은 물론 국가 간 분쟁으로 비화될 가능성도 있다.

각 국가별로 편재성이 큰 금속들을 나열하면 다음과 같다.

• **미국**: 베릴륨(90%), 헬륨(73%)

- **브라질**: 니오븀(90%)

- **중앙아프리카**: 코발트(DRC 콩고 64%), 탄탈럼(르완다 31%)

- **남아프리카공화국**: 인듐(85%), 크롬(43%), 백금족(70%), 로듐(83%), 루테늄(93%), 망간(33%)

- **러시아**: 팔라듐(46%)

- **터키**: 붕산염borate(42%)

- **인도네시아**: 니켈(33%)

- **호주**: 리튬(44%)

- **중국**: 안티모니(87%), 바라이트(44%), 비스무스(82%), 형석(64%), 갈륨(73%), 게르마늄(67%), 인듐(57%), 마그네슘(87%), 천연 흑연(69%), 인산염 암석(44%), 인(58%), 스칸듐(66%), 실리콘 메탈(61%), 텅스텐(84%), 바나듐(53%), 경희토류(95%), 중희토류(99%)

이 리스트만 봐도 중국의 희소금속 집중도가 얼마나 높은지 실감할 수 있다. 특히 경희토류 95%, 중희토류 99%란 수치에 이르러서는 공포심까지 느껴진다. 세상의 그 어떤 자원이라도 이러한 독점은 심각한 문제를 양산할 수밖에 없다.

앞에서 가채연수가 짧을수록, 생산 집중도가 높을수록 공급 차질 리스크가 크다고 했다. 그 대표적 사례가 '안티모니'다. 안티모니의 가채연수는 11년, 중국의 생산 집중도는 90%가 넘는다. 안티모니는 납 전지용 전극, 반도체 재료 첨가제, 섬유 및 플라스틱 첨가제 등에 사용되고 있다.[14]

가채연수 15년에 남아공 등 상위 생산국의 집중도가 74%에 달하는 '크롬'도 공급 우려가 높고, 가채연수 16년에 생산 집중도가 98%인 스트론튬 Strontium도 이 범주에 속한다. 크롬은 스테인리스 등 금속의 부식을 억제하는 합금 재료로 사용되고, 스트론튬은 고온 초전도 재료, 브라운관 유리용 첨가제, 자석 재료 등에 사용된다.

중국이 1위 생산국이면서 국내 수요를 우선하여 자원의 보전과 수출 통제를 강화하기 시작한 품목들은 비스무스Bismuth, 갈륨, 바나듐과 희토류다. 비스무스는 납을 대신하는 전자기기의 새로운 땜납 재료로 첨가되거나 의약품, 총알, 낚시 도구 등에 사용된다. 갈륨은 LED, 파워 칩, 스마트폰, 계산기, 가정용 온도계, 고속 인터넷 연결 등에 필요하다. 바나듐은 고층빌딩 등의 고강도 철강재, 자동차용 부품, 각종 공구, 항공기용 합금티타늄과 혼합, 원자로, 치과용 임플란트, 석유화학용 촉매제, 전력 저장용 대형전지, 형광체 등에 사용되고 있는 중요한 재료이다.

희소금속의 문제는 단순히 매장량 문제만이 아니다. 예를 들어 LED의 중요 소재인 갈륨은 국내에서 연간 10여 톤이 생산된다. 그런데 이를 LED 부품으로 사용하기 위해서는 원재료에 특수한 화학 처리('전구체'라고 함)를 해야 한다. 믿기 어렵겠지만 현재 국내에는 기술이 없어 원재료를 전량 수출하고, 전구체를 수입하고 있다.

LED용 갈륨의 밸류체인

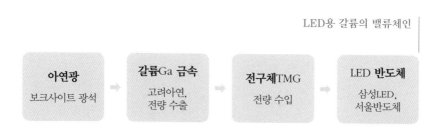

아연광
보크사이트 광석

갈륨Ga 금속
고려아연,
전량 수출

전구체TMG
전량 수입

LED 반도체
삼성LED,
서울반도체

갈륨은 보크사이트 광석에서 소량(~50ppm)으로 발견되며, 보크사이트 광상과 거의 동일한 양의 아연 광상에서도 갈륨을 얻는다. 알루미늄용 보크사이트 광석의 채광 및 광물 가공에서 주로 발생하지만, 일부 갈륨은 섬아연석(아연의 주광석 광물인 황화아연)의 처리 과정에서도 얻는다. 갈륨은 스크랩(금속 제품을 만들 때에 생기는 금속 부스러기나 못 쓰게 된 금속 조각)에서도 재활용된다.

지금부터 기본금속과 희소금속의 생산 현황과 소비 패턴 등에 대해 자세히 살펴보기로 하자.

04

알아두면 쓸모 있는
금속 백과사전

기본금속 *Base Metal* 편

| 철 | iron, Fe | 원자번호 26 |

오늘날 가장 많이 사용되는 소재는 시멘트이고 그 다음이 철이다. 철은 금, 은, 동 등의 다른 금속보다 뒤늦게 사용되기 시작했지만 강도, 경도, 인성, 가공성 등이 뛰어나 가장 많이 사용하는 금속의 반열에 올랐다.

2010년 기준으로 철광석의 연간 소비량은 13억 톤이다. 세계적 철광석 기업들(Rio Tinto, BHP, Anglo American)은 알려진 매장량의 약 28%가 위치한 호주에서 철광석을 생산하고 있다. 미국지질조사국US Geological Survey

의 데이터에 따르면 2020년 전 세계 총 생산량은 약 24억 톤이다.[15]

철광석을 비롯한 금속 가격이 크게 오르면서 광업 부문은 기록적인 이익을 창출하고 있다.

철광석 사업을 석유 사업과 비교해보자. 2021년 5월 현재, 상위 5개 철광석 업체는 총 650억 달러의 순이익을 기록했다. 이는 세계 5대 석유 메이저의 순이익보다 13% 정도 많은 것이다. 천연자원의 산업 구조가 바뀌고 있다는 신호다. 수십 년 동안 석유가 천연자원의 왕좌를 차지하고 있었지만, 이제 천연자원의 수익구조와 계층구조가 바뀌고 있다. 에너지에서 금속으로, 무게중심이 옮겨가고 있는 것이다.

하지만 아직까지도 채굴 수익은 석유가 가장 높고 다음이 철광석이다. 철광석은 현재 톤당 200달러 약간 아래에서 거래되고 있다. 이는 10년 전 중국의 왕성한 수요가 원자재 슈퍼사이클을 촉발시켰던 때와 같은 수준이다. 호주의 최대 광산 회사에서 1톤의 철광석을 채굴하는 데 20달러 미만의 비용이 든다고 한다. 구리 가격 역시 10년 만에 처음으로 1톤당 1만 달러의 벽을 넘어 사상 최고치에 근접했다. 알루미늄, 니켈, 구리, 주석, 납, 아연 등은 현대 역사에서 가장 가격이 높았던 2007~2008년과 2011년에 이어 세 번째 정점으로 기록될 듯하다.

반면 석유업체들은 2008년과 2011년 사이에 정점을 찍은 것으로 보인다. 10년 전, 엑슨 모빌, 쉐브론, 로열 더치 셸, 토탈, BP 등 5대 에너지 메이저는 5대 철광석 업체들의 두 배에 달하는 수익을 올렸다.[16]

1. 호주: 9억 톤

호주는 2020년 약 9억 톤의 생산량으로 세계 1위의 철광석 생산 국가가 되었다. 세계 총 생산량의 37.5%이다. 미국지질조사국에 의하면, 호주는 약 500억 톤으로 추산되는 세계 최대의 철광석 매장지로서 철광석 수출로 매년 수백만 달러를 벌어들인다. 세계 최대의 철광석 광산 기업 중 다수가 매장량이 몰려 있는 서호주 필바라 지역에서 사업을 시작했다.[17]

2. 브라질: 4억 톤

브라질은 2020년 약 4억 톤의 철광석을 생산했으며, 이는 2019년보다 약간 적지만 여전히 전 세계 생산량의 약 17%를 차지한다. 브라질 북부 파라주의 카라하스 광산은 세계 최대의 철광석 광산 중 하나로 리우데자네이루에 본사를 둔 발레Vale가 운영한다. 발레는 브라질에서 강력한 입지를 확보하고 있으며 현재 세계 최고의 철광석 채굴업체로 2020년 연간 생

브라질 카라하스 광산 단지 ⓒWikimedia

산량이 3억 톤에 달한다. 브라질은 호주에 이은 두 번째 철광석 매장량(약 340억 톤)을 보유하고 있다.

3. 중국: 3억 4천만 톤

2020년 중국은 약 3억 4천만 톤의 철광석을 생산하는 세계 3위의 철광석 생산 국가가 되었다. 동시에 중국은 철광석 세계 최대 소비국이기도 하다. 현재 세계 철광석 생산량의 절반 이상을 확보하기 위하여 국내 생산과 해외 수입을 병행하고 있다. 중국에는 약 200억 톤의 철광석이 매장되어 있으며 랴오닝, 쓰촨, 허베이, 내몽골 및 산시가 자원이 풍부한 지역이다.[18]

4. 인도: 2억 3천만 톤

인도는 2020년 2억 3천만 톤을 생산하여 전 세계 철광석 생산량의 10% 정도를 담당했다. 철광석 자원은 전국에 널리 퍼져 있으며, 인도 최대 생산업체인 국영 국가광물개발공사NMDC가 2019~2020 회계연도에 총 3,100만 톤 이상을 생산했다.[19]

5. 러시아: 9,500만 톤

러시아는 유럽 최고의 철광석 생산 국가이며 2020년에 약 9,500만 톤을 채굴했다. 주요 매장지는 우랄 산맥 주변, 특히 툴라와 시베리아이며 서부의 쿠르스크 지역도 포함된다. 러시아는 세계에서 세 번째로 많은 철광석 매장량(250억 톤 추정)을 보유하고 있어 향후 몇 년 동안 생산량을 늘릴 가능성이 있다.[20]

전 세계 에너지 시스템이 재생에너지와 전기화 중심으로 재편됨에 따라 배터리, 모터, 전원 케이블 및 기타 애플리케이션을 구축하기 위해 구리 수요가 빠르게 증가할 것으로 예상된다. 국제에너지기구IEA는 향후 20년 동안 세계 구리 수요가 두 배로 증가할 것이라 예측했다. 구리 수요의 45%는 이미 청정에너지 분야에서 사용되고 있다.

채굴된 구리의 약 절반은 전기 전선과 케이블 제조에 사용된다. 높은 전기 전도도, 인장 강도, 연성, 변형 저항, 내부식성, 낮은 열 팽창성, 높은 열전도도, 납땜 용이성, 가단성(可鍛性: 금속의 형태를 바꿀 수 있는 성질) 및 설치 용이성과 같은 구리의 고유한 장점 때문에 거의 모든 전기 장치에 전도체로 사용되며 집적 회로 및 인쇄 회로 기판에 사용된다.

최근 수급 문제로 이슈가 된 반도체기판 원재료인 동박 적층판CCL과 연성동박 적층판FCCL 소재로서, 전기적 특성과 신뢰성을 기반으로 반도체 제품의 소형화 및 박형화에 필수적인 소재다. 또한 수요가 폭증하고 있는 리튬전지 무게의 16%를 차지하는 것이 바로 구리이다.

일반적으로 구리 광석의 80% 정도는 채광, 선광, 제련, 정련 과정을 거

일반적인 구리 제조 과정

과정	소재	품위
채광	동광석(Copper Ore)	0.3~5%
선광	정광(Concentrated Copper)	20~30%
제련	제련동 또는 조동(Blister Copper)	99%
정련	정련동(Refined Copper) 또는 전기동(Electrolytic Copper)	99.99%

침출법으로 구리 제조 과정

과정	소재	품위
채광	동광석(Copper Ore)	0.23~2%
부유선광	정광(Concentrated Copper)	25~45%
제련	매트(Matte)	45~75%
전로	조동(Blister Copper)	99.0%
건식제련, 주조	아노드 동(Copper Anode)	99.9%
전해제련	전기동(Electrolytic Copper)	99.99%

친다. 나머지 20%는 침출법leaching으로 처리되는데 총 6단계의 과정을 거친다.

현재 약 40개국에서 250여 개의 구리 광산이 운영되고 있다. 2020년 전 세계 생산량은 2천만 톤으로 추정되는데 이는 10년 전보다 30% 증가한 수치다. 글로벌 매장량은 약 8억 7천만 톤인데 이 중 거의 4분의 1이 칠레에 있다.[21] 전 세계 구리 생산량은 칠레가 570만 톤, 페루가 220만 톤으로 세계 1, 2위 국가이다. 한국의 구리 광산 생산량 정보는 5년간 존재하지 않는다.

세계 제련(조동/정제동) 생산량은 중국이 700만 톤으로 독보적인 1위를 차지하였으며, 그 다음이 일본, 칠레, 러시아 순이다. 한국은 2021년 기준으로 잠비아와 비슷한 60만 톤 수준을 기록했다.

세계 정련동 소비 현황에 대해서는 미국, 중국, 독일 3개 강국이 연간 100만 톤 이상의 구리를 소비하고 있으며, 배터리 산업이 발달한 일본과 한국이 60만 톤을 소비해 세계 5위 안에 드는 것으로 확인되고 있다.

1. 칠레: 570만 톤

칠레는 2020년 570만 톤의 구리를 생산한 세계 최대의 구리 생산 국가였다. 미국지질조사국에 의하면 세계 최대 구리 매장량(약 2억 톤 추산)의 본거지이기도 하다. 국영기업 코델코Codelco: 칠레국가동업공사는 세계 최대 구리 광산 회사 중 1위를 차지했으며 칠레 북부에서 에스콘디다Escondida 광산을 공동 운영하는 BHP가 그 뒤를 이었다.[22]

칠레 에스콘디다 광산 ©Wikimedia

2. 페루: 220만 톤

2020년 220만 톤의 구리를 생산했는데, 이는 전년에 비해 소폭 감소한 수치다. 세로 베르데Cerro Verde와 안타미나Antamina 광산은 세계 최대의 구리 광산 중 하나이며 앵글로 아메리칸Anglo American과 미츠비시Mitsubishi가 개발 중인 쿠엘라베코Quellaveco 광산은 2022년 생산을 시작할 것으로 예상된다. 페루의 광산 산업은 코로나 팬데믹으로 심각한 혼란을 겪었지만, 2024년까지 310만 톤까지 증가할 것으로 예상된다.[23]

3. 중국: 170만 톤

중국은 2020년에 약 170만 톤의 구리를 채굴하여 생산량 3위를 차지했다. 중국은 구리의 세계 최대 소비국이며 국내 생산을 보충하기 위해 대량 수입하기도 한다. 장시구리Jiangxi Copper는 주요 생산업체 중 하나로 중국 장시성에서 더싱Dexing 구리 광산을 운영하고 있다.

4. 콩고민주공화국DRC: 130만 톤

2020년 콩고민주공화국에서 약 130만 톤의 구리가 채굴되었다. 콩고는 세계 최고의 코발트 생산 국가로 유명하다. 구리와 코발트는 종종 함께 채굴되므로 아프리카 국가들의 주요 산업인 경우가 많다. 스위스 광산 기업 글렌코어Glencore는 콩고민주공화국에서 강력한 입지를 구축했으며 카탕가Katanga주의 카탕가 및 무탕다Mutanda 광산에서 구리와 코발트를 채굴한다. 캐나다의 Ivanhoe Mining과 중국의 Zijin Mining이 합작한 Kamoa-Kakula Copper Project는 현재 콩고에서 구리 광산을 개발 중이다.

5. 세계 5위 미국: 120만 톤

미국은 2020년에 약 120만 톤의 구리를 생산했다. 애리조나는 미국 내 생산량 중 약 4분의 3을 차지하고 유타, 뉴멕시코, 네바다, 몬태나, 미시간이 그 뒤를 잇는다. 현재 BHP와 리오 틴토Rio Tinto의 합작회사인 Resolution Copper가 애리조나에서 가장 큰 구리 광산 중 하나를 추가로 개발 중이다.[24]

2015년 구리 생산과 매장량 (단위: 1,000톤)

과정	생산량	추정 매장량
칠레	5,700	210,000
호주	960	88,000
페루	1,600	82,000
멕시코	550	46,000
미국	1,250	33,000
러시아	740	30,000
중국	1,750	30,000
콩고민주공화국	990	20,000
잠비아	600	20,000
캐나다	695	11,000
기타	3,900	150,000
총계	18,700	720,000

출처: USGS 2016, 55.

구리를 이야기하면서 꼭 기억해야 할 이름이 있다. 국내 유일의 제련업체이자 국내 최대 비철금속 회사인 LS니꼬동제련이다. 울산 울주군 온산공단 내에 있는 이 회사의 구리 생산량은 세계 2위, 금 생산량은 국내 1위, 단일 제련소로서는 비철금속 생산량 세계 2위다.

LS니꼬동제련은 LS그룹이 일본 JKJS와 합작해 설립한 회사로, LS가 지분 50.1%를 보유하고 있다. 지난해 매출액은 7조 8000억 원이며 직원은 850명 규모이다. 외국에서 구리 광석을 수입해 제련 과정을 거쳐 구리와 귀금속, 황산 등을 생산한다.

그런데 LS니꼬가 2021년 3조 3000억 원대의 가치를 지닌 해외 구리 광석 180만 톤을 안정적으로 공급받는 계약을 체결함으로써 회사의 미래가치가 한층 높아졌다. 2021년부터 2034년까지 파나마의 '코브레 파나마' 광산에서 생산되는 고품질의 구리 광석을 매년 12만 톤씩 안정적으로 공급

받게 된 것이다. 코브레 파나마는 영국의 글로벌 자원개발 기업 FQM이 운영하는 광산으로 매장량 세계 10위(21억 4000만 톤)에 해당한다.

LS니꼬가 해외에서 수입하는 광석의 구리 함유량은 대부분 25~28% 수준이다. 이를 제련 공장에서 순도 99.5%의 구리판Anode으로 만든다. LS니꼬의 연간 구리판 생산 능력은 62만 톤이다. 구리판은 전련 공장으로 보내져 순도 99.99%의 순수한 구리(전기동)로 탄생한다. 참고로 전기동의 연간 생산능력은 68만 톤이다.

전련 공장의 전기분해 과정에서는 침전물이 발생하는데, 이는 절대 폐기물이 아니다. 침전물은 귀금속 공장으로 보내져 금(연간 생산능력 60t)과 은(1,200t), 백금(600kg), 팔라듐(3,500kg), 셀레늄(680t) 등을 생산한다. 해당 금 생산량은 국내 1위이다. LS니꼬가 생산한 금은 국내에서는 유일하게 런던금시장협회LBMA에서 품질 인증을 받았다.

전기동 생산 과정에서 발생하는 아황산가스를 추출해 반도체용 황산도 생산한다. 연간 황산 생산능력은 198만 톤이다. 아울러 귀금속과 황산 제조 공정에서 발생하는 증기는 인근 회사에 판매되고 있다. 구리 제조 공정은 그야말로 버릴 것이 하나도 없다고 할 수 있다.

LS니꼬 외에도 풍산, 이구산업, 고려아연 등이 대표적인 비철금속 기업들이다. 풍산은 1968년 풍산금속공업 주식회사로 출발하여 소전素錢: 금액이나 무늬를 새기기 전의 날 동전과 탄약 등을 생산해 왔다. 1989년에 (주)풍산으로 상호를 변경하였고, 미국 현지법인 PMX Industries를 설립하였다. 원자재 가공업의 특성상 원재료 비중이 높고 영업이익률이 4% 내외로 수익성이 낮은 편이다. 구리, 아연 등 원재료의 가격에 따라 수익성이 민감하게 영향을 받는다. 2020년 매출액은 2조 6000억 수준이다.

풍산은 구리를 가공해서 판板, 봉棒, 관管, 선線을 만드는 신동伸銅: 구리를 늘린다는 의미 사업과 총알, 포탄을 만드는 방산 부문을 갖고 있다. 매출 비율은 신동 65%, 방산 35%인데, 양 부문 모두 시장 지위가 우수하고 경쟁 강도는 세지 않다.

풍산은 세계 소전素錢 시장 점유율이 51%나 되는 숨은 강자이다. 소전이 매출에서 차지하는 비중은 그리 크지 않지만, 유로Euro화 동전도 풍산 제품일 정도다. 한국만큼 디지털 페이가 발달한 나라는 거의 없다. 옆 나라 일본만 해도 동전을 한줌씩 들고 다녀야 하고, 특히 개발도상국의 동전 수요는 앞으로도 커질 전망이다.

구리는 코로나 팬데믹으로 수혜를 본 업종에 속한다. 코로나19 바이러스가 구리 성분 위에서 오래 머물지 못한다고 해서 동판 수요도 꾸준하다. 최근에는 자동차 전장, 2차전지 등에 쓰이는 전기동 가격도 많이 올라 풍산에게는 호재로 작용한다.

이구산업은 구리 소재를 생산하는 장수 기업으로 1968년 설립되었다. 같은 해 출범한 풍산과 함께 동銅산업 1세대 기업으로 국내 비철금속 제조업의 핵심인 구리 소재 산업을 이끌고 있다. 이구산업은 구리 성분 99.99%의 순동과 구리에 아연을 섞은 황동, 구리와 주석을 배합한 인청동 등을 주로 생산한다. 생산량은 월 4000톤 정도이고 매출은 지난해 기준 2,029억 원이다. 생산 분야 기준으로 시장점유율은 풍산에 이어 2위를 차지하고 있다. 생산 방식이 포스코와 거의 비슷해 비철금속 업계의 '리틀 포스코'로 불린다.

이구산업이 생산하는 구리의 약 60%가 자동차 부품, 즉 라디에이터 핀, 차량용 커넥터 등으로 사용된다. 까다롭기로 유명한 일본 자동차업체도 이구산업의 제품을 사용할 정도로 품질을 인정받고 있다. 이구산업은 전기차 배터리용 단자와 리드프레임 등 전기차용 소재도 만든다. 최근 전기차 수요가 증가하면서 관련 소재 주문이 크게 늘어나는 추세다.

이구산업은 LG화학, 삼성SDI, SK이노베이션 등 국내 주요 전기차 배터리사의 1, 2차 벤더에 납품한다. 결과적으로 테슬라를 비롯해 현대차, 독일 폭스바겐 등에 이구산업의 제품이 쓰이는 셈이다. 발광다이오드LED용 단자, 스마트폰, TV 등 전자제품 소재와 공조기 및 보일러용 열교환기, 동鋼기와 등 건축자재 등에도 이구산업의 제품이 널리 사용되고 있다.

고려아연은 1974년 8월 설립되었다. 1978년 연산 5만 톤 규모의 아연 제련 공장 준공을 시작으로, 현재는 아연뿐 아니라 금, 은, 동, 그리고 인듐 등 희소금속 분야에 이르기까지 총 18여 종류의 비철금속 120만여 톤을 생산하는 종합 비철금속 제련회사로 성장하였다. 고려아연은 자매사인 (주)영풍, 호주 SMC 등 그룹사를 포함할 경우 글로벌 시장점유율 10%를 차지하고, 각종 강판, 강관 등 철강의 부식 방지에 주로 사용되는 아연은 세계 1위이다.

자동차 및 산업용 축전지, 전선 피복제 등의 원료가 되는 연, 황동, 동파이프 등 다양한 형태로 가공되어 국가 기간산업의 필수 금속이 되는 구리, 반도체, 태양광 발전 등 산업용으로 활용 가치가 늘고 있는 금과 은, 태양전지와 LED 등 첨단기기의 핵심 소재로 쓰이는 인듐 등 한국 기초 소재 산업 분야를 담당하고 있다.

고려아연은 새 성장 동력으로 배터리 동박 사업에 투자하고 있다. 일진머티리얼즈, SK넥실리스, 솔루스첨단소재 등에 비해 후발주자이지만, 동박 재료인 고순도 구리와 황산을 자체 조달할 수 있으며 고도의 기술력을 보유하고 있다는 장점이 있다. 동박 제조 기술은 아연 습식 제련 공법과 유사하고, 아연 제련에 있어서는 고려아연이 세계 최고의 기술력을 갖고 있다.

동박copper foil이란 말 그대로 얇은 구리 막인데, 전류의 통로 역할을 해서 배터리 소재인 음극재의 원료로 쓰인다. 고순도 구리선을 황산으로 녹여 제조하며 순도는 99.8% 이상이어야 한다. 고려아연은 고순도 전기동을 연간 2만 5000톤, 황산 120만 톤을 생산하고 있다.

고려아연은 2020년 3월 100% 자회사 케이잼KZAM을 설립하고 동박 사업을 시작했으며, 현재 울산 제련소 인근에 생산라인을 구축하고 있다. 연산 1만 3000톤 규모로, 오는 2025년까지 연간 생산능력을 5만 톤까지 확대할 전망이다.

고려아연이 동박 사업에 적극적인 이유는 LG화학과의 연합에서 찾을 수 있다. 고려아연은 지난 2018년 LG화학과 손잡고 전구체 핵심 원료인 황산니켈 제조업체 켐코를 설립했다. 켐코의 생산능력은 5만 톤으로 국내 1위 수준이며 향후 8만 톤까지 확장할 계획이다. 양사의 연합은 전구체로도 이어질 것으로 보인다.

국내 배터리 전구체 자급도는 20~25%에 불과하다. 국내 양극재 업계는 니켈-코발트-망간NCM 양극재의 전구체를 대부분 중국으로부터 들여오고 있다. 중국이 희토류처럼 전구체를 전략자원 삼아 수출을 통제한다면 국내 배터리업계에 큰 문제가 될 것이다. 미국, 호주 등 국가들이 중국산 소재에 고율의 관세를 부과할 움직임도 보이고 있어서, 국내 2차전지업계는 전구체 같은 소재 자급도를 높이는 방안을 찾느라 분주하다.

2차전지 제조사 삼성SDI는 국내 2위 양극재 업체 에코프로비엠과 손잡고 합작사 에코프로이엠을 설립했다. 전구체 생산설비를 갖추기 위해서다. 삼성SDI 진영에 맞서기 위해 LG화학은 고려아연을 제휴 상대로 선택한 것이다. 고려아연은 니켈·코발트·망간 등 양극재 소재를 추출할 기술력을 확보하고 있어 선구체 부문에서도 빠르게 경쟁력을 갖출 것으로 평가된다.

고려아연은 LG화학과 제휴 보도가 나간 뒤 시가총액이 일주일 만에 20% 이상 늘어날 정도로 시장 반응이 뜨거웠다. 고려아연과 LG화학의 제휴는 2차전지 소재사업으로 확장되고 있다. 케이잼은 동박, 고려아연은 황산니켈, LG화학과의 합작사는 전구체, LG화학은 양극재, LG에너지솔루션은 2차전지로 이어지는 밸류체인이 완성되는 것이다.

동박은 과거 일본이 장악하던 분야였으나 현재는 중국이 저가 공세로 치고 올라온 상태다. 국내 업체들은 프리미엄 시장을 공략 중이다. 동박은 얇게 만드는 것이 경쟁력인데 한국 기업들은 4마이크로미터㎛ 내외 제품을 양산한다. 고품질 분야에서는 중국과 격차가 크다는 평가다. 일진머티리얼즈, SKC(SK넥실리스), 솔루스첨단소재 등은 생산능력 확대에 열을 올리고 있다. 업계에서는 오는 2023년 전후로 동박 부족 사태가 촉발될 것이라 본다. 3개 업체가 연이어 증설을 추진하는 이유다.

유럽과 북미는 중국과 함께 세계 3대 전기차 시장으로 꼽힌다. 주요 완성차업체를 중심으로 전기차 공급망이 구축되고 있다. 국내 배터리 3사도 폴란드, 헝가리, 미국 등에 생산라인을 두고 있으며, 동박 3총사도 시장 수요에 맞춰 유럽 및 북미를 해외 거점으로 낙점했다.

SKC는 SK그룹의 딥체인지 전략의 일환으로 2020년 SK넥실리스를 편입시키면서 본격적으로 2차전지 소재 사업에 진출하였다. 1995년 LG금속 동박 사업부 출범 이래로, 친환경 배터리 소재인 동박과 디스플레이 소재인 박막 분야에서 성장을 거듭하여 왔다. 2018년 LS엠트론의 동박 사업부와 박막 사업부가 독립하여 설립한 KCFT를 SKC가 100% 지분을 보유하면서 SK넥실리스로 출범하게 되었다.

SKC 자회사로 편입되기 전인 2019년, 이미 글로벌 전기차 배터리용 동박 시장점유율 14% 정도를 차지했던 SK넥실리스는 2020년 총 생산능력 43,000톤인 동박 5공장 증설, 총 생산능력 52,000톤인 동박 6공장 증설, 2021년 말레이시아에 동박 해외 생산시설 1호 투자, 유럽 동박 생산 설비 투자 등 지속적인 투자를 해왔다. 또한 SKC는 폴란드 스탈로바볼라시市 E모빌리티 산업단지에 동박 공장을 건설하는 내용의 투자 협약을 맺었다고 발표했다.

E모빌리티 산업단지는 2021년 8월 폴란드 정부가 특별법안으로 지정한 미래 산업단지다. SKC는 이곳에 9000억 원을 투자해 연간 5만 톤 규모의 공장을 세우기로 한 것이다. 2022년 상반기 착공해 2024년 양산을 목표로 준비 중이며, 연간 10만 톤으로 증설할 계획도 있다. 이곳을 포함하여 2025년까지 20만 톤 이상의 생산 능력을 갖출 예정이다.

광범위하게 사용되는 중요한 산업 금속인 알루미늄은 지구에서 가장 풍부한 금속 중 하나이며, 빙정석cryolite과 보크사이트 양대 광석에서 생산된다. 보크사이트를 가공하여 알루미나를 만든 후 정제하여 알루미늄을 만드는 것이 가장 일반적 공정이다.

알루미늄은 다재다능해서 다양한 산업에서 활용된다. 독성이 없고 가벼우므로 식품 및 음료 캔을 만드는 데 적합하다. 주조, 기계 가공 및 성형이 용이할 뿐 아니라 열전도율이 높으며 부식에도 강하다. 포일, 주방용품, 창틀, 맥주통, 비행기 부품과 같은 일상용품뿐 아니라 녹색 혁명의 새로운 응용 분야도 많다.

알루미늄은 우수한 전기 전도체이면서도 구리 및 기타 고가의 금속보다 저렴해서 송전선에 자주 사용된다. 알루미늄은 금속 중 두 번째로 형태 가공이 쉽고, 여섯 번째로 전도율이 뛰어나다. 불이 붙을 염려도 없고 자성도 없다. 알루미늄은 종종 철강 제조에서 합금으로 사용되며 구리, 망간, 마그네슘, 실리콘과 같이 더 강도가 센 금속과 합금해 강도를 높이면서 동시에 상대적으로 가볍게 만들 수 있다.

2021년 3월, 충북 음성에 위치한 국내 최대 음료용 캔 생산업체인 한일제관 공장에 화재가 발생해 생산 라인이 전소했다. 사고의 여파로 알루미늄 원재료 가격이 폭등하고 수급이 불안정한 흐름이 이어졌다. 그 와중에 경북 영주에 있는 세계 최대 알루미늄 압연·리사이클링 기업 노벨리스 코리아가 한 달 가까이 전면 파업에 돌입하는 일이 발생했다. 다행히 협상

타결과 생산 재개로 음료를 담을 알루미늄 캔을 구하지 못하는 상황은 간신히 모면했다. 이런 일이 벌어지면, 재고를 상당히 비축하고 있는 대기업과 달리 중소기업은 큰 어려움에 직면한다.

음료 캔 구하기가 어려워지면 캔에 담아 파는 맥주와 음료 가격이 연쇄적으로 오르고, 일부 제품은 생산 자체를 할 수 없게 된다. 간발의 차이로 파국을 면한 알루미늄 캔 파동은 원자재 수급과 얽히고설킨 글로벌 공급망이 꼬이면서 살얼음판을 걷는 듯한 우리나라 원자재 공급망의 불안정성을 보여주는 한 단면이다.

영국 런던금속거래소LME 기준으로, 2021년 1월 톤당 2,000달러 수준이던 알루미늄 가격은 2021년 말 3,065달러로 폭등했다. 세계 알루미늄 생산의 약 절반을 담당하던 중국이 탄소 배출량을 줄이기 위해 광물 원료를 만드는 공장을 적게 돌리고, 에너지난에 전기료를 포함한 글로벌 에너지 요금이 오르면서 나타난 나비효과다. 블룸버그 통신은 '글로벌 에너지 위기가 전력이 많이 들어가는 알루미늄 공급을 압박하고 있다'라고 분석하기도 했다.

알루미늄은 음료 캔에도 쓰이지만 전기차와 배터리, 디스플레이 패널과 태양광 패널, 스마트폰까지 광범위하게 사용되는 산업의 필수 소재이므로 공급망 사슬에서 작은 고리 하나만 삐끗하면 전체가 휘청거리게 된다. 이러한 상황에 대해 파이낸셜타임스FT는 '최근 한국이 전 세계 전기차 배터리 생산의 거의 절반을 차지하고 있지만, 원재료는 중국에 크게 의존하고 있어 지정학적 충격에 취약하다'라고 지적하기도 했다.

알루미늄의 장점 중 하나는 높은 회수율이다. 국제알루미늄연구소

International Aluminium Institute에 따르면, 알루미늄은 몇 번이고 재활용할 수 있어 1차 생산 비용에 비해 최대 95%의 에너지를 절약할 수 있다. 2018년 미국은 중요 금속 목록에 알루미늄을 추가했다. 산업 수요를 충족할 만큼 자국 내 알루미늄 공급이 충분하지 않기 때문이다. 2020년 미국 내 알루미늄 생산량은 소비량의 절반에도 못 미쳤다.

알루미늄은 다른 금속에 비해 산화가 어렵고 융점이 낮다는 특성 때문에 사용이 끝난 폐알루미늄캔을 녹여 간단하게 재생할 수 있다. 이러한 이유로 알루미늄캔 재활용률은 다른 폐기물에 비해 상당히 높다고 볼 수 있다. 우리나라의 알루미늄캔 재활용률은 2010년 기준 약 86%에 이른다. 알루미늄캔 생산은 보크사이트에서 알루미나를 추출하고 이를 전기분해하여 알루미늄을 제조하는 1차 공정, 이렇게 생산된 반제품을 반사로에서 용해시켜 압출하거나 성형하는 2차 공정으로 이루어진다.

이때 보크사이트 4톤으로 약 2톤의 알루미나를 생산하고, 여기서 다시 1톤의 알루미늄을 생산한다. 따라서 1톤의 알루미늄캔을 재활용하면 약 4톤의 보크사이트 자원을 절약할 수 있다. 알루미늄캔 재활용은 자원 절약뿐 아니라 온실가스의 감축 측면에서도 매우 효과적인 방법이다.

알루미늄캔 제조에서 발생하는 온실가스는 에너지 부문과 비에너지 부문으로 구분할 수 있다. 알루미늄 금속 또는 스크랩을 재활용하여 용해하는 경우, 알루미늄캔을 보크사이트 광석으로부터 제련하여 생산하는 데 소요되는 전력의 5~10%만 소요되므로 에너지 부문에서의 온실가스 배출을 줄일 수 있다. 또한 폐기된 알루미늄캔을 재활용하면 1차 생산공정에서 발생하는 CO_2와 PFCs 등 불화탄소류의 온실가스 배출을 저감할 수 있다.

이것이 비에너지 부문의 배출 저감 요인이다. 따라서 알루미늄캔의 재활용에 의한 전체 온실가스 감축량은 다른 제품의 재활용에 비해 상대적으로 높은 것으로 알려져 있다.

중국은 세계 최대 알루미늄 생산국이다. 미중 간의 무역 긴장이 지속되고 있어 미국은 보다 안전한 알루미늄 공급망을 고민 중이다. 미국지질조사국USGS에 따르면, 세계 알루미늄 생산량은 2019년의 6,320만 톤에 비해 2020년 6,520만 톤으로 소폭 증가했다.

1. 중국: 3,700만 톤

중국은 2020년 전 세계 알루미늄 생산량의 절반 이상을 책임졌다. 3,700만 톤을 생산했으며 상당한 양의 알루미늄도 소비했다. 시장조사기관 CRU의 애널리스트 완링Wan Ling은 로이터를 통해 중국이 2020년 12월에 연간 300,000톤의 추가 제련 능력을 투입했다고 밝혔다. 그는 2021년 중국의 알루미늄 생산량이 6.5% 더 성장할 것으로 예상했다.

2. 러시아: 360만 톤

러시아는 인도와 함께 공동 2위의 알루미늄 생산국이지만 생산량은 중국보다 현저히 낮다. 2020년 생산량은 360만 톤으로 2019년의 364만 톤에서 소폭 감소했다. 모스크바에 본사를 둔 세계 6위의 알루미늄 기업 루살 RUSAL은 2015년 중국 홍차오그룹Hongqiao Group에 인수되었다. 2020년 기준으로 미국 알루미늄 수입량의 9%가 러시아산이다.

3. 인도: 360만 톤

인도의 알루미늄 생산량은 2017년부터 계속 증가세를 보이고 있으며 2018년에 상당한 양의 성장을 이루었다. 2020년 총생산량은 360만 톤이다. 세계 최고의 알루미늄 압연 회사이자 아시아 최대 1차 알루미늄 생산업체인 힌달코 인더스트리스Hindalco Industries는 뭄바이에 위치한다. 중국의 수입 금지 또는 수입 스크랩 알루미늄 양에 대한 제한 조치 등은 인도의 알루미늄 수출에 장애 요인이다. 단, 중국 정부는 2020년 말에 수입 금지를 해제했다. 그러나 인도는 국내 알루미늄 생산자를 보호하기 위해 중국 등 생산자로부터 스크랩 알루미늄 수입에 대한 자체 금지를 고려 중이다.

4. 캐나다: 310만 톤

2020년 캐나다의 알루미늄 생산량은 310만 톤으로 전년 대비 소폭 증가했다. 알루미늄 생산업체인 리오 틴토는 캐나다 국내에 약 16개의 사업장을 두고 있다. 퀘벡주는 캐나다의 주요 알루미늄 생산지역이다. 캐나다에 있는 총 10개의 1차 알루미늄 제련소 중 9개가 퀘벡에 있을 정도다. 나머니 하나는 브리티시 컬럼비아주 키티맷에 위치한다. 캐나다는 2020년 미국의 알루미늄 수입량 중 절반을 차지했다.

5. 아랍에미리트: 260만 톤

아랍에미리트UAE의 알루미늄 생산량은 지난 몇 년 동안 꾸준했고, 2020년에는 5년 연속 260만 톤을 생산했다. 2017년 기록 경신 후 생산량 규모가 계속 유지되고 있어, 아랍 국가로서는 새로운 기록이다. 에미리트 글로벌 알루미늄은 중동에서 가장 큰 알루미늄 생산업체이며 전 세계 알루미늄 생산량의 4%를 차지한다. 아랍에미리트는 2020년 미국의 알루미늄 수입량 중 10%를 차지했다.

6. 호주: 160만 톤

호주는 2020년 160만 톤의 알루미늄을 생산했는데, 이는 전년에 비해 소폭 증가한 수치다. 캐나다의 주요 알루미늄 생산업체인 리오 틴토는 호주에서도 산업용 금속을 생산하고 있다.

2015년 알루미늄 생산량 (단위: 1,000톤)

국가	생산량	생산 가능량
중국	32,000	36,000
러시아	3,500	4,180
캐나다	2,000	3,270
인도	2,350	3,850
UAE	2,340	2,400
호주	1,650	1,720
미국	1,600	2,000
노르웨이	1,320	1,550
바레인	960	970
아이슬란드	820	840
브라질	780	1,600
사우디아라비아	740	740
남아프리카공화국	690	715
카타르	640	640
기타	2,340	2,400
총계	58,300	68,800

출처: USGS 2016.23.

2015년 알루미늄 정련량 (단위: 1,000톤)

국가	정련량
중국	57,000
호주	20,200
브라질	10,300
인도	5,470
미국	4,000
러시아	2,580
자메이카	1,950
카자흐스탄	1,600
수리남	970
그리스	800
베네수엘라	780
베트남	500
기타	11,400
총계	118,000

출처: USGS 2016, 33

아연 | Zinc, Zn | 원자번호 30

아연 가격은 최근 몇 년 동안 널뛰기를 하고 있다. 2006년에 최고치를 기록하고 2016년 최저치를 기록한 이후, 2018년 등락을 반복했다. 아연 가격은 2020년 초에 정점을 찍었지만, 다른 비철금속과 마찬가지로 미중 무역전쟁의 여파로 우려를 낳고 있다. 그럼에도 불구하고 시장 관찰자들은 앞으로 몇 년간 아연 가격이 오를 것이라 예측한다.

2011년 고려아연과 (주)영풍의 설비 확장으로 우리나라는 연간 94만 톤의 아연 생산 용량을 갖췄다. 이후 매년 86만 톤 이상을 꾸준히 생산하고 있으며, 2018년에는 100만 톤을 생산하였다. 그중 국내 수요는 466,000톤 이고 나머지는 수출한다. 아연은 국내 비철금속 중 유일하게 생산량의 절반 이상을 수출하고 있다.

아연 생산업체는 국내 아연 광산에서 공급하는 아연광과 주요 아연 생산국에서 나오는 아연 슬래그 또는 아연 스크랩을 수입하여 아연 정광 제조에 이용한다. 고려아연의 경우, 5년간 미국 몬태나주 이스트 헬레나 제련소에서 납 생산 부산물인 슬래그를 200만 톤 수입한다고 보도된 바 있다.

다음은 미국지질조사국의 최근 데이터에 따른 2017년 국가별 아연 생산량 개요이다.

1. 중국: 510만 톤

2017년 중국은 510만 톤으로 세계 1위의 아연 생산량을 달성했다. 이는 전년의 480만 톤에서 증가한 수치다. 중국은 세계 최대의 아연 생산국일 뿐 아니라 최대 소비국이기도 하다. 사실 2019년 아연 수요 증가의 대부분은 중국의 강력한 부동산 경기 확대와 인프라 건설 프로젝트 증가 때문이었다.

2. 페루: 140만 톤

페루의 아연 생산량은 2017년 140만 톤으로, 호주의 지속적인 생산량 감소로 2위를 차지했다. 현대적인 아연 정제 공정은 1920년대 페루에서 시작되었다. 1970년대에서 1990년대에 걸쳐 아연 생산량을 늘리려는 민간 국제 투자자가 증가했다. 현재 페루의 최대 아연 기업은 캐나다 채굴업체 트레발리 마이닝Trevali Mining으로, 산탄데르Santander 광산에서 아연과 은-납 정광을 생산하고 있다.

3. 인도: 생산량 130만 톤

인도의 아연 생산량은 2016년 68.2만 톤에서 2017년 130만 톤으로 두 배가 되었다. 인도는 세계 최고의 아연 광산 중 하나인 람푸라 아구차Rampura Agucha를 갖고 있으며, 연간 615만 톤의 광석을 생산할 능력을 보유하고 있다. 미국지질조사국에 따르면, 인도의 생산량 증가는 람푸라 아구차 지하 광산이 완공된 결과이다.

4. 호주: 생산량 100만 톤

호주는 2017년 100만 톤을 생산했는데, 이는 전년도의 160만 톤보다 대폭 감소한 수치다. 2015년 10월 MMG의 센추리Century 광산이 폐쇄되었기 때문이다. 그런데 흥미롭게도 자원 기업인 New Century Resources가 센추리 광산을 다시 열었다. 2018년 9월에 다시 가동하면서 호주의 아연 생산 증대에 기여할 것으로 보인다.

5. 미국: 생산량 730,000 톤

미국은 2017년 730,000톤의 아연을 생산했는데, 이는 전년의 805,000톤에서 감소한 수치다. 미국지질조사국에 따르면 2020년 5개 주의 14개 광산에서 채굴되었다. 아연 생산량 감소는 럭키 프라이데이Lucky Friday 광산의 파업과 알래스카 레드도그Red Dog 광산의 생산량 감소에 기인한 것으로 판단된다. 한편 미들 테네시Middle Tennessee 광산에서 생산이 재개되었고 테네시주의 클라크스빌Clarksville 제련소에서도 생산량이 증가하여 아연 제련량은 6% 증가했다.

| **니켈** | Nickel, Ni | **원자번호** 28 |

니켈은 스테인리스 스틸에서 전자제품 생산에 이르기까지 다양하게 응용되는 금속이다. 니켈 원광은 황화광sulphide ores과 라테라이트광laterite ores 두 종류인데, 노천 채광이 가능한 라테라이트광 채광이 확대되는 추세이다.[25] 채광된 원광은 침출·제련smelting과 정련refining 과정을 거치고, 니켈 함유량에 따라 용도가 나뉜다. 순도 99% 이상의 Class1 니켈은 스테인리스강STS, 배터리, 합금 등 다양한 용도로 사용된다. 순도 99% 미만의 Class2 니켈은 대부분 스테인리스강 생산에만 쓰인다.[26]

스테인리스강 공장 및 전기차 배터리 업체의 수요 급증과 재고 감소에 따른 공급 부족으로 니켈 가격은 최근 톤당 2만 달러를 상회하며,[27] 상승 추세에 있다. 2021년 6월 마이닝 위크리Miningweekly의 자료에 따르면, 인도네시아가 니켈을 33% 증산해 연말까지 니켈 가격은 점진적 하락이 예상되나, 장기적으로는 중국의 건설업 성장과 전기차 보급 가속화로 상승할 전망이다.

조금 다른 전망도 있다. 최근 조달청 비철금속 시장 동향(2021.10.19)에 따르면, 중국 스테인리스 스틸 가격 상승(1%)과 전기차 판매 상승(전년 대비 148.4%) 및 테슬라와의 니켈 공급 계약으로 인해 니켈 가격이 상승 압력을 받고 있으며, 2021년 4분기에는 이러한 가격 상승이 이어질 것으로 전망한 것이다.[28]

니켈은 소비재, 군사, 운송, 항공우주, 해양 및 건축 분야에서 다양하게 활용된다. 니켈 연구의 정부간 기구인 International Nickel Study GroupINSG에 따르면, 스테인리스 제조에 65%, 첨단산업, 항공우주산업, 군수산업과 강철 및 비철(non-ferrous, including 'super') 합금에 20%, 도금에 9%, 동전, 니켈 화학 물질 및 기타에 6%로, 대부분의 니켈이 스테인리스 제조에 사용된다. 스테인리스 스틸은 부식, 내열, 위생 등의 산업별 요구사항을 충족하기 위해 합금 구성을 다양하게 적용한다.

주요 니켈 관련 상품의 특성

이름	니켈 원광 (Nickel Ore)	니켈 선철 (Nickel Pig Iron)	페로니켈 (Ferronickel)	니켈 (Nickel)
등급	–	Class2	Class2	Class1
니켈 함유량		1~17%	15~45%	99%
주용도	니켈선철, 페로니켈, 니켈 제조용	스테인레스강 제조(STS)	스테인레스강 제조(STS)	스테인레스강 제조(STS), 합금, 도금, 주조, 배터리
사진				
사진 출처	Bestekin.com	Steelguru.com	Prnewsglobe.com	Shopee.co.id

출처: KOTRA 해외시장뉴스(인도네시아 니켈 산업 동향과 니켈 원광 수출 금지 조치의 시사점, 2020.5.13)

니켈은 스테인리스강 생산에 주로 사용되었으나, 최근 전기자동차EV 시장이 확대됨에 따라 전기차 배터리의 양극재로서 수요가 늘어나고 있다. 전기차용 배터리에는 니켈-코발트-알루미늄 유형(니켈 비중 80%)과 니켈-망간-코발트 유형(니켈 비중 33~80%)이 있다. 이에 따라 세계 배터리 부문 금속 수요 중 니켈의 연평균 성장률은 15%로 최고 수준이 될 것으로 예상된다.[29]

마이닝 위크리(2021.6.29)는 2021년 세계 니켈 수요는 전년 대비 9.2% 증가할 것이라 예측했고, 일본 1위 니켈 제련업체 스미토모Sumitomo Metal Mining는 중국의 전기차 판매량 증가로 세계 배터리용 니켈 수요가 전년 대비 18% 급증할 것으로 전망했다.

미국지질조사국에 따르면 니켈은 전 세계적으로 약 9400만 톤이 매장되어 있는데, 그중 거의 절반이 인도네시아와 호주에서 확인되었다고 한다. 2020년 세계 니켈 생산량은 총 250만 톤으로 추정되는데, 이는 코로나 펜데믹과 인도네시아의 수출 금지로 인해 전년에 비해 소폭 감소한 수치다. 코발트, 리튬과 함께 가장 많은 수요 증가가 예상되는 금속이다.

용도별 니켈 소비량 도표를 보면 배터리용 니켈의 증가율이 145%로 가장 높다. 이는 전체 소비량 증가율 35.8%의 약 4배에 달한다. 니켈은 리튬이온 배터리 양극재의 핵심 소재인데, 최근 양극재 생산에서 니켈의 양적, 질적 확대가 이루어지고 있다.

양적 측면에서는 코발트의 가격 급등에 따라 니켈 함량이 높은 하이니켈 NCM 배터리 수요가 증가했다. 하이니켈 배터리란 니켈, 코발트, 망간 중 니켈 비중을 80~90%까지 높인 것으로, 이러한 트렌드에서는 니켈의 생

전 세계 용도별 니켈 소비량 (단위: 1,000톤)

구분	2013	2014	2015	2016	2017	2018	2019	증가율
소계	1,773	1,878	1,886	2,040	2,175	2,307	2,407	35.8%
스테인리스, 내열강	1,160	1,245	1,268	1,398	1,499	1,615	1,685	45.3%
HSLA	188	195	185	187	192	192	190	1.1%
비철합금	178	187	179	176	179	183	187	5.1%
플레이팅	157	162	162	175	182	182	182	15.9%
배터리	51	51	53	62	83	86	125	145.1%
기타	40	39	40	42	40	38	39	-2.5%

출처: KOMIS 광종정보(Nickel: Outlook to 2029, Roskill, 2020 재인용)

산량이 매우 중요해진다. 질적 측면에서, 순도 99% 이상의 고순도 니켈(Class1)의 수요가 증가했다. 전기차의 주행거리를 늘리기 위해서는 고용량 배터리가 필요한데, 배터리 양극재에 투입되는 황산니켈 비중이 높을수록 고용량 배터리를 만들 수 있기 때문이다. 황산니켈을 만들기 위한 Class1 니켈은 전체 니켈 생산량의 10%가 채 되지 않는다.[30]

최근 미국 지질조사국USGS은 자국의 생산량과 수입 의존도를 고려하여 '2021 전략광물 목록'에 니켈을 추가할 것을 제안했다. 유일한 니켈 광산인 미시간주 이글Eagle 광산이 있지만, 연간 니켈 소비량의 절반 가량을 수입산 정제 니켈에 의존하고 있기 때문이다. 2020년에는 상위 3개 공급국인 캐나다(42%), 노르웨이(10%), 핀란드(9%)와 모두 우호적 관계를 맺고 있다는 이유로 중요 광물 목록에 포함하지 않았다고 한다. 2021년 전략광물에 니켈을 추가한 것은 니켈을 핵심 자원으로서 관리할 필요가 있다는 사실을 시사한다.[31]

한편 한국은 니켈 매장 지역이 아니기 때문에 대부분의 니켈 원광을 수입하지만, 제련 과정을 거친 황산니켈과 산화니켈의 경우 상당량을 수출하기도 한다. 연도별 니켈 수출입량 도표를 보면, 니켈 원광의 경우 최근 5년간 비슷한 수입량을 유지하고 있다. 수입량 자체는 소폭 줄었으나, 니켈의 가격 급등으로 인해 금액 기준으로 보면 2016년 1.5억 달러에서 2020년 2.0억 달러로 증가하였다.

황산니켈 및 산화니켈의 수출입량을 보면 큰 변화가 감지된다. 최근 5년간 수입량은 대폭 감소한 반면, 수출량은 대폭 증가했기 때문이다. 다시 말해 국내 기업의 배터리 양극재 핵심 소재의 국산화가 빠르게 진행되고

한국의 연도별 니켈 원광 및 황산니켈 수출입량 (단위: 1,000톤)

수입	2016	2017	2018	2019	2020
니켈원광	3,300	3,300	3,350	3,159	2,932
황산니켈	22.8	22.9	22.1	12.7	6.8
산화니켈	2.1	3.6	0	0	0.2
수출	2016	2017	2018	2019	2020
니켈원광	2.4	2.9	1.4	0.2	0.05
황산니켈	2.0	1.8	3.9	17.7	25.8
산화니켈	0.05	0.8	0.4	0.6	1.2

출처: KOMIS 광종정보, UN Comtrad[니켈원광(HS 260400), 황산니켈(HS 283324)]

한국의 니켈 원광(HS CODE 260400) 수입국 (단위: 톤)

수입국	2016	2017	2018	2019	2020
전체 수입량	3,299,537	3,375,219	3,350,003	3,159,081	2,932,144
뉴칼레도니아	3,298,290	3,373,943	3,337,363	3,158,991	2,932,121
중국		0.07	20.1	43.1	21.8
미국	1.7	1.8		36.9	1.0

출처: UN Comtrade

있다. 소재의 원료가 되는 니켈 원광의 공급망 안정은 시간이 갈수록 중요해지고 있다는 의미다.

니켈 원광에 있어서 한국의 대중국 의존도는 높지 않으나, 공급망 자체는 취약한 편이다. 99% 이상의 원광을 뉴칼레도니아에서 수입하고 있기 때문이다. 우선 광물 자체만 봤을 때, 뉴칼레도니아에서 수입하는 니켈 원광은 라테라이트광이다. 라테라이트광에서 생산되는 니켈은 순도가 낮은 Class2 니켈인데, 순도가 낮으면 배터리의 원료로 사용하기 어렵다. Class2 니켈의 Class1 전환도 가능하지만 처리 과정에서 탄소 배출량이 많기 때문에, 배보다 배꼽이 클 수 있다.

더 큰 문제는 뉴칼레도니아의 니켈 광산 생산량이 글로벌 생산량의 8.2%에 불과하다는 사실이다(KOMIS 광종정보). 매장량과 생산량이 많고 황화광 광물을 생산하는 호주, 캐나다, 러시아로의 수입 다변화가 필요한 이유다. 게다가 뉴칼레도니아는 계속해서 프랑스로부터 독립하려는 움직임이 있어 향후 정치적 불안이 예상된다.[32]

코로나19 이후 니켈의 공급 감소로 가격이 대폭 상승하였다. 인도네시아는 2021년 1월 원광 수출 금지 조치를 시행했고, 필리핀의 최대 니켈 생산지인 북수리가오주Surigao del Norte 지역 광산들은 코로나19로 가동이 중단되었다. 2021년 5월 생산이 재개되었으나 상반기 필리핀 원광 생산량은 전년 동기 대비 28% 감소하였다. 호주와 핀란드 광산은 코로나19의 영향을 받지 않았지만 호주 서배너Savannah 광산이 운영상의 문제로 가동 중지되어 생산이 급격히 감소하였다.

단기적으로는 중국의 경기 호전, 인도네시아와 필리핀의 공급 제한이 지속되면서 니켈 가격의 상승세가 지속될 것이라 예상된다. 또한 달러 약세, 전기차 수요 확대에 대한 기대감, 테슬라 최고 경영자 일론 머스크의 니켈 확보 중요성 언급, 중국의 인프라 위주 경기 부양책 등도 니켈의 가격 상승 요인이 되고 있다.

미국 지질조사국 자료에 따르면, 인도네시아(2,100만 톤), 호주(2,000만 톤), 브라질(1,600만 톤) 순으로 니켈 매장량이 많다. 각국에서 산업보호를 위해 철저히 관리하고 있어 매장량이 곧 채굴량으로 이어지지는 않고, 각국의 자원 정책에 따라 채굴량, 수출량 등이 정해진다.

예를 들어, 세계 최대 니켈 보유국인 인도네시아는 2020년부터 원광 수출 금지 조치를 시행했다. 니켈 생산량은 2020년 기준으로 인도네시아(76

세계 니켈 생산량 및 매장량 (단위: 톤)

국가	광산 생산량		매장량
	2019	2020	
미국	13,500	16,000	100,000
호주	159,000	170,000	20,000,000
브라질	60,600	73,000	16,000,000
캐나다	181,000	150,000	2,800,000
중국	120,000	120,000	2,800,000
쿠바	49,200	49,000	5,500,000
도미니카공화국	56,900	47,000	NA
인도네시아	853,000	760,000	21,000,000
뉴칼레도니아	208,000	200,000	NA
필리핀	323,000	320,000	4,800,000
러시아	279,000	280,000	6,900,000
기타	310,000	290,000	14000,000
합계 (반올림)	2,610,000	2,500,000	94,000,000

주: 브라질, 캐나다, 미국 매장량은 최신 기업 및 정부 보고서를 기반으로 업데이트됨.
출처: 미국 지질조사국(US Geological Survey), 2021

만 톤), 필리핀(32만 톤), 러시아(28만 톤), 뉴칼레도니아(20만 톤) 순이다. 이중 뉴칼레도니아, 도미니카공화국은 매장량에 대한 정보가 없지만 니켈 생산이 이루어지고 있다.

1. 인도네시아: 매장량 2,100만 톤

수천 개의 작은 섬으로 이루어진 인도네시아는 세계 니켈 매장량의 22%를 보유하고 있는 세계 최대 니켈 생산국이다. 술라웨시Sulawesi 섬과 북말루쿠North Maluku 지방에서 상당한 니켈 생산이 이루어지고 있으며, 2020년 생산량은 760,000톤이었다. 국영 알루미늄 회사 이날럼Inalum의 자회사인 안탐Antam: Aneka Tambang은 브라질 발레Vale와 합작으로 인도네시아에서 니켈을 생산하고 있다. 전기자동차 제조업체 테슬라와 같은 회사가 지역 공급망에 관심을 보이고 있다.

2. 호주: 매장량 2천만 톤

2천만 톤의 매장량으로 전 세계 점유율의 약 21%를 차지하는 나라는 호주다. 방대한 매장량에도 불구하고 생산량은 세계 5위에 불과했지만, 2020년 생산량을 7% 증가시켜 170,000톤에 도달했다. 호주 니켈 매장량의 대부분은 서호주에 있다. 칼굴리Kalgoorlie 북쪽에 위치한 마운트 키스Mount Keith와 레인스터Leinster 광산에서 생산된다. BHP 자회사인 Nickel West를 통해, 글렌코어Glencore, IGO 및 웨스턴 에어리어즈Western Areas를 포함한 대규모 자원개발 회사가 호주 니켈 생산에 참여하고 있으며, 다른 여러 업체가 관심을 보이고 있다.

호주 머린머린(Murrin Murrin) 니켈 · 코발트 광산

출처: Minara Resources, Glencore

3. 브라질: 매장량 1,600만 톤

브라질은 1,600만 톤으로 전 세계 3위의 니켈 매장량을 보유하고 있다. 브라질의 생산량은 지난 5년 동안 크게 감소했으며 미국지질조사국의 추정에 따르면 2020년에는 총 73,000톤에 불과하다. 세계 최대 니켈 생산 회사 중 하나인 발레는 브라질에서 광산 사업을 운영하고 있으며, 영국계 회사인 Horizonte Minerals는 브라질 북동부 파라주의 카라하스Carajas 광산 지역에서 니켈 사업을 계획하고 있다. 앵글로 아메리칸은 브라질 중부 고이아스Goiás주에 두 개의 생산 현장을 운영 중이다.

4. 러시아: 매장량 690만 톤

러시아는 유럽 최대 니켈 매장량을 보유하고 있다. 전 세계 총 매장량의 7%인 약 690만 톤으로 추정된다. 2020년에는 인도네시아와 필리핀에 이어 세계 3위의 니켈 생산국이 되었으며, 한 해 동안 약 280,000톤을 생산

했다. 러시아의 노릴스크 니켈Norilsk Nickel은 세계 최대 니켈 광산 회사 중
하나로 팔라듐, 백금, 구리와 함께 니켈을 생산한다. 주요 사업 기반은 러
시아 노릴스크 지역이다. 그 밖에도 시베리아 지역과 극동 지역에서 소규
모 프로젝트가 추가로 개발 중이다.

5. 쿠바: 매장량 550만 톤

쿠바는 약 550만 톤의 니켈 매장량을 보유하고 있으며 이는 세계 점유율
의 6%이다. 상대적으로 풍부한 자원에도 불구하고 쿠바는 2020년 49,000
톤만을 생산했다. 쿠바 동쪽의 모아 지역에서는 국영 제너럴니켈컴퍼니
General Nickel Company와 캐나다의 쉐릿 인터내셔널Sherritt International이 합
작 투자를 통해 코발트와 니켈을 생산하고 있다. 쿠바는 세계 최고의 코발
트 생산 국가 중 하나이다.

6. 필리핀: 매장량 480만 톤

미국지질조사국에 따르면 필리핀에는 480만 톤의 니켈 자원이 있다.
2020년에 필리핀은 인도네시아에 이어 가장 많은 니켈을 생산했으며, 연
간 니켈 생산량은 약 320,000톤에 이른다. 2020년 인도네시아가 니켈 수
출 금지 조치를 내리자, 필리핀이 세계 최대 니켈 생산국 타이틀을 되찾을
가능성이 높아졌다. 필리핀 최대 생산지역은 카라가Caraga의 북수리가오주
Surigao del Norte인데 이곳에서 많은 광산이 운영되고 있다. 광산 회사인 니
켈 아시아Nickel Asia와 글로벌 페로니켈Global Ferronickel은 전국적으로 사업
을 운영 중이다.

주석 | Tin, Sn | 원자번호 50

2016년 수요 증가로 아연에 이어 두 번째로 가격이 상승한 금속이 주석이었다. 하지만 중국의 불확실성으로 상승 기조는 유지되지 못했다. 분석가들은 전자 산업의 수요 증가와 공급 감소로 2021년 주석 가격이 다시 상승세로 돌아설 것으로 예측한다.

1. 중국: 100,000톤

중국은 세계 최대 규모인 100만 톤 이상의 주석 매장량을 보유하고 있으며, 2016년 세계 최대 주석 생산국이다. 2016년 1월, 주석산업 단체 ITRI는 중국이 주석에 대한 수출 관세를 철폐했음을 확인했다. 2008년 10%의 세금이 부과되어 국가의 주석 수출량이 크게 감소했다는 사실을 감안하면, 무역 장벽의 제거는 향후 중요한 의미를 가질 것이다.

2. 인도네시아: 55,000톤

2018년 세계 2위의 주석 생산국은 인도네시아로 생산량이 3,000톤 증가하여 55,000톤에 이르렀다. ITRI는 2017년 1분기 주석 수출이 전년 대비 86% 증가하여 호조를 보이고 있다고 밝혔다. 원활한 수출 허가 절차가 이러한 증가를 뒷받침한 것으로 분석된다.

3. 미얀마: 33,000톤

2016년 미얀마의 주석 생산량은 33,000톤이다. 미국지질조사국에 따르면, 미얀마는 중국의 주요 주석 정광 공급국이다. 2016년 미얀마는 중국에 329,000톤의 주석 정광(주석으로는 39,000톤 추정)을 수출했다.

4. 브라질: 26,000톤

브라질의 2016년 주석 생산량은 26,000톤으로 큰 변동이 없었다. 페루계 광산회사 민수르Minsur의 브라질 자회사인 타보카Taboca는 2016년 주석 광석과 금속 모두에서 1위 생산업체다. 광석 생산량은 6,864톤이고 정제된 주석 생산량은 5,873톤이다. 화이트 솔더White Solder는 브라질에서 두 번째로 큰 주석 제련 업체로 2020년 생산량이 2,731톤이다. 기타 소규모 업체의 생산량은 3,000톤으로 추산된다.

5. 볼리비아: 20,000톤

2016년 볼리비아의 주석 생산량은 20,000톤으로 전년과 같았다. 볼리비아 광물금속부의 공식 통계에 따르면, 가뭄과 투자 지연에도 불구하고 볼리비아의 제련 주석 생산량은 2020년 8.7% 증가한 16,810톤에 달했다. ITRI는 국영 광산의 유지보수 및 확장 프로젝트의 성공 여부에 따라 향후 볼리비아의 주석 생산이 좌우될 것이라 전망했다.

6. 페루: 18,000톤

생산량이 약간 감소했음에도 불구하고, 페루는 2020년 세계 최고 주석 생산국 중 하나였다. 2020년 중국의 주석 생산량 감소로 인해, 남미 국가는 미국에 주석을 공급하는 주요 국가가 되었다. 페루 최고의 주석 생산 회사인 민수르Minsur는 1977년부터 남미 최대로 평가되는 산 라파엘San Rafael 광산을 운영하고 있으며, 전 세계 주석의 12%를 생산한다. 민수르는 주석 제련소 및 정제소도 보유하고 있다.

배터리용 희소금속 *Rare Metal*

전기차 배터리를 만드는 데 필요한 핵심 원자재는 리튬, 니켈, 코발트, 흑연, 망간, 구리 등이다. 미국 백악관은 확보 능력과 지속가능성, 미국 업체의 경쟁력 등을 고려해 리튬, 고순도 니켈, 코발트를 특히 중요한 원자재라고 평가했다. 배터리에 들어갈 이들 핵심 원자재를 구매하려면 중국을 거쳐야 한다. 중국은 원자재 보유량이 많을 뿐더러, 원자재 가공 비중도 높기 때문이다.

흑연의 경우 매장량 자체는 세계적으로 풍부하지만, 아프리카 지역에서 채굴되더라도 처리와 정제는 대부분 중국에서 이루어진다. 이 때문에 미국 등 주요국은 필요한 흑연의 70~80%를 중국에서 수입한다. 니켈의 경우 캐나다, 노르웨이, 호주에서 생산되는데, 배터리에 들어가는 고순도 니켈은 인도네시아에서 많이 생산한다. 인도네시아 니켈 산업에는 중국 자본이 대규모로 투자되어 있다.[33]

광산과 염호, 사막에서 채굴하는 리튬은 칠레, 호주, 아르헨티나에 매장량이 많고 중국 내 매장량은 10%가 채 되지 않지만, 호주에서 생산된 리튬의 90%가 중국으로 간다. 가공 시설 대부분이 중국에 있기 때문이다.

리튬 | Lithium, Li | 원자번호 3

최근 가장 몸값이 오른 희소금속이 리튬이다. 2차 전지의 핵심 물질이기

때문이다. 작은 스마트폰에는 리튬이 30g 정도 들어가지만, 전기자동차에는 최대 60㎏이 들어간다. 주행거리 약 400㎞의 2세대 전기자동차에 60㎏이 사용된다면, 2021년부터 본격화된 500㎞ 이상 가는 3세대 전기차에는 더 많은 리튬이 사용된다.

리튬 가격이 급등한 것은 2015년 하반기부터로, 중국 정부가 전기차 육성 정책을 발표한 시점이다. 전기차 시장에는 전통적 자동차 기업뿐 아니라 새로운 유형의 신규 참여도 이어졌다. 폭스바겐은 80억 유로를 투자해 2025년부터 연 300만 대의 전기차를 생산하겠다는 목표를 발표했고, 테슬라는 2018년부터 전기차 50만 대 생산 계획을 밝힌 바 있다. 도이체방크는 세계 전지 수요가 향후 10년간 5배 증가할 것으로 전망했다. 이에 따라 리튬 수요도 2015년 18.1만 톤에서 2025년 53.5만 톤으로 10년간 3배 증가할 것이 예상된다.

리튬 이전에 배터리에 사용된 소재는 납이었다. 납에 비해 20배 이상 가벼운 리튬의 상용화는 휴대용 전자제품의 무게와 크기를 획기적으로 개선시켰다. 하지만 가속화되고 있는 수요 증가에 비해, 순수한 리튬을 수확하는 일은 쉽지 않다. 다른 원소와 결합한 화합물로 존재하거나 염수 속에 염소 음이온 등과 섞여서 존재하기 때문이다.

불과 몇 년 전까지만 해도 리튬의 최대 매장지는 호주라고 알려졌다. 하지만 2021년 1월 미국 지질조사국에 따르면, 리튬 트라이앵글이라 불리는 볼리비아, 칠레, 아르헨티나에 전 세계 매장량의 70% 이상이 존재한다. 리튬은 채취 상태에 따라 경암형hard rock과 염수형brine으로 나뉜다. 호주는 경암형, 중남미는 염수형, 중국은 그 둘이 혼재한다.

리튬 트라이앵글 중에서도 볼리비아는 세계 리튬 매장량(8600만 톤)의 24.4%(2100만 톤)를 보유하고 있다. 특히 관광지로 유명한 우유니 소금 호수에 다량의 리튬이 녹아 있다고 한다. 볼리비아가 보유한 엄청난 양의 리튬은 현재 미개발 상태다. 뉴욕타임스는 볼리비아의 리튬 자원을 선점하기 위해 글로벌 자원 기업 8개가 경쟁을 벌이고 있다고 보도했다. 중국 4곳, 미국 2곳, 러시아와 아르헨티나 각 한 곳이 시범 사업권을 확보했으며, 최종 사업권을 획득하면 볼리비아 정부와 함께 리튬 추출 사업에 참여하게 된다.

중남미의 염수형 리튬은 지하 염수나 염수호에서 발견된다. 염수를 증발시키고 불순물을 제거해 리튬을 추출하는 과정은 염전에서 소금을 채취하는 것과 비슷하다. 현재 리튬의 글로벌 생산 1위는 칠레인데 리튬 채취에 최적의 조건을 갖고 있다. 즉 햇빛은 강렬하고 고도高度도 완벽하다. 뜨

국가별 리튬 매장량(단위:%)

출처: USGS (2021년 1월)

188

	염수형(Brine)	경암형(Hard Rock)
위치	남미 (리튬 삼각지대)	호주 서호주, 중국
주요지역	칠레 Salar de Atacama	서호주 Greenbushes
처리공정	지하 염수 펌핑(Solution Mining)→12~18개월 자연건조→부산물 제거→추가 공정으로 리튬 추출	채광→파쇄·분쇄→분리→선광→정광제조→변환설비로 리튬 생산
생산 원가 (US$) 탄산리튬	• 2,000~3,000/톤 C1 코스트 • 4,000/톤 올인 코스트(칠레) • 4,500~5,000/톤 올인 코스트 (아르헨티나, 중국)	• 3,000~5,000/톤 C1 코스트 • 5,500/톤 올인 코스트(중국)
생산 원가 (US$) 수산화리튬	4,700~5,750/톤	5,750~6,150/톤
부산물	Borate, Potash	Feldspar, Tantalum
장점	낮은 운영비용	낮은 투자비용 (시장 대응력 높음)
단점	• 높은 투자비용(규모의 경제) • 초대형 증발지 건설 • 장기적 준비/생산기간 • 낮은 회수율(10~20%) • 지하수 고갈 우려 • 날씨 변동성	• 높은 운영비(에너지 및 채광비) • 탐사에서 생산까지 장기간 소요 • 전 세계적 고품위 광체 희귀 • 시약 사용에 따른 환경오염 가능성

출처: 한국광물자원공사, 리튬시장보고서, 2018, p. 2.

거운 바람이 거의 일정하게 호수를 가로 지른다. 게다가 연안국가라는 지리적 요인과 잘 갖춰진 인프라도 리튬 광물과 리튬 배터리의 운송에 용이하다.[34]

전기차발發 리튬 확보 전쟁은 호주의 리튬 광산 개발로도 이어졌다. 2016년 호주는 1만 4300톤의 리튬을 생산해 글로벌 공급량의 40%를 차지했다. 세계 최대의 전지용 리튬 기업인 중국 티엔치리튬Tianqi Lithium Corp.은 호주 서부에 위치한 그린부시 광산의 지분 51%를 갖고 있다. 이곳에서는 중간 가공품에 해당하는 정제 리튬을 연간 6만 5000톤 생산한다. 이 밖에도 키드만리소스Kidman Resources사는 호주 얼그레이 광구를 개발 중이며, 필바라미네랄스Pilbara Minerals사는 호주 필간구라Pilgangoora 광구의 품질 상업화를 완료했다. 갤럭시리소스Galaxy Resources사는 호주 마운트카트린Mt. Cattlin 광산의 상업 생산을 개시했다.

각국의 리튬 확보 경쟁에서 가장 앞서가는 나라는 중국이다. 중국은 전 세계 리튬 생산량의 40% 이상을 소비하는 최대 소비국이기도 하다. 하지만 자국 내 매장량은 20%에 그쳐 해외 자원에 의존해야 한다. 중국 정부는 국영기업들을 통해 리튬 광산 확보전에 뛰어들었다. 중국은 지난 2년간 남미에만 42억 달러를 투자했다고 한다. 결과적으로 중국은 전 세계 리튬 생산의 50%, 배터리 시장의 60%를 지배하게 되었다.

리튬의 글로벌 밸류체인은 상류부문upstream, 중류부문midstream, 하류부문downstream으로 구성된다. 리튬의 원재료 채취 단계인 상류부문에서 주요국들의 경쟁이 치열한 반면, 중류부문인 리튬의 분리·정제와 화학적 가공은 중국이 압도한다. 즉 호주와 남미에서 생산된 원재료 대부분은 중국으로 보내진다.

리튬을 가공하는 데는 대량의 화학물질이 사용되므로 환경 오염의 우려가 크다. 우리나라의 경우, 중간 가공된 리튬 화합물 대부분을 중국에서 수입한다. 가공된 리튬은 약 50%가 탄산리튬Li_2CO_3, 약 16%가 수산화리튬LiOH, 약 14%가 스포듀민 정광산화리튬: Li_2O, 그리고 나머지가 염화리튬 및 부틸리튬이다. 최종 배터리가 제작되는 곳은 한국, 일본, 중국, 미국 등이다.

중국이 희소금속에 대한 글로벌 공급망을 지배하게 된 것은 이처럼 상류부터 하류까지 전체 밸류체인을 지배하기 때문이다.

코발트 | Cobalt, Co | 원자번호 27

미국지질조사국의 데이터에 따르면, 2019년 세계에서 약 140,000톤의 코발트가 생산되었고 그중 70% 이상을 콩고민주공화국DRC이 생산했다. 2020년에는 그 비중이 낮아지긴 했지만 여전히 60% 정도를 차지한다. 코발트는 니켈(50%)과 구리(44%)의 부산물로 채굴되는데, 특히 콩고에서는 소규모 수작업으로 나머지 6%를 채굴한다. 코발트의 글로벌 매장량은 약 700만 톤으로 추정되고, 절반 이상이 아프리카에 존재한다.

1739년 스웨덴의 화학자이자 광물학자인 게오르크 브란트Georg Brandt가

코발트 조각과 고순도 입방체 ⓒWikimedia

처음 발견했으며, 독일어로 도깨비를 의미하는 'kobold'에서 이름을 따왔다.[35] 광물에 대해 알지 못하는 사람들도 '코발트 블루'란 색상은 알 만큼, 코발트 화합물은 수천 년 전부터 푸른색 안료를 만드는 데 사용되었다. 기원전 2천년대에 만들어진 이집트의 도자기와 이란의 유리구슬에 코발트가 들어 있으며, 당나라와 명나라 때 만들어진 도자기의 푸른색도 코발트를 이용한 것이다. 코발트 블루는 산화 코발트IICoO와 알루미나Al_2O_3의 고운 가루를 1:1 부피의 비율로 혼합해 1200℃에서 소결시켜 얻는다.

생산된 코발트의 절반이 다른 금속과 합금을 만드는 데 사용된다. 2006년에 사용된 코발트의 분야별 사용 비중을 보면 초합금이 약 22%, 내마모성 합금이 17%, 그리고 자석 합금이 7%이다. 초합금이란 부식이 되지 않고 고온에서도 단단하며 외부의 큰 힘에도 변형되지 않는 합금을 말하는데, 주로 철Fe, 코발트Co, 니켈Ni, 그리고 소량의 크롬Cr, 텅스텐W, 티타늄Ti으로 이루어져 있다. 이들은 발전용 가스터빈, 제트 항공기 엔진 등 고온에서 작동하는 장치에 주로 이용된다.[36] 내마모성 합금은 베어링 등 각종 공구, 인공 관절과 치과 보철 재료 등에 사용된다. 대표적인 내마모성 합금은 바이탈륨$Vitallium$인데 주성분은 코발트와 크롬이다.

코발트의 매우 중요한 용도는 자석 합금, 즉 영구자석이다. 코발트가 들어간 자석 합금 중 가장 대표적인 것이 1931년 개발된 알니코$Alnico$인데, 스펠링 그대로 알루미늄(8~12%), 니켈(15~26%), 코발트(5~24%)가 들어간다. 추가로 약간의 구리가 들어가고 나머지는 철이다. 알니코 자석은 일반적인 강철 자석에 비해 25배 강하다. 1970년대 희토류 금속을 주성분으로 하는 자석이 개발되기 전까지는 가장 강한 영구자석이었다. 현재 시점에서 가장 강력한 영구자석은 앞에서도 밝혔듯이 네오디뮴Nd 자석이다. 그 다음이 사마륨-코발트 자석인데, 이는 알니코 자석보다 3~6배 강하다.

오늘날 전자기기에 흔히 사용되는 2차전지인 리튬-이온 전지는 양극 물질로 리튬코발트산화물LiCoO₂을 사용하는데, 코발트 산화물로 이루어진 층들 사이에 리튬이 끼어 있는 형태라 이해하면 된다. 니켈-카드뮴NiCd 전지와 니켈 금속 수화물NiMH 전지에도 니켈의 산화 능력을 향상시키기 위해 상당량의 코발트를 첨가한다. 2006년 기준으로 전체 코발트 사용량의 약 22%가 전지에 사용되었고, 전체 코발트 생산량의 약 11%가 화학공업용 촉매 물질에 사용된다.[37]

코발트는 사람을 비롯한 동물에게 필수적인 무기물 영양소이기도 하다. 여러 효소의 보조인자에 코발트가 들어 있는데, 비타민 B_{12}가 대표적이다. 인공 방사성 동위원소 코발트-60은 감마선원으로 방사성 치료, 식물 품종 개량, 식품 보존 등 여러 분야에서 이용된다.[38]

코발트 생산국으로는 콩고민주공화국이 압도적이고 호주, 중국, 러시아, 캐나다가 그 다음 그룹을 형성한다. 매장량 기준에서도 콩고가 압도적이고 다음은 호주, 쿠바 순이다. 콩고는 2019년 기준 전 세계 코발트 생산량의 70% 이상을 차지했으며, 총 생산량은 약 100,000톤이다. 세계 최대의 광산 회사 중 다수가 코발트 확보를 위해 콩고에서 사업을 하고 있다. 그런데 콩고의 코발트 광산 중 70% 이상을 중국이 소유하고 있다고 한다. 중국은 전기자동차 배터리 생산 수요를 충족하기 위해 콩고의 코발트 생산을 장악하고 있다.[39]

최근 몇 년간 코발트 수요가 급증하자 수작업으로 생산하는 소규모 광업

2015년 코발트 생산량과 매장량 (단위: 톤)

국가	생산량	매장량
콩고민주공화국	63,000	3,400,000
호주	6,000	1,100,000
쿠바	4,200	500,000
잠비아	2,800	270,000
필리핀	4,600	250,000
러시아	6,300	250,000
캐나다	6,300	240,000
뉴칼레도니아	3,300	200,000
마다가스카르	3,600	130,000
중국	7,200	80,000
브라질	2,600	78,000
남아프리카공화국	2,800	31,000
기타	7,700	633,000
총계	120,400	7,162,000

도 활발하다. 세계경제포럼의 보고서에 따르면 소규모 코발트 광산이 콩고 코발트 생산의 15~30%를 차지한다. 콩고의 광산 노동자들은 위험한 노동 조건, 아동 노동을 포함한 인권 침해, 환경 폐해 등의 문제를 안고 있어 서구의 코발트 수요 기업들은 코발트 생산의 윤리적 기준을 강화하는 지침을 만들고 있다.

러시아는 세계 2위 코발트 생산국으로, 주로 알타이 공화국 지역에서 집중적으로 생산된다. 러시아는 코발트 생산 능력을 향상하기 위해 노력하고 있으며, 서태평양 심해 채굴을 위해 코발트 매장지역을 조사하고 있다.[40]

호주는 세계 생산량의 약 3.6%를 차지하지만 매장량으로는 세계 2위다. 향후 투자 유치로 생산량 증대가 예상된다. 캐나다의 코발트 생산량은 적지만 총 230,000톤의 매장량을 보유하고 있어 주목할 만하다. 캐나다의 코발트는 콩고에 대한 중국의 지배력을 우회하기 위한 공급망 대안으로 부상하고 있다.

망간 | Manganese, Mn | 원자번호 25

전해 망간은 철강재와 배터리 등에 사용되는 원자재이다. 우리나라는 대부분의 물량을 중국에서 수입한다. 망간 광석은 세계적으로 풍부한 편이지만 제련작업은 대부분 중국에서 이루어진다. 중국 이외 지역에서 망간 제련 사업을 하려면 수년의 시간과 막대한 비용이 든다. 게다가 환경오염을 줄일 수 있는 지역에 제련 공장을 설립해야 하고, 망간 광석을 운반하고 처리하기 위한 인프라 건설이 필요하다. 전해 망간의 대부분은 철강 강화 첨가제 등으로 이용되고, 단 2%만 전기차 배터리용으로 사용된다.

망간의 가격은 코발트의 10분의 1밖에 안 되므로, 코발트를 망간으로 대체하면 같은 양의 니켈을 사용했을 때 전기차 생산량을 30% 정도 늘릴 수 있다. 망간 세계 생산량은 총 7083만 톤이고, 그중 중국이 3167만 톤을 생산해 세계 생산량의 44.7%를 차지한다. 한국의 중국산 망간 수입 의존도는 99%이다.

흑연은 가장 순수하면서 입자화된 탄소로, 채굴하거나 인공적인 방법으로 합성할 수 있다. 천연 흑연 분말은 광맥, 비결정질(실제로는 미세결정질), 플레이크의 3가지 형태로 채굴된다. 합성 흑연 분말은 고온의 전기화학적 공정을 통해 탄소 전구체(천연 탄소 또는 페트코크)로 만들어진다.[41] 흑연 분말은 천연이든 인조든 배터리, 카본 브러시, 브레이크 패드, 윤활유, 포일, 내화물 및 강철용 가탄제에 사용된다.

천연 흑연 분말의 글로벌 생산량 중 70%를 중국이 차지하고, 라틴 아메리카가 20%이며, 유럽은 1% 미만이다. 천연 흑연의 가격은 순도, 입자 크기 특성에 따라 천차만별이다. 플레이크 흑연 가격은 중국의 막대한 철강 수요로 인해 2011~2012년 급등했지만 초과 생산과 철강 산업의 수요 감소로 인해 안정화되었다. 플레이크에 비해 비결정질 가격은 훨씬 낮다. 현재 흑연 가격은 500유로/톤에서 15,000유로/톤까지 다양하다.[42]

흑연의 주된 수요처는 전기차 및 하이브리드 차량의 배터리 음극재이다. 배터리 음극재 분야의 연구와 기술 개발로 2030년 흑연의 수요는 2020년 대비 25배 증가할 것으로 보고되고 있어 공급망 우려가 현실화되고 있다. 배터리 소재 외에도 내화 벽돌, 단열재 및 난연 제품에도 흑연이 사용된다.

현재 국내 사용되는 흑연은 전량 외국에서 수입된다. 1988년부터 현재까지 흑연 수입 현황을 보면 모두 고가에 수입되었으며 수입 국가는 중국, 일본, 독일 등이다. 우리나라는 1904년부터 1990년까지 흑연을 채광했으며 해외로 수출까지 했다. 하지만 1989년 정부의 석탄산업 합리화 정책으로 흑연의 가행稼行 광산 수가 감소함에 따라 흑연 자체 채광이 불가능해진 것이다.

최근 천연 흑연Natural graphite보다는 인조 흑연Synthetic graphite 수요가 증가하고 있다는 것도 의미 있는 변화다.

기타 희소금속

| **안티모니** | Antimony, Sb | 원자번호 51 |

안티모니Antimony는 독일어 이름 'Antimon'의 한국어 발음대로 '안티몬'이라고도 불린다. 안티모니란 '홀로 있지 않는다'란 뜻인데, 자연에서 화합물 형태로만 존재하기 때문이다. 안티모니가 생산되는 주요 광석은 휘안석stibnite이다. 휘안석은 검정 또는 회색의 황화물 광석으로 기원전 3000년경부터 이집트에서 눈 화장에 사용되었다.

안티모니의 가장 중요한 용도는 섬유와 플라스틱이 불에 잘 타지 않도록 하는 난연제(방연제)인데, 이 경우에는 거의 삼산화안티모니Sb_2O_3와 할로겐 화합물을 함께 사용한다. 다음으로 중요한 용도는 납에 소량 첨가하여 납을 단단하게 하는 경화제인데, 이러한 납–안티모니 합금은 주로 납축전지lead acid battery의 극판으로 사용된다.[43]

이 외에도 안티모니 합금은 금속 접합제(땜납), 탄알과 예광탄, 활자, 윤활 베어링, 어업 용구 등에 사용되며, 최근에는 반도체 산업에서 다이오드와 적외선 검출기 등에도 사용된다. 안티모니 화합물들은 유리와 도자기 생산, 페인트 안료, 음료수 용기, 페트PET 생산 등에서의 촉매, 구충제 등의 의약품에도 두루 사용된다.

지난 10년 동안 안티모니 금속 글로벌 생산량의 87%를 중국이 차지한 만큼, 공급은 중국이 지배한다. 중국을 제외한 생산국은 러시아(4%), 타지키스탄(4%), 베트남(11%)이며 볼리비아, 키르기스스탄, 남아프리카공화국

이집트에서 눈 화장에 이용된 안티모니 ⓒWikimedia

에서도 소량 생산된다. 호주, 페루, 멕시코, 캐나다, 미국에서는 금과 비금속 정제 과정의 부산물로 안티모니가 생산된다. 현재 EU에서는 안티모니 광석 및 정광의 1차 생산이 없으나 프랑스, 독일, 스웨덴, 핀란드, 슬로바키아, 그리스가 안티모니 자원을 보유하고 있는 것으로 알려져 있다.

미국 내 안티모니 금속 가격은 2004년 톤당 약 1,300달러에서 2011년 14,000달러 이상으로 상승했다. 2010~2011년에 가격 정점을 찍은 것은 중국의 광산 폐쇄와 중국 수출 할당량 도입 때문이다. 2011년 이후 계속 하락해 2015년 톤당 7,000달러 이하가 되었다. 공급 중단 및 가격 인상에 따라 안티모니 대체재 사용이 늘었기 때문이다.

유럽집행위원회European Commission는 2010년 첫 번째 주요 핵심광물CRM: Critical Raw Materials 보고서에서 안티모니를 핵심광물로 지정했다. 이어서 2014년 및 2017년 개정판에도 포함되었다. EU 국가들 내에서는 안티모니의 생산이 이루어지시 않으므로 EU는 가공되지 않은 안티모니를

100% 수입한다. 미국과 일본도 마찬가지 상황이다.

몇몇 국가들은 안티모니 거래에 제한을 두고 있다. 러시아는 안티모니 폐기물 및 스크랩에 수출세를 부과하고 남아프리카공화국은 스크랩에 대한 라이센스 계약을 체결했다. 향후 10년 동안 중국은 안티모니 순수출국에서 순수입국으로 전환될 것이 예상된다.

할로겐화 안티몬 삼산화물Halogenated antimony trioxide은 여전히 난연제로 높은 평가를 받고 있으며 PET 제조에도 안티모니의 사용이 증가할 것이 예상된다. 앞으로 난연제에 안티모니를 계속 사용하려면 더욱 엄격한 화재 안전 규정이 필요할 것이다. 납산 배터리에서의 용도는 덜 확실한 편이다. 개발도상국의 자동차 부문 성장에 따라 수요가 증가할 수도 있지만, 이러한 배터리 생산에 사용되는 안티몬-납 합금이 환경적 이유로 점차 대체되고 있기 때문이다.[44]

건강 검진 시 위장의 X−선 촬영 조영제로 쓰이는 유백색의 뻑뻑한 액체가 바로 바륨 화합물(황산바륨 분산액)이다. 이는 대장 조영 검사에도 사용된다. 바륨은 반응성이 매우 큰 알칼리 토금속의 하나로, 천연에서는 주로 중정석重晶石이라 불리는 황산바륨 광석으로 존재한다. 바륨 화합물과 광석이 무겁기 때문에 그리스어로 '무겁다'를 뜻하는 'barys'에서 원소 이름을 따왔다.[45]

바륨의 대표적 화합물인 황산바륨은 2011년 기준으로 연간 780만 톤이 생산된다. 이 중 80% 이상은 석유 및 천연가스 시추 이수試錐泥水, drilling fluid: 시추공에 압력을 가함으로써 석유나 가스가 분출되는 것을 막아 시추공을 보호하는 액체에 사용된다. 나머지는 페인트의 흰색 안료, 위장 X−선 촬영 조영제, 고무나 플라스틱의 충전재 등에 사용된다. 또한 금속 바륨과 기타 바륨 화합물들을 제조하는 출발 물질로도 쓰인다. 탄산바륨은 유리 및 요업 제품 제조에 사용되고, 질산바륨은 불꽃 놀이에서 녹색 불꽃을 얻는 데 사용된다.[46]

글로벌 생산량은 유정 시추 활동과 연결되어 있다. 2000년대 초반 연간 약 600만 톤에서 2017년에는 약 870만 톤으로 증가했다. 2010~2016년 동안 매년 평균 860만 톤의 중정석이 생산되었다. 중국이 전 세계 생산량의 45%를 차지했고 인도, 모로코, 미국, 이란, 러시아, 카자흐스탄이 40%를 담당했다.[47] 중국은 EU의 최대 공급국이지만 점유율은 2010년 61%에서 2016년 39%로 꾸준히 감소했다. 반면 이 기간 동안 모로코와 터키는

시장 점유율이 증가했다(2016년 모로코 15%, 터키 4%).

바륨 가격은 최종 용도와 품질에 따라 달라진다. 품질에 따라 필요한 처리량이 다르기 때문이다. 시추 등급의 바륨은 연삭 및 미분화에 의한 물리적 처리가 필요해서 가격이 높아진다. 마찬가지로 특별한 용도의 바륨은 더 높은 가격이 매겨진다. 백색도, 밝기, 색상에 따라서도 가격이 올라간다.

중국이 생산하는 시추 등급 바륨의 가격은 2012년 톤당 131~135달러에서 2017년 말 80~90달러로(FOB China) 지난 5년간 하락했다. 유가 하락에 따른 석유 시추 활동 감소에 기인한 것이다. 중국의 백색 바륨 가격은 생산 제한으로 인해 2010~2017년 비교적 안정세를 유지했다. 2015~2016년 가격 하락은 부분적으로 미국 달러에 대한 중국 위안화의 평가절하로 인한 것이다.[48]

바륨은 2017년 EU 핵심광물CRM 보고서에도 중요 금속으로 포함되었다. 2017년 12월 23개의 주요 광물을 지정한 미국 지질조사국의 보고서에도 들어갔다. EU에 바륨을 공급하는 중국과 모로코는 25% 미만의 수출세를 부과했다. 터키, 노르웨이, 튀니지와 같은 다른 공급 국가들은 EU와 자유무역협정FTA이 체결되어 있다.

보크사이트 | Bauxite

보크사이트는 알루미늄의 주요 공급원이다. 보통 지표에서 2~5미터에 매장되어 있으며, 산화알루미늄Aluminium oxides이 포함된 적갈색 퇴적암 상태로 발견된다. 보크사이트는 알루미나 일수화물monohydrates, 알루미나 삼수화물tri-hydrate, 깁사이트gibbsite, 베마이트boehmite, 디아스포어diaspore 와 같은 광물의 주요 공급원이다. 이러한 광물이 가공을 거쳐 알루미늄이 된다.

1821년에 프랑스 레 보Les Baux 마을에서 발견되어 보크사이트란 이름이 붙여졌다. 보크사이트는 알루미늄의 주요 공급원일 뿐만 아니라 석유 시추에서 연마재 및 수압 파쇄용으로도 사용된다. 또한 전자 제품에 사용되는 갈륨의 원료이기도 하다.

2020년 세계 보크사이트 생산량은 3억 6,700만 톤으로 추정된다. 호주는 2019년에 1억 5백만 톤을 생산하여 세계 보크사이트 생산량 1위를 차지했다. 2019년도에 생산된 9,700만 톤에서 크게 증가한 수치이다. 서호주 드웰링업Dwellingup 인근에 위치한 헌틀리Huntly 광산은 알코아 월드 알루미나Alcoa World Alumina가 소유하고 있는데, 2019년 약 2,700만 톤을 생산해 호주 보크사이트 산업에서 중요한 역할을 하고 있다.

중국은 2019년 약 6,800만 톤의 보크사이트를 생산한 세계 2위의 생산국이다. 이러한 생산량은 세계 최대의 1차 알루미늄 생산업체 중 하나인 찰코Chalco 덕분이다. 산시Shanxi와 허난Henan성의 여러 보크사이트 광산이 폐쇄되었지만, 구이저우Guizhou에 1억 6200만 톤이 매장되어 있는 것으로 밝혀져 향후 보크사이트 생산의 잠재적 허브로 떠올랐다.

중국은 기니, 호주 및 인도네시아에서 수백만 톤의 보크사이트를 수입한다. 2019년 상반기에 이들 3개 국가가 중국에 수출한 물량은 약 5700만 톤으로, 중국 전체 보크사이트 수입량의 거의 94%를 차지했다.

지난 몇 년 동안 서아프리카의 기니는 세계에서 가장 큰 보크사이트 생산국 중 하나로 자리 잡았다. 2019년 기니는 6,400만 톤의 보크사이트를 생산 및 수출했는데, 이는 2018년의 5,600만 톤에서 상당히 증가한 수치이다. 기니는 세계 최대인 400억 톤의 보크사이트 매장량을 보유하고 있다.

그중에서도 보크Boke 지역의 산가레디Sangaredi 광산은 최대 보크사이트 생산지이다. 기니 정부와 할코 광산Halco Mining의 합작사인 CBGCompagnie des Bauxites de Guinée가 소유하고 있다. 기니가 수출하는 보크사이트의 약 절반이 중국, 스페인, 아일랜드, 우크라이나로 향하는데, 이는 전 세계 해상 보크사이트 무역의 거의 50%에 해당한다.

2019년 브라질은 3천만 톤의 보크사이트를 생산해 4위를 차지했고, 인도는 2,600만톤을 생산해 5위에 올랐다.

| 베릴륨 | Beryllium, Be | 원자번호 4

베릴륨은 녹주석, 에메랄드, 금록옥 등 여러 보석의 구성 원소이며, 지각에서의 존재비가 매우 작다. 베릴륨은 알루미늄보다 밀도가 30% 낮고 티타늄보다 강성이 3배 낮아 매우 가볍고 단단하다. 2% 미만의 베릴륨이 들어간 구리 합금은 강철만큼 강하며, 전기 및 열의 전도성이 우수하고, 비자성이며 불이 붙지 않는다. 고온에서 변형에 저항하므로 커넥터 단자와 같은 매우 안정적인 전도성 스프링을 만드는 데 사용된다.

베릴륨 금속은 X선에 매우 투명한 성질을 갖고 있어 X선 및 CT 스캔에 필수적이다. 또한 마그네슘 및 알루미늄 합금을 생산하고 재활용하는 데도 필수적이다. 반면 베릴륨은 독성이 크다. 베릴륨이나 베릴륨 화합물이 포함된 먼지나 증기가 폐에 들어가면 심각한 폐질환인 베릴륨증berylliosis 을 일으킨다.[49]

베릴과 베르트란다이트 가공은 90%가 미국에서 이루어지고 나머지는 중국에서 처리된다. 베릴륨 금속, 베릴륨 합금 및 베릴륨 산화물의 생산국은 미국, 카자흐스탄, 일본 및 중국이다. 유럽은 전무하다.[50]

프랑스의 ITERInternational Thermonuclear Experimental Reactor 핵융합 에너지 프로젝트 등에 의해 베릴륨의 연간 소비량은 2014년 약 300톤에서 2020년 425톤, 2030년 450톤으로 증가할 것으로 예상된다.

베릴륨의 가격은 형태에 따라 천차만별이다.
- 순수 베릴륨의 완전 가공된 항공우주 부품: 300~1,500€/kg

- 주조 알루미늄 39% 베릴륨 합금 항공우주 부품: 200~500€/kg

- 벌크 및 스트립 형태의 구리 2% 베릴륨 합금: 20~50€/kg

- 스트립 형태의 구리 0.3% 베릴륨 합금: 12~20€/kg

2010년 EU집행위원회의 첫 번째 주요 핵심광물CRM 보고서에 베릴륨이 포함되었으며 2014년 개정판과 2017년 보고서에도 포함되었다. 베릴륨이 다른 소재로 대체될 경우, 많은 까다로운 하이테크 응용 분야에서 성능 손실을 겪을 수 있기 때문이다.[51]

EU는 베릴륨 수입원을 가지고 있지 않아 공급 리스크에 직면해 있다. 100년 이상 사용할 수 있는 매장량을 가진 미국의 한 광산이 전 세계 수요의 65% 이상에 해당되는 광석을 생산하고 있다. 산업 보건 및 안전 법률과 같은 지나치게 제한적인 EU 규정 때문에, 베릴륨의 지속적인 공급과 사용에 문제가 생기고 있다.

베릴륨의 가장 중요한 용도는 구리나 니켈의 고강도 합금을 만드는 것이다. 구리에 0.5~3%의 베릴륨을 첨가하면 강도가 약 6배 증가한다. 베릴륨 구리(베릴륨청동)는 비자성이고 단단하며, 열 전도성 및 전기 전도성, 내마

베릴륨-구리, 베릴륨-니켈은 고강도 합금의 재료다.
사진은 베릴륨-구리로 만든 공구. ©Wikimedia

모성, 내부식성이 좋아서 항공 엔진, 정밀기계, 각종 전자제품의 릴레이, 강력 용수철 등의 재료로 사용된다.

약 2%의 베릴륨이 들어간 베릴륨-니켈 합금은 용수철, 클립, 전기 연결기 등에 사용된다. 베릴륨-니켈 합금은 치과용 재료로도 많이 사용되었는데, 독성으로 인해 최근 베릴륨 함량을 0.02% 이하로 제한하였다. X-선 제품, 반도체 처리 장비 및 새로운 유형의 베릴륨 합금뿐만 아니라 AlMg 및 마그네슘 합금 등 다양한 분야에서 수요가 크게 증가할 것으로 전망된다.

비스무트(창연) | Bismuth, Bi | 원자번호 83

비스무트는 분홍빛이 도는 금속 광택을 지닌 고밀도 금속이다. 매우 부서지기 쉽고 녹는점(271℃)이 낮다는 것이 특징이다. 비스무트는 광물 비스무티나이트(황화물), 비스무타산이트(탄염), 비스마이트(산화물)에서 자연적으로 발생한다. 주금속으로 추출되는 경우는 매우 드물고 대부분 납과 텅스텐의 부산물로 추출된다. 비스무트는 응고(동결) 시 팽창하는 성질이 있기 때문에 저융점 합금의 중요한 성분이다.[52]

비스무트 금속은 무독성에 환경 친화적인 것으로 간주된다. 그래서 종종 의약품이나 화장품에 사용되며 기타 응용 분야에서 납의 대용품으로 활용된다. 비스무트 화합물은 전체 용도의 62%가 제약 및 동물 사료 산업에서 사용된다. 위 및 십이지장 궤양을 치료하고 예방하는 데 사용되며 핵

의학 및 항암, 항종양 및 항균 연구에도 이용된다.[53]

비스무트 금속의 두 번째 중요한 용도는 가용성 합금이다. 땜납에서 독성 금속을 대체하는 용도로 사용된다. 이 밖에도 야금 첨가제 및 코팅, 페인트 또는 전자제품의 안료 등으로 사용된다.

비스무트의 공급 역시 중국이 지배한다. 정제된 비스무트(순도 99.8% 이상의 금속) 기준으로 글로벌 생산량의 82%를 책임지고 있으며 멕시코(11%)와 일본(7%)이 그 뒤를 잇는다. 중국은 비스무트 광산(황화비스무트 정광)을 가진 주요 국가이다. 비스무트가 매장된 주목할 만한 국가로는 베트남, 멕시코, 볼리비아, 캐나다가 있다.

비스무트는 어떠한 금속 거래소에서도 거래되지 않아 공식 가격을 정하기 어렵다. 지난 10년 동안 비스무트 가격은 요동쳤다. 2007년 중국이 비스무트 생산 집중화와 수출을 제한하면서 국제 가격이 급상승했다. 2008년 금융 위기로 일시적으로 하락했다가 2010년과 2014년 사이에 투기적 수요로 인해 다시 올라갔다. 2015년과 2016년에 10달러/kg까지 급격히 떨어진 이후 현재는 안정적으로 유지되고 있다.

비스무트는 안료 또는 의약품에 사용되므로 재활용이 어렵다. 하지만 납 및 구리 정제의 생산 공정에서는 회수가 가능하다. 비스무트 글로벌 공급망 가운데 1차 정제 비스무트(여전히 불순물이 함유되어 있다) 공급은 중국에 의존하지만, 추가 정제는 주로 유럽, 북미 및 동남아시아에서 이루어진다. 정제된 비스무트에 대한 EU 수입 의존도는 거의 100%다. 그중 중국이 84%를 차지한다. 향후 비스무트의 수요는 주로 의약품 분야에 집중될 것으로 판단되며 매년 4~5% 증가세가 예상된다. 비스무트는 2017년에 처음으로 EU의 중요 원자재 목록에 추가되었다.

붕소 | Boron, B | 원자번호 5

반금속 원소인 붕소는 자연계에서 자유 원소로 존재하지 않는다. 나트륨, 칼슘, 마그네슘과 같은 다른 원소와 관련된 천연 광물의 형태로 발생한다. 200개 이상의 자연 발생 붕소 광물 중에서 상업적으로 가장 중요한 것이 붕산염borate(공업용 염으로 알려져 있다)이다. 붕산염 광물로는 붕사Tincal, 콜레마나이트Colemanite, 올렉사이트Ulexite가 있다.

붕소가 들어 있는 대표적 화합물은 붕사와 붕산이다. 붕사는 오래전부터 도자기 유약의 재료로 사용되어 왔고 붕산은 눈 세정제로 우리와 친숙하다. 또한 EU 비료 규정(2003/2003/EC)에 따르면 식물을 위한 7가지 필수 미량 영양소 중 하나이다. 채소를 재배하는 농부들은 토양에 붕사를 뿌리곤 한다.

또한 붕소 화합물들은 원자력 발전과 반도체 제조에도 사용된다.[54] 붕소는 핵분열의 감속재로 사용되므로 원자로 냉각에 필수적 물질이다. 2011년 후쿠시마 원전 사태 때 한국 정부가 일본에 붕소를 지원해 준 적이 있다. 붕소는 암 치료에도 사용된다. 10B 화합물을 암 조직 부근 근육에 주입해 저용량의 열중성자를 쪼이면, 붕소에서 고에너지 알파 입자가 나와 암조직을 파괴한다. 이것이 붕소 중성자 포획 치료 요법이다.

붕소에 대해 얘기하면서 터키를 빼놓을 수 없다. 글로벌 붕소 매장량의

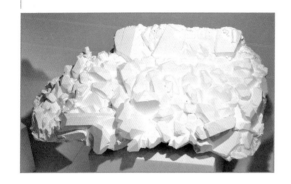

73%를 보유하고 있기 때문이다. 터키의 국영 기업 에티 마덴Eti Maden은 세계에서 가장 큰 붕산염 생산업체로 독점적 시장 점유율을 기록 중이다. 현재 붕소 제품의 97%를 100개 이상의 국가에 수출하고 있다.[55]

EU는 터키의 붕산염 독점 공급에 위기감을 느끼고 있다. 붕산염은 EU 신화학물질관리제도라 불리는 리치REACH: Registration, Evaluation and Authorization of Chemicals에 매우 우려되는 물질로 올라가 있다. 리치는 연간 1톤 이상 EU 내에서 제조되거나 EU로 수입되는 화학물질은 제조자 및 수입자 등록을 하고 유해성 평가 및 허가를 받게 하는 제도다. 문제는 리치의 규정이 매우 깐깐하다는 것이다. 발등에 불이 떨어진 것은 터키다. 등록을 하지 않을 경우 EU 지역으로의 수출이 불가능하기 때문이다.

리치가 산업 경쟁력과 혁신뿐 아니라 높은 수준의 인간 건강 및 환경 보호를 위한 것이라 표방하고는 있지만, 이는 시작부터 정치적인 문제라는 점을 강조하고 싶다. 정책 입안자는 붕산염과 같은 중요한 원자재는 EU 산업에 필수적이며 정치적 지원이 필요하다는 것을 인식해야 한다.[56]

플루오린은 우리에게 불소弗素라는 이름으로 친숙한 원소로, 형석 CaF₂은 불소의 주된 공급원이다.[57] 플루오린을 포함하는 합성수지를 대표하는 것이 테플론Teflon이라 불리는 폴리테트라플루오르에틸렌 polytetrafluoroethylene이다. 테플론은 화학적으로 반응성이 거의 없는 고분자다. 우수한 내열성과 절연성, 마찰계수가 낮은 특성으로 주방기구의 코팅, 고어텍스의 표면 처리, 각종 산업용 부품의 제조 등 다양한 분야에 사용된다.[58]

충치 예방을 위해 수돗물과 치약에 플루오린 화합물들이 첨가되기도 하는데, 이에 사용되는 화합물로는 플루오르화소듐NaF, 플루오르화주석 IISnF₂, 모노플루오르인산소듐Na₂PO₃F 등이 있다.

플루오린 화합물들은 의약품과 농약으로도 많이 사용된다. 항암제 5-플루오르우라실5-fluorouracil, 항우울제 프로작prozac도 플루오린 화합물이다. 지난 50년 동안 상품화된 신약의 약 10%가 플루오린 화합물인 것으로 파악되고 있으며, 이 비율은 계속 증가하고 있다. 또한 플루오린 화합물은 제초제, 살충제, 살균제로도 사용되고 있다.[59]

불소는 비금속 원소이며 할로겐 중에서 가장 가볍기 때문에 대체가 불가능하다. 형석에는 두 가지 주요 상업용 등급이 있다. 합금 등급(60~96%)과 산성 등급(+97%)이다. 합금 등급의 형석은 철강 생산에서 슬래그 내 유황, 인, 탄소 및 기타 불순물의 흡수 및 제거를 돕고, 시멘트 생산에서 플럭스로 사용된다. 반면 산성 등급 형석은 알루미늄과 불화수소산HF 제조에 사

용된다.[60]

불화수소는 냉매가스, 리튬 배터리, 석유화학 촉매, 제약, 폴리머 및 농약에 사용된다.[61] 형석의 글로벌 생산량은 연간 570만 톤으로 그중 절반 이상을 중국이 차지한다. 다음이 멕시코, 몽골/CIS(독립국가연합), 남아프리카공화국 순이다.

2009년 글로벌 금융위기 이후, 환경 법규와 수요가 복합적으로 작용하여 형석의 수요가 위축되었고, 가격도 이러한 추세를 따랐다. 산성 등급 형석은 역사적으로 가장 높은 가격을 기록했지만 최근에는 합금 등급 형석과의 가격 차이가 줄어들었다. 전통적인 벤치마크 가격인 산성 등급의 수출 가격은 현재 400~420달러/톤으로 발표된다. 톤당 300~340달러로 공시되는 유럽(CIF 로테르담)으로 인도되는 등가 가격은 FOB 중국 가격이 복구된 이후 회복되기 시작했다.[62]

유럽에서 형석을 수출하는 나라는 없으며, 모든 EU 회원국이 수입에 의

왼쪽 | 테프론을 이용해 표면 처리를 한 고어텍스 ©Wikimedia
오른쪽 | 항우울제 프로작 ©Wikimedia

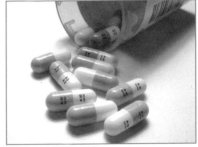

존하고 있다. 중국은 전 세계 형석의 50% 이상을 생산한다. 중국의 형석 수출은 2011년 이후 내수 확대 및 수출 제한 등으로 계속해서 감소했다. 중국은 미래에 수입국이 될 수 있다는 문제의식으로 2017년 형석을 전략 광물로 지정했다.

미국 역시 형석을 전략 광물로 간주한다. 북미와 유럽은 중국 이외의 가장 큰 산성 등급 형석의 소비국이며 모두 순수입국이므로 공급에 잠재적 위험을 안고 있다. 형석에 대한 미래 수요는 탄화플루오르 대체물의 개발에 달려 있다. 업계에서는 산성 등급 형석에 대한 수요가 향후 5년 동안 매년 4~5%씩 증가할 것이며 가격은 중장기적으로 상승할 것으로 전망한다.

하프늄 | Hafnium, Hf | 원자번호 72

하프늄은 단단하고 연성이 있는 금속이다. 외관은 스테인리스강과 매우 유사하고 화학적으로는 지르코늄과 유사하다. 하프늄 광석으로는 하프논hafnon, $HfSiO_4$과 알바이트alvite, $(Hf,Th,Zr)SiO_4$가 있는데 모두 희귀하다.[63] 호주, 남아프리카공화국, 브라질 등에서 생산하는 지르콘 광석이 하프늄 생산의 주된 원천으로, 이에 포함된 지르코늄과 하프늄의 비율은 대략 50:1 이다.

하프늄 주요 생산국은 프랑스(45%)이며 미국(41%), 우크라이나(8%), 러시아(8%)가 그 뒤를 잇는다. 프랑스는 매년 약 30톤의 하프늄을 생산한다. EU에 공급되는 하프늄의 71%가 프랑스에서 나온다. EU는 9% 정도를 수

입 하프늄에 의존하는데 수입국은 중국(33%)과 캐나다(67%)이다.[64]

하프늄의 약 60%는 원자력 산업(핵 잠수함 포함)의 제어봉에 사용된다. 그리고 약 30%는 항공기와 가스터빈 블레이드blade 등에 사용되는 초내열성 합금을 만드는 데 사용된다. 하프늄, 철, 티타늄, 니오븀, 탄탈럼 등의 초내열성 합금은 아폴로 달 착륙선의 액체 로켓 추력 노즐에도 사용되었다. 또한 니켈 기반 합금에 소량 첨가하면 내부식성이 향상되므로, 항공기 및 산업용 가스터빈 블레이드 등에 사용된다.

산화하프늄HfO$_2$은 펜티엄 프로세서 등의 고집적 반도체 칩에 게이트 절연체로 사용되고, 이 외에도 여러 화합물들이 내열 재료와 화학 촉매 등으로 사용되거나 사용이 기대되고 있다. 이처럼 하프늄은 용도는 많은 반면 공급이 적고 가까운 미래에 고갈될 우려가 있어 대책이 필요한 금속이다.[65]

하프늄 금속은 공개적으로 거래되지 않아 가격 추세를 알기 어렵지만, 100g당 약 120달러로 추산된다. 하프늄의 폐제품 재활용율은 1%로 추정된다. 원자력 산업에서의 오염과 초합금의 낮은 비율을 감안할 때 재활용이 되지 않을 가능성이 매우 높다. 하프늄의 공급은 원자력 산업과 순수한 지르코늄 수요에 크게 의존한다. 원자력 분야에서의 수요는 매년 4%, 항공우주 분야에서의 수요는 3.6%, 비항공 우주 분야의 수요는 5% 증가할 것으로 추정된다.

갈륨과 갈륨 비소 | Gallium, Ga | 원자번호 31

갈륨은 자연에서 자유 형태로 발생하지 않고 아연 광석과 보크사이트에 미량으로 존재한다. 갈륨은 녹는점이 약 30도여서 손 안에서 녹으며, 액체로 존재하는 온도 범위가 아주 넓다. 따라서 온도계에 수은 대신 사용하기도 했다. 1960년대 이후 갈륨과 15족 원소(질소, 인, 비소 등) 사이의 화합물들이 발광 다이오드LED, 다이오드 레이저, 트랜지스터에 사용되면서 갈륨은 조명과 전자산업의 필수 원소가 되었다.

즉 전자기기의 표시등, CD 판독, LCD 패널의 배면광, 고속/고용량 컴퓨터 칩, 통신의 잡음 제거 회로 등에 광범위하게 사용되므로 전자기기 중 갈륨을 사용하지 않은 것을 찾기가 어려울 정도이다.[66]

처음 발견된 1875년에서 1965년까지 90년 동안 사용된 갈륨은 약 5톤에 불과하다. 1950년대 갈륨과 비소의 화합물인 갈륨비소GaAs에 반도체 성질이 있음이 알려진 후, 사용량이 증가했다. 1962년에는 미국의 물리학자 홀로니악Nick Holonyak Jr이 갈륨비소 결정을 이용해 붉은색 빛을 내는 LED를 발명하였다. 그는 LED가 백열등을 대체할 것이라 예언하였는데, 이 예언은 오늘날 현실이 되고 있다.

이후 갈륨 화합물들로 반도체가 만들어지고 다양한 색을 내는 LED가 개발되었다. 홀로니악은 갈륨비소를 이용한 가시광선 다이오드 레이저를 처음 선보이기도 했다. 이후 아주 다양한 반도체 레이저들이 개발되어 사용 중인데, 대부분은 갈륨 화합물을 사용한다.[67] 갈륨은 반도체의 도판트 dopant: 반도체 물질에 가하는 소량의 불순물나 중성미자neutrino의 검출 장치에도 사용되었다.

그러나 현재는 거의 대부분의 갈륨이 반도체 산업에서 사용되고, 생산된 갈륨의 95% 이상이 갈륨비소를 만드는 데 사용된다. 갈륨비소는 모바일 및 위성 통신의 무선 주파수 칩셋, 광섬유 기반 통신 시스템의 레이저 다이오드, 디스플레이의 LED, 자동차 및 조명 응용 프로그램, 항공 전자 장치의 센서, 우주 및 방어 시스템 등에 두루 사용된다.[68]

갈륨 금속의 생산은 보크사이트를 알루미늄으로 가공하는 것과 관련이

왼쪽 | 보크사이트에는 0.003~0.01%의 갈륨이 포함되어 있다. ⒸWikimedia
오른쪽 | 고순도 갈륨 결정 ⒸWikimedia

깊다. 갈륨 생산지는 대부분(약 80%) 중국에 있으며, 유럽 국가 중 독일의 유일한 생산 현장은 캐나다 회사가 소유하고 있다. 산업이 요구하는 고순도 품질의 갈륨비소는 소수의 회사만이 생산한다. 하나는 유럽이고 나머지는 일본과 중국이다.[69] 2011년 갈륨 금속의 가격이 급등했다가(약 1,000 달러/kg), 2017년 초까지 점진적으로 10배(150~200달러/kg) 하락했다. 중국의 엄청난 공급 과잉 때문이다.

게르마늄 | Germanium, Ge | 원자번호 32

게르마늄은 부서지기 쉬운 은백색 반금속이다. 많은 희소금속과 마찬가지로 게르마늄은 자연 상태에서 원소 형태로 발견되지 않고, 다양한 광물 및 광석에서 미량 금속으로 발견된다. 게르마늄이 발견되는 주요 광물은 게르마나이트다. 게르마늄 광석은 매우 희귀한데, 미네랄 게르마나이트 germanite나 아지로다이트argyrodite에서 소량 발견된다.[70]

오늘날 게르마늄 생산량의 75%는 아연 생산의 부산물(주로 황화아연 광물인 sphalerite)에서 얻는다. 나머지 25%는 석탄 비산회coal fly ash에서 나오는 것으로 추정된다.

1945년 게르마늄에 반도체 성질이 있음이 밝혀졌다. 1948년에는 게르마늄 트랜지스터transistor가 발명되면서 고체 전자공학 시대를 열었다. 1960년대까지의 반도체 전자공업은 거의 전적으로 게르마늄에 의존하였다. 그러나 이후 값싸게 다량으로 얻을 수 있고 전기적 성질이 우수한 규소silicon 반도체로 대체되었다.

이제 게르마늄은 광섬유 통신과 적외선 광학 분야에서 주로 사용된다. 특히 군사적으로 중요한 열 감지 장치와 야간 투시 장치에 필수적인 원소이며 광각 렌즈, 고분자 중합 촉매, 태양 전지, 유기화학 반응 시약 등으로 사용된다. 또한 규소-게르마늄 합금은 무선 통신 장치와 고속 집적 회로IC에 사용됨으로써 반도체 산업에서의 중요성이 다시 부각되고 있다.[71]

게르마늄 화합물이 암을 비롯한 여러 질병에 효능이 있다는 주장도 있으나, 과학적으로 효능이 입증된 바 없다. 오히려 미국 식품의약국FDA은 게르마늄을 영양 보조제로 사용하면 '인체 건강에 위험을 줄 수 있다'라는 결론을 내렸다.

게르마늄의 최대 생산국은 중국으로 전체 생산량의 약 60%를 차지한다. 이 중 60%는 아연 광석에서, 40%는 석탄 비산회에서 생산되는 것으로 추정된다. 중국을 제외한 주요 생산국은 캐나다, 핀란드, 러시아, 미국이다. 미국 국방군수국은 게르마늄을 비축하고 있는 것으로 알려져 있다. 2011년 12월 31일 기준으로 게르마늄의 총 재고량은 16,362kg이라고 한다. 중국 국가 비축국 역시 게르마늄 비축을 위해 20톤의 구매 계획을 발표하기도 했다.

주요 게르마늄 생산국인 중국과 러시아는 현재 게르마늄 수출에 세금을 부과하고 있다. 러시아는 게르마늄 폐기물 및 스크랩 수출에 6.5%의 세금을 부과하고, 중국은 게르마늄 산화물 수출에 5%의 세금을 부과한다. 게르마늄을 대체하기 위해 다양한 대안을 사용할 수 있지만, 현재까지는 이러한 대체물 중 다수가 성능 손실을 초래한다고 알려져 있다.[72]

인듐 | Indium, In | 원자번호 49

인듐은 매우 부드럽고 연성이며 가단성을 갖고 있는데 아연, 납, 주석, 구리와 같은 금속에 매우 풍부하게 들어 있다. 인듐은 1863년 아연 광석을 녹인 용액의 불꽃 스펙트럼에서 인디고 블루의 스펙트럼 선이 관찰됨으로써 그 존재가 처음 확인되었다. 인디고 블루를 의미하는 라틴어 'indicum'에서 원소 이름이 지어졌다. 세계에서 생산되는 정제된 인듐의 약 95%는 아연 광석의 가공 과정에서 나온다. 생산량이 수요에 크게 미치지 못하기 때문에 사용된 인듐의 재활용이 적극적으로 이루어지고 있다.[73]

인듐은 현대 전자산업에서 아주 요긴하게 사용되는 금속이다. TV, 컴퓨터 모니터, 휴대폰 등의 액정화면(LCD 패널)을 비롯한 여러 평판 소자의 투명 전극으로 널리 사용되는 것이 바로 산화인듐주석indium tin oxide, ITO이다. 인듐은 화합물 반도체의 구성 성분으로 박막 태양전지, 발광다이오드 LED와 다이오드 레이저에도 중요하게 사용된다. 또한, 인듐은 다른 금속에 미량만 첨가해도 금속의 성질이 크게 바뀌어 '금속 비타민'이라는 이름이 붙여질 정도로 합금 제조 분야에서 가치가 높다.

전 세계에서 생산되는 정제된 인듐의 절반 이상을 중국(57%)이 차지한다. 그리고 한국, 일본, 프랑스 등이 그 뒤를 잇는다. 이곳에서 1차 인듐의 추출 및 생산이 이루어지는 것이다. 지난 3년간 중국은 연간 약 1,000톤의 1차 인듐을 생산하고 3,000톤 이상을 비축했다. 하지만 글로벌 가격이나 공급에 부정적인 영향을 미치지는 않았다.

EU는 본질적으로 인듐 자체 공급 능력이 있다. 2013년에는 소비된 양보다 더 많은 1차 인듐이 유럽에서 생산되었다. 전 세계적으로 1차 인듐에 대한 수요 증가율은 안정적이며 일부 시장에서는 제로에 가깝다. 산화인듐주석ITO 스크랩의 재활용을 통해 상당한 양의 2차 인듐이 공급되고 있기 때문이다. 재활용 기술은 매우 효율적이며 프로세스 주기가 매우 빠르다. 2차 정제 인듐 생산의 대부분은 수명이 다한 제품(EOL: End-of-Life)으로부터의 회수보다는 제조 스크랩을 재활용한 것이다.[75]

수명이 다한 제품에서 코팅된 스크린이 점점 더 많이 수집되고는 있지만, 여기서 인듐을 경제적으로 회수하기 위해서는 더 많은 작업이 필요하다. EU 정책 입안자는 인듐 함유 물질에 대한 관세 장벽을 낮추고 역내 생산을 장려하며 증가하는 EOL 제품에서 경제적으로 재활용하는 기술을 개발하고 있다. 인듐 가격은 2002년 kg당 65달러에 불과했지만 TV 제조업

국가	생산량
중국	370
한국	150
일본	72
캐나다	65
프랑스	38
벨기에	25
페루	15
독일	10
러시아	10
총계	755

출처: USGS 2016, 81.

체의 ITO 수요 증가에 힘입어 2005년 1,000달러로 정점을 기록했다. 이후 인듐 가격은 kg당 약 200달러인 현재 수준으로 떨어졌다.

마그네슘 | Magnesium, Mg | 원자번호 12

마그네슘은 지구 표면의 2.1%를 차지하는 여덟 번째로 풍부한 금속이다. 자연계에서 원소 형태로 발생하지는 않지만 미네랄(백운석, 마그네사이트, 카르날라이트, 브루시트)과 바닷물 및 염수에서 다양한 형태로 발견된다. 부피를 기준으로, 마그네슘은 가장 가벼운 구조용 금속이다. 강철 무게의 25%, 알루미늄 무게의 66%에 불과하고 탄소 섬유와 동일한 경량화가 가능하다. 마그네슘은 다른 금속처럼 주조, 압연, 압출, 기계 가공 및 단조될 수 있다.

마그네슘은 자동차, 항공기, 노트북, 휴대폰, 철강 산업, 제약 및 농업과 같은 다양한 분야에서 사용된다. 모든 경량 차량 개념, 수소 저장, 고급 배터리 및 수소 기술에도 사용된다. 금속 마그네슘의 주된 용도는 알루미늄과의 합금이다. 마그네슘 합금은 플라스틱만큼 가벼우면서도 강철만큼 단단하기 때문에 자동차나 항공기 부품, 자전거 프레임, 노트북 컴퓨터를 비롯한 각종 휴대용 전자제품에도 사용된다.[76] 두 차례의 세계대전에서 사용된 독일 항공기의 주된 금속 재료도 마그네슘이었다. 마그네슘은 철보다 쉽게 산화되기 때문에 선박 등 철 구조물의 부식을 방지하기 위한 희생적 양극sacrificial anode으로 사용된다. 전자식 플래시가 나오기 전에 사용되었던 사진 플래시에서 나오는 아주 밝은 흰빛이나 불꽃놀이, 소이탄 등도 마그네슘 덕분에 가능하다.

마그네슘은 모든 살아 있는 세포에 꼭 필요한 원소이다. Mg_2+는 생체 내의 폴리인산염(ATP, DNA, RNA) 기능을 조절하는 역할을 하고, 마그네슘

공기 중에서 발화하면 자외선을 포함하는 밝은 흰빛이 나오는
마그네슘의 성질은 불꽃놀이에 이용된다. ©Wikimedia

화합물은 제산제와 변비약(완하제) 등으로도 사용된다.[77]

2018년 전 세계 1차 마그네슘 생산량은 약 943Kt(킬로톤)이었는데, 전 세계 수요의 85%를 중국이 공급했다. 중국 이외의 나머지 1차 생산(주로 전해공정)은 주로 반덤핑 관세로 유지된다.[78] 2008년 4분기 이후 대부분의 다른 광물 기반 원료와 비교하여, 순수 마그네슘 및 합금은 안정적인 가격을 유지하고 있다.

중국의 생산 및 수출 정책으로 유럽의 1차 생산이 가격 경쟁력을 잃은 상태에서 현재 마그네슘 가격은 kg당 2~3달러 수준이다. 마그네슘의 중요성은 원자재의 문제가 아니라 무역의 문제이다. 유럽 기반의 제련소가 저가의 중국 생산품과 경쟁할 수 없었기 때문이다. 유럽의 마지막 제련소는 2001년 문을 닫았다. 결과적으로 유럽의 1차 수요는 주로 중국 수입에 의존한다. 터키의 새로운 1차 제련소가 2015년 말에 가동을 시작했지만, EU 내 공급 상황에 영향을 미치기엔 역부족인 상황이다. 유럽은 상당한 규모의 마그네슘 재활용 산업을 통해, 유럽 전역에 안정적인 고용을 제공했다.

마그네슘 합금은 경량화와 성능 향상에 필수적이다. 차량의 작동 수명에서 이산화탄소 배출을 줄이는 데 기여할 뿐만 아니라 전기차, 수소차, 스마트자동차와 같은 새로운 차량 개념이 선택하는 재료이다.[79] 더 광범위하게 사용되기 위해서는 몇 가지 문제점을 해결해야 한다. 무엇보다 중국 이외의 경쟁력 있는 마그네슘 생산과 공급 기반이 부족하다. 현재까지는 알루미늄 캔, 항공 우주 및 운송 응용 분야에 사용되는 마그네슘의 고유한 특성과 기능을 대체할 기술은 존재하지 않는다.

마그네슘의 전 세계 수요는 향후 10년 동안 증가할 것이 예상된다. 특히 R&D 기술의 발전은 마그네슘에 대한 장기적 수요에 상당한 영향을 미칠 수 있다. 환경규제 등으로 철강 및 알루미늄에서 마그네슘으로 소재가 전환될 것이 예상된다. 가볍고 연비가 좋은 차량이 자동차 시장의 중심이 되면서 마그네슘이 더욱 주목받고 있다.[80]

백금족 금속 *PGM, Platinum Group Metals*

백금족 금속은 백금, 팔라듐, 로듐, 이리듐, 오스뮴, 루테늄의 6종을 말한다. 이들은 대개 천연 합금 형태로 백금 광석에 들어 있는데, 산출량이 적으면서 다양한 분야에 이용된다. 이들은 장신구에 사용되는 귀금속이면서, 자동차 배기가스 정화장치인 촉매변환기와 화학공업에서 촉매로 사용된다.

백금족 원소는 약 70%가 남아프리카에서 공급된다. 20%는 러시아산, 나머지는 북미에 있는 소수의 광산과 재활용품에서 나온다. 백금족 원소는 다음의 응용 부문 외에도 매우 중요하고 핵심적 역할을 한다. 비용 효율적 측면에서, 백금족의 성능을 제공하는 효과적인 대체품은 존재하지 않는다. 만약 공급이 중단된다면, 경제 전체에 매우 부정적인 영향을 미칠 뿐 아니라 우리의 생활 방식 전체를 혼란에 빠뜨릴 것이다.

백금족이 사용되는 곳은 다음과 같다.

- **촉매**: 석유 정제, 석유화학 공정, 가솔린 및 디젤 차량용 공해 저감 장치
- **전자제품**: 컴퓨터 하드드라이브, 연료 전지, 열전대, 다층 세라믹 커패시터, 플라즈마 디스플레이 화면, 휴대용 장치의 터치 패드
- **유리**: 평면 TV, 유리 섬유, 창문 반사 코팅용 스퍼터링 타겟
- **자동차 제조**: 에어백, 잠금 방지 브레이크, 점화 플러그, 산소 센서
- **제트 엔진**: 터빈 블레이드

- 치과용 합금
- 황산 제조
- **의료**: 항암제, 동맥용 스텐트, 심박 조율기, 이식된 제세동기[81]

팔라듐은 백금족 금속 중에서 녹는점이 가장 낮고, 가장 가벼우며, 생산량이 가장 많다. 자동차용 촉매변환기와 여러 화학 공정에서 촉매로 사용됨은 물론 전자 재료, 치아 보철 재료, 외과 수술용 기구, 귀금속 장신구 등에서도 중요하게 사용된다. 또한 팔라듐은 수소를 잘 흡수하고 통과시키기 때문에 수소 정제에 이용되고 있어, 미래 수소 에너지 시대에 더욱 중요한 금속이 될 것으로 전망된다.[82]

팔라듐의 주된 용도 두 가지는 촉매와 합금이다. 자동차 배기가스 정화장치인 촉매변환기에 산화 촉매로 사용되는데, 팔라듐은 백금보다 더 효율적인 촉매 작용을 하는 반면 값은 저렴하다. 또한 화학공업에서 수소화 및 탈수소화 반응, 정유 공장에서 석유 분해 반응 등에 촉매로 사용된다. 팔라듐 합금은 귀금속 장신구, 볼 베어링, 스프링, 시계 템포 바퀴balance wheel, 수술 기구, 전기 접점, 천문학용 거울 등에 사용된다. 또한 은, 금, 구리와 합금해 치아의 보철 재료로 널리 사용된다. 전자산업에서는 적층積層 세라믹 커패시터를 비롯한 여러 부품의 도전 재료와 내부식 도금 등에 사용된다.

2011년 전 세계 연간 팔라듐 생산량은 약 207톤으로, 백금 생산량인 192톤보다 약간 많다. 러시아(41.1%), 남아프리카공화국(37.7%), 캐나다(8.7%), 미국(6%)이 주요 생산국이다. 팔라듐의 수요는 연간 약 300톤으로

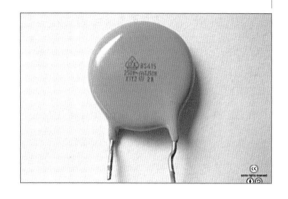

추정되는데, 부족한 양은 사용 후 용도 폐기된 것에서 재생해서 충당한다. 최근 전체 재생 비율은 약 60~70%인데, 산업용(치과, 화학 촉매)의 경우에는 80~90%가 회수되는 반면, 자동차용 촉매변환기에서는 50~55%가 회수된다. 팔라듐은 자동차 촉매 변환기에 주로 사용되므로 자동차 생산량에 따라 가격이 민감하게 반응한다. 2012년 7월 9일 현재 582달러로 금(1,587달러)이나 백금(1,443달러)에 비해 저렴하다.[83]

로듐은 지구상에 그 존재량이 매우 적다. 자동차 배기가스 정화장치인 촉매변환기와 화학 공업의 촉매로 주로 사용되며, 장신구들의 도금에도 사용된다. 로듐은 귀금속 중에서도 가장 값비싼 금속으로, 2008년 한때에는 금값의 10배에 이르기도 했다. 따라서 로듐은 부와 명예의 상징이 되었다. 1979년 기네스북은 폴 매카트니Paul McCartney를 '모든 시대에 걸쳐 가장 성공적인 작곡가'로 등재하고 로듐이 도금된 디스크를 수여했다. 세계에서 '가장 비싼 펜'과 '가장 비싼 보드 게임'은 모두 로듐이 들어간 물질로

만들었다고 한다.[84]

로듐 도금은 크롬Cr이나 니켈Ni 도금과 비슷하게 아주 밝은 광택이 난
다. 로듐 도금 막은 아주 단단하여 마모되거나 흠집이 나지 않으며 부식되
거나 변색되지도 않는다. 로듐은 은 식기, 백색금white gold을 비롯한 각종
금속 장신구의 도금에 사용된다. 백색금이란 금과 하나 이상의 백색 금속
(니켈, 은, 팔라듐)을 합금한 것으로 백금처럼 흰색을 띠는데, 겉보기에는 백
금platinum 원소와 비슷하나 완전히 다른 물질이다.[85]

루테늄은 백금과 팔라듐의 경도를 높이는 경화제硬化劑로 사용된나. 이
들 합금은 내마모성이 아주 우수하여 전기 접점으로 주로 사용되는데 값
비싼 금속 장신구, 만년필 펜촉 끝, 의료 기구 등에도 사용된다. 또한 티타
늄Ti의 내부식성을 향상시키기 위해 루테늄을 소량 첨가하기도 한다. 전자

자동차 촉매변환기 내부. 로듐과 같은 촉매는 보통 허니컴이라 부르는
알루미나(Al₂O₃)로 만든 벌집 모양의 구조체 표면에 입혀져 있다. ©Wikimedia

공업에서는 하드 디스크의 기억 용량을 높이는 픽시 더스트pixie dus 층을 만드는 데 사용된다. 루테늄 화합물은 여러 화학 공정에서 촉매로 사용되며, 태양에너지를 화학에너지나 전기에너지로 전환하는 계에서 광촉매로 사용하는 연구가 활발히 진행되고 있다. 또한 여러 루테늄 화합물들이 유망 항암제로 임상 시험 중에 있다.[86]

오스뮴은 전세계 연간 생산량이 1톤 미만으로 매우 희귀하다. 천연 백금 광석에 미량 들어 있으며, 이리듐과의 천연 합금 형태인 오스미리듐으로 발견되기도 한다. 상업적으로는 구리와 니켈 제련의 부산물로 얻는다. 오스뮴은 금이나 백금 등을 단단하게 하는 합금제로 주로 사용되는데, 이 합금은 펜촉 끝에 많이 사용되었으며, 지금은 전기 접점과 특수 실험 장치 부품, 생체 이식 장치 등에 사용된다.[87]

오스뮴은 희귀하면서 가공성이 좋지 않아 한동안 거의 사용되지 않았다. 1897년 벨스바흐가 전등 필라멘트로 개발해 오스램프Oslamp를 출시했으나, 잘 부서지는 문제 때문에 탄탈럼과 텅스텐 필라멘트로 교체되었다. 참고로 1906년 설립된 세계적 전등 회사 오스람Osram은 오스뮴의 'Os'와 텅스텐의 다른 이름인 볼프람Wolfram의 'ram'을 따서 회사 이름을 지었다고 한다.

백금은 18세기 초반 스페인 사람들이 중남미에서 발견해 유럽에 소개한 귀금속이다. 백금의 영어명인 플래티넘platinum은 스페인어 'platina'에서 유래되었는데 '작은 은'이란 뜻이다. 은과 매우 비슷하지만 가공이 불가능한 금속으로 여겨져 붙여진 이름이라고 한다. 멤버십의 등급을 매길 때 '골드'보다 높은 등급이 '플래티넘'인 데서 알 수 있듯이, 백금은 귀금속 중에서도 최고의 등급이다. 실제로 지각에 존재하는 양이 은의 1%, 금의 25%에 불과하다. 아름다운 은백색을 띠면서 부식이 되지 않고 밀도가 높다.

자동차의 촉매 변환기와 화학 촉매, 장신구, 전극, 인공 심장 박동기, 내부식성 금속 제품의 합금제 등으로 사용된다. 또한 화학 반응성이 적어 여러 실험 장치의 제조에 사용된다. 백금은 금 합금의 일종인 백색금white gold과 이름, 색상, 용도가 비슷해 혼동되기도 한다.[88]

이리듐은 상업적으로 구리와 니켈 제련의 부산물로 얻는다. 구리와 니켈 광석에 들어 있는 이리듐 등의 백금족 금속과 금, 은, 셀레늄, 텔루륨 등은 이들 광석을 제련할 때 광석에서 1차로 얻는 물질인 매트matte에 포함된다. 매트를 전기분해해서 순수한 구리나 니켈을 얻는 과정에서, 전해조 바닥에 양극 전물anodic slime이 진흙처럼 쌓이게 된다. 이리듐은 다른 희귀 원소들과 함께 이 양극 전물에서 추출, 분리된다.

다른 백금족 금속을 미량 포함한 천연 백금 광석 ©Wikimedia

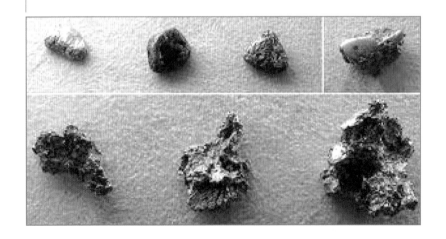

2009년 이전에는 이리듐의 생산과 수요가 연간 2~4톤에 불과했다. 그러다가 2010년 화합물 반도체 결정을 비롯한 전자 재료 제조에 쓰이는 이리듐 도가니의 수요는 전년에 비해 4배 증가했다(약 10.5톤). 급격한 수요 증대로 가격도 상승했다. 이리듐 도가니는 내구성이 강해 2011년 신규 수요는 감소한 반면, 이리듐을 전기 접점으로 사용하는 자동차 점화 플러그의 수요가 늘어나 총 수요는 전년보다 약간 감소한 약 9.7톤이 되었다. 2013년 2월 현재 가격은 1,025달러/ozt(트로이온스: 귀금속의 중량 단위로 31.1035g)이다. 다른 백금족 금속과 마찬가지로 남아프리카공화국, 캐나다, 러시아에서 주로 생산된다.

규소(실리콘) | Silicon, Si | 원자번호 14

규소는 회색을 띠는 순수한 형태의 금속 광택 준금속 원소이다. 주로 실란 및 실리콘 제조, 알루미늄 합금 생산을 위한 경화제 또는 합금 원소, 마이크로 프로세서 및 태양 전지 제조에 사용된다. 실리콘은 광소자 제조 및 산업용 내화물 제조 시 2차 제련 첨가제로도 사용된다.[89]

일반적으로 금속 규소는 에너지 집약적 공정인 수중 전기로를 제련하여 생산된다. 재료를 다른 제품 등급으로 추가 처리하면 많은 산업 공정에 적용할 수 있다. 업계는 태양광 시장 및 배터리 응용 분야 등에 사용되는 고부가가치 실리콘 개발을 위해 R&D에 투자하고 있다.[90]

중국은 실리콘 금속 생산에서 지배적인 위치를 갖고 있다. 2010~2014

년 총 정제 생산량의 61%를 중국이 차지했다. 해당 생산량은 중국의 국내 소비량보다 훨씬 많을 뿐만 아니라 실리콘 금속에 대한 글로벌 수요보다도 많다. 중국의 실리콘 생산 능력은 460만 톤에 달하며 브라질, 호주, 남아프리카공화국, 카자흐스탄, 태국, 미국 등도 생산국에 포함된다. 유럽에서는 프랑스, 스페인, 독일, 노르웨이, 보스니아 및 아이슬란드가 생산하는데 전반적으로 EU는 금속 규소의 순수입국이다.[91]

실리콘의 생산 비용은 제공되는 품질에 따라 다르다. 1톤의 실리콘을 생산하기 위해 석영 2.7톤, 환원제(저회탄 또는 목탄) 1.5톤, 목재 1.5톤 등 총 6톤의 원료가 필요하다. 원료 외에 투입되는 중요 비용은 실리콘 톤당 약 13,000Kwh에 이르는 에너지 비용이다.

금속 규소는 알루미늄 및 화학 제품의 생산에 필수적인 금속이므로 경제적 중요성이 매우 높으며 대체할 수 없다. 또한 순수한 규소는 재활용이 되지 않는다. 실리콘은 알루미늄 및 화학 부문에서뿐만 아니라 전자 및 태양광 산업의 필수 재료이자 에너지 저장 용량 및 배터리 응용 분야에서도 유망한 재료임이 입증되었다. 광범위한 최종 용도에 대한 대체물이 없기 때문에 가치는 더 올라갈 전망이다.[92]

| 인 | Phosphorus, P | 원자번호 15 |

인은 자연에서 발견되지 않으며 인산염Phosphate과 같은 광물에서 생산된다. 인은 비료, 사료, 식품 및 의약품 생산에 사용된다. 인은 DNA와

RNA의 구조적 틀에서 중요한 역할을 하기 때문에 식물뿐 아니라 모든 살아 있는 유기체에 필수 원소다.[93] 실제로 생산된 인의 대부분은 농축산업용 인산 제조에 사용된다. 인은 철강 생산 또는 인청동PBC의 중요한 구성 요소이기도 하다.

지난 30년 동안 매년 1억 2천만에서 1억 7천만 톤의 인산염 광석이 추출되었는데, 이는 연간 2천만에서 3천만 톤의 정제된 인에 해당한다. 주요 생산지는 모로코를 포함한 북아프리카, 중동, 미국, 중국이다. 유럽에는 광산이 없으며 전적으로 외국 생산업체에 의존하고 있다. 문제는 오늘날 고급 인산염 광석 매장량이 고갈되고 있으며 유럽 이외의 4~5개 대형 공급업체가 독점하고 있다는 것이다. 낮은 공급과 높은 수요는 가격 상승으로 이어진다. 이러한 상황에서 대체 인산염 공급원을 찾는 움직임이 이어지고 있다. 저품위 인산염을 활용하는 기술과 더불어 하수 슬러지 소각로에서 나오는 재를 재활용하는 기술을 보유한 기업들도 존재한다.[94]

인은 재활용이 가능하지만 투입 물질인 인 암석은 재활용할 수 없으므로 재활용 투입율은 제로라 간주할 수 있다. 대부분의 인 기반 비료는 유럽 이외의 국가에서 채굴된 인산염 광석에서 나오므로, 이것은 재생 불가능한 자원이다. 현재 추출 속도를 기준으로, 중국과 미국의 회수 가능한 인산염 암석 매장량은 각각 약 30년 사용할 분량이다. 대부분의 국가는 인산염 광석의 순수입국이다. 비료 부문에서의 대체재는 아직 없다.

일부 연구자들은 상업적이고 저렴한 인은 50년에서 100년 내에 고갈될 것으로 예상한다. 다른 연구자들은 수백 년 동안 공급이 지속될 것이라고 주장하지만 원유와 마찬가지로 정확한 추정치는 존재하지 않는다. 지금도

인의 동소체. 왼쪽부터 백린(황린), 적린, 자린(보라색 인), 흑린. ⓒWikimedia

다양한 분야의 연구자들이 인산염 암석 매장량에 대한 다양한 추정치를 정기적으로 발표한다.

티타늄 | Titanium, Ti | 원자번호 22

티타늄은 짙은 회색 금속으로, 추출 과정에 시간이 많이 걸리고 비용도 많이 든다. 티타늄은 부식에 매우 강하며 녹는점 또한 높다. 티타늄은 강철만큼 강하지만 강철보다 45% 가볍고, 알루미늄보다 2배 강하지만 60% 무겁다. 티타늄 금속은 우리 행성에서 네 번째로 희귀한 원소이며, 순수한 형태로 발견되지 않는다.

티타늄 광석은 종종 높은 광산란 능력을 가진 이산화티타늄TiO_2으로 정제된다. 제품에 백색도, 불투명도 및 밝기를 부여하므로 흰색 페인트, 종이, 고무 또는 플라스틱에 자주 사용된다. 티타늄은 페인트에서 납의 대용품으로 사용되고 금속은 의료용 임플란트에 사용된다. 세계 최대 티타늄 생산국은 중국이고 일본, 러시아, 카자흐스탄, 미국, 우크라이나, 인도가 그 뒤를 잇는다. 티타늄 가격 추정치는 kg당 50~53달러이다.

탄탈럼 | Tantalum, Ta | **원자번호** 73

　탄탈럼은 1802년 스웨덴 화학자 에케베리Anders Gustaf Ekeberg가 분리·발견했다. 그는 이산화물이 산과 반응하지 않는다는 이유로, 지옥의 물속에 있으면서도 물을 마시지 못하는 그리스 신화 속 탄탈루스Tantalus를 연상해 명명했다고 한다.

　탄탈럼은 지각 무게의 약 1.7ppm(0.00017%)를 차지하는 50번째로 풍부한 원소다. 텅스텐보다 약간 흔하고, 대부분의 희토류 원소보다는 희소하다. 탄탈라이트tantalite, 컬럼바이트columbite, 콜탄coltan 등의 광석에서 니오븀Nb과 함께 발견된다. 사마스카이트samarskite나 퍼거소나이트fergusonite 등의 희토류 광석에도 소량 들어 있다.

　탄탈럼은 주로 탄탈라이트와 콜탄에서 얻는데, 호주가 최대 생산국이며 모잠비크와 르완다를 비롯한 아프리카 여러 나라에서도 생산된다. 특히 중앙아프리카에는 많은 양의 콜탄이 매장되어 있는데, 이것이 콩고 내전의 자금줄이 되기도 하였다. 주석 광석에도 소량의 탄탈럼이 포함되어 있어, 태국과 말레이시아 등에서는 주석 야금에서 생기는 찌꺼기slag에서 탄탈럼을 추출한다. 2013년 전 세계의 탄탈럼 수요는 약 2,900톤으로 추정된다.

탄탈럼은 지질학적으로 니오븀과 유사한 특징을 가지고 있는 것으로 알려져 있다. 미국 지질조사국에 의하면, 최근 몇 년 동안 호주와 브라질에서 대규모 매장량이 새롭게 발견되었다. 여기에 콩고민주공화국, 르완다, 에티오피아의 매장량은 포함되지 않아 공급에 문제는 없을 것이 예상된다.

전통적으로 탄탈럼 산업에 대해서는 알려진 바가 적다. 일반적으로 밸류체인은 광석 추출과 정광의 생산 단계, 정광을 산화물 또는 금속으로 변환하는 가공 및 정제 단계, 마지막으로 부품 제조로 구성된다. 그 외에 커패시터 또는 초합금 부품을 생산하는 최종 제품 제조 부문이 존재한다.

탄탈럼 커패시터는 일종의 전해 커패시터electrolytic capacitor다. 탄탈럼 가루를 압축 성형한 것을 하나의 전극으로 사용하며, 이의 표면을 산화시켜 얻은 얇은 산화탄탈럼 피막을 유전체(부도체)로 이용한다. 탄탈럼 산화

탄탈럼 커패시터는 휴대폰, 컴퓨터, 자동차 및 항공기 전자장치 등에 사용된다.
©Wikimedia

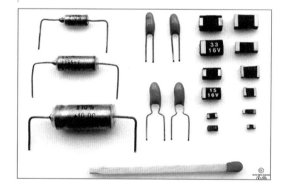

물은 굴절율이 커서 카메라 렌즈용 유리를 만드는 데 사용되기도 한다.

EU 국가 중 프랑스의 광산 한 곳만이 탄탈럼을 생산한다. 탄탈럼의 주요 생산국은 르완다와 콩고민주공화국인데, 이 둘을 합하면 전 세계 1차 공급량의 약 절반을 차지한다. 그 뒤로 브라질이 14%를 차지하고 에티오피아, 나이지리아, 중국과 같은 국가가 나머지를 담당한다.

과거에 호주는 60% 이상의 점유율로 탄탈럼 세계 시장을 지배했다. 하지만 최근 몇 년 동안 생산 상황은 크게 바뀌었다. 세계 최대 생산업체였던, 선즈오브괄리아Sons of Gwalia에서 이름을 바꾼 호주의 탈리슨Talison은 금융 위기와 시장 불확실성으로 인해 2008년 후반에 생산을 중단했다. 미국 지질조사국(2011)에 의하면 2009년 생산량은 브라질(180t), 모잠비크(110t), 르완다(100t), 호주(80t), 캐나다(25t) 순이었다. 2009년 중앙아프리카는 세계에서 가장 큰 탄탈럼 공급처였다.

탄탈럼에 있어서 2차 생산과 재활용은 아직 중요한 역할을 하지 못한다. 산업 내에서 연간 생산 투입량의 20~25%는 손실을 줄이고 폐기물을 최소화하기 위한 재활용 활동의 결과다. 그러나 국제적으로 거래되는 전자제품에 함유된 탄탈럼을 추적해서 재활용하는 방식은 거의 존재하지 않는다. 이유는 다음과 같다.

- **기술적 측면**: 제품 내 탄탈럼 사용량이 적고 분해 과정에서 분쇄를 해야 하므로 새로운 재활용 기술 개발이 필요하다.
- **경제적 측면**: 수집 및 해체 시스템을 구축하려면 새로운 규정을 만드는 등 상당한 인프라 투자가 이루어져야 한다. 현재 탄탈럼 재료 손실

비율은 상당히 높다.

지난 10~15년 동안 탄탈럼의 수요는 꾸준히 증가했다. 탄탈럼의 약 60%는 휴대폰, 호출기, PC 등의 전자제품 및 장치의 커패시터에 사용된다. 탄탈럼 카바이드는 첨단 절단기, 항공 및 우주 기술 분야에서 사용되는데 미래에 ICT, 기계, 발전 터빈, 에너지 저장 장치, 항공기 및 광학 산업 등에서 꾸준히 수요가 증가할 것으로 예상된다.

니오븀과 희토류가 탄탈럼을 대체할 가능성은 있지만 아직까지는 아니다. EU와 미국이 탄탈럼을 핵심광물로 분류하고 있는 이유다. 탄탈럼이 필요한 전자 부문의 경제적 중요성이 커지면서, 생산과 가공 과정에서의 환경적 폐해도 지속 가능한 생산에 의문을 제기하고 있다.

콩고민주공화국 동부의 콜탄Coltan 광석은 소규모 채광Artisanal Mining: ASM 형식으로 수행되므로 주로 저숙련 지역민이 고용된다. 콩고에는 50만에서 200만 명에 이르는 광부가 있고, 광부 한 명당 평균 4~5명의 부양 가족이 있기 때문에 이 광산 활동에 생계를 의존하는 사람은 전체 인구의 16%에 이를 것으로 추정된다. 대다수의 광부들은 하루에 미화 1~5달러로 생계를 유지한다. 그리고 종종 아이들도 고용된다.

90년대 콩고 콜탄의 수입국은 주로 서구 국가들이었으나, 2000년 이후 중국으로 바뀌었다. 북부 및 남부 키부의 생산량 중 60%가 중국으로 수출된다. 2009년 중국은 콩고에서 약 260만 달러에 달하는 121톤의 콜탄을 구매했다. 중국은 중앙아프리카에서 생산되는 탄탈럼과 니오븀 광석의 약 73%를 구매하는 중요 수입국이기도 하다. 하지만 2000년 이후 콩고로부

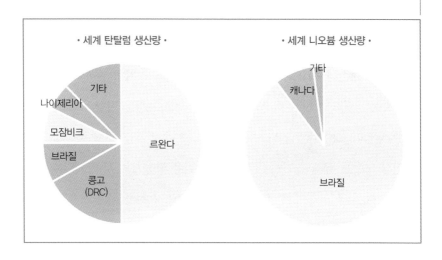

터 직접 수입하는 물량은 미미하다. 여기서 르완다의 존재를 눈여겨볼 만하다.

니오븀 | Niobium, Nb | **원자번호** 41

미국에서는 콜럼븀이라고도 부르는 니오븀은 부드러운 은빛을 띠는 전이 금속이다. 탄탈럼과 화학적 성질이 매우 유사해 구별이 어려웠는데, 1801년 찰스 해체트Charles Hatchett에 의해 별도의 원소로 확인되었다. 니오븀은 지각에 약 20ppm(0.002%) 존재하고 대략 33번째로 풍부한 원소이다. 이는 질소, 갈륨, 리튬과 비슷한 수준이다. 같은 족의 바나듐보다는 존재량이 월등히 적으나, 탄탈림(1.7ppm)보다는 10배 이상 풍부하다. 천연에

서 원소 상태로는 발견되지 않고 파이로클로르pyrochlore라는 광물로 흔히 발견된다.

추출된 니오븀의 대부분은 부유선광으로 농축한 다음 알루미늄 열 환원에 의해 페로니오븀FeNb으로 전환된다. 여기서 짐작할 수 있듯이 생산된 니오븀의 90% 이상은 철강에 사용된다. 주로 고강도 저합금high strength low alloy: HSLA 강철을 만든다. 철에 매우 적은 양만 첨가해도 강철의 강도와 인성 모두를 크게 증가시킨다. 이들 강철은 자동차의 차체, 송유관, 가스관, 각종 구조물 등에 사용된다. 니오븀 함유 강철을 사용하면 일반 강철과 비교해 강철의 소비량, 용접 관련 비용, 운송 비용 등을 모두 줄이는 효과가 있다.

니오븀은 다른 내화 금속에 비해 녹는점이 높고 밀도가 낮기 때문에, 항공기 엔진과 로켓 모터와 같이 무게가 중요한 요소인 고온 응용 분야의 초합금에 중요한 첨가물이 된다. 또한 초전도 특성이 있어 MRI 스캐너와 입자 가속기에 사용되는 초전도 자석 부품에도 중요한 원소다.

니오븀 광상이 전 세계에 광범위하게 분포되어 있음에도 불구하고, 니오븀의 글로벌 생산량 중 90% 이상이 브라질에 있는 두 개의 광산에서 생산된다. EU 집행위원회가 핵심광물을 지정하면서 니오븀을 고위험군 금속으로 분류한 이유다. 니오븀에 대한 글로벌 수요는 2000년에서 2010년 사이에 연간 10%의 비율로 성장했다. 2000년 브라질의 생산량은 35,458톤이었는데, 2007년에는 농축 니오븀 82,000톤에 도달했다. 니오븀에 있어 브라질은 압도적인 세계 1위의 매장량(98.53%)을 보유하고 있으며 총 매장량은 8억 4,240만 톤에 달한다.

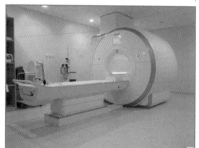

2010년 현재 니오븀의 최대 소비국은 전체 소비량의 25%를 차지하는 중국이며 북미와 유럽이 그 뒤를 잇는다. 이는 중국 철강산업의 규모를 말해 주는 수치다. 중국은 스테인리스강의 최대 생산국으로서 시장점유율이 1990년대 1~2%에서 2017년 36.7%로 증가했다.

텅스텐 | Tungsten, W | 원자번호 74

볼프람이라고도 불리는 텅스텐은 반짝이는 은백색 금속이다. 모든 금속 중 융점이 가장 높으며 다른 금속과의 합금에 주로 사용된다. 텅스텐 및 그 합금은 아크 용접 전극 및 고온 용광로의 발열체와 같은 고온 응용 분야에 사용된다. 또한 전자, 코팅 및 접합 기술, 자동차 및 항공우주 산업, 의료 기술, 공구 산업 및 전력 엔지니어링에도 사용된다. 텅스텐 분말과 탄소 분말을 혼합해 2200℃로 가열하여 만드는 텅스텐 카바이드는 매우 단단해 금속 가공, 광업 및 석유 산업에서 매우 중요하게 사용된다. 초고속으로 회전하는 무통 치과 드릴을 포함하여 우수한 절단 및 드릴 도구를 만드는 데도 사용된다.

텅스텐 광석, 정광 및 중간체의 세계 최대 공급업체인 중국이 최근 수출을 제한하고 있다. 텅스텐에 대한 수출 할당량은 2011년에서 2012년 사이에 15,700톤에서 15,400톤으로 감소하였다. 기타 생산 국가로는 오스트리아, 볼리비아, 캐나다, 페루, 포르투갈, 러시아, 태국 및 아프리카 국가들이 있다. 최근 수십 년 동안 호주, 한국 및 미국에서 폐쇄된 일부 텅스텐 광산이 현재 재가동을 고려하고 있다고 한다.

바나듐 | Vanadium, V | 원자번호 23

바나듐은 단단한 은색 금속으로 구조 강도가 좋고 녹는점이 1910℃이다. 알루미늄 광석, 바나데이트, 카르노타이트, 로스코엘라이트 및 패트로라이트를 포함한 60가지 이상의 다양한 광물에서 자연적으로 발생한다. 즉 바나듐은 다른 광물을 생산하며 부산물로 채굴되는 미량 광물이다. 석유 정제 및 가공 시에 부산물로 나오는 바나듐도 상업적으로 이용 가능하다.

생산된 바나듐의 80~90%는 금속, 특히 철강과 합금 생산에 사용된다. 바나듐을 함유한 철강 합금은 건물, 교량, 석유 및 가스 파이프라인, 선박 등 다양한 용도로 사용된다. 강철 합금에 바나듐을 0.15%만 첨가해도 강도, 인성, 내열성, 내마모성을 강화할 뿐 아니라 부식 및 산화를 방지한다. 바나듐은 우주선, 원자로, 초전도 자석과 같은 하이테크 부문에서 사용된다.

바나듐은 '바나듐 레독스 흐름 배터리VRB'의 핵심 소재다. VRB는 현재 가장 많이 사용되는 리튬 기반 배터리와 화학적, 구조적으로 다르다. 리튬 배터리보다 수명이 10배 이상 길고 충전과 방전을 동시에 할 수 있으며 엄청난 양의 전기를 즉시 방출한다.

VRB는 단일 가정부터 전력망에 이르기까지 전력을 공급할 수 있다. 전력망의 경우, 풍력 터빈과 태양 전지판의 에너지 흐름을 안정화할 수 있다. 이는 현재 재생 에너지 생산 부문에서 안전성 문제가 가장 중요하기 때문에 의미가 크다. VRB 외에도 리튬-바나듐-포스페이트 기반 자동차 배터리는 리튬-코발트 배터리보다 더 오랜 시간 동안 더 많은 에너지를 제공하고 더 빠르게 충전된다.

공급되는 바나듐의 80% 이상이 중국(59%), 러시아(17%), 남아프리카(7%), 브라질(5%)에서 생산된다. EU 국가들 역시 중국과 러시아로부터 수입되는 바나듐에 크게 의존하고 있다. 현재 EU 국가 중 스웨덴과 핀란드가 광산 부산물에서 바나듐을 생산하려고 시도하는 중이다. 바나듐은 공개 시장에서 거래되지 않으며 개별 협상을 통해 거래된다.

바나듐은 주로 오산화바나듐과 페로바나듐FeV의 형태로 거래된다. 오산화바나듐은 비합금 응용 분야에 사용되고 페로바나듐은 금속 합금에 사용된다. 이 두 가지 유형의 바나듐 가격은 전통적으로 20~30달러/kg이다.

제한된 공급으로 인해 바나듐 가격은 변동성이 꽤 있는 편이다.

바나듐은 당뇨병, 심장병 및 콜레스테롤 질환을 치료하는 데도 사용된다. 또한 이식형 제세동기의 배터리에도 사용된다. 경제적으로나 기술적으로 바나듐을 대체하는 것은 아직까지 어렵다. 제트 엔진과 같은 고온 금속 및 화합물의 경우에는 바나듐의 대체가 불가능하다.

미주

1. Rick Mills, "How China is locking up critical resources in the US's own backyard." Mining.Com, January 12, 2018 (https://www.mining.com/web/china-locking-critical-resources-uss-backyard/)

2. 한국 무역협회 국제무역연구원. 『첨단산업의 비타민, 희소금속의 교역동향과 시사점』, (2018), p. 3.

3. Guillaume Pitron, Rare Metals War: The Dark Side of Clean Energy & Digital Technologies (Victoria, Australia: Scribe Publications, 2020), p. 19.

4. Marc Humphries, Critical Minerals and U.S. Public Policy (Washington, DC: Congressional Research Service, 2019).

5. 이지평, "잠재적인 경쟁력 위협요인, 금속 자원 리스크." LG Business Insight, 2010.11.17

6. Ibid., p. 4.

7. Ibid., p. 3.

8. Keith Veronese, Rare: The High-Stakes Race to Satisfy Our Need for the Scarcest Metals on Earth (New York: Prometheus Books, 2015), p. 10.

9. The World Bank Group, The Growing Role of Minerals and Metals for a Low Carbon Future (Washington, DC: World Bank, 2017).

10. 이지평, "잠재적인 경쟁력 위협요인, 금속 자원 리스크," p. 3.

11. Ibid.

12. Ibid.

13. Ibid.

14. Ibid., p. 5.

15. 조민성, "세계 철광석 빅5 수익, 석유 메이저 빅5 제쳤다."『글로벌이코노믹』 2021.5.04. (https://cmobile.g-enews.com/view.php?ud=20210504080550776963 36258971_1&ssk=newmain_0_2&md=20210504101217_R)

16. Ibid.

17. Deloitte, Overview of the Steel and Iron Ore Market, December 2020, Deloitte CIS Research Center, p. 8.

18. NS Energy, "Profiling the top five largest iron ore producing countries in 2020," May 24, 2021 (https://www.nsenergybusiness.com/features/top-iron-ore-producing-countries/)

19. Ibid.

20. Ibid.

21. NS Energy, "Profiling the world's top five copper mining countries in 2020," May 20, 2021 (https://www.nsenergybusiness.com/news/top-five-copper-mining-countries/)

22. Ibid.

23. Ibid.

24. Ibid.

25. KOMIS 광종정보, 2021, p. 10.

26. KOTRA 해외시장뉴스 (인도네시아 니켈 자원 현황, 2021.5.24)

27. 니켈 가격 t당 2만 달러 돌파 7년 사이 최고치 (글로벌 이코노믹, 2021.9.12.) https://cmobile.g-enews.com/view.php?ud=20210912172623408lc5557f8da8_1&ssk=favorset&md=20210912173245_R

28. 조달청 비철금속 시장 동향, 2021.10.19., p. 8.

29. KOTRA 해외시장뉴스 (인도네시아 니켈 산업 동향과 니켈 원광 수출금지 조치의 시사점, 2020.5.13.)

30. "한국 니켈광산 매각 추진? 중일이 웃고 있다" (주간조선, 2020.9.14)

31. "美 지질조사국, 니켈, 아연 핵심광물로 분류" (더구루, 2021.11.18)

32. "전기차 시대 오고 있지만 배터리 원료인 고순도 니켈은 품귀" (매일경제, 2021.7.21)

33. 연선옥, "배터리 원료 中 의존도 낮춰라… 각국·주요기업 골머리."『조선비즈』

2022.2.15.

34. 홍석윤. "칠레, 남미 리튬 생산 주도하는 이유: 최대 매장국 볼리비아, 기후 · 지리 · 정치 역사적 환경 불리."『이코노믹 리뷰』2018. 08.29

35. 박준우, "코발트(Co): 여러 산업과 인체에 중요한 원소," 2012.02.22. (https://terms.naver.com/entry.naver?docId=3573940&cid=58949&categoryId=58982)

36. Ibid.

37. Ibid.

38. Ibid.

39. NS Energy, "Profiling the world's eight largest cobalt—producing countries," February 22, 2021 (https://www.nsenergybusiness.com/features/top—cobalt—producing—countries/)

40. Ibid.

41. Natural Graphite, CRM Alliance (https://www.crmalliance.eu/natural—graphite)

42. Ibid.

43. 박준우, "안티모니(Sb): 난연제와 납축전지 극판 등에 쓰이는 독성이 큰 준금속," 2012.8.22. (https://terms.naver.com/entry.naver?docId=3574967&cid=58949&categoryId=58982)

44. USGS, Critical Mineral Resources of the United States—Economic and Environmental Geology and Prospects for Future Supply, 2017, p. C9

45. 박준우, "바륨(Ba): 위장 조영 촬영에 쓰이는 황산바륨의 구성원소," 2012.9.26. (https://terms.naver.com/entry.naver?docId=3575187&cid=58949&categoryId=58982)

46. Ibid.

47. Critical Raw Materials, CRM Alliance (https://www.crmalliance.eu/critical—raw—materials

48. Ibid.

49. 박준우, "베릴륨(Be): 단맛을 내는 독성이 큰 원소," 2011.9.07. (https://terms.naver.com/entry.naver?docId=3572621&cid=58949&categoryId=58982)

50. CRM Alliance.

51. Ibid.

52. CRM Alliance.

53. Ibid.

54. 박준우, "붕소(B): 안전한 원자력 발전의 비밀," 2011.9.21. (https://terms.naver.com/entry.naver?docId=3572701&cid=58949&categoryId=58982)

55. CRM Alliance.

56. Ibid.

57. 박준우, "플루오린(불소, F): 1등 원소?," 2011.10.12. (https://terms.naver.com/entry.naver?docId=3572901&cid=58949&categoryId=58982)

58. Ibid.

59. Ibid.

60. CRM Alliance.

61. Ibid.

62. Ibid.

63. 박준우, "하프늄(Hf) 안전한 원자로 작동에 주로 쓰이는 희귀 원소," 2013.1.30. (https://terms.naver.com/entry.naver?docId=3575996&cid=58949&categoryId=58982)

64. CRM Alliance.

65. 박준우, "하프늄," 2013.1.30.

66. 박준우, "갈륨(Ga): 새로운 조명과 전자산업의 필수 원소," 2012.3.28. (https://terms.naver.com/entry.naver?docId=3574122&cid=58949&categoryId=58982)

67. Ibid.

68. Ibid.

69. Ibid.

70. CRM Alliance.

71. 박준우, "저마늄(Ge): 광섬유 통신과 적외선 광학에 쓰이는 원소," 2021.04.04. (https://terms.naver.com/entry.naver?docId=3574169&cid=58949&categoryId=58982)

72. CRM Alliance.

73. CRM Alliance.

74. Ibid.

75. Ibid.

76. 박준우, "마그네슘(Mg): 가장 가벼운 구조체용 금속," 2011.10.26. (https://terms. naver.com/entry.naver?docId=3573005&cid=58949&categoryId=58982)

77. Ibid.

78. CRM Alliance.

79. Ibid.

80. 자세한 내용은 국제마그네슘협회(IMA) 웹사이트 참조.

81. PGMs, CRM Alliance (https://www.crmalliance.eu/pgms)

82. 박준우, "팔라듐(Pd): 촉매와 특수합금에 사용되며 수소를 잘 흡착하는 귀금속," 2012.07.18. (https://terms.naver.com/entry.naver?docId=3574754&cid=58949&categoryId=58982)

83. Ibid.

84. 박준우, "로듐(Rh): 자동차 촉매변환기에 주로 쓰이는 가장 귀한 금속," 2012.07.11. (https://terms.naver.com/entry.naver?docId=3574707&cid=58949&categoryId=58982)

85. Ibid.

86. 박준우, "루테늄(Ru): 다양한 용도의 백금족 금속 원소," 2012.07.04. (https://terms.naver.com/entry.naver?docId=3574660&cid=58949&categoryId=58982)

87. 박준우, "오스뮴(Os): 단단한 합금 제조에 주로 쓰이는 희귀한 금속," 2013.03.06. (https://terms.naver.com/entry.naver?docId=3576175&cid=58949&categoryId=58982)

88. 박준우, "백금(Pt): 촉매와 장신구 등에 쓰이는 매우 고귀한 금속," 2013.03.20. (https://terms.naver.com/entry.naver?docId=3576251&cid=58949&categoryId=58982)

89. Silicon Metal, CRM Alliance (https://www.crmalliance.eu/silicon-metal)

90. Ibid.

91. Ibid.

92. 김태헌 · 이태의.『에너지 전환시대의 소재 수요 변화에 대한 자원개발 전략』. 정책 이슈페이퍼 19-13. 에너지경제연구원, 2019.

93. Phosphorus, CRM Alliance (https://www.crmalliance.eu/phosphorus)

94. Phosphate rock, CRM Alliance (https://www.crmalliance.eu/phosphate-rock)

CHAPTER 03

—

중국은 어떻게 희토류
강국이 되었나?

01
우리가 몰랐던
사실들

중국의 견고한 지배구조

　　　　　　　　　　우리가 희토류와 희소금속의 가치를 인
지하기 시작한 것은 아무리 빨리 잡아도 21세기에 들어와서다. 반면 희토
류에 대한 중국의 욕망은 1950년대에 이미 시작되었고 그 후 끊임없이 확
장되었다. 이 간극이 현재 세계가 처한 현실을 잉태했다. 희토류와 희소금
속 부문에서 중국의 지배 구조는 생각보다 견고하고, 우리의 삶에 미치는
영향은 본질적이면서도 즉각적이다. 게다가 코로나 팬데믹과 4차 산업혁
명 시대는 이런 흐름을 가속화하고 있다. 일부 학자들이 예측한 '서구의 몰
락'은 이미 시작된 게 아닐까?

　2009년 11월 호주방송공사Australian Broadcasting Corporation는 당시로서

는 잘 알려지지 않았던 희토류에 대한 프로그램을 내보내면서 희토류라는 희소금속의 공급을 둘러싼 국가들의 움직임이 세계경제의 현실을 가장 잘 보여주는 것이라고 밝혔다.

"희토류는 현재의 세계경제가 중국에 얼마나 위험할 정도로 의존하고 있는지를 극명하게 보여준다. 세계는 중국의 희토류 공급에 90% 이상을 의존하고 있다. 중국이 희토류 공급을 중단하면 우리 생활의 일부가 되어버린 아이폰을 만들 수 없다. 그리고 이 시대 최대의 공공 과제인 기후 변화 대응도 할 수 없다. 대부분의 저탄소 녹색 기술이 희토류에 절대적으로 의존하고 있기 때문이다." [1]

2010년 3월 16일 미국 하원 과학기술위원회는 '희토류와 21세기 첨단산업'이란 제목의 청문회를 열었다. 이 자리에서 미국 지질조사국USGS이 작성한 광물보고서Mineral Commodity Summaries가 공개되었다. 미국 지질조사국은 매년 약 90가지의 광물 및 금속의 수요 공급 상황을 발표하고 있는데, 청문회에 참석한 많은 사람들은 이 보고서를 보고 충격에 빠졌다.[2]

2005~2008년 기간 동안 미국은 희토류를 100% 수입했는데, 그중 91%를 중국에 의존했기 때문이다. 나머지는 프랑스, 일본, 러시아 등이었다.[3] 당시 희토류 가격은 등락을 거듭하고 있었다.

USGS가 2010년 희토류 보고서 내용을 정리한 표를 보면, 2008~2009년 미국 내 희토류 광산 활동과 생산은 제로다. 전 세계에서 희토류는 총 124,000톤 생산되었는데 중국이 120,000톤, 인도가 2,700톤, 브라질이

650톤, 말레이시아가 380톤이다. 적어도 생산 측면에서는 중국이 세계 희토류 시장을 압도하고 있다.

매장량으로 보면, 개발되지 않은 희토류의 글로벌 자원 총량은 약 1억 톤인데 중국이 그중 3600만 톤의 매장량을 보유하고 있어 세계 1위다. 이것은 어떤 의미일까? 총 매장량으로 보았을 때 중국의 비중은 40%에 미치지 못한다. 중국은 매장량에 비해 지나치게 많은 희토류를 생산하고 있다고 볼 수 있다. 중국 이외에도 희토류 자원은 풍부하다. 1,900톤을 보유한 러시아는 현재 희토류를 거의 생산하지 않고 있어 가능성이 크다. 호주와 인도도 각각 540만 톤, 310만 톤을 보유해 향후 생산 가능성을 보여준다. 물론 이것은 2010년 자료임을 감안하고 봐야 한다. 최근 수정된 보고서에 따르면 호주, 인도, 브라질에 훨씬 많은 희토류가 매장되어 있고 베트남과 아프리카 국가들의 매장량도 상당하다.

2010년 USGS 희토류 보고서 발췌 (단위:톤)

국가	희토류 생산량		희토류 매장량
	2008	2009	
미국	–	–	13,000,000
호주	–	–	5,400,000
브라질	650	650	48,000
중국	120,000	120,000	36,000,000
CTS(독립국가연합)	NA	NA	19,000,000
인도	2,700	2,700	3,100,000
말레이시아	380	380	30,000
기타	NA	NA	22,000,000
전 세계 합계	124,000	124,000	99,000,000

주: 생산량은 추정치, 호주와 중국, 인도의 매장량 데이터는 각 국가의 데이터에 근거해 업데이트함.
출처: 2010년 USGS 희토류 보고서에서 발췌 정리

2010년 청문회에 참석한 인사들은 묘한 데자뷰를 느꼈다. 일부 자원의 공급과 수요 상황이 국가 안보에 위기가 된다는 문제의식이 25년 전의 상황과 비슷했던 것이다. 1985년 백악관 내에 설치된 기술평가국OTA: Office of Technology Assessment은 전략물자 취약성 보고서Strategic Materials: Technologies to Reduce U.S. Import Vulnerability를 발표한 바 있다.

"미국은 1985년 현재 크롬, 코발트, 망간, 백금족 등 일부 중요한 전략물자 공급이 매우 취약한 상황에 처해 있다. 우리는 전략물자의 대부분을 남아프리카공화국, 자이르(현재 콩고민주공화국)로부터 수입하고 있다. 그런데 남아프리카공화국과 자이르는 흑백 문제와 내란 등으로 혼란스럽고 그곳에서 소련의 영향력이 높아지고 있다."

1985년의 전략물자는 초합금 생산에 필수적이며 철강 및 스테인리스강, 산업 및 자동차 촉매, 전자, 국방에 중요한 금속 소재였다. 당시 OTA는 국내 생산 증대, 새로운 해외 공급자 모색, 새로운 대체 기술 개발과 수요 감축을 대책으로 내세웠다. 하지만 그로부터 25년이 지난 2010년 청문회에서 대두된 희토류 문제는 예상보다 훨씬 심각하고 단기간에 해결하기가 불가능하다는 점이 드러났다.

1장에서 살펴보았듯이 희토류의 진정한 가치는 희토류 소재가 원재료의 탈을 벗고 다양한 기능 소재로 탈바꿈하는 순간에 발현된다. 원재료로서의 희토류는 그저 돌이나 흙일 뿐이다. 이 돌이나 흙을 희토류의 독특한 성질인 자성magnetic, 형광성luminiscent, 내열성heat-resistant과 내마모성wearresistant을 가지는 소재로 탈바꿈시키기 위해서는 원천 기술 확보가 매우 중요하다.

17종의 희토류를 3가지 분야별로 분류하면 다음과 같다.

- **영구자석 소재 및 부품**(풍력발전, 전기차, 전자제품, 첨단무기): 네오디뮴,

2013년 기준 미국의 희토류 응용 산업의 경제적 가치 규모

희토류 응용산업	경제적 가치 규모(US$ Million)
중간재 부품	39,196 Billion
영구자석과 자석 파우더	517
촉매	3,562
합금	18,157
연마제	425
형광물질	349
유리제품	376
세라믹	818
배터리	3,746
기타	11,247
완제품	259,365 Billion
의료	10,795
전기차	65,864
조명	3,340
통신	7,584
음향 스피커	2,810
첨단무기	12,413
기타 전자제품	27,413
광학	4,560
정유화학	88,652
풍력터빈	10,389
기타	28,546
전체 산업 응용 가치	US$ 298,561 Billion

출처: Ned Mamula & Ann Bridges, Groundbreaking: America's Quest for Mineral Independence(Washington, DC: A Penned Source Production, 2018), p. 63.

디스프로슘, 테르븀, 사마륨

- **형광물질 소재(액정화면, 레이저, LED 조명)**: 유로퓸, 에르븀, 이트륨, 네오디뮴

- **초합금(내열, 내마모 소재-제트 엔진, 자동차 차체)**: 스칸듐, 란탄, 세륨, 네오디뮴, 프라세오디뮴

희토류는 오늘날 산업적, 경제적 활용도가 매우 높다. 그리고 응용 분야는 갈수록 늘어날 것이 확실하다. 재생에너지, 전기차, 스마트폰, 인공위성, 재생에너지에 꼭 필요한 원료 물질이며 첨단 무기 체계에 없어서는 안 될 최고의 전략 물자다. 또한 아직까지는 희토류를 사용하지 않고 비슷한 기능을 유지하기는 어렵다. 대체 기술과 물질이 존재하지 않기에 그 가치는 더욱 높다. 게다가 희토류는 재활용을 통한 2차 물질 활용도 매우 어렵다.

Since 1950's 중국의 희토류 장악사

중국의 희토류 산업과 정책은 외부 세계에 아직도 잘 알려지지 않고 있다. 거의 모든 정보들이 중국 내부에서 중국어로만 기록되어 있고, 이마저도 공개되어 있지 않은 탓이다. 필자는 중국의 현 상황을 파악하기 위해 희토류산업협회의 공식 홈페이지와 기업 홈페이지, 주요 중국 증권사 유료사이트, 정보지 등 내부 자료를 입수, 분석하는 방법을 사용했다.

중국 양대 희토류 생산지역인 내몽골 바오터우 지역의 경희토류 산업

현황, 남부 장시성 중희토류 생산지역의 활동과 6대 희토류 공기업의 구조와 세부 사항, 6대 기업과 연계된 수많은 소재 부품 기업 등이 그 대상이 되었다.

중국의 소재, 부품 기업과 전반적 산업생태계에 대해서는 이 책이 거의 최초로 공개한다고 봐도 무방하다. 특히 중국 남부 장시성에는 영구자석 공장만 300여 개가 있다고 알려져 있는데 이것이 진실인지도 알아볼 예정이다. 중국은 희토류에 관한 한 국내에 완벽한 자체 공급망을 갖추고 있다고 알려져 있다. 즉 채굴, 분리와 가공, 산화물 추출, 금속 가공, 영구자석 부품 및 형광물질 소재 제조의 밸류체인을 의미한다.

그런데 언론 보도로는 실제 채굴과 생산 단계만 부각되고 중국의 어떤 기업이 중간 공정을 담당하고 소재·부품을 생산하는지에 대해서는 거의 알려져 있지 않다. 필자는 많은 자료 분석을 통해 중국이 단순한 희토류 원재료 생산에서 벗어나, 기능성 소재 개발과 첨단 제조업으로 가는 중요한 기반을 마련했음을 확인할 수 있었다.

희토류와 관련해 많은 사람들이 가장 궁금해하는 질문은 하나로 귀결된다. 중국은 어떻게 이렇게 중요한 희토류 소재를 세계에서 가장 많이 생산하는 국가가 되었을까? 그것도 단순한 원재료 생산이 아니라 기능성 소재와 부품 개발로 첨단 제조업의 중요한 기반을 마련할 수 있었을까?

서구 세계의 눈으로 보면 희토류의 중국 독점이 갑작스러운 일일 수 있지만, 사실 이는 수십 년 간에 걸친 국가 전략이 만들어낸 결과다. 2009년 중국은 희토류와 희소금속에 대한 글로벌 공급망 지배를 선언했다. 하지만 이런 움직임은 1950년대부터 이미 시작되었다.

중국 정부는 아주 오래전에 희토류의 잠재력과 전략적 중요성을 인지했다. 1950년대와 1960년대 중국은 희토류 원재료 채굴과 수출을 시작했다. 밸류체인 측면에서 보자면 전통 금속인 금, 구리, 텅스텐 등과 구별되는 희토류만의 특징이 있다. 업스트림(원재료)과 미드스트림(산화물), 다운스트림(중간재 부품) 간에 엄청난 부가가치의 차이가 존재한다는 것이다. 일례로 원재료 상태의 희토류가 영구자석 중간재 부품이 되면 가치는 1,000배로 뛴다. 채굴 직후부터 가치를 인정받는 금이나 구리, 원유와는 상당히 다른 특성이다.

중국이 원래부터 희토류 가공 기술이 뛰어났던 것은 분명 아니다. 애초에 희토류 밸류체인상 소재 분야의 세계 최고 기술은 일본이 가지고 있었다. 일본은 전략적으로 중국이 미드스트림(화학적 분리와 가공) 부문을 담당하도록 했다. 중국은 이러한 전략적 토대 위에서 차근차근, 그리고 조용히 희토류 가공 기술 개발에 집중했다.[4]

중국의 희토류 장악 로드맵을 개략적으로 정리하면 다음과 같다.

- 1970년대: 희토류 원재료 수출
- 1980년대: 희토류 산화물 수출
- 1990년대: 희토류 부품 수출
- 2000년대: 희토류 응용 완제품 생산

원재료만 수출하던 중국이 1980년대 이후 희토류 산화물 수출을 장악하게 된 가장 큰 이유는 가격 경쟁에서의 승리다. 저가의 희토류 제품을 세계 시장에 공급함으로써 경쟁 상대인 미국과 유럽의 희토류 기업들을 문 닫게 한 것이다. 1998년 미국 네바다주의 마운틴 패스 광산이 폐광한 것이 전형적 사례다. 더군다나 1980년 이후 국제사회 차원에서 원자력 물질과 방사능 규제가 강화된 것이 미국과 유럽의 희토류 광산 운영에 큰 장애물로 등장했다. 미국 내 원자력 관련 환경 규제도 강화되었고, 시민단체의 반대로 광산 활동 환경 전반에 큰 변화가 왔다.

중국이 국산화에 총력을 기울인 분야는 영구자석이다. 희토류 다운스트림 중간재 부품 중 가장 활용도가 높고 부가가치 또한 높기 때문이다. 중국은 희토류 원재료 장악을 지렛대 삼아, 서구의 희토류 응용 기술을 획득하기 위해 합법적, 비합법적 방법을 모두 동원했다. 여기에는 서구 기업의 유치도 포함된다.

중국의 지도자, 그들은 희토류 전문가였다

중국의 희토류 장악에 가장 큰 받침돌이 된 것은 중국의 지도자들이다. 중국의 역대 지도자들은 희토류의 중요성에 대해 잘 알고 있었고, 이를 전략적으로 활용하기 위해 노력했다. 덩샤오핑鄧小平은 젊은 시절 프랑스로 유학을 갔는데 그때 철강회사에서 일한 경험이 있다. 원자바오(2002~2013년 중국 총리)는 지질학을 전공한 희토류 전문가였다. 미국의 역대 대통령들은 희토류나 산업적 배경 등에 대해서 거의 무지한 인물들이라 이러한 정책을 체계적으로 수립하고 지속할 만한 능력도 통찰력도 가지지 못했다.

1992년 최고 지도자 덩샤오핑은 중국의 2대 희토류 생산지역인 장시성을 방문하여 "중동에 석유가 있다면 중국에는 희토류가 있다"라고 말했다는 것이 지금까지 회자되고 있다. 1999년 장쩌민江澤民 국가주석은 중국 최대의 희토류 매장지인 내몽골 바오터우를 방문하여 "희토류의 기술 개발과 응용을 통하여, 자원 우위를 경제적 우위로 바꾸자"라고 역설했다.

1990년대 말, 중국의 희토류 시장 장악은 거의 완성된 것으로 보인다. 희토류 생산과 수출을 중국이 장악하고 국제 희토류 가격을 좌지우지할 수 있게 되었다는 것은 매우 중요하다.

중국이 그토록 원하던 영구자석 기술과 형광물질 소재를 활용한 다양한 제품 기술도 확보하게 되었다. 태양광과 풍력 터빈, 전기차, 첨단 무기, 디지털 제품, 인공위성 등 거의 모든 분야에 들어가는 희토류와 희소금속의 응용 기술을 중국이 독자적으로 운용할 수 있게 된 것이다.

2000년대의 중국은 우리가 알던 그 중국이 아니었다. 중국은 하이테크 제조업을 말하기 시작했는데 그 기반은 희토류와 희소금속이었다. 중국이 2005년부터 점진적으로 희토류 생산과 수출을 규제하기 시작했다는 것은 희토류 부가가치 고도화, 국산화, 일괄 수직생산 체계가 어느 정도 완성되었다는 의미다. 미국, 유럽, 일본 등 선진국이 아프리카, 남미, 동남아 국가들을 대상으로 오랫동안 해 오던 원재료 무역의 형태가 이제 중국에겐 먹히지 않는다는 뜻이기도 하다.[5]

중국의 선전포고, 희토류 전쟁물자가 되다

희토류 응용 기술을 갖추게 된 중국은 기존과 180도 다른 전략을 펼치기 시작했다. 미국, 유럽, 일본이 충격적인 타격을 입게 된 것은 중국의 희토류 수출 정책이 바뀌었기 때문이다. 2008년 중국 산업정보통신부the Ministry of Industry and Information Technology는 국무원 보고를 통해, 향후 6년 동안 희토류 중 디스프로슘을 특정해서 수출을 대폭 축소할 계획이라고 밝혔다. 이것이 희토류 분쟁의 시발점이었다.[6] 중희토류인 디스프로슘은 영구자석의 필수 재료이기 때문이다. 이는 매우 중요한 포인트다.

중국이 희토류 장악력을 더욱 강화할 수 있었던 것은 그들이 희토류 중에서도 중희토류를 생산, 제조할 수 있는 매우 드문 국가라는 데 있다. 현재 글로벌 희토류 공급망의 가장 큰 문제는 중희토류를 생산하는 유일한 국가가 중국이라는 점이다. 박인섭·송재두는 그들의 논문에서 중국 희토류 자원의 매장 지역을 '북경남중北轻南重'이라 정의한다.[7] 경희토류 광산은 주로 내몽골 자치구 바오터우시, 산둥성 텅저우시 웨이산현 등 북방지역 및 쓰촨성 량산이족 자치주에 분포되어 있는 반면, 이온형 중중中重 희토류 광산은 주로 장시성 간저우시, 푸젠성 룽옌시福建省龙岩市와 같은 남방지역에 분포해 있다.[8] 희토류 자석(영구자석)에 쓰이는 원재료인 네오디뮴, 디스프로슘, 테르븀 등이 모두 중희토류로 분류된다.

세계 희토류 생산량의 40% 이상이 희토류 자석 제조에 쓰이고, 2028년에는 그 비중이 68%로 높아질 것이라 전망되므로 희토류 문제는 결국 중희토류 문제다. IEA국제에너지기구는 2050년에는 태양광이 현재보다 17배 증가하고, 2038년에는 전기차가 신차 판매의 50%를 차지하며 2050년에는 90%까지 급증할 것이라 예측한다. 따라서 2030년까지 영구자석 소재 부품인 네오디뮴과 디스프로슘 수요는 각각 27배와 7배까지 급증할 것이 예

상된다.[9]

중국의 최우선 목표를 한 문장으로 정리하면 다음과 같다.

'중국에서 채굴된 희토류 원재료를 국내에서 분리, 가공하여 최종 영구 자석 부품으로 만들어 조립해서, 중국산 전기차와 풍력 터빈, 태양광 패널, 절전형 조명 시스템을 생산한다.'

행간을 읽자면 미국, 유럽, 일본을 위해서는 중국의 희토류를 제공하지 않겠다는 것이다.[10] 그 이유는 간단하다. 중국의 내수용 첨단 제품을 만드는 데 필요한 희토류도 부족하다는 상황 인식이다. 중국은 생산된 희토류를 수출하는 대신 국내에 비축하기 시작했다.

희토류는 이제 전시 전략물자와 같은 수준에서 다뤄지기 시작했음을 알 수 있다. 이제 희토류는 중국만이 생산할 수 있다는 중국 정부의 자신감의 발로다. 중국 밖의 희토류 생산업자들은 중국 정부의 전폭적 지원을 받는 저렴한 희토류와의 경쟁에서 파산했다. 중국은 서구의 환경규제 때문에 혹은 경제성이 없어 파산한 기업들이 중국으로 기술과 공장을 이전하도록 정책을 만들기까지 했다.

시간이 갈수록 희토류의 밸류체인은 중국으로 집중되었다. 희토류 원재료 생산업자, 소재와 부품 기술, 공장들이 중국으로 이전하거나 중국 자본에 의해 인수합병되는 추세가 대세를 이루었다. 중국 희토류 생산의 실리콘 밸리라 불리는 내몽골 바이윈 어보 광산과 내몽골 수도 바오터우에는 희토류 소재 가공 기업 3,000여 개가 몰려 있는데, 이 가운데 외국 기업들이 200여 개에 달한다. 중국 정부는 외국 기업들에게 각종 세제 혜택을 포함한 우대 정책도 화끈하게 실시했다. 그 결과 난공불락의 바오터우 희토류 산업개발지역the Baotou National Rare Earth Hi-Tech Industrial Development Zone이 조성되었다.

세계 각국이 재생에너지와 전기차 부문에서 각축하던 시기에 중국 정부의 이러한 움직임은 주요 국가들을 긴장시켰다. 각국은 희토류라는 자원에 대해 다시 한 번 돌아보고 점검하기 시작했다. 중국 바오터우시와 바이원 어보 희토류 생산지에 전 세계 언론과 정부 기업들의 관심이 집중되었다. 세계적 언론들이 현지 취재를 하기 위해 몰려들었으며, 각국 정부와 기업들이 사절단을 구성해 방문하는 일이 빈번해졌다.

우리나라 산업통상자원부도 2011년 전문가들로 구성된 사절단을 꾸려 내몽골 바이원 어보 광산과 바오터우시를 방문하였다.[11] 그들은 바오터우 시내 중심부의 '희토 국제호텔' 인근에 위치한 내몽고 과기대의 광산공학과 교수들을 만났다. 그 자리에서 내몽고 과기대 광산공학과가 2006년 세계 최초로 희토학과를 만들어 '희토 공학'을 가르치고 있다는 사실을 전해 듣고 매우 놀랐다고 한다. 당시 우리나라 언론은 중국의 희토류 수출 규제와 무역 규정 위반 등에 대한 서구의 비판을 이해하기 힘들다는 논조로 보도하고 있었기 때문이다.

"포브스Forbes지의 게디 앱스타인Gady Epstein 기자는 10월 29일자 기사에서 중국 정부의 희토류 생산 및 수출 통제 정책에 대한 세계의 반응은 지나친 점이 있으며 중국 국경 밖의 최대 희토류 광산인 미국 캘리포니아주 마운틴 패스Mountain Pass를 재개발하고 있는 몰리코프Molycorp사의 주가가 1년 전에 비해 무려 4배 가까이 상승한 것도 상당한 부분은 투기성 자본에 의한 결과라고 밝혔다. 이러한 투기성 자본으로 인해 각국의 매장량 확보에 비상이 걸릴 전망이다."[12]

2000년대 초반부터 우리나라도 중국 내 희토류 확보에 나섰다. 한국광물자원공사는 2003년 중국 기업과 손잡고 현지에 합작법인 서안맥슨을 설립해 연마재용 희토류를 연간 1000톤 정도 생산했다. 2010년 6월에는 포스코차이나와 공동으로 중국 희토류 재료업체인 영신희토의 지분 60%를 인수해 경영권을 확보하는 데 성공했다.

02
시나리오 둘,
서구의 몰락 vs. 서구의 반격

중국과 비非중국의 대결

2020년 호주에서 출판된 『Rare Metals War(희소금속 전쟁)』의 저자 길로메 피트론Guillaume Pitron은 2009년 중국의 희토류 수출 규제로 인한 글로벌 희토류 시장 교란과 미국, 일본, 유럽의 희토류 공급위기 상황을 '서구의 몰락'이라 표현했다. 지난 20년 동안 중국의 저렴한 희토류와 희소금속에 안주했던 나라들은 갑작스러운 상황 변화에 엄청난 충격을 받았다. 거의 일본의 진주만 공습에 비견될 만한 사건이었다. 중국의 희토류 수출 규제는 서구와 중국 간의 총성 없는 전쟁의 서막이었다.

1998년 문을 닫았던 마운틴 패스 광산은 2007년 다시 문을 열었다. 우선은 기존 광산 활동에서 나온 잔류물mining tailings에서 희토류를 분류, 분리하는 일을 시작한 것이다. 참고로, 마운틴 패스 광산은 2008년 몰리코프 Molycorp Minerals, LLC사가 인수해서 2015년 파산할 때까지 운영했고, 현재는 헤지펀드 컨소시엄인 MP 머티리얼즈가 운영 중이다.

호주는 마운트 웰드Mt. Weld 광산에서 생산을 시작했다. 캐나다와 아프리카 말라위에서도 희토류의 경제성 평가를 시작했다. 호주의 한 광산 회사는 50년 동안 세계 수요의 약 25%를 충족시킬 수 있는 그린란드의 희토류 광산을 연구하기 시작했다.

일본 경제산업성은 2009년 '희소금속 확보를 위한 4대 전략'을 수립하고 산·관·학을 아우르는 범국가적인 협력 체제를 가동했다. 4대 전략은 ▶ 해외 희소금속 자원 확보 ▶희소금속 재활용 ▶희소금속 대체재료 개발 ▶ 희소금속 비축체제 정비를 골자로 한다. 2010년 8월 말 일본은 장관 6명을 비롯한 120명의 대규모 경제사절단을 중국에 파견했다. 베이징에서 제3회 '중·일 고위급 경제회담'이 열렸기 때문이다. 여기서 일본 대표단은 희토류 수출 규모 확대를 요청했고, 중국은 자원 고갈을 들어 사실상 거절 의사를 표했다.

2010년 3월 미국 하원 청문회에 참석한 몰리코프사 대표 마크 스미스 Mark A. Smith는 중국의 갑작스러운 희토류 정책 변화 앞에서, 미국이 처한 상황은 매우 어렵다고 발언했다. 새로운 희토류 광산이 생산을 재개하는 데에는 상당한 자금과 시간이 필요하며, 그것도 희토류 국제시장 상황이 잘 따라 주어야 가능하다고 강조한 것이다.

희토류 시장은 소위 '밸런스 문제'가 있다. 여러 종류의 희토류가 함께 생산되는 특성으로 인해, 원하는 희토류만 생산하는 것은 불가능하다. 따라서 일부 희토류는 현재 수요가 급감했음에도 지속적으로 대규모로 생산된다. 경희토류인 란탄과 세륨 등이 그렇다. 반면 산업 수요가 높아지고 있는 특정 희토류(영구자석에 필수적인 중희토류인 디스프로슘)는 생산량이 더욱 부족하다. 몰리코프사가 경영에 어려움을 겪는 이유도 채산성에 도움이 안 되는 경희토류는 많이 생산되고, 고가의 디스프로슘은 생산이 안 되기 때문이다.[13]

희토류를 산업에 활용하는 기술은 매우 빠른 속도로 발전하고, 따라서 희토류 소재의 산업별 수요 패턴은 급변하고 있다.[14] 희토류의 수요는 응용 기술에 따라 영구자석permanent magnet, 자동차 촉매제(자동차 배기가스 정화장치: catalytic converters)와 정유화학 촉매제fuel cracking catalysts, 자동차 배터리 합금, 세라믹 가공, 연마제, 금속 합금, 액정 디스플레이의 8개 분야로 나뉜다. 이 중에서도 최근 희토류 수요 증가를 견인하는 산업 응용 분야는 단연 영구자석이다.

대표적 경희토류인 세륨과 란탄은 1970~80년대 산업 수요가 가장 높았던 석유화학 분야에서 촉매제, 연마제, 형광 램프, 텔레비전, 컴퓨터 스크린 등에 쓰였다. 경희토류는 전 세계적으로 공급 과잉 상태여서 중국 밖에서도 충분히 수입 가능하다. 게다가 LED 전구가 등장하면서 형광 램프 수요가 감소해 세륨의 산업 수요도 함께 감소하고 있다.

몰리코프사 대표 마크 스미스는 청문회에서의 발언을 통해, 미국은 여전히 기술 전문 지식을 보유하고 있지만 차세대 기술에 에너지를 공급하는 희토류 금속 및 자석을 제조하는 데 필요한 기반시설을 상실했다는 점을 확인했다. 미국의 마지막 희토류 자석 제조업체는 제너럴 모터스GM가 소유한 마그네퀘엔치Magnaquench로 인디애나주에 있었다.

GM은 중국의 자동차 시장에 접근하기 위해, 2000년대 초 마그네퀘엔치사를 중국 회사에 매각했다. 마그네퀘엔치사는 아직도 미국 내에 두 개의 영구자석 관련 제조업체를 갖고 있긴 하지만, 이들은 소량의 희토류 기반 합금을 생산할 뿐, 희토류 산화물을 금속으로 변환하지는 못한다. 그 결과 미국은 심각한 희토류 '능력 격차'를 겪고 있으며, 이는 곧 전략적·경제적 불이익으로 돌아올 가능성이 있다.[15]

2005년부터 시작된 중국의 전략광물 생산·수출 규제에 대한 충격파에 대해서는 유럽과 미국이 약간 다른 반응을 보이고 있다. 유럽의 경우 주로 재생에너지와 전기차 분야에 대해 우려한다면, 미국의 주된 관심은 국방과 방위산업 분야다. 물론 미국의 경우에도 희토류와 전략광물의 60% 정도는 석유가스 산업과 정유화학 분야에서 사용된다. 단 5%만이 미사일 유도 시스템, 차세대 전투기, 레이저 시스템, 각종 통신장비 등 첨단 군사장비에 사용된다. 하지만 이 5%가 심각한 상황을 야기한다.

미국은 1946년 제정된 전략물자비축법The Strategic and Critical Materials Stockpiling Act에 근거하여 국가방위비축NDS, National Defense Stockpile 제도를 운영하고 있다. NDS는 국제 분쟁이나 자원 파동 등 국가 비상시에 대비해 주요 군수물자를 비축하는 제도이다. 국방부 산하 국방비축센터Defense National Stockpile Center에서 비축물자의 구매와 보관, 방출의 전 과정을 관리하고 있다.[16]

이 제도에 따라 미국은 크롬, 텅스텐 등 16개 광물의[17] 비축을 진행하고 있으며, 2009년 말 기준으로 69만 톤을 비축 중이다. 2009년 오바마 정부

는 세계 금융위기를 극복하기 위한 국가적 대응책으로, 재생에너지 등 환경산업에 대한 대규모 공공투자로 경기를 부양하는 그린뉴딜 정책을 시행하고 희토류 확보와 비축 확대를 위한 각종 법안을 발의한 바 있다.[18]

2010년 4월 미국감사원US Government Accountability Office은 정부기관으로서는 처음으로 '희토류와 전략광물 공급 리스크가 미국 방위산업에 미치는 영향'을 미국 의회 해당 소위원회에 보고하였다.[19] 방위산업과는 별도로, 2010년 12월 미국 에너지부Department of Energy, 이하 DOE가 재생에너지 확대 차원에서 전략물자CM: Critical Materials 전략을 발표한 적도 있다.

미국 입법조사처US Congressional Research Service는 2010, 2013, 2015년 연속으로 희토류와 전략광물 전 분야에 걸쳐 미국의 수입 의존도와 공급 리스크 정도를 분석하였다. 미국지질연구소는 미국 내에 희토류와 전략광물이 풍부히 존재함에도 불구하고 35개 중요 광물 중 29개 광물의 절반 이상을 수입에 의존하고 있으며, 35개 광물 중 14개 광물은 국내 생산을 전혀 하지 않고 있다고 밝혔다(US Department of Commerce 2016).

미국이 수입하는 희토류와 전략광물의 주 수입처는 중국이다. 특히 희토류의 경우 대중국 수입 의존도가 절대적으로 높다. 지난 20년 동안 미국은 중국산 희토류에 위험할 정도로 의존하게 된 것이다. 미국이 한 해 수입하는 희토류는 1만 톤 전후인데, 이 중 중국이 80%를 차지한다.

중국은 국내 생산한 희토류를 비축하고 수출을 규제하는 데서 나아가, 해외 희토류 광산을 선점하려고 한다. 이제 전 세계가 본격적인 자원 쟁탈전에 돌입한 것이다. 중국은 국내 희토류가 충분하지 않을 경우를 대비해 호주, 캐나다, 아프리카, 남미, 동남아의 희토류와 전략광물을 확보해, 가능하면 중국에서 분리 가공한다는 목표를 세웠다. 생산은 해외에서 하지만 가공과 부품화는 중국 내에서 함으로써, 희토류 공급망을 온전히 장악하는 것이 목표다. 이것이 중국이 강조하는 '서구 국가들로부터의 기술 자립'의 본보기다.

중국은 2005~2015년 남미, 아프리카, 동남아 등의 해외 전략광물 개발과 지분투자를 통한 자원 확보에 집중했고, 상당수의 해외 자원들이 중국의 지배하에 들어갔다.[20] 세계적 규모의 아프가니스탄 구리 원광석 채굴 프로젝트가 대표적 사례다.

중국의 시기별 희토류 전략

중국의 희토류 단순 생산에서 부가가치 고도화, 국산화, 일괄 수직생산 체계 확립으로의 발전은 시기별로 다음과 같은 단계를 거쳤다. 이를 미국, 유럽의 상황과 함께 살펴보자.

1950년대

- 1927년 중국의 저명한 지질학자 Ding Daoheng, 내몽골의 바이원 어보에서 풍부한 희토류 매장지 발견
- 1950년 내몽골 바오터우包头시 철강회사Baotou Iron & Steel 설립 및 철강 생산 시작
- 1950년 내몽골 바이원 어보 광산Bayan Obo Mine 조성
- 1957년 철강 생산 부산물로 희토류 생산 시작
- 1957년 미국 마운틴 패스 광산 희토류 생산 시작

1960년대

- 1963년 바오터우 희토류연구소The Baotou Research Institute of Rare Earths: BRIRE 개설
- 1964년 미국 마운틴 패스 광산 희토류 산화물 수출 시작

1970년대

- 1972년 중국 희토류 산업의 창시자, 쉬광셴Xu Guangxian 교수, 희토류 연구 본격 시작

• 1972년 쉬광셴 교수, 정부로부터 프라세오디뮴Pr과 네오디뮴Nd 분리 임무 부여

1980년대

• 1980년 IAEA, NRC 희토류 규제 시작
• 1983년 Chinese Society of Rare Earth 학술단체 최초로 영어–중국어 희토류 저널 발행
• 1984년 7개의 희토류 원소의 분리 · 추출에 성공함으로써(바오터우 희토류 연구소) 희토류 채굴에 획기적인 발전
• 1985년 희토류 산화물 수출 시작
• 1986년 3월 Program 863(국가 과학기술 혁신 계획) 시행
• 1987년 희토류 국가연구소 1호 설립

1990년대

• 1990년 중국의 희토류 수출 미국 추월
• 1991년 희토류 국가연구소 2호 설립
• 1992년 덩샤오핑, 희토류를 산업 정책으로 제시
• 1992년 바오터우 희토류산업발전단지 구축
• 1995년 미국의 영구자석 기업 마그네퀘엔치Magnequench, 중국 기업이 인수
• 1996년 미국 광산청Bureau of Mines 폐지
• 1997년 프로그램 973(국가 기초연구 계획) 시행

- 1997년 마그네퀘엔치 희토류 산화물 공장 중국으로 이전

- 1998년 중국, 마그네퀘엔치 미국 공장 폐쇄

- 1998년 미국 마운틴 패스 광산 폐업

- 1999년 희토류 국가연구소 3호 설립

- 1999년 미국 의회 콕스보고서

2000년대

- 2000년 중국, 희토류 응용 완세품 생산 시작

- 2001년 희토류 국가연구소 4호 설립

- 2003년 중국의 해외 자원개발 시작, 아프리카에 집중

- 2005년 점진적 생산과 수출 규제 시작

- 2008년 EU 전략물자 지정

- 2009년 EU 핵심 전략물자 발표

- 2009년 희토류 수출 감소

- 2010년 중국의 일본 희토류 수출 중단

- 2011년 희토류 가격 급등

- 2012년 미국 마운틴 패스 광산 재개장

중국 이전의 희토류 패권

희토류의 특성상, 광석에 얼마나 많은 희토류가 있는지 알아내는 일은 매우 어려웠다. 1913년 영국의 물리학자 헨리 모슬리Henry Moseley가 X선 분광법X-ray spectroscopy을 사용하기 전까

지 말이다. 그는 이 방법을 써서 란탄족 계열(원자 번호 57~71)에 15개의 원소가 존재한다는 사실을 확인했다.

1939년 오토 한Otto Hahn, 리제 마이트너Lise Meitner, 프리츠 슈트라스만Fritz Strassmann이 우라늄의 핵분열을 발견하고 그 과정에서 만들어지는 물질 가운데 희토류가 존재한다는 사실을 발견했다. 이 연구가 바로 코드명 '맨해튼 프로젝트'로 원자폭탄을 발명하기 위한 것이었다.

원자폭탄을 완성하기 위해서는 한 가지 난제를 해결해야 했고, 미국 최고의 희토류 화학자인 프랭크 스페딩Frank Spedding의 도움이 절실했다. 원자로 안의 희토류 원소는 중성자를 흡수함으로써 핵 연쇄 반응을 방해하는 불순물이었다. 따라서 우라늄을 정제하는 과정에서 희토류는 반드시 분리·제거되어야 했다. 당시 아이오와 주립대 교수였던 프랭크 스페딩이 맨해튼 프로젝트에 참여함으로써, 현재 미국 정부 최고의 희토류 연구 시설인 에임즈연구소Ames Laboratory가 아이오와 주립대 내에 만들어졌다.

아이오와 주립대 에임즈연구소 ⓒWikimedia

애초에 희토류 패권은 미국이 갖고 있었다. 최초로 희토류를 생산하고 수출한 것도 미국이었다. 미국은 희토류 첨단 기술 개발의 선두주자였다. 1949년 캘리포니아 마운틴 패스에서의 희토류 발견은 미국 과학계에 중요한 사건이었다. 당시 러시아와 미국은 핵무기를 통해 공포의 균형을 만들어 가는 과정에 있었다. 이를 위해서는 양국 모두 우라늄이 필요했다. 우라늄 광석을 찾기 위한 광물 탐사의 결과 마운틴 패스 광산을 발견한 것이다. 하지만 그들이 발견한 것은 우라늄이 아닌 플로로카보네이트와 바스트네사이트였다. 방사성 물질로는 비량의 토륨이 있었고, 우라늄은 극미량에 불과했다.

마운틴 패스 광산이 우라늄과 토륨 매장지로는 유용하지 않았으나 희토류 매장지로는 개발이 가능했다. 따라서 1950년대 초 당시의 히트 상품인 '컬러 텔레비전'에 들어가는 적색 형광체에 필요한 유로퓸을 추출했다. 나중에는 세륨, 란탄, 네오디뮴, 프라세오디뮴으로 확대되었다. 이 광산은 1960년부터 2000년까지 세계 희토류 생산 및 수출을 지배했다.

희토류를 필요로 하는 새로운 응용 분야가 나오면서 수요 증가로 이어진다. 일례로 알래스카 송유관에 광범위하게 사용되는 미시메탈(희토류 합금) 수요가 급증하기도 했다. 1978년 이후 두 자릿수 인플레이션과 높은 에너지 가격은 광산 산업의 운영 비용 증가와 함께 희토류 가격을 상승시켰다.

냉전(1945~1991년) 체제에서 미국과 소련은 희토류 연구에 많은 투자를 하였다. 미 공군 연구원은 1960년대에 사마륨−코발트 자석을 개발했다. 이 자석은 고온에서도 강력한 자기 특성을 유지하여 보다 강력한 레이더 장비를 만들 수 있게 했다. 소련의 야금학자들은 1980년대 알루미늄−

스칸듐 합금으로 미그29 전투기의 성능을 향상시켰다. 레이저 거리 측정 기laser rangefinder나 목표물 특정장치target designator에 사용되는 이트륨—알루미늄—석류석garnet 레이저가 개발되기도 했다.

03

희토류의 수도,
희토류의 아버지

바오터우 바이원 어보 광산

베이징에서 비행기로 90분 거리에 바오터우라는 공업 도시가 있다. 중국에서는 이곳을 '희토류의 수도capital of rare earths'라 부른다. 이 지역에서 희토류가 발견된 것은 중국인민공화국 건설 이전인 1927년으로 거슬러 올라간다.

1927년 7월 중국-스웨덴 조사단의 중국측 실무자였던 딩다오형丁道衡이 검은색 산봉우리를 발견했는데, 이것이 바이원 어보 철광산이다. 1935년 중앙연구원 지질연구소 연구원이었던 허쭤린何作霖은 딩다오형이 발견한 철광산의 광석을 연구하던 중 희토류 광물이 함유되어 있다는 사실을 인지했다고 한다. 하지만 이 보물은 중국인민공화국이 건설된 다음해인 1950년까지 그대로 묻혀 있었다.

1950년 비로소 내몽골 바오터우包头시에 철강회사Baotou Iron & Steel가 설립되면서 철강 생산이 시작되었고, 이어서 내몽골 바이원 어보 광산Bayan Obo Mine도 조성되었다. 바오터우 철강회사는 철, 규소, 희토류 금속의 합금인 페로실리콘을 생산했는데 창립 당시에는 국가 기밀이라는 이유로 군인들이 공장 문을 지키며 민간인의 출입을 막았다고 한다.[21]

바이원 어보는 전 세계 생산량의 50%를 공급하는 세계 최대 희토류 광

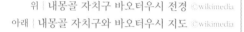

위 | 내몽골 자치구 바오터우시 전경 ⓒwikimedia
아래 | 내몽골 자치구와 바오터우시 지도 ⓒwikimedia

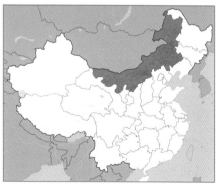

산일 뿐만 아니라, 지구상에서 가장 많은 4천만 톤의 희토류가 매장되어 있어 현재의 개발 속도로 향후 400년간 생산할 수 있는 규모다. 게다가 부존 조건도 대규모 노천광Open Pit 개발에 적합하다. 주변 인프라도 잘 발달해 있어 전 세계 어떤 희토류 생산 현장보다 저비용으로 개발이 가능하다. 최근 중국 정부의 전폭적 지원 정책에 따라 경쟁력 측면에서 매우 유리한 상황이다.

조금 더 상세히 살펴보자면, 바이윈 어보의 철 매장량은 15억 톤으로 추정되며 평균 등급은 35%다. 같은 광상에 4,800만 톤의 희토류 산화물이 포함된 것으로 추정되며 평균 등급은 6%다. 여기에는 평균 등급이 0.13%인 100만 톤에 가까운 니오븀이 포함되어 있다. 이 광산은 2005년 기준으로 중국 전체 희토류 생산량의 47%, 세계 희토류 생산량의 45%를 차지했다. 바이윈 어보의 희토류 광상은 주로 모나자이트와 바스트네사이트인데 희토류 함량(6%)이 매우 높다. 그리고 금상첨화라고나 할까, 그중에서도 중희토류 함량이 높다.

바이윈 어보 광산의 희토류 생산 기반이 마련된 시기가 1950년대였다면, 1960년대는 희토류 기술 연구의 시대였다. 1963년 바오스틸Bao Steel 부설로 바오터우 희토류연구소The Baotou Research Institute of Rare Earths가 개설되었다.

이 외에도 중국은 1960년대 들어 산둥성 웨이산에서 바스트네사이트 광상을 발견했고, 1980년대에는 쓰촨먀닝Sichuan Mianning에서 더 많은 바스트네사이트를 발견했다.

한편 중국이 이렇게 약진하는 동안 미국은 무엇을 하고 있었을까? 1970

년대 미국의 희토류 연구는 이미 정점을 지나고 있었다. 1960년대만 하더라도 미국 대학원생들과 교수들은 희토류 연구에 큰 관심을 가지고 연구에 매진했다. 이러한 노력은 희토류의 획기적인 산업적 응용으로 이어졌다. 그런데 중국이 희토류 개발과 연구에서 주도권을 잡기 시작하자 희토류에 대한 관심이 시들어갔다. 에임즈연구소의 연구원인 칼Karl Gschneidner, Jr. 교수에 따르면 학생들은 '핫한 것'을 찾는 경향이 있다. 그들의 경력에 도움이 될 만한 다른 분야로 관심 대상이 옮겨간 것이다.

중국 희토류의 아버지, 쉬광셴 Xu Guangxian

중국의 희토류 역사에서 결코 빼놓을 수 없는 인물이 쉬광셴徐光憲: 1920~2015이다. 그는 중국 희토류 산업의 창시자로 간주된다. 중국 화학학회의 회장을 역임했으며 존경받는 중국 과학아카데미의 학자이기도 했다. 북경대 화학과는 별도의 홈페이지까지 마련해 그에 대한 설명을 상세히 하고 있을 정도다.

1940년 스무 살의 쉬광셴은 샹하이 국립교통대 화학과에 입학했다. 1944년에 학사 학위를 받았고 1945년 같은 대학에서 조교로 일했다. 그리고 이듬해 동급생인 화학자 가오 샤오샤Gao Xiaoxia와 결혼했다. 그들은 1946년 나란히 해외유학 국가시험에 합격했다. 쉬광셴은 콜롬비아 대학교에서 양자 화학을 공부했고, 그의 아내는 뉴욕대학교에서 분석 화학을 공부했다. 쉬광셴은 1949년 파이 람다 업실론ΦΛΥ 국립 명예화학협회 회원이 되었고, 이어서 1950년 미국과학연구협회Sigma Xi 일원이 되었다.

당시 중국은 격랑 상태였다. 1949년 중화인민공화국이 수립되었고 1950

년 한국전쟁에 참가했다. 미국 정부는 미국에서 유학 중인 중국인의 체류를 금지하는 법안을 통과시켰다. 1951년 4월 15일, 그는 미국의 중국인 체류 금지령이 발효되기 전에 중국으로 떠난 마지막 3척의 순양함 중 하나에 몸을 실었다.

1951년 중국으로 돌아온 쉬광셴은 북경대학교 화학과 부교수가 되었다. 그의 연구 분야는 양자 화학 및 화학 결합 이론이었다. 그는 분자의 결합 특성을 연구하고 원자 궤도 준위를 채우는 순서 및 원소를 주기로 묶는 순서와 관련된 공식을 제안했다. 그의 연구로 인해 란탄족과 악티늄족 원소에 대해 더 많은 것이 알려졌다.

쉬광셴은 중국의 핵무기 개발 프로그램에도 참여해, 핵연료의 요소를 분리하고 추출하는 역할을 했다. 특히 우라늄-235와 우라늄-238의 분리 실험 연구를 수행했다. 하지만 문화대혁명이 시작된 1966년 이후, 쉬광셴의 연구는 중단되었다. 그와 아내가 간첩 혐의로 기소되어 1969년부터 1972년까지 노동 수용소에 보내지기도 했다.

1972년 중국 정부는 북경대학교 화학과에 매우 특별한 임무를 부여했다. 당시 희토류 원소의 분리, 특히 프라세오디뮴Pr과 네오디뮴Nd의 분리는 시급한 군사적 과제로 인식되었다. 1972년 때마침 노동수용소에서 북경대학교로 돌아온 쉬광셴에게 임무가 부여되었다. 1970년대 초반만 해도 중국은 원자재 수출국이었다. 고순도 희토류 금속의 가공은 꿈도 꾸지 못했다.

중국 정부와 기업들은 고가의 정제된 희토류 금속을 수입해야 했다. 자신들의 원자재 수출 가격의 수십 배에서 수백 배를 주고 말이다. 당시 중국은 매우 낮은 가격에 전 세계에 희토류 원재료를 공급했다. 원자바오 전 총리는 이를 두고 "금의 가격을 가진 희토류를 소금 가격으로 공급하고 있다"라고 말한 바 있다.

프라세오디뮴과 네오디뮴의 분리에 성공함으로써 중국은 고품질 희토류 자원을 스스로 만들어낼 수 있게 되었다. 이 과정에서 쉬광셴은 용매 추출을 위한 이론적 기초와 설계를 연구하고 수학적 모델을 개발했으며, 희토류 원소의 분리 공정 개발에 중요한 기여를 했다. 그의 아내 가오 샤오샤가 개발한 폴라로그래피 미세분석 기술도 그의 성공에 기여했다. 쉬광셴은 역류 추출(직렬 추출 또는 캐스케이드 추출) 프로세스를 개발해 재료를 추출하는 데 필요한 시간과 비용을 크게 줄였다.

그때나 지금이나 미국에서는 환경 규제가 매우 엄격하게 적용되고 인건비는 상대적으로 높다. 중국 기업은 낮은 인건비, 느슨한 환경 규제로 희토류 생산과 수출에 있어 경쟁력을 확보할 수 있었다. 또한 바이윈 어보에서는 희토류뿐 아니라 철광석까지 생산되므로, 광산의 고정 비용이 충당되어 희토류 가격 경쟁력을 확보할 수 있었다.

04
글로벌 제조 강국,
중국

미국의 퇴장, 중국의 등장

희토류 원소의 산업적 응용이 새롭게 개발되는 와중에, 희토류 생산 및 첨단 제조 산업의 중심이 중국으로 이동하기 시작했다. 미국은 20세기 전반에 걸쳐 세계 최고의 공산품 수출국이었다. 제2차 세계대전 후 수십 년 동안 미국 정부 관리들은 미국 제조업체의 해외 시장 개척을 위해 국제 무역협정을 추진했다.

이에 따라 무역 규제는 줄어들고 글로벌 운송 및 통신 비용은 감소하게 되었으므로, 제조 회사들은 제품을 가장 저렴하게 생산할 수 있는 곳에 공장을 세우기 시작했다. 1980년대부터 1990년대까지 이런 흐름이 가속화되면서, 많은 미국 기업들이 낮은 임금에 근로자에 대한 건강 및 안전 보호와 환경 규제가 덜 엄격한 국가로 제조업 기지를 이전했다. 이러한 조치는 상품 가격을 낮추는 데는 성공했지만 미국 내 공장 폐쇄에 따른 일자리 상실로 이어졌다.

1970년대 후반에 들어서면서 중국은 글로벌 제조 강국을 지향했다. 1976년 덩샤오핑이 중국 공산당의 지도자가 되면서, 공산당의 정치적 통제력을 약화시키지 않으면서 신중하게 통제된 시장과 경제 개혁을 통해 국가의 번영을 이루고자 했다. 중국의 희토류 산업 발전은 1978년 이후 중국의 세계 무역 재진출과 중국 정부의 글로벌 제조 강국의 노력과 밀접한 관련이 있다.

일부 학자들은 1990년대 초 미국 희토류 산업의 몰락을 환경 규제의 결과라고 설명한다. 미국 캘리포니아에서 전성기를 맞았던 미국 희토류 산업에 환경 규제란 장애물이 등장한 것은 1980년에 들어서면서부터이다. 1980년 7월 국제원자력위원회IAEA와 원자력규제위원회Nuclear Regulatory Commission가 광산 활동에 의한 방사능 물질의 처리와 운반을 엄격히 금지하는 합의안을 도출했다. 문제는 모나자이트류의 희토류 광산에서 토륨이 함께 채굴된다는 이유로, 희토류 광산 활동을 토륨 광산 활동과 동일시하는 합의문이 나온 것이다.

이후 미국의 희토류 기업들은 채굴된 희토류 원재료들을 대부분 가공하지 못하고 다시 묻어버리는 촌극을 연출했다. 플로리다의 인산염phosphate 광산은 IAEA 기준보다 토륨 성분이 낮았지만, 환경단체가 토륨 성분의 폐수가 지하수에 흘러든다고 고발하자 폐광되었다. 미국 내 희토류 생산 기업들의 손발을 다 잘라버린 셈이다.

중국은 1980년대 이후 국제 원자력계의 규제에서 자유로웠다는 점이 희토류 산업 도약의 가장 큰 동인이었다. 무엇보다 중국은 국제원자력위원회 회원국이 아니었다. 또한 중국 희토류는 미국처럼 모나자이트 층에서 채굴되는 것이 아니고 철광석의 부산물로 생산되므로, 국제원자력위원회의 규정보다 훨씬 낮은 토륨 성분을 가지고 있었다. 중국이 IAEA 회원국이 된 것은 1984년이다. 그때는 이미 중국 희토류 생산에 대한 규제 관련 문제점은 해소된 상태였다.

1980년대 중국은 희토류 글로벌 공급망에 화려하게 등장했다. 희토류 분리 기술 개발이 완성되고, 희토류 소재와 산화물을 본격적으로 생산, 수출하기 시작한 시기다. 1980년 세계 최초로 희토류 전문학회Chinese Society of Rare Earth를 설립했고, 1983년 이 학회 명의로 세계 최초의 영어판과 중국어판 희토류 학술 저널도 발행했다.

바오터우 희토류연구소Baotou Research Institute of Rare Earth 연구원들은 1984년 7개의 희토류 원소를 성공적으로 분리 · 추출하는 데 성공했다. 이는 희토류 채굴에 획기적인 발전을 가져왔다. 1985년에는 중국의 희토류 산화물 수출이 시작되었다.

1986년에는 국가가 주도하는 과학기술 혁신계획 '프로그램 863'이 진행되었다. 생명공학, 우주, 정보, 레이저, 자동화, 에너지 및 신소재 분야에서 국가가 연구개발을 주도해 세계 수준의 기술혁신을 이루겠다는 야심이 담겨 있다. 희토류는 프로그램 863이 중점을 두는 사업이었다. 1987년에는 첫 번째 희토류 관련 국가연구소가 설립되었다. '희토류 화학 및 물리학 열린 연구실'은 중국 아카데미 산하 '장춘응용화학연구소'로 이름을 바꿨고, 2002년에는 '희토류 화학 및 물리학 CAS 핵심 연구소'가 되었다.

중국의 희토류 전략자산 선언

마운틴 패스 광산이 희토류 산화물을 생산한 시기는 1964년부터 1990년대 중반까지다. 1990년대까지도 경희토류의 주요 공급원으로 남아 있었던 것이다. 마운틴 패스의 퇴장은 중국의 등장과 맞물리는 장면이다. 1990년 중국의 희토류 생산량은 미국을 넘어섰다.

중국 정부는 희토류를 '국가 보호가 필요한 전략적 광물'이라고 선언했다. 희토류 산업이 중국에 미칠 잠재력을 이해하기 시작한 전략적 움직임이었다. 그 이후로 중국은 희토류 산업에 대한 중앙 집중식 통제를 강화했다. 희토류에 대한 더 높은 시장 가치를 창출하고자 한 것이다. 그러기 위해서 내부 공급망을 구축하고, 기술 노하우를 개발하고, 희토류를 사용해 중국 내에서 최종 제품을 제조하는 하이테크 기업을 유치하는 방법을 모색했다.

중국이 희토류 자원에 '국가 보호'라는 딱지를 붙인 것은 어떤 의미일까? 외국인 투자자의 희토류 채굴은 원칙적으로 금지되었다. 1990년 이후 모든 외국인 투자자는 중국 기업과의 합작 형태로만 희토류 제련 및 분리에 참여할 수 있었고, 이마저도 국가의 승인을 받아야 했다. 게다가 모든 합작 투자는 중국 국가발전기획위원회와 상무부의 승인이 필요했다.

1978년에서 1989년 사이, 중국은 희토류 생산을 연평균 40% 증가시켰다. 중국 공산당 부주석이자 부총리인 덩샤오핑은 은퇴 직전인 1992년 봄에 내몽골 자치구의 바이윈 어보 광산을 방문했다. 그 자리에서 그는 "중동에 석유가 있다면 중국에는 희토류가 있다"라고 선언했다. 자신감의 발로이다.

1999년 장쩌민江澤民 국가주석은 "희토류 개발과 응용을 개선하고 자원 우위를 경제적 우위로 전환한다"라고 말했다. 1990년대, 중국은 국가 역량을 투입해 희토류에 대한 대대적 투자를 시작한다. 중국 정부의 주도적 R&D 투입과 기술 혁신에 기반한 희토류 산업 굴기에 의해, 희토류 산화물 생산량은 1980년대에 비해 10배로 급증했다. 이를 배터리(영구자석) 분야와 전자제품 분야로 나눠서 살펴보자.

• 배터리, 영구자석과 희토류

전기차의 성능을 결정하는 것은 배터리다. 배터리의 진화가 전기차의 진화인 셈이다. 최초의 양산형 전기차 EV1은 납축전지를 얹었는데, 2세대 모델부터 니켈-수소 배터리로 바뀌었다. 요즘 전기차와 하이브리드 자동차에 가장 많이 쓰이는 배터리는 리튬-이온 배터리다.

그런데 아이러니하게도 인류 최초의 자동차는 전기차였다. 스코틀랜드 태생의 미국 발명가 윌리엄 모리슨은 자신이 개발한 배터리의 성능을 자랑하기 위해 마차처럼 생긴 탈것에 배터리와 전기 모터를 얹은 발명품을 개발했다. 그는 이 탈것을 하룻밤 꼬박 충전하면 최대 14마일(22.5km/h)의 속도로 14시간 달릴 수 있다고 주장했다. 문제는 그가 만든 발명품 무게의 절반이 배터리였다는 것이다. 이 전기차의 원형은 배터리가 무겁고 충전 시간이 너무 길다는 이유로 상용화되지 못했다.

1996년 제너럴 모터스GM는 납축전지를 얹은 최초의 양산 전기차 EV1을 출시했다. 이산화납 전극과 납 전극이 황산 전해질에 담겨 있는 형태로,

내연기관 차의 보닛을 열었을 때 보이는 그 배터리를 연상하면 된다. GM은 이 배터리를 여러 개 붙여 배터리 팩을 만들었는데 무게가 533kg에 달했다. 납축전지의 최대 단점은 무게였지만, 저온에서 성능이 급격히 떨어지고 충전과 방전이 잦을수록 효율이 줄어드는 데다 완벽히 밀봉하지 않으면 황산이 샌다는 문제도 있었다. 납을 사용하다 보니 환경오염 문제도 있었다. GM은 2세대 EV1에 납축전지 대신 니켈-수소 배터리를 얹기로 결정했다.

니켈-수소 배터리(정확한 명칭은 니켈 메탈 하이드라이드)는 니켈-카드뮴 배터리를 개선한 것이다. 음극에 니켈, 양극에 수소 흡장 합금을 사용하고 전해질로는 80바 이상의 압력으로 압축 수소를 사용했다. 단위 부피당 에너지 밀도가 니켈-카드뮴 배터리의 두 배에 가까워 고용량으로 만들 수 있었다. 지나치게 방전되거나 충전돼도 성능이 크게 떨어지지 않았고, 충전 용량이 줄어드는 메모리 현상도 적어 휴대전화나 노트북, 핸디캠 등에

제너럴 모터스 EV1의 차량 내부 ©Wikimedia

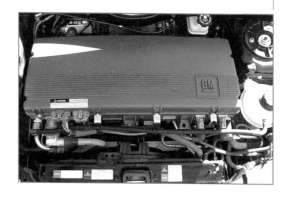

널리 사용되었다. 단위 부피당 용량이 큰 덕에 초창기 전기차나 하이브리드 자동차에도 두루 쓰였다.

1990년대 중반까지 니켈-카드뮴과 니켈-수소 배터리 시장을 주도한 것은 일본이었다. 당시 일본의 시장점유율은 70%를 넘었다. 세계 최초의 하이브리드 자동차인 토요타의 프리우스Prius가 니켈-수소 배터리를 얹은 것은 우연이 아니다. 1970년대와 1980년대 배터리 연구의 핵심이었던 니켈-수소 배터리에는 희토류인 란탄과 네오디뮴이 들어간다. 부피(크기)에 비해 많은 에너지를 보유하면서 반복적으로 재충전할 수 있다는 장점을 갖고 있어 다양한 전자제품에 사용되었다.

내연기관 자동차의 성능을 향상시키려면 더 큰 엔진을 장착해야 한다. 전기차의 경우, 더 강력한 자석의 전기 모터를 설치하면 된다. 1980년대까지 가장 강력한 자석은 사마륨-코발트 합금으로 만든 것이었다. 그러나 이러한 금속을 채굴하고 가공하는 데는 많은 어려움이 있었다. 희토류 중 하나인 사마륨은 정제하는 데 비용이 많이 들었고, 대부분의 코발트는 아프리카의 불안정한 지역에 있는 광산에서 나오기 때문이다.

1982년 GM 연구원들은 드디어 네오디뮴 기반 자석을 개발했다. 당시 네오디뮴은 사마륨보다 풍부하고 저렴한 희토류였다. 철, 붕소와 네오디뮴을 결합하면 강력한 자석이 만들어진다. 예를 들어 하이브리드 자동차의 전기 구동 모터에서 네오디뮴 기반 자석 1kg(2.2파운드)은 3,000파운드 차량을 움직일 수 있는 80마력을 전달한다. 토요타 프리우스가 3000파운드급 차량이다. 네오디뮴에 디스프로슘을 첨가하면 고온에서 성능이 보존되므로 매우 이상적인 자석 재료가 된다.

제너럴 모터스는 1980년대에 네오디뮴-철-붕소Neodymium-Iron-Boron 자석 특허를 획득했으며 파워 윈도우 및 도어록, 앞유리 와이퍼 모터 및 전기 엔진 시동기에 사용되는 가볍고 강력한 영구자석을 생산하는 마그네퀘엔치Magnequench라는 회사를 만들었다. 이 회사는 1990년대 미국 가정과 사무실에 개인용 컴퓨터가 널리 보급되면서 컴퓨터 하드 드라이브용 소형 자석이라는 큰 시장을 장악했다.

• 전자제품과 희토류

1990년대와 2000년대에는 전자제품의 희토류 사용이 더욱 확대되었다. 1990년대 초 벨연구소는Bell Labs는 광섬유 케이블의 신호를 증폭하기 위해 에르븀이 도핑된 광섬유 증폭기를 개발했다. 이 작은 장치는 장거리 전화 요금을 낮추었고, 전 세계에 인터넷 데이터를 전송하는 광섬유 케이블의 글로벌 네트워크를 가능하게 했다.

2008년 애플의 아이폰iPhone 출시는 희토류 야금 및 응용 분야가 얼마나 발전했는지 보여주었다. 휴대폰은 란탄을 사용해 작은 유리 카메라 렌즈의 왜곡을 줄였고, 네오디뮴 자석을 사용해 작은 스피커의 사운드를 개선했으며, 이트륨 및 에르븀 형광체를 사용해 액정 화면의 밝은 색을 에너지 효율적으로 구현했다.

05
Go China!
중국 이전 러시

기술도 공장도 중국으로

중국이 미국의 희토류 생산과 수출량을 앞지르기 시작하는 1990년대 중반부터 미국, 유럽, 일본의 첨단제조 기업과 공장들이 중국으로 이전하기 시작했다. 중국의 저렴한 노동력도 유인이었지만, 그보다는 중국의 희토류를 저렴하게 이용하기 위한 것이었다.

중국은 외국 기업을 중국 내에 유치하기 위해, 거대한 고객 기반과 값싼 노동력을 협상 수단으로 이용해 왔다. 그런데 2010년부터는 양상이 조금 바뀌었다. 이제 중국은 희토류와 희소금속에 대한 독점을 무기로 사용하기 시작했다. 전기자동차, 하이브리드 자동차, 휴대폰, LED 등 첨단 제조 기업들을 중국으로 끌어들이고자 한 것이다.[22]

시장을 선도하는 희토류 자석 두 가지는 사마륨—코발트SmCo 자석과 네오디뮴−철−붕소NdFeB 자석이다. 열 안정성이 높아 토마호크 등의 미사일 유도 시스템을 위시한 무기 체계에 적합하다. 네오디뮴−철−붕소 자석은 1980년대에 도입되었다. 이들 자석에 관해 특허를 획득한 기업은 제너럴 모터스와 히타치 스미토모 스페셜 메탈, 두 회사다.

1986년 GM은 인디애나주 앤더슨이라는 도시에 마그네퀘엔치라는 자동차용 희토류 영구자석 공장을 열었다. 같은 시기에 프랑스 기업 페시네 Pechiney는 인디아나 제너럴Indiana General이란 회사로부터 발파라이소에 위치한 군사용 희토류 자석 공장을 인수했다. 미국 국방부 공급업체에 수천 개의 희토류 자석을 공급하고 있던 공장이었다. 이 공장에서 공급된 희토류 자석은 토마호크 크루즈 미사일 등에 사용되었으므로,[23] 미국으로서는 심각한 안보 위기에 처하게 된 것이다.

마그네퀘엔치 사건

미국−중국 간의 희토류 역사에서 최대 스캔들은 마그네퀘엔치 사건이다. 마그네퀘엔치사의 희토류 자석 공장들이 중국 회사에 인수되어 주요 시설과 기술이 중국으로 이전된 사례다. 2015년 CBS 방송의 탐사 보도 프로그램 '60분60 Minutes'이 이 사건을 상세히 다루었다. 희토류 산업을 장악하려는 중국의 전략은 치밀했다. 일단 민간 회사로 위장한 다음, 자금난에 봉착한 미국의 희토류 자석 공장들에 접근한다. 공장을 계속 가동하겠다는 조건으로 인수한 후에는 미국 내 시설을 모두 폐쇄하고 중국으로 이전하는 것이다.

사건의 시작은 1995년 클린턴 정부 시절로 거슬러 올라간다. 시카고에서 2~3시간 거리에 있는 인디애나주의 앤더슨과 발파라이소의 희토류 공장들, 그리고 뉴욕주 시라큐스에 있는 크루서블 머티리얼스Crucible Materials 공장은 모두 외국 자본의 인수 대상이었다.

앤더슨과 발파라이소 공장에 접근한 것은 2개의 중국 기업(San Huan New Material High-Tech Inc.와 China National Non-Ferrous Metal Mining Group)이었다. 그러나 그들은 직접 나서지 않고 중간 투자 회사를 물색했다. 그 결과 아치볼드 콕스Archibald Cox, Jr.가 대표로 있는 식스턴트 그룹Sixtant Group이 낙점되었다. 참고로 아치볼드 콕스는 닉슨 대통령 시절 워터게이트 사건을 맡았던 검사의 아들이다. 1995년 아치볼드 콕스는 인디애나폴리스에 본부를 둔 마그네퀘엔치사와 두 개의 공장 시설을 7천만 달러에 인수하고 본인이 대표로 앉았다.

충분히 짐작이 되듯이, 마그네퀘엔치의 인수를 뒤에서 조정한 두 개의 중국 기업은 중국 정부와 밀접한 관련을 맺고 있었다. 회사의 대표가 각각 덩샤오핑의 첫째 사위와 둘째 사위였기 때문이다. 두 개의 중국 회사 중 하나는 특허 침해 및 비즈니스 스파이 혐의로 벌금형을 받은 전력이 있었는데, 그때도 아치볼드 콕스가 변호를 했다고 한다.[24]

그렇다면 GM은 왜 마그네퀘엔치를 중국에 매각했을까? 당시 다른 미국 회사들처럼 중국 시장에 GM 자동차 공장을 열기 위해서였다. 당시 국방부에서 해외자본 인수 심사를 담당했던 피터 라이트너Peter Leitner는 발파라이소 공장에서 생산된 희토류 자석이 로켓, 미사일, 스마트 폭탄과 순항 미사일 같은 최첨단 무기 시스템의 핵심이라고 말했다.[25]

당시 중국의 최대 관심사가 적의 항공모함을 공격할 수 있는 순항 미사일이었다는 점은 시사하는 바가 크다. 둥펑 26DF-26으로 알려진 ASBMAnti-Ship Ballistic Missile이 처음 공개된 것은 2006년이었다. 『희소금속 전쟁』의 저자 피트론은 1990년대 중국이 미국의 영구자석 기술 이전에 올인한 것이 바로 이 미사일 개발 때문이라고 주장한다.[26]

중국 자본에 인수된 마그네퀘엔치사는 미국 내 다른 영구자석 공장들을 인수하기 시작했다. 발파라이소에 있는 UGIMAC을 인수하여 새로운 자회사Magnequench UG를 만들었다. 미국의 생산라인을 복제한 생산시설을 중국에 설립하기도 했다. 또 다른 영구자석 업체(G.A. Powers)도 인수했는데, 이는 심지어 미국 국립연구소the Idaho National Engineering and Environmental Laboratory가 설립한 회사였다.

마그네퀘엔치는 중국이 인수한 후에도 한동안 상당한 수익을 냈다. 하지만 2000년 시장이 침체되면서 회사는 앤더슨 공장을 폐쇄할 것이라고 발표했다. 2003년 앤더슨 공장에 이어 2006년 발파라이소 공장이 폐쇄되었다. 현재 발파라이소 공장이 있던 건물에는 펫샵이 들어서 있다.[27] 공장의 모든 시설은 중국 베이징에서 남서쪽으로 120킬로미터 거리에 있는 톈진으로 옮겨졌다. 당시 미국의 영구자석 공장에서 일하던 노동자는 6,000명에 달했지만 현재는 500여 명밖에 되지 않는다.[28]

마그네퀘엔치 인수에 중국이 관여했기 때문에, 이 거래는 미국의 재무장관이 의장을 맡은 외국인 투자위원회CFIUS의 승인을 받아야 했다. 별 문제 없이 승인이 났는데, 그 이후에야 중국의 대규모 스파이 활동에 대해 경고하는 FBI 및 의회 위원회의 보고서가 나오기 시작했다. 컨소시엄이 마그네퀘엔치를 인수한 직후, 특허 기술(jet-casting process)이 중국으로 유출

됐다.

이 거래는 미국의 전략적 실수였다. 사업이 떠나면 기술도 함께 떠나기 때문이다. 1998년에는 세계 자석 생산량의 90%가 미국, 유럽, 일본에서 이루어졌지만, 그로부터 10년 후에는 거의 대부분의 자석 산업이 중국으로 이전되었다. 실제로 중국은 전 세계 영구자석 공급의 거의 90%를 담당하고 있다. 이제 중국은 '중국 제조 2025'의 목표에 따라 산업 구조 재편과 부가가치 창출에 매진하고 있다. 2025년까지 핵심 부품 및 소재의 70%를 국내 생산한다는 계획이다.

클린턴의 차이나 스캔들

맥도널 더글라스McDonnell Douglas Corp.는 오하이오주 컬럼버스에 공장을 둔 항공우주 관련 거대 기업이다. 'Plant 85'로 알려진 시설에서는 미 공군 C-17 전략수송기와 MX 대륙간 탄도미사일MX 본체가 제작되었다. 1994년 당시 경영난을 겪고 있던 이 업체에 중국 기업 CATICChina National Aero-Technology Import and Export Corp.이 접근했다. CATIC은 'Plant 85'를 매입해 민간 항공기 생산 시설로 변경하고 싶다고 제안했다.

공장 내 공작기계에 대한 수출 허가 요청은 미국 국방부의 수출 통제 관리들 사이에서 격렬한 논쟁을 불러일으켰다. 논쟁 기간만 자그마치 9년이었다. 반대하는 사람들은 Plant 85 공작기계가 중국에 수출되면 중국 인민해방군PLA을 위한 미사일 생산에 사용될 것이라는 입장이었다. 찬성하는 쪽은 중국이 10억 달러 이상의 항공기를 구매할 것이므로 이익이 더 크다

맥도널 더글라스사의 C-17 전략수송기 ©Wikimedia

고 주장했다. 결국 Plant 85는 매각으로 결정이 났다. 하지만 공장 시설을 수출한 지 몇 달 만에 미국 관리들은 충격에 빠졌다. 중국이 이란, 북한 등에 수출하는 실크웜 미사일을 만드는 공장에서 공작 기계가 전용되고 있음이 밝혀졌기 때문이다.

미국의 첨단 무기 체계가 중국으로 넘어간 일명 맥도널 더글라스 사건은 충격적이다. 스콧 휠러 등의 언론인은 각종 언론과 다큐멘터리를 통해 당시 클린턴 대통령 부부가 중국 군부가 고용한 로비스트들의 집중 로비 대상이었다는[29] 사실을 폭로했다.[30] 중국과 미국의 이중 국적을 가진 실존 인물인 조니 정Johnny Chung이 클린턴 부부와 매우 가까이 지냈다는 것이다.

당시 CIA 국장이었던 제임스 울시James Woolsey는 재임 2년 동안 클린턴 대통령을 단 두 번밖에 만나지 못했는데, 조니 정은 2년 동안 58회나 만났다고 한다. 여러 경로를 통해 조니 정이 중국 군부의 자금 전달책이었음이 밝혀졌다. 스콧 힐러에 따르면, 당시 민주당 정부는 중국에 매우 우호적인 태도를 견지하고 있었고 클린턴 대통령 본인이 별다른 경각심을 가지고 있지 않았다고 한다. 캐나다의 언론사 데일리 메일Daily Mail은 2017년 이와 비슷한 내용의 기사를 내보내기도 했다.[31]

클린턴 대통령의 재선을 위한 기금 모금 행사 등에서 중국 군부 인사와 대통령이 독대했다는 사실이 밝혀졌다. 워싱턴포스트 등의 보도에 따르면, 미국 사정기관이 직접 워싱턴 소재 중국대사관을 조사하기도 했다. 클린턴이 재선에 성공한 1996년 대통령 선거에서 중국 정부가 민주당의 금전적 후원자였다는 것은 공공연한 사실이었다.[32]

당시 검찰총장이던 자넷 레노Janet Reno가 이와 관련한 조사를 시작했지만 사건의 내막을 밝히지 못하고 흐지부지 종결되었다. 중국의 비밀자금이 민주당과 대통령 후보에게 흘러 들어갔고, 그 대가로 군사적으로 사용될 수 있는 민감한 기술이 중국으로 유출되는 것을 방조했다는 것은 엄청난 사건이다. 클린턴 퇴임 후, 클린턴 재단으로의 자금 흐름에 대해서는 더 많은 의혹이 있었다.

중국의 치밀하고 집요한 기술 탈취와 과감한 희토류 전략이 표면화되었음에도 불구하고, 1996년 클린턴 대통령은 미국 광산청US Bureau of Mines을 폐지한다. 1910년 이래로 광산청은 미국의 광산 활동과 광물 연구를 이끌어 온 중심 기관이었다. 이어서 미국 최대의 희토류 광산 업체 마운틴 패스가 1998년 폐업신고를 했고 2002년 폐쇄됐다.

표면적 원인은 희토류 광산에서 나오는 방사능 오염 폐수가 모하비 국립공원을 오염시킨다는 혐의로 다수의 법정 다툼에 휘말리게 된 것이다. 폐수 오염 소송에서 패소한 마운틴 패스 광산에 1억 8500만 달러의 배상 판결이 내려졌다. 하지만 더 결정적이고 본질적 원인은 중국으로부터 공급되는 저가의 희토류 원재료였다. 1990년대 중국의 희토류 수출이 증가하면서 전 세계적으로 가격이 크게 하락했다. 그 결과 몰리코프 같은 생산업체도 점차 수익성이 악화됐다. 그뿐 아니라 광산 및 관련 가공 공장의 허가를 받는 것 자체가 매우 어려워졌다.

06
중국의 희토류 기술,
어디까지 왔나

중국의 3대 중점 사업

1990년대 초반 중국은 희토류 소재와 산화물 수출로 시작해, 1990년대 말에는 자석, 형광체, 연마재 등 고부가가치 제품을 생산했다. 대략 2000년부터는 전기 모터, 컴퓨터, 배터리, 액정 디스플레이LCD, 휴대폰 및 휴대용 음악 기기와 같은 완제품도 생산한다. 결국 중국은 세계 최대 희토류 생산국이 되었다.

2000년대는 전기차의 상용화를 앞두고 각국의 기술 경쟁이 치열하게 진행되던 시기였다. 아울러 글로벌 기후변화 협상이 실질적인 진전을 가져오면서 전 세계는 태양광과 풍력 발전 등 재생에너지 도입을 서둘렀다. 전기차, 재생에너지와 밀접히 연관되어 있는 것이 희토류를 사용한 효율적인 합금과 모터 구동을 위한 영구자석이었다.

가정용과 산업용 전자제품의 절전 기능은 희토류가 합금된 영구자석 덕분에 가능했고, 필립스와 오스람이 개발한 LED 조명 역시 희토류 덕분에 가능했다. 2000년대에 이루어진 중요한 기술적 진보에는 중국이 관여되어 있다. 초기에 중국은 희토류와 주요 전략광물 원재료를 일본, 네덜란드, 독일, 미국 등에 수출하고, 전기차나 재생에너지 분야에 필요한 희토류 중간재나 최종 제품을 수입해야 했다.

• 전기차 굴기

2010년 일본 닛산의 전기차 '리프'가 등장했다. 최근까지도 리프는 '세계에서 가장 많이 팔린 전기차'란 타이틀을 갖고 있었다. 2012년 세단형 고성능 전기차(모델S)라는 새로운 개념을 내세운 테슬라는 1회 충전으로 500km 이상의 주행거리를 실현함으로써 전기차의 대중화를 앞당겼다.

중국 정부가 전기차 개발에 돌입한 것은 일본과 미국보다 앞선 2007년이었다. 중국의 전기차 굴기에 반드시 언급해야 할 인물이 있으니, 중국 전기차의 아버지로 불리는 완강Wan Gang이다. 1952년 상하이에서 태어난 완강은 퉁지대학Tongji University에서 공학석사 학위를 취득했다. 1990년 독일 클라우스탈 공과대학Clausthal-Zellerfeld에서 공학박사 학위를 받았으며, 이후 12년간 자동차 회사 아우디의 기술개발 부서에서 일했다. 2002년 퉁지대학으로 돌아와 자동차 공학센터 소장과 총장 등을 역임했다.[33]

2007년 5월 1일 원자바오 총리는 완강을 과학기술부 장관에 임명하고 전기차 개발 임무를 부여했다. 그는 공산당원이 아니면서 장관에 임명된 중국 정부 최초의 인물이다. 완강은 중국 정부를 상대로 전기차 개발의 중요성을 주장했고, 중국 공산당과 정부, 군부는 종합적 전략 차원에서 전기차 개발에 올인하기로 했다. 미국이 석유와 전통적 자동차 산업을 장악하고 있는 상태에서, 미국에 의해 석유 공급이 차단될 수 있다는 우려가 배경이 되었다.

전기차 개발에 돌입한 지 1년 만인 2008년, 중국은 2,100대의 전기차를 생산했다.[34] 2009년 2월 중국 정부는 전기차와 하이브리드 차량 등 신에너지 차량 확산을 위해 상하이, 베이징 등 13개 대도시를 신에너지 차량 시범도시로 지정했다(조정원 2018). 시진핑 집권 이후 완성차 업체들을 대상으로 시행된 전기차 생산 의무 할당제와 같은 정책이 전기차 확산에 결정적인 계기가 되었다. 중국의 전기차 생산은 2015년 330,000만 대, 2017년에는 100만 대를 넘어섰다. 2018년 기준으로 전 세계에서 판매된 전기차는 200만 대를 넘어섰다. 이 중 3분의 2는 중국의 국산 전기차였다.

약진하는 중국의 전기차 시장 ©Wikimedia

• 태양광 패널

1970년대 중반부터 1990년대 중반까지 20년간 태양광 시장을 견인한 것은 미국이었다. 1990년대 중반부터 미국을 이어받은 것은 일본이었다. 1970년대부터 태양에너지의 보급과 연구개발에 관심을 가졌던 일본은 반도체 강국으로서 실리콘을 주원료로 하는 태양전지에 강점이 있었다. 2004년 일본 태양광 설비 용량은 세계 1위인 1,132MW를 기록했다. 같은 해 세계 태양전지 제조기업 상위 5개사 중 4개(샤프, 교세라, 산요, 미쓰비시)가 일본 기업이었을 정도로 일본이 세계 태양광 시장을 주도했다.

2005년 이후에는 독일이 세계 최대의 태양광 시장으로 발돋움했다. 스페인과 이탈리아는 재생에너지에 높은 보조금을 책정하여, 유럽은 세계 태양광 수요의 60%를 차지할 정도로 태양광 보급의 중심지가 되었다.

1990년대 후반부터 중국이 존재감을 드러내기 시작했다. 중국은 자국 생산 패널의 90% 이상을 유럽에 수출하는 세계 최대의 태양광 패널 제조국이자 수출국으로 부상했다. 2009년을 계기로 중국은 자국 내 태양광 보급을 늘리기 시작했다. 2009년 중국 정부는 약 30억 달러 규모의 태양광 보조금 정책인 '골든 썬Golden Sun 프로그램'을 가동했다. 2020년까지 자국 태양광 설비용량을 20GW까지 키움으로써, 세계 최대의 태양광 시장으로 탈바꿈할 것을 목표로 한 것이다 .

• 풍력 터빈

영구자석은 외부로부터 전기를 공급받지 않고 자체적으로 안정된 자기장을 발생, 유지하기 때문에 풍력 터빈, 전기차 모터의 필수 부품이다. 희토류 소재인 네오디뮴을 가공해 만든 네오디뮴–철–붕소Nd-Fe-B계 영구자석은 인류가 만들어낸 최강의 작품이다. NdFeB계 영구자석은 70%의 철 성분에 30%의 네오디뮴이 들어간다. 작은 크기에 강력한 자성을 유지하기 때문에 노트북 컴퓨터, MP3 플레이어, 파워 스티어링 핸들, 자동차 자동 제어장치 등에 응용된다. 에어컨과 의료용 MRI에도 영구자석이 들어가는데, 영구자석을 활용한 산업용 에어컨은 전기 소비가 50% 줄어든다.

사마륨–코발트Sm-Co계 영구자석이 300도의 고온을 견디는 데 비해, NdFeB계 영구자석의 최대 단점은 80도가 넘어가면 자성이 약해진다는 것이다. 이런 단점을 극복하기 위해 NdFeB계 영구자석에 4~4.5% 정도의 디스프로슘Dysprosium과 프라세오디뮴Praseodymium, 가돌리늄Gadolinium을 추가한다. 디스프로슘 수요의 95%를 차지하는 것이 영구자석이다. 2010년 디스프로슘의 총수요를 1,800톤으로 볼 때 2050년에는 최저 14,000톤에서 최고 50,000톤이 필요할 것으로 예측된다.

디스프로슘 공급 부족이나 가격 급등에 가장 민감한 산업 분야는 풍력발전이다. 영구자석을 활용한 직접 구동식direct-drive 터빈이 풍력 발전 기술에 획기적 진전을 가져왔기 때문이다. 직접 구동식 모터에는 영구자석이 약 450여 개 들어간다. 특히 유럽의 풍력 발전 산업은 태양광 산업을 능가한다. 독일의 지멘스Siemens와 에네르콘Enercon, 덴마크의 베스타스Vestas 등 풍력 발전 기업들은 90% 이상의 관련 소재를 중국에서 공급받는다.

2011년 디스프로슘 가격이 급등했다. 유럽의 풍력 기업들은 중국 기업과 합작사를 설립해 소재를 좀 더 안정적으로 공급받는 방법을 모색하거나, 소재가 아닌 영구자석 부품을 직접 구매하는 전략을 택하기도 했다.

에네르콘은 영구자석을 사용하지 않는 풍력 터빈을 개발하기도 했다. 그러나 이러한 방법들이 영구적인 해결책은 되지 못했다. 해상 풍력 터빈은 수리 비용이 높기 때문에 직접 구동식 영구자석을 쓰는 것이 불가피하고, 온도 상승에 대비해 합금에서 디스프로슘의 양을 줄이기도 힘들기 때문이다.

중국의 희토류 연구개발

한중과학기술협력센터(2011) 보고서에 따르면, 중국은 아직 희토류 밸류체인 가운데 상류와 중류 부문에서 강점을 보이고 있다. 중국이 세계 최대 희토류 생산국이자 수출국임에는 분명하지만, 하류 부문의 핵심 기술은 세계 수준과 차이를 보이고 있다는 것이다.

중국은 희토류 응용 기술 중에서도 희토 발광 소재, 수소 저장 소재, 영구자석 소재에 집중하고 있다. 특히 중국은 영구자석 분야에 강점을 보이는데 해당 분야 특허 보유 수량이 일본, 미국, 유럽을 합친 것의 2배가 넘는다. 1995년 GM의 자회사인 마그네퀘엔치를 중국이 인수하면서 미국의 기술이 중국으로 유출된 것으로 보인다. 하지만 많은 특허 수량에도 불구하고, 정밀 가공의 핵심 기술은 아직 보유하지 못한 것으로 보인다. 예를 들어 컴퓨터 디스크나 모터의 마그네틱 실린더, 음향 설비의 자기 헤드와 같은 고부가가치 첨단 제품이다.

중국도 이런 상황을 잘 알고 있었다. 12차 5개년 계획과 13차 5개년 계획을 통해 희토류 관련 기초기술 연구와 응용 기술 확보를 위해 국가 지원을 대폭 강화했다. 2000년부터 2010년까지 희토류 관련 과학 기술 논문만 43,270편에 달했다.

• 바오터우 국가 희토류 첨단산업개발구

계획 도시인 바오터우시는 중점산업 육성을 위해 11개의 산업단지를 운영하고 있다. 바오터우 남부에 위치한 국가 희토류 첨단산업개발구(150㎢)가 대표적으로, 희토류 신소재의 응용 연구개발에 초점을 두고 있다.

중국은 이곳에 외국 기업을 유치하기 위해 다양한 우대정책을 펼쳤다. 자금 조달과 상당한 세제 혜택이 여기에 해당된다. 예를 들어, 첨단 기술 기업과 벤처 캐피탈 회사는 첨단산업개발구 안에서 운영되는 첫 5년 동안 소득세가 면제되고, 두 번째 5년 동안 15%인 일반 세율의 절반만 내면 된다. 부가가치세와 운영세도 면제된다. 첨단산업개발구 홈페이지에는 '유치 대상 프로젝트'라는 제목으로 25개의 옵션이 나열되어 있는데, 그중 다수는 희토류 분야이고 일부는 녹색 기술이다. 대표적 분야는 다음과 같다.

- 니켈-수소 발전 배터리 극판
- 니켈-수소 전원 배터리의 수소 저장 합금 분말 음극 재료
- 희토류 세라믹 피스톤 링의 산업화
- 희토류 거대 자기변형 합금의 생산 라인
- 특수 희토류 세라믹 열전대 튜브Thermocouple Tube 기술
- 나노미터 결정 희토류 합금 자분의 산업화
- 전기 자전거용 마그넷 모터 연간 생산량 200,000대

바오터우의 투자 유치는 두 가지 방향에서 진행된다. 즉 지역의 강점 활용과 약점 보강이다. 바오터우의 신소재 산업은 희토류 신재료(희토류 영구자석, 수소 저장, 폴리싱, 촉매, 합금 등), 금속(철강 등), 비철금속(알루미늄, 마그네슘, 구리 등), 화공제품(폴리에틸렌, 폴리프로필렌 등) 등을 대상으로 한다. 이와 관련해 희토 응용 산업단지와 알루미늄을 생산하는 화윈華云사의 2차 프로젝트가 진행 중이다.

신에너지 산업은 신에너지(풍력, 태양광, 수소 등) 생산, 신에너지 설비와 부품(단결정 실리카, 다결정 실리카, 풍력발전 설비, 수소 저장 전지, 양극 및 음극재, 핵발전 설비 및 소자 등) 등이 주요 유치 대상이다. 통웨이通威사는 고순도 결정 실리카를, 아터쓰Canadian Solar Inc.사는 다결정 및 단결정 실리카를 생산한다. 캐나다 기업인 아터쓰가 바오터우까지 온 이유는 풍부한 원재료 때문만은 아니다. 원료 용해에 필요한 전기 요금이 저렴하고 철강, 석탄

바오터우의 주요 산업단지

산업단지	위치 및 면적	중점 육성산업 및 주요 기능
바오터우 국가희토 첨단산업개발구	시 남부, 150㎢	희토류 신소재 응용 연구개발, 알루미늄·구리·마그네슘 정밀 가공, 첨단장비제조, 전략적 신흥산업, 현대서비스업
바오터우 금속가공단지	쿤두룬(昆都崙) 서부, 37㎢	희토류 철강 정밀가공, 희토류 원자재 정밀가공, 철강 화공 물류, 광산 생태복원
바오터우 장비제조산업단지	칭산(青山) 북부, 45㎢	중형트럭 장비, 신에너지 장비, 철도 장비, 광산 장비, 기계전기 장비, 공정기계 장비
구가생태산업 (알루미늄) 시범단지	둥허(东河) 동부, 20㎢	전해 알루미늄 정밀가공, 도시광산, 폐기물 자원화, 후바오어(呼包鄂) 경제권 물류
바오터우 주위앤 (九原) 산업단지	시 서남부, 77.86㎢	석탄 올레핀(olefin), 화공, 고분자 재료, 스테인레스강, 고순도 희토류 금속, 탄소 복합소재, 금속가공, 장비제조
투요우(土右) 신형산업단지	투요우치(土右旗), 65.21㎢	석탄-전기-실리콘 일체화, 태양광 발전, 석탄 기반 청정에너지, 친환경 농축산물 가공, 신소재 생산응용
바오터우 스과이 (石拐) 산업단지	스과이(石拐) 서남부, 1.84㎢	알루미늄 합금, 희토류 마그네슘 합금, 철강산업, 자원전환산업, 광산 생태관리
바오터우 진산(金山)산업단지	구양(固阳) 남부, 20.5㎢	비철금속 생산가공, 신에너지 장비제조, 중국-몽골 가공산업 협력
다마오바룬 (达茂巴润) 산업단지	다마오치(达茂旗), 60㎢	철강, 시멘트, 칼슘 카바이드, 희토광물 종합 이용, 흑연 산업 기지, 중국-몽골 국제 순환경제 산업협력
바이원 어보 (白云鄂博) 광산산업단지	바이원(白云), 15.06㎢	바이원 어보(白云鄂博) 희토류 광산 순환경제 시범구, 희토류 자원개발 응용, 칼륨 판암
바오터우 보세 물류센터 (B보세구)	만두라 통관지 (满都拉 口岸), 192무(12만 7,000㎡)	후바오어(呼包鄂) 유일 보세구, 1억 9,000만 위안 투자, 2020년 5월 개장, 6대 국제 통관 기능수행, 보세창고(1만 7,400㎡), 야적장(1만 3,000㎡) 등

출처: 包头市商务局(2021), "园区概况(Industrial Park)-投資包头共创未来", 2021. 6. 5.

등을 운송하는 철도 물류가 양호하며, 기초공업 도시로서 기술력을 보유하고 있기 때문이다.

장비 제조 산업에서는 비도로 광산용 차량, 신에너지 자동차, 철도 화물 차량, 응급구조 시스템 장비 및 관련 부품 등이 주요 대상이다.

바오터우는 오래전부터 국경을 접하고 있는 몽골, 러시아 등과 협력 관계를 맺어 왔다. 그런데 2020년 9월 멍판리孟凡利 서기가 부임하면서 한국, 일본과의 협력을 추진하고 있다. 멍판리는 산동성 옌타이烟台시 서기와 칭다오青岛시 시장을 역임한 인물로, 중앙정부 차원에서 임명한 최초의 외부 인사로 평가된다. 이는 바오터우의 중요성을 표명한 조치이기도 하다.

바오터우시는 한글판 투자유치 자료를 작성하고, 2021년 5월 6일 상하이에서 바오터우 투자 유치 설명회를 개최하는 등의 행보를 하고 있다. 또한 한국의 연구기관, 공공기관, 기업체 인사들의 방문에 적극 대응하며 투자유치 활동으로 연결하고 있다. 2021년 7월 중순에는 왕루이王瑞 부시장 일행이 베이징에 있는 한국 기업들을 방문했고, 7월 하순에는 장루이张锐 시장 일행이 한국상회를 방문하여 투자 환경을 소개하기도 했다.

바오터우시는 지역 출신 인사들과 MOU를 체결하여 투자를 유치할 경우 투자금액의 0.4%를 인센티브로 제공하고 있다. 내몽골 바오터우는 신중국 성립 시기에 비해 점차 위상이 하락하고 있으나, 향후 다시 중요성이 부각될 가능성이 크다. 일대일로의 선상에 위치하여 몽골 및 러시아와의 협력 중요성이 증대하고 있기 때문이다. 또한 국내 대순환과 국내·국제 쌍순환 전략에 필요한 내부 자원 확보와 활용이라는 측면에서도 그렇다. 탄소중립이 더욱 가속화될 것이기 때문이다. 희토류를 응용한 소재, 신에너지, 장비 제조 등에서 강점을 가진 바오터우에 한국 기업들이 보다 적극적인 관심을 가져야 할 이유이다.[35]

주요 연구기관의 강점 기술 및 연구 방향

기관명	강점기술/주요제품/연구방향
바오터우희토연구원	희토광 분리 · 추출, 환경치유, 희토 촉매제, 희토 기능성소재, 실온 자기 냉각기술
북경유색금속연구총원 희토재료국가공정연구센터	희토금속 및 합금, 촉매 및 환경재료, 희토 분리 · 추출, 희토자성소재, 희토발광재료, 희토 BT 농업용 재료, 희토에너지재료
희토재료과학응용 국가지정 중점실험실(북경대학)	핵심기술과 희토분리화학과 분리공정최적화설계, 희토고체화학과 기능성소재, 희토화학과 분자기질재료, 희토물리화학 및 란탄계이론
중국과학원 장춘응용화학 연구소 희토자원이용 국가지정중점실험실	희토이론, 희토기능성소재, 희토분리, 희토생물학
중국강철과기집단공사 기능성 소재연구소	희토신소재, 영구자석재료, 특수합금, 자기차폐기술 및 자력분석, 합금 전자구조설계, 특허 방위, 우주항공 등 분야의 로켓, 우주선, 위성, 미사일용 첨단 희토영구자석과 자기차폐기술
북경공업대학 재료과학공정 학원 기능성소재부품연구소	희토 난용성 금속 특수구조재료, 대공률 진공전자부품용 신형 음극재료, 희토 기능성 자성소재(고온 내식성 NdFeB 재료, 희토자기냉각재료, 희토자기발광재료), 전자기 방호재료, 희토 나노분말 · 괴상재료, 열전기 에너지전환 재료, 고온초전도재료, BT 의료용재료
동북대학 재료야금학원	용융염과 용융체이론 및 기초, 고부가가치 희토야금기술, 특화자원종합추출기술, 신소재제조기술과 신에너지개발 등 분야
내몽고 과기대학 희토학원	희토류 전문인력 양성에 주력, 백여 명의 전문인재 배출
광저우 유색금속연구원 희유금속분리종합이용 국가중점실험실	광산자원 종합개발이용기술, 재료표면공정기술, 희유희소야금 및 희토 기능성소재, 재료분석측정기술
사천성 희토재료 응용공정연구 센터	희토금속, 희토금속 비철중간합금, 수소저장합금, 니켈수소동력전지, 아연공기연소전지, 자동차 배기가스 정화촉매제, 희토 알루미늄 부식방지기술, 희토 친환경기술
북경과기대학 물리화학학부 희토응용연구소	희토수소저장재료, 희토 기능성세라믹, 희토재료 표면변성, 희토작용메커니즘, 공정최적화 설계제어, 신형 희토첨가제 개발 및 응용, 희토상(相)의 정성 · 정량분석연구
강서이공대학 재료화학공정학원	비철금속제련, 재료가공 및 제조, 화학공정 및 공법, 희토공정, 특히 구리, 텅스텐, 희토, 니켈, 코발트 등의 야금, 가공 신기술
장춘이공대학 재료화학학원	특수광학유리, 광전기 기능성결정체 재료, 고온초전도 세라믹재료, 희토발광재료
화동이공대학 공업촉매연구소	청정가스생산, 천연가스촉매 연소, 이동식 수소제조, 고체산화물 연료전지, 유해 배기가스의 처리

※희토 연구기관 총 45개 중 '중국희토학회연감(2009)'에 수록된 14개 기관

07

중국 희토류 전략의
전면적 변화

기존 무역 질서의 전복

희토류 생산 백년의 역사에서 공급 국가는 계속 바뀌어 왔다. 20세기 중반에는 거의 모든 희토류가 미국 캘리포니아주 마운틴 패스에서 생산되었다. 1990년대는 8개국이 희토류를 정광 또는 정제된 형태로 수출했다. 이제는 광업과 정제의 90% 이상이 중국에서 이루어진다. 실질적으로 희토류를 생산하는 회사는 중국 외에는 없다시피 한 것이다. 내몽골 바오터우 철강 희토류 하이테크Baotou Steel Rare Earth Hi-Tech Co.사는 단일 최대 생산업체였다.

1983년에서 2005년까지 중국은 미국, 일본, 유럽 등 선진국의 태양광, 풍력, 전기차 등에 소요되는 희토류 수요를 충족시키는 저렴한 공급지 역할을 했다. 중국 내부의 수요보다는 해외 수출 비중이 훨씬 컸다. 또한 희토류 응용 기술이 없어, 부가가치가 큰 다운스트림 중간재 부품보다는 원재료 수출 위주였다.

중국의 풍부한 공급으로 인해 희토류 가격은 수십년간 저렴한 수준에서 유지되었기 때문에 소비국들은 아무 문제의식을 느끼지 못했다. 그동안 중국 밖의 광산과 기업들은 줄줄이 폐쇄와 폐업을 맞았다. 오랫동안 전세계 희토류 공급처였던 마운틴 패스도 생산량이 계속 감소하다가 2002년 폐쇄의 운명을 맞았다.

1970년대 희토류 광물만 수출하던 중국은 1990년대 말에 자석, 형광체, 연마 분말을 생산하기 시작했다. 2000년대로 진입하면서 전기 모터, 배터리, LCD 같은 완제품 생산에 이르게 된다. 상황 변화에 따라 중국의 희토류 전략도 바뀌기 시작한다.

첫째, 중국의 재생에너지와 전기차 산업이 급성장하면서 국내 수요 충당을 위한 희토류 확보가 최우선 과제가 되었다. 둘째, 희토류 원재료 수출을 지양하고 희토류 고부가가치 산업화가 중국의 중요한 목표가 되었다.

환경 규제 탓에 미국을 포함한 중국 밖의 희토류 생산시설은 거의 문을 닫게 되어, 중국의 글로벌 시장점유율은 90%를 넘게 되었다. 2005~2010년 중국은 희토류 생산과 수출 규제에 나섰다. 서구 세계의 안일한 대응 속에 희토류 시장은 어느새 판매자 우선 시장으로 전환된 것이다. 이는 희토류 무역뿐만 아니라 중국-미국, 중국-유럽, 중국-일본의 관계에 중대한 전환점이 되었다.

2005년부터 중국이 점진적으로 희토류 생산과 수출을 규제하기 시작했다는 것은 희토류 부가가치 고도화, 국산화, 일괄 수직생산 체계가 완성되고 있음을 의미한다. 미국, 유럽, 일본은 오랫동안 아프리카, 남미, 동남아 국가들을 대상으로 원재료 무역을 해왔다. 값싼 원재료를 수입해서 가공한 다음 고부가가치 상품을 역으로 수출하는 형태를 말한다. 이제 중국을 상대로는 그것이 불가능해진 것이다.

세계 희토류 자산 인수

재생에너지와 전기자동차 등 미래 핵심 산업이 온전히 중국의 희토류와 희소금속에 기반하고 있다는 사실을 부인할 수 없다. 중국의 부상과 미중 대립의 이면에 희토류와 희소금속이 있다는 것도 공공연한 사실이다. 중국의 목표는 명확하다. 중국에서 채굴된 희토류 원료를 가공하고, 최종 부품을 생산하고, '메이드 인 차이나'의 전기차, 풍력 터빈, 태양광 패널, 절전형 조명 시스템을 만드는 것이다.

그런데 의외로 중국이 우려한 것은 기술이 아니라 원재료 확보였다. 따라서 중국 내 희토류가 국내 소비를 감당하지 못할 경우를 대비해 해외 자원 확보에 나서게 된다. 중국은 호주, 캐나다, 아프리카, 남미, 동남아 희토류와 전략광물 원재료를 확보해, 가능하면 중국에서 분리ㆍ가공하겠다는 목표를 세웠다. 모든 제품의 희토류 공급망이 중국 국내에서 이루어지는 것이다. 이쯤 되면 중국의 오랜 꿈이 이루어지는 듯 보인다. 서구 국가들로부터의 기술 자립 말이다.

1950년대부터 2010년에 이르기까지, 희토류 글로벌 생산량 추이와 생산국 변화는 한눈에 확인된다. 1960년 이전 연간 약 2,000톤에 불과했던 희토류 생산량은 2010년 110,000톤이 되었다. 희토류 산업이 성장한 것은

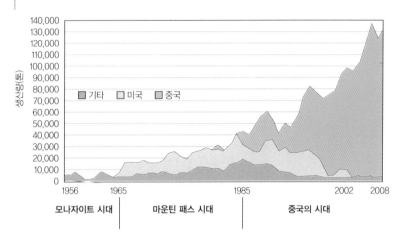

출처: 미국지질조사국, 2015

1960년 대 초반으로, 강렬한 적색 발광을 하는 유로퓸Eu이 컬러 TV에 활용된 것이 그 계기였다.

마운틴 패스 광산은 1964년에 시작되어 대략 1990년대 중반까지 경희토류의 주요 공급원으로 남아 있었다. 한편 중국은 1985년경 희토류 원소의 정광을 수출하기 시작했고, 1990년에는 중국의 생산량이 미국을 넘어섰다.

1990년대 중반 이후 중국은 생산, 가공, 소비 및 R&D를 포함한 희토류 공급망의 모든 측면을 지배하고 있다. 2005년까지 러시아, 인도, 브라질에서 소량의 희토류가 생산되었지만, 중국은 세계 희토류 자원의 97%를 공급했다.

2010년 세계 희토류 수요는 연간 110,000∼130,000톤으로 계속 증가 일로에 있다. 하지만 모든 희토류의 수요가 높은 것은 아니다. 가장 관심이 높은 희토류 원소 8개는 란탄, 세륨, 네오디뮴, 프라세오디뮴, 사마륨, 디스프로슘, 유로퓸, 테르븀이다(Massari and Ruberti 2013). 한편 일본은 중국 이외의 세계 수요 중 약 73%를 차지하는 희토류 최대 수입국이다.

중국의 희토류 독점 계획은 거침이 없었다. 그들은 마운틴 패스를 운영하는 몰리코프사를 인수하려는 모험도 감행했다. 몰리코프사는 1978년 이래로 미국의 주요 석유 탐사 및 판매 업체인 유노칼Union Oil Company of California이 소유하고 있었다. 2005년 중국해양석유공사CNOOC는 유노칼 입찰에 참여해 현금 185억 달러를 제시했다. 이는 또 다른 입찰자인 쉐브론Chevron보다 50억 달러나 높은 가격이다.

중국해양석유공사의 입찰은 미국에서 에너지 안보에 대한 우려를 불러일으켰고 협상은 결렬됐다. 협상 결과와는 별개로 이 문제는 미국에서 열띤 정치적 논쟁의 단초가 되었다. 클린턴 대통령 시절 CIA 국장을 지낸 제임스 울시James Woolsey는 하원 군사위원회 청문회에서 "이것은 국가 안보 문제다. 중국은 에너지 시장과 서태평양의 전략적 지배라는 국가적 전략을 추구하고 있다"라고 말했다. 만약 이 거래가 성사되었다면 중국은 마운틴 패스까지 인수해 독점을 더욱 공고히했을 것이다.

중국은 포기하지 않았다. 중국 이외의 지역 중 가장 풍부한 희토류 매장지로 간주되는 곳은 서호주에 위치한 마운트 웰드 광산이다. 2009년 중국은 마운트 웰드 광산을 소유한 라이너스Lynas Corporation사의 지분 51%를 인수하려고 시도했다. 중국 기업 CNMChina Nonferrous Metal Mining Company은 이미 라이너스사의 주식을 일부 보유하고 있었는데 지분을 더 늘리려

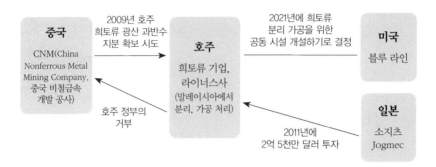

출처: 니케이 아시아, 2019년 7월 28일
(https://asia.nikkei.com/Business/Markets/Commodities/US-and-Australia-team-up-against-China-s-dominance-in-rare-earths)

고 한 것이다. 중국 외교부 대변인 Jiang Yu는 "중국은 오랫동안 외국 기업에게 개방적 정책을 펼쳐왔다. 우리는 다른 정부들도 중국 기업에게 같은 입장을 취해 주길 바란다"라고 밝혔다.

하지만 중국의 노력은 무산되었다. 2009년 9월 23일 열린 라이너스 이사회에서는 중국의 지분 참여에 대한 우려의 목소리가 높았다. 라이너스는 "우리의 생산이 중국에 의해 통제된다면 최종 사용자에게 피해를 줄 가능성을 배제할 수 없다"라고 결론 내렸다.

희토류 전쟁 시작되다

중국의 희토류 수출 제한 조치는 2007년 시작되었다. 이때부터 중국은 희토류 부문에 영향을 미칠 만한 여러 조치들을 발표했다. 목표는 희토류 공급망을 중국 내에 유지하는 것이다.

2009년 8월 중국 산업정보화부(Ministry of Industry and Information Technology)의 보고서 초안은 향후 5년 내에 희토류 수출이 금지될 것을 명시하고 있다.

중국 정부 문서 '2009-15 희토류 산업 발전 계획'에 따르면, 향후 6년 동안 새로운 희토류 채굴 허가가 승인되지 않고 새로 설립된 희토류 제련 회사의 분리가 엄격하게 검토될 것이라고 한다. 모든 조치들은 중국의 희토류 수출 총량 감소를 가리킨다. 희토류를 전적으로 중국에 의존하는 많은 나라의 지도자와 기업인들은 이런 조치들을 접하며 충격에 휩싸였다.[36]

중국의 계획은 현실이 되었다. 2009년 9월에는 수출 관세를 10%에서 15%로 인상했고, 2011년에는 다시 25%로 인상했다. 2011년 중국은 희토류가 10% 이상 함유된 합금철 수출에 25%의 관세를 부과했는데, 이는 중국의 희토류 수출이 크게 감소하는 결과를 가져왔다. 아울러 희토류 가격은 강하게 상승했다. 이른바 희토류 공급 위기의 시작이다. 게다가 중국은 2010년부터 수출 쿼터를 70% 가까이 축소함으로써 일부 희토류는 가격이 850%까지 치솟기도 했다. 중국발 공급 위기로 인해 여러 국가에서 적어도 12개의 새로운 광산 프로젝트가 가동되기 시작했다.

· **2010년 센카쿠 열도 사건**

그리고 이 무렵 희토류 역사에서 가장 상징적인 사건이 발생했다. 바로 센카쿠(중국 이름은 댜오위다오) 열도 사건이다. 일본이 센카쿠 열도에서 일본 해상보안청 순시선과 충돌한 중국 어선의 선장을 구속하자, 중국은 2010년 9월 21일부터 일주일간 희토류 수출 통관을 중단했다. 금수 조치는 일본이 구속된 선장을 석방한 후인 9월 28일 해제되었다.

중국의 희토류 수출 규제 전후 주요 희토류 소재 가격 변동 (단위: US$/kg)

날짜	란탄	세륨	네오디뮴	유로퓸	테르븀	디스프로슘	이트륨
2006 Jan	1.85	1.45	9.55	220.00	320.00	50.00	4.55
2008 Jan	4.70	3.65	29.25	350.00	610.00	93.00	11.40
2010 Jan	5.55	4.15	22.75	480.00	350.00	116.50	10.25
2011 Jul-Aug(피크)	171.50	158.00	337.50	5,870.00	4,510.00	2,840.00	182.50
2012 Jan	51.00	42.50	195.00	3,790.00	2,810.00	1,410.00	90.50
2014 Jan	5.83	5.35	67.50	975.00	825.00	465.00	21.50
2016 Jan	1.98	1.85	40.00	97.50	420.00	225.50	4.23

주: Data used with permission from Argus Media, last accessed online January 26, 2016
출처: Roderick Eggert, Cyrus Wadia, Corby Anderson, Diana Bauer, Fletcher Fields, Lawrence Meinert, and Patrick Taylor, 2016, "Rare Earths: Market Disruption, Innovation, and Global Supply Chains," Annual Review of Environment and Resources 41 (2016), p. 3.

이 사건을 지켜본 희토류 소비국들은 경악을 금치 못했다. 희토류 무기화가 눈앞의 현실이 된 것이다. 이는 희토류 가격의 급상승을 촉발했다. 사실 이 사건 이전부터 조짐은 있었다. 2010년 7월 9일 블룸버그 뉴스는 '세계 최대 희토류 생산국인 중국이 하반기에 하이브리드 자동차와 TV를 만드는 데 필요한 광물의 수출 할당량을 72% 줄였다. 미국과의 무역 분쟁 가능성이 높아졌다'라고 보도했다. 수치를 좀 더 구체적으로 살펴보면 2005년부터 2010년까지 희토류 쿼터 축소는 50%를 넘어섰다. 중국의 이러한 움직임은 희토류 산업 밸류체인의 변화를 가속화하고 국가 안보 등 정치적 문제로 비화되었다.

• 센카쿠 열도 사건의 후폭풍

2000년대 이전 전 세계 희토류 수요는 평균 120,000~140,000톤[37] 사이로 추정된다. 수출과 생산 규제 시행 이전, 블랙마켓(암시장) 생산량을 포함한 중국의 희토류 총생산량은 125,000~140,000톤을 유지했다. 2000년대 말 중국의 희토류 수요는 약 8~9만 톤이고, 중국 밖(ROW: Rest of the World) 수요는 약 4~5만 톤이었다. 중국 정부가 본격적인 단속과 생산 규제를 통해 희토류 과잉 생산을 대폭 축소하고 6개의 국영기업으로 통합했을 때, 전국에 퍼져 있는 희토류 가공·분리 시설 규모는 450,000톤, 실제 연 생산 규모는 200,000~300,000톤이었다.

중국의 희토류 수출량은 2007년 57,400톤으로 최고치를 기록한 이래 수출 쿼터가 도입된 2008년부터 지속적으로 감소해 2012년 16,793톤으로 최저치를 기록했다. 2014년 통합된 국영기업들의 희토류 생산 쿼터는 경희토류 87,100톤, 중희토류 18,000톤으로 합치면 105,100톤이었다.

영구자석에 소요되는 희토류 소재인 네오디뮴, 디스프로슘, 프라세오디뮴 가운데 공급 리스크가 가장 큰 것은 디스프로슘이다. 이와 같은 현실을 반영하듯이 중국의 생산과 수출 규제 과정에서 가격 급등이 가장 극심했던 희토류 소재가 디스프로슘이었다. 2003년 5월 킬로그램당 35달러였던 디스프로슘 가격은 2011년 2월에는 375달러, 같은 해 12월에는 킬로그램당 3,500달러까지 치솟았다.

중국의 압도적 광물투자

17종의 희토류와 40여 종의 희소금속은 압도적으로 중국에 매장량과 생산량이 집중되어 있다. 미국은 1950~1960년대 세계 최대 생산국 지위를 중국에 내어 준 후 생산이 거의 중단된 상태이고, 유럽과 일본은 부존량 자체가 없다. 중국을 '희토류와 희소금속의 사우디아라비아'라고 불러도 전혀 손색이 없다. 21세기 첨단 제조업과 디지털 경쟁에 돌입한 미국과 중국의 진로를 결정하는 데 있어 양국의 생산 능력 차이는 결정적 요인으로 작용할 가능성이 크다.

중국은 국내에서 생산되는 희소금속의 '수성' 전략의 일환으로 신소재 하이테크 글로벌 기업들이 중국으로 이전하도록 압박했다. 희토류, 텅스텐, 안티모니, 몰리브덴, 인듐의 사용을 중국 내로 제한한 것이다. 또한 희소금속 수출 쿼터제를 도입해 생산량을 조절했다.

한편으로는 글로벌 광물 메이서 기업에 대한 인수합병을 추진하고 ODA, 차관, 관세 혜택을 활용해 아프리카 등 제3세계 자원 보유국과의 경제협력을 강화하였다. 금융위기로 인한 자원 가격 하락을 기회로 자원 투자도 확대하고 있다. 특히 미개발 자원이 풍부하지만 글로벌 광물 메이저 기업의 손길이 닿지 않은 아프리카 대륙에 투자를 집중했다.[38] 2005년에서 2018년 사이 중국의 해외 자원 투자와 개발이 급속하게 확대되었다.

세계 광물산업은 전통적으로 미국, 호주, 캐나다 3국의 다국적 기업들이 지배해 왔다. 또한 광산 개발은 미국, 유럽, 캐나다, 호주의 자원 메이저 기업들에 의해 이루어졌다. 1950~1960년대만 해도 미국의 광산 개발과 금속 채굴은 세계 최고 수준이었다.

1970~1980년대부터 미국의 국내 광산 개발은 하향길로 들어섰다. 미국 내 생산이 줄면서 해외 수입에 의존하기 시작한 것이다. 이렇게 된 가장 큰 이유는 환경 규제 강화이다. 신규 광산 개발에 대한 정부의 허가 절차가 매우 까다로웠고, 기존 광산 기업들은 환경 문제로 인해 잦은 소송에 휘말렸다. 미국의 광물 생산은 1990년대를 정점으로 급속히 감소했다.

2018년 전 세계에서 광물 개발에 투입된 예산은 약 10조 원(80억 달러)이다. 16년 연속 가장 많은 예산을 쓴 국가는 캐나다이다. 두 번째는 호주로 캐나다와 큰 차이가 없다. 서호주는 호주 전체 광물 개발의 65%를 차지하는 중심 지역이다. 3위는 미국인데 대부분이 네바다주, 애리조나주, 알래스카주에서 이루어진다. 상위 3개 국가인 호주, 캐나다, 미국 모두 예산의 절반 이상이 금과 은 개발에 집중된다. 구리, 니켈, 아연, 다이아몬드 등이 뒤를 잇는다.

앞에서 말한 순위는 S&P 글로벌이 발표한 자료에 근거한 것인데, 실상은 이와 다르다는 의견이 많다. 2014년 이후 중국은 매년 광물 개발에 막대한 예산을 쏟아붓고 있는데, 연간 180억 달러에 달한다는 것이다. 캐나다, 호주, 미국을 포함한 전 세계 국가들의 투자액을 합한 규모의 2배가 넘는다.[39]

08

중국 희토류는
지속가능한가?

불법 채굴과 암시장

　　　　　　　　풍족한 자원에 희토류 가공 기술까지
갖춘 중국에도 골칫거리가 있으니, 바로 희토류 불법 채굴과 암시장이다.
불법 채굴과 암시장 문제는 남방 지역 중희토류 생산 지역에서 더욱 심각
한 것으로 알려져 있다. 남방 지역의 이온형 중희토류 광산ion-adsorption
deposits의 활동에 대한 생산과 수출 규제가 취해진 이후에도, 정부 공식 통
계보다 훨씬 많은 생산과 수출이 지속적으로 이루어졌을 정도다.

　2010년 여름 중국 정부는 불법 채굴과 암시장에 대한 불시 점검에 들어
가 내몽골 자치구 바오터우시와 장시성 간저우시 두 곳에서만 600여 곳의
불법 채굴 사례를 적발했다. 그 결과 13곳의 광산과 76곳의 분리 및 가공
시설이 강제 폐쇄되었다.[40]

2013년과 2014년 중국 국토자원부의 공식 수출 쿼터는 17,900톤이었다.[41] 그런데 중국 희토류산업협회의 통계는 다른 사실을 말해준다. 2013년 중국의 희토류 수출량은 5만 톤, 2014년은 4만 톤이라는 것이다. 공식 수출량보다 불법 수출량이 더 많은 것이다. 이러한 문제는 장시성 간저우시에서 가장 심각하다고 한다.

간저우시는 중국 정부가 공식적으로 '희토류 왕국Rare Earth Kingdom'이라는 별칭을 붙인 희토류 및 영구자석 생산의 중심지로, 2015년 현재 중국 중희토류 생산의 45%를 차지하고 있다. WTO 무역 분쟁 재판에서 중

중국의 경희토류와 중희토류 분포

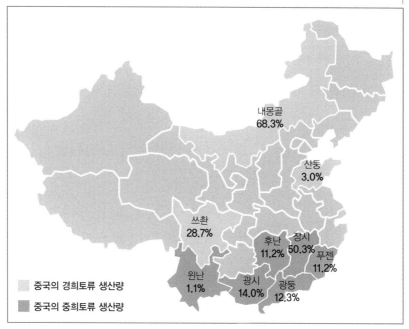

출처: China Water Risk, Rare Earths: Shades of Grey (Hong Kong, 2016), p. 8.

국 정부가 수출 규제의 정당성을 주장하는 과정에서 '이렇게 불법 채굴된 희토류가 전 세계로 흘러 들어가 저가 희토류를 만들어내고 있다'라고 언급했다. 중국 희토류산업협회는 2014년 9월 기준 희토류의 공식 가격은 톤당 160,000~170,000위안(RMB)이지만, 불법 채굴된 희토류 광석은 100,000위안이라고 밝혔다.[42]

차이나 워터리스크는 2016년 보고서에서 중국 희토류 생산의 지속가능성에 의문을 제기했다. 사실상 중국 정부가 희토류 자원 고갈을 우려해 생산량과 수출 제한을 시작했다고 본 것이다. 중국의 희토류 글로벌 생산량 비중은 90%인데, 이것이 매장량 비중보다 훨씬 높은 수치라는 점을 근거로 들었다.

중국의 매장량 비중은 기관마다 다른 수치를 내놓고 있기 때문에 정확하게 알기 어렵다. 2012년 6월 20일 중국 국무원이 발표한 '중국의 희토류현황 및 정책 백서'에 의하면 공식 수치는 23%다.[43, 44] 기관에 따라서는 최대 55%를 제시하기도 한다.[45] 중국이 2010년 이전까지의 패턴대로 계속 희토류를 생산한다면 자원이 고갈될 가능성이 크다. 2002~2009년 사이 중국의 희토류 매장량은 약 2130만 톤에서 1860만 톤으로 감소했다.

자원 고갈을 측정하는 단위로 '가채연수reserve-to-production'라는 것이 있다. 현재의 생산량과 매장량을 감안했을 때 '앞으로 몇 년 더 생산할 수 있는가'를 나타내는 지표다. 중국 국무원은 희토류 규제 강화를 발표하면서 '중국은 앞으로 870년 동안 생산할 희토류가 있지만, 이것은 경희토류에 해당하는 수치'라고 강조했다. 반면 중희토류는 가채연수가 15~50년밖에 되지 않아 희토류 생산과 수출 규제가 필요하다는 것이다.[46]

심각한 환경오염 문제

중국의 희토류는 전국에 산발적으로 분포한다. 바이윈 어보와 쓰촨 지역의 희토류는 바스트네사이트라는 노천 광산open-pit에서 광석rare earth ore 형태로 채굴된다. 채굴된 광석은 여러 차례의 분쇄milling와 부유선광flotation 등 6~7개 단계의 분리, 가공 공정을 거친다. 미국의 마운틴 패스 광산도 바스트네사이트 광산이다. 인도, 브라질, 베트남 등의 희토류는 모나자이트나 제노타임 형태로 존재하는데 이를 사광상沙鑛床, placer deposit이라고도 한다. 모나자이트 역시 복잡한 가공 공정이 필수다.

희토류는 채굴 후 추출 및 분리 과정에서 많은 화학약품을 사용한다. 1톤의 희토류를 추출하는데, 황산이 포함된 6300만 리터의 독성가스, 20만 리터의 산성 폐수, 1.4톤의 방사성 폐수가 발생한다. 중국이 희토류 시장을 석권한 것은 이러한 대규모 환경오염을 감수했기 때문이다. 엄청난 양의 불소와 유황을 함유한 폐기물, 산·알칼리 폐수, 토륨 등의 방사성 물질로 인해 중국의 젖줄인 황하강 상하류 오염이 심각한 수준이다. 중국 환경보호부에서도 「희토공업 오염물 배출 표준」(2011년 10월 1일부터 발효)을 발표하여 희토류 산업과 관련 기업이 오염이 적은 분리 공정을 채택하도록 유도하고 있다.

내몽골에 위치한 중국 최대의 희토류 광산, 바이윈 어보 주변 11㎢의 토양, 지하수, 식물은 이미 방사성 물질로 오염된 상태다. 광산에서 만들어진 방사성 물질 포함된 분진이 바람에 날아가 바이윈 어보 시가지의 토양에도 축적된 것으로 밝혀졌다. 토양 상부층 10cm에서 토륨 축적이 확인되었고, 광산 주변의 가축이 폐사하거나 농작물이 자라지 않는 현상도 관찰된다. 40세 이하의 주민들이 치아가 모두 손실되거나 각종 질환에 시달리는 비율도 높다.[47]

반면에 중국 남방지역의 중희토류는 이온흡착형 점토ion-adsorption clay에서 추출된다. 이온흡착형 희토류는 별도의 가공과 분리 과정이 필요없다. 광석 형태로 매장되어 있는 것이 아니기 때문에 화학적 침출leaching 과정으로 추출된다. 지난 20년 동안 중국이 초고속으로 희토류 강국이 된 것도, 간저우시가 세계적 영구자석 제조의 중심지가 된 것도 중국 남방지역 희토류의 지질적 특성 때문이었다. 또한 중국 남방지역에서 불법 채굴이 활발한 것도 이런 특성과 무관하지 않다.

미주

1. 미국 하원 과학기술 위원회 "희토류와 21세기 첨단산업" 청문회, 2010년 3월 16일, Serial No. 111–86, p. 4.
(https://www.govinfo.gov/content/pkg/CHRG–111hhrg55844/pdf/CHRG–111hhrg55844.pdf)

2. Ibid., p. 5.

3. Ibid.

4. 김연규·안주홍, "2005년 이후 중국의 글로벌 희토류 공급망 장악과 미국의 대응," p. 258.

5. UNCTAD, Commodities at a Glance: Special Issue on Rare Earths (2014).

6. 미국 하원 과학기술 위원회 "희토류와 21세기 첨단산업" 청문회, p. 5.

7. 박인섭·송재두, "중국 희토류산업정책의 변화와 정책적 함의," 『무역상무연구』 71 (2016), pp. 297–324.

8. Ibid., p. 304.

9. International Energy Agency (IEA), The Role of Critical Minerals in Clean Energy Transitions (Paris, France: IEA, 2020).

10. John Seaman, "Rare Earths and Clean Energy: Analyzing China's Upper Hand," IFRI, September 2010.

11. 이창우, "중국 내몽고 포두시의 희토류 열기," 『에너지경제』 2011.03.23. (https://www.ekn.kr/web/view.php?key=69683)

12. Ibid.

13. 미국 하원 과학기술 위원회 "희토류와 21세기 첨단산업" 청문회, p. 53-54.

14. A. Elshkaki & T. Graedel, "Dysprosium, the Balance Problem, and Wind Power Technology." Applied Energy, 136 (2014), pp. 548-559.

15. Ibid.

16. 정웅태 외. 『녹색성장을 위한 희소자원의 개발과 관리 방안』에너지경제연구원, 경제·인문사회연구회 녹색성장 종합연구 총서 11-02-05. 협동연구보고서 11-01 (2011), p. 117.

17. 베릴륨, 티타늄, 크롬, 망간, 코발트, 게르마늄, 니오듐, 백금, 팔라듐, 카드뮴, 주석, 안티모니, 탄탈륨, 텅스텐, 이리듐

18. 정웅태 외. 『녹색성장을 위한 희소자원의 개발과 관리 방안』, p. 118.

19. US GAO (Government Accountability Office). "Rare Earth Materials in the Defense Supply Chain." Briefing for Congressional Committees April 1 (2010).

20. Magnus Ericsson, Olof Löf, and Anton Löf. "Chinese Control over African and Global Mining—Past, Present and Future," Mineral Economics, 33 (2020), pp. 153-181.

21. Tracy You, "Inside China's Capital of Rare Earths," Daily Mail, May 30, 2019 (https://www.dailymail.co.uk/news/article-7082897/Inside-Chinas-capital-rare-earths.html)

22. Keith Bradsher, "Chasing Rare Earths, Foreign Companies Expand in China," New York Times, August 24, 2011 (https://www.nytimes.com/2011/08/25/business/global/chasing-rare-earths-foreign-companies-expand-in-china.html)

23. https://cryptome.org/cn-grab.htm

24. Guillaume Pitron, The Rare Metals War: The Dark Side of Clean Energy and Digital Technologies (Victoria, Australia: Scribe, 2020), p. 139.

25. Ibid., p. 140.

26. Pitron, p. 149.

27. Ibid., p. 140.

28. Ibid., p. 131.

29. Scott Wheeler, "Trading with the Enemy: how Clinton administration armed communist China, "American Investigator (Free Republic), 13 January 2000.

30. Pitron, Rare Metals War, p. 147.

31. 'Illegal Fundraiser for the Clinton Made Secret Tape because He Feared Being ASSASSINATED over What He Knew — and Used It to Reveal Democrats' Bid to Silence Him', The Daily Mail, 23 February2017

32. Pitron, Rare Metals War, p. 146.

33. Keith Bradsher, "China Outlines Plans for Making Electric Cars," New York Times, April 10, 2009 (https://www.nytimes.com/2009/04/11/business/energy-environment/11electric.html)

34. Ibid.

35. 박재곤, 네이멍구 바오터우시의 투자유치 활동, 산업연구원, 2021년 8월.

36. Kalantzakos, China and the Geopolitics of Rare Earths, p. 128.

37. 총희토류 산화물 생산 (TREO: Total Rare Earth Oxide) 기준. REO란 희토류 원재료를 분리하여 만들어진다. REO를 가공하면 금속이나 제품으로 만들어진다.

38. 신근순, "국가 산업의 핵심으로 떠오른 '희소금속,' 니오븀, 비스무스 등 8종 수급불안 커." 『신소재경제』 2010.03.05. (http://amenews.kr/m/view.php?idx=2733)

39. Mamula & Bridges, Ground Breaking: America's New Quest for Mineral Independence, p. 20.

40. China Water Risk. Rare Earths: Shades of Grey (Hong Kong, 2016), p. 27.

41. Ibid.

42. Ibid., p. 32.

43. 중국의 백서에 공개된 매장량 수치는 미국 지질연구소(U.S. Geological Survey)가 발표한 수치인 37% (4300만톤)과 약 3배 가까이 차이가 나며, 현재 미국과 중국 두 국가의 매장량 데이터에 대한 이견을 보이고 있다.

44. China Water Risk. Rare Earths: Shades of Grey, p. 6.

45. Ibid., p. 23.

46. Ibid.

47. Jason Lee and Zongguo Wen, "Rare Earths from Mines to Metals Comparing Environmental Impacts from China's Main Production Pathways." Journal of Industrial Ecology, Vol. 21, No. 5 (2016), pp. 1277-1290.

미국·중국 글로벌 자원 쟁탈전

01

자원발發
신냉전 체제

중국의 지배전략과 트럼프 정부의 반격

　　　　　　　　앞선 장에서 중국 희토류 전략의 대전환을 이야기했다. 2000년 이후 중국은 희토류 소재를 활용해 독자적으로 첨단산업에 사용되는 소재, 부품과 완제품을 만들어낼 수 있는 능력을 갖추게 되었다. 2009년 중국이 일본에 대해 단행한 희토류 수출 규제는 총성 없는 전쟁의 시작이었을 뿐이다.

　그날 이후 현재까지 중국의 희토류와 첨단 제조업 연결 전략은 어떻게 진화했을까? 자국 내의 희토류와 희소금속 생산 활동을 줄이고 전적으로 중국에 공급을 의존하던 미국, 유럽, 일본은 어떤 대응을 하고 있을까? 이번 장에서는 2010~2020년 사이 글로벌 희토류 시장의 변화와 중국, 미국,

유럽, 일본의 희토류 대응 전략을 살펴볼 것이다.

2010년을 기점으로 중국은 본격적으로 전기차, 태양광, 풍력, 에너지 저장장치, 드론, 고속철도 등의 첨단 제조업과 그중에서도 특히 해저케이블, CCTV, 슈퍼컴퓨터, 인공위성, 반도체 등 디지털 제품을 집중 생산하기 시작했다. 이러한 전략 산업들을 지속적으로 발전시키기 위해 중국 정부가 최우선으로 추진한 정책은 희토류와 희소금속의 확보였다. 중국은 희토류뿐 아니라 수많은 희소금속들을 세계에서 가장 많이 생산하는 국가다.

그러나 중국 정부는 여기에서 그치지 않았다. 2010년 이후 중국 희토류 전략의 가장 큰 특징은 해외 자원 확보다. 그리고 희토류를 중국 밖에서 중국 안으로 들여오기에 가장 적합한 지역은 아프리카였다. 중국 내에서 생산된 희토류는 이제 수출용이 아니다. 우선적으로 중국의 제조업에 사용하고, 남는 것은 비축하겠다는 전략이다.

중국이 미국과 결별하고 신냉전의 길로 본격적으로 들어서게 된 배경에는 21세기 미래 산업의 원재료를 놓고 미국의 제조업 기반을 정면으로 와해시키겠다는 의도가 자리하고 있다. 이러한 상황이 수년간 전개되었음에도 불구하고, 오바마 정부(2009~2017)의 친중국 노선에는 변화가 없었다. 중국의 희소금속 지배 전략에 맞불을 놓은 것은 트럼프 정부에 들어와서다.

중국이 희토류와 희소금속 비축 제도를 공식적으로 마련해 국내 여러 장소에 비축하기 시작한 것은 2011년이다. 이는 20세기 미국의 모습과 묘하게 닮았다. 전 세계 석유 시장을 지배하던 미국은 영토 내에 대규모로 원유를 비축했고, 국제에너지기구International Energy Agency 회원국들을 통해

서도 원유를 비축하고 유사시 비축유를 방출해 국제 유가의 등락을 마음대로 조정했던 것이다.

중국이 희토류를 무기로 사용한다는 것은 생산량과 수출량을 조절해 가격을 지배한다는 뜻이다. 그동안 중국의 골칫거리였던 희토류 불법 채굴과 불법 수출도 정비했다. 2015년 이후 중국 정부는 6개의 국영 희토류 기업만 생산과 수출을 할 수 있게 수직 통합화를 실시했다.

이러한 전략 변화와 거의 동시에 철강, 구리, 아연, 알루미늄 등 기본금속과 리튬, 코발트, 니켈, 탄탈럼, 크롬, 망간, 백금족, 니오븀, 바나듐 등 희소금속의 확보를 위해 해외 자원 개발 전략을 펼치기 시작했다. 중국 내에서 충분히 생산되는 희토류와는 달리, 이러한 희소금속들은 중국 내의 생산량이 적다. 아프리카, 남미 등에서 미국, 유럽, 일본과 중국 간의 본격적인 자원 쟁탈전이 시작된 것이다. 해외 자원을 놓고 미국, 유럽, 일본과 중국이 치열한 경쟁을 벌이는 현장은 다음과 같다.

- 브라질: 니오븀(90%)
- 칠레, 볼리비아: 리튬
- 콩고민주공화국: 코발트(64%)
- 르완다: 탄탈럼(31%)
- 남아프리카공화국: 인듐(85%), 크롬(43%), 백금족(70%), 로듐(83%), 루테늄(93%), 망간(33%)
- 인도네시아: 니켈(33%)
- 호주: 리튬(44%), 희토류, 철광석

- 미얀마: 희토류

- 아프가니스탄: 구리, 희토류

- 북한: 희토류

- 아프리카(나미비아, 말라위, 앙골라, 탄자니아, 우간다, 마다가스카르, 모잠비크, 부룬디 등): 희토류

그렇다면 생산과 수출이 중국에 집중되어 있는 희소금속에는 어떤 것들이 있을까? 다음은 미국, 유럽, 일본이 특히 우려하고 있는 희소금속들이다(괄호 안의 숫자는 중국의 생산량 비중). 수치가 사뭇 심각하다. 앞에서도 말했지만 21세기 자원 전쟁은 희토류에 그치는 것이 아니다. 희소금속, 더 나아가 기본금속까지 전선이 확대되고 있음을 직시해야 한다.

- 안티모니(87%)

- 비스무트(82%)

- 갈륨(73%)

- 게르마늄(67%)

- 마그네슘(87%)

- 텅스텐(84%)

- 바나듐(53%)

- 중희토류(99%)

자원 확보 무한경쟁

미국, 중국, 유럽, 일본 등은 희토류, 희
소금속과 같은 기술금속이 21세기의 새로운 첨단 산업에서 각국의 경쟁력
과 주도권을 결정할 것이라고 보고, 기술금속의 안정적 확보에 사활을 건
쟁탈전을 벌이고 있다.[1] 산업적, 경제적 중요성으로 볼 때 쟁탈전의 제1순
위는 영구자석용 희토류다. 2040년까지 디스프로슘은 27배, 네오디뮴은 7
배 가격이 폭증할 것이 예상된다.[2]

미국은 국내 중희토류 생산을 시작하기 위해 투자 유인책을 내고 인허가
절차를 간소화하고 있다. 일본은 근해의 해저에서 대규모 희토류 매장지를
발견했지만 생산까지는 시간이 걸리므로, 우선은 아프리카, 미얀마, 북한
등의 희토류에 관심을 보이고 있다. 국내 생산분은 비축하고 해외 자원을
확보하려는 중국과 충돌할 수밖에 없는 상황이다. 미국은 최근 말라위의
희토류 개발을 위해 적극적으로 움직이고 있다. 캐나다와 호주는 영국 주
식시장 상장에 성공한 레인보우Rainbow Rare Earths사를 통해 부룬디의 희토
류 개발에 나섰다. 이는 아프리카에서 가장 앞서가는 프로젝트로 보인다.

영구자석에 사용되는 디스프로슘과 네오디뮴 다음으로 관심을 끄는 전
략금속은 배터리에 사용되는 리튬과 코발트다. 리튬과 코발트 역시 중국
의 생산량이 미미해 호주, 남미, 중앙아프리카 등지에서 미국, 중국, 유럽,
일본이 격돌하는 모양새다. 코발트는 니켈보다 2배 비싸고 리튬보다 약
30% 비싸다. 코발트는 생산량의 약 70%가 콩고민주공화국에 집중된다는
것이 최대 불안 요소다.

리튬의 경우 남미의 리튬 삼각지대(칠레, 아르헨티나, 볼리비아)와 호주에서

미국과 중국의 기업들이 용호상박 1, 2위를 다투고 있다. 남미 생산국 현장에서 리튬 개발로 인한 물 부족과 환경오염에 대한 문제가 제기되고 있어, 향후 리튬 공급에 변수가 될 것이다.

미국 CNBC 방송에 의하면, 최근 미군이 철수한 아프가니스탄은 희토류 자원 보유 가치만 1~3조 달러로 추정된다.[3] 2010년 국방부 내부 메모는 현재 세계 최대 매장량을 자랑하는 볼리비아를 능가하는 수준임을 확인해준다.

리튬과 코발트의 불안한 공급 상황 때문에 테슬라Tesla, 토요타Toyota, BMW 등 자동차 제조업체들은 배터리 공급업체와 협력해 배터리의 리튬, 코발트 함량을 줄이고 종국에는 니켈로 완전히 대체하기 위해 노력하고 있다. 일부 전문가들은 2025년 이전에 배터리에서 코발트가 필요 없어질 것이라 예측한다. 배터리 제조에서 니켈 함량이 늘어나면, 니켈 생산량이 많은 인도네시아에서의 경쟁이 치열해질 것이다.

인듐과 갈륨은 반도체 제조와 태양광 패널 제조에 필수적이어서 모든 국가들의 특별 관리 대상이다. 미국, 일본, 유럽은 중국이 집중적으로 생산하는 금속 중에서도 특히 텅스텐, 바나듐, 안티모니에 대한 지속적인 공급 위험 가능성을 제기하고 있다. 해당 선진국들은 희토류와 희소금속 문제를 산업 전략과 병행해서 판단한다. 즉 미래 전략산업에 필요한 금속을 매칭해서 준비하고 있는 것이다.

각국이 첨단 제조업의 주도권 장악이란 목표하에서 기술금속들의 안정적 공급을 위한 다양한 정책을 펼치고 있는 가운데, 공통적인 주요 정책 중 하나가 금속 재활용이다. 폐배터리와 전자제품 등 수명을 다한 제품들에서 희소금속을 회수하거나 화학적으로 재활용하는 '도시광산urban mining' 또는 '금속 재자원화' 정책에 상당한 중요성을 부여하고 있다.

희소금속별 재활용 가능 비중

금속	재활용 가능 비중
텅스텐	42%
안티모니	28%
코발트	22%
백금족 금속	21%
티타늄	19%
인광석	17%
마그네슘	13%
중희토류	8%
경희토류	3%
천연 흑연	3%
게르마늄	2%
바나듐	2%
중정석(Baryte)	1%
붕산염(Borate)	1%
형석(Fluorspar)	1%
천연 고무	1%

출처: "Rare rocks: Reuse and substitutes of critical resources," DW, April 13, 2021 (https://www.dw.com/en/rare-rocks-reuse-and-substitutes-of-critical-resources/a-57148472)

02
미국은 중국 의존에서
벗어날 수 있을까?

주목받는 바이든 전략

2021년 8월 5일, 바이든 대통령은 2030년까지 미국에서 판매되는 신규 차량의 절반을 전기차로 충당한다는 내용의 행정명령에 서명하였다. 바이든 정부의 기후변화 정책은 전기차 전환에 성패가 달려 있다고 해도 과언이 아니다. 미국의 경우, 천연가스 덕분에 발전 부문에 있어서는 많은 성과를 창출했다. 이제는 가스 발전을 재생에너지로 전환하는 일이 남았다.

미국의 에너지 전환은 자동차 부문에서 유독 성과를 내지 못했다. 자동차와 석유가 지난 100년 동안 미국을 정치경제적으로 지탱해 준 힘의 근원이었기 때문일 것이다. 미국의 세계 군사력 배치와 동맹 관계, 세계 경제 운용 등이 모두 석유라는 이익을 지키는 방향으로 구축되지 않았는가.

이제 미국은 석유와 석유를 기반으로 한 20세기의 산업에서 벗어나려고 한다. 아프가니스탄 철군이 이러한 방향 전환을 잘 보여 주는 사례다.

이러한 산업 패러다임과 에너지 전환의 속도와 방향을 두고, 미국에서는 매우 분열적인 노선 투쟁이 벌어지고 있다. 트럼프를 지지하는 세력들은 미국이 압도적 우위를 점하고 있는 자동차산업으로 중국과 다른 경쟁국들을 압도해야 한다는 입장이다. 이러한 주장의 저변에는 전기차와 재생에너지 등 미래 산업의 원료와 산업 생태계가 전무하다시피 한 미국의 상황을 고려할 때, 전기차와 재생에너지를 통해 중국을 압도할 수 없다는 판단이 깔려 있다. 더구나 강력한 석유·가스 권력을 자발적으로 내려놓는다는 것을 받아들이기 힘든 것이다.

바이든 대통령의 전기차 전환 정책에 있어 가장 큰 장애물은 전기차 생산에 필수적인 수많은 희소금속의 공급이다. 20세기 자동차 산업을 장악했던 미국은 전기차 원료인 희소금속을 확보하지 못함으로써, 최강 패권국의 위상 유지에 경고등이 켜졌다.

지각 내 존재하는 금속의 99%는 알루미늄, 철, 구리와 같은 기본금속들이다. 나머지 1%가 희토류를 포함한 희소금속이다. 즉 니켈, 텅스텐, 마그네슘, 리튬, 인듐, 코발트, 백금, 희토류, 갈륨, 티타늄, 지르코늄 등이 희소금속의 면면이다.

희소금속은 21세기의 석유다. 현재는 원료 생산과 소재 부품화와 관련된 산업 생태계가 전적으로 중국을 중심으로 편성되어 있다. 1980년대 이후 희소금속 생산과 관련 기술이 지속적으로 미국, 유럽, 일본에서 중국으로 넘어간 결과다. 단순히 중국의 저렴한 노동력 때문만은 아니었다. 중국

중국 몐양시에 위치한 BMW 생산시설 ⓒWikimedia

내 저렴한 희토류를 사용하기 위하여 애플, 삼성, GM, BMW 등이 모두 중국으로 공장을 이전했다. 미국의 러스트벨트에서 중국으로 이전된 자산의 경제적 가치는 약 4조 달러에 달한다. 이는 독일의 총 GDP와 맞먹는다. 최근 미국 정부는 희소금속 공급망 조사를 마치고 전열을 가다듬고 있다.

중국발 변수

이 시기에 중국의 정치경제적 부상이 본격화하고 재생에너지와 전기차 분야에서 괄목할 만한 성장이 이루어졌다. 중국의 재생에너지와 전기차 시장이 확대되면서 중국 희토류 총 생산량 가운데 내수 비중이 70%까지 늘어났다. 당시는 전 세계적으로나 중국 내에서나, 영구자석용 희토류인 네오디뮴과 디스프로슘 수요가 특히 많이 증가했다. 2005년 이후 중국 정부는 다양한 정책을 동원해 국내 희토류 생산과 수출을 통제하기 시작했다. 그리고 2010년 9월 그 유명한 센카쿠 열도 사건이 일어났다.

그리고 알 수 없는 이유로 중국의 희토류 수출이 지연되기 시작했다. 2009년 연간 5만 톤가량의 희토류 수출 쿼터를 유지하던 중국이 2010년부터 연 3만 톤으로 축소하겠다고 발표했다. 전년 대비 40%나 감소한 수치다. 이로 인해 국제 희토류 가격은 최대 16배 상승했다.

영구자석용 희토류에 대한 수요 급증 시기와 중국의 비공식적인 일본 수출 엠바고로 인해, 2011년 5월에서 그해 말까지 가격은 급등했다. 희토류 공급망의 중국 독점이 현실화된 것이다. 당시 미국, 유럽, 일본의 재생에너지와 전기차, 스마트폰 업체들은 충격에 휩싸였다. 중국발 희토류 리스크로 재생에너지와 전기차 보급에 차질을 빚을 것이란 전망들이 나오기 시작했다. 이때부터 각국은 희토류와 기타 핵심광물critical minerals[4] 리스트를 만들어 위기 관리를 시작했고, 공급망 회복탄력성supply chain resilience 복원 차원에서 우선은 비축된 광물로 공급 중단을 견디면서 대체 공급자와 공급망을 구축하기 시작했다.

중국의 희토류 수출 규제 이후 글로벌 희토류 생산 구도에서 가장 큰 변화는 세계 희토류 생산에서 차지하던 중국의 비중이 2010년 90%에서 2018년 70%로 낮아졌다는 점이다. 2025년경 중국의 비중은 50% 이하로 줄어들 것이라 전망된다. 2019년 전 세계 희토류 생산량 190,000톤 중 중국 밖에서 생산된 희토류가 약 70,000톤이었다. 미국 지질연구소USGS는 2019년 미국의 희토류 생산이 전년 대비 8,000톤 증가해 26,000톤이 되었으며, 이로써 중국에 이어 세계 2위의 희토류 생산국이 되었다고 발표했다. 그 다음이 호주 라이너스사가 소유한 마운트 웰드 광산으로 2019년 현재 20,000톤을 생산했다. 언론 보도에 따르면, 2018년 중국이 약 4만 톤의 희토류를 수입해 최대 수입국이 되었다고 한다.

중국의 무역전쟁 필승 카드

최근 미중 무역 분쟁이 심화되고 있는 가운데 중국이 과연 '희토류 수출 금지 카드'를 꺼내 들 것인가'가 초미의 관심사다. 지금은 2010년이 아니기 때문이다. 그동안 각국은 나름 공급망 다변화 등의 노력을 해왔다. 중국 입장에서, 상대에게 치명적 상처를 입힐 수 없는 카드를 섣불리 쓸 이유가 없다. 그렇다면 서구 선진국들은 그동안 중국 의존에서 얼마나 자유로워졌을까? 수요와 공급이란 수치상으로는, 중국 이외의 많은 생산자가 추가로 희토류를 생산함으로써 공급 다변화가 이루어진 것이 사실이다.

그런데 공급망이라는 관점에서 들여다보면 상황이 달라진다. 미국에서 생산된 희토류 원재료는 고스란히 중국으로 수출된다. 미국 내에서 분리 및 가공 공정을 담당할 시설이 없기 때문이다. 수출된 원재료는 중국 내에서 분리·가공되어, 희토류 산화물의 형태로 미국에 수출된다. 이는 단순 생산량 수치만으로는 희토류 밸류체인과 공급망 리스크를 정확히 알 수 없다는 사실을 적시한다. 이 상태라면 미국이 아무리 희토류를 많이 생산한다 한들, 문제는 그대로라는 의미다.

반면 호주 라이너스사가 생산한 희토류 원재료는 말레이시아 퀀탄 Quantan의 분리가공 시설에서 희토류 소재로 만들어져 일본으로 수출된다. 중국으로부터 자유로운 공급망이다. 하지만 말레이시아 내부에서 환경적 위험성에 대한 사회적 반발이 상당한 리스크로 작용할 것이란 예측이다. 2020년 이후 글로벌 희토류의 가장 큰 쟁점은 특정 희토류 소재 '네오디뮴'과 '디스프로슘'의 공급 부족이다. 이 둘은 중국 정부가 생산과 수출 규제를 하고 있는 희토류이기도 하다. 이중에서도 중희토류로 분류되는 디스프로슘이 가장 문제다.

디스프로슘은 중국 정부의 주 규제 대상인 남중국 간저우시 주변에 다량 매장되어 있으며, 중국 밖에서는 미국 알래스카주와 와이오밍주, 그린란드 등에서만 발견되었기 때문이다. 2013년 이후 급증한 중국 이외 지역(ROW: Rest of World) 희토류는 대부분 경희토류다. 2019년 5월 중국 정부는 미국의 대중 무역관세 인상과 중국 통신장비업체 화웨이에 대한 거래 제한 조치에 대응해, 희토류 수출 제한을 검토했다. 중국이 희토류를 보복 카드로 쓸 것이란 전망이 팽배했다. 그도 그럴 것이, 2010년대 이후 중국은 정치, 경제적으로 다른 국가와 마찰을 빚을 때마다 희토류 카드를 꺼내 들었기 때문이다.

미국과 러시아의 대응

2018년 미국과의 무역 전쟁이 시작되자, 중국 내에서 희토류 카드를 활용해야 한다는 주장이 다시 나왔다. 중국의 무역전쟁 필승 카드 3장 중 첫 번째가 희토류 대미 수출 금지, 두 번째가 2조 달러에 달하는 미국 국채 활용, 세 번째가 중국 시장에서의 미국 기업 추방이다. 미중 갈등이 격화하는 상황에서 미국은 국제 희토류 가격 급등과 밸류체인 급변동 가능성에 대비하고 있다. 미국 정부는 국방부가 전면에 나섰다. 희토류 문제를 국가 안보 차원에서 다루기 시작한 것이다.

2018년 조업이 중단됐던 마운틴 패스 광산의 채굴을 재개하고, 호주 희토류 광산업체 라이너스와 미국 화학업체 블루라인이 합작으로 텍사스 지역에 희토류 분리·정제 공장 건설을 추진 중이다. 미국은 그린란드를 통째로 매입하려는 시도도 했다. 비록 적은 양이지만 그린란드 남부의 크바네필드Kvanefjeld에 중희토류가 매장돼 있기 때문이다.

한편 러시아는 세계 2위의 희토류 매장국이지만, 아직 미개발지로 남아 있다. 2020년 8월 러시아도 희토류 매장지 4개소에 대한 해외투자를 유치한다고 발표한 바 있다.

1983~2005년이 중국의 희토류 독점 시기라면, 지금은 생산과 공급망 다변화의 시기다. 하지만 디스프로슘을 위시한 특정 희토류는 중국 남방 지역에서만 대규모로 생산되기 때문에 중국 의존을 줄이는 것은 매우 어렵고, 중국 밖의 공급망을 구축하는 데도 오랜 시간이 걸릴 것이다. 2020년 8월, 미국은 우주탐사를 통해 희토류를 확보하겠다고 선언했다. 이는 중국 의존에서 벗어나려면 지구 밖으로 나가는 방법뿐임을 보여주는 상징적 장면이다.

03
제러미 리프킨이
틀렸다

21세기 자원 전쟁의 양상

오늘날 우리 사회와 세계를 이해하는 총체적 틀로서 에너지와 디지털 전환을 꼽는 데 반대하는 사람은 별로 없을 것이다. 이러한 개념을 최초로 전달한 사람이 경제학자 겸 미래학자인 제러미 리프킨Jeremy Rifkin이다. 그는 2011년과 2014년에 출판된 저서『3차 산업혁명』과『한계비용 제로 사회』에서 그동안의 자본주의와 정치체제, 국제체제가 자원 집중적인 화석연료 사용에 기반한 것이라 규정하고, 앞으로 40년 안에 태양광과 풍력이 화석연료를 대체하면서 기존의 자본주의 체제와 정치사회, 글로벌 경제가 새로운 형태로 재편될 것이라고 예측했다.

리프킨은 우리가 맞이할 새로운 세상은 과거처럼 희소한 자원을 놓고 싸

우지 않고도 번영을 꾀할 것이라고 했다. 이것이 에너지 부문의 혁명이 디지털 부문과 결합해 나타나는 3차 산업혁명이라는 것이다. 신재생 에너지, 사물인터넷IoT, 블록체인 등의 혁신에 힘입어 재화와 서비스의 생산 및 제공 비용이 거의 제로로 줄어드는 사회로 진입할 것이라는 주장이다. 2014년에 출판된 에릭 슈미트 구글 회장의 저서 『새로운 디지털 시대』는 에너지, 디지털 전환을 우리 시대 지배적 사고의 틀로 자리 잡게 하는 데 큰 공헌을 하였다.

최근 이러한 에너지와 디지털 전환에 대한 낙관적 시각에 의문을 제기하는 주장들이 힘을 얻고 있다. 2017년 네이처지에 실린 한 논문은 저탄소 사회로의 전환이 막대한 양의 금속과 광물을 필요로 하는 변화임을 강조하고, 온실가스를 줄이기 위한 기후변화가 역설적으로 전 세계적인 광산 개발 붐을 가져오고 이로 인한 또 다른 환경 폐해가 늘어나고 있다고 경고했다.

이러한 주장을 뒷받침하듯이 2021년 5월 국제에너지기구IEA는 금속과 광물에 대한 특별보고서에서 향후 지구 온도 상승을 1.5도로 제한하기 위해서는 2020~2040년 리튬 수요가 40배, 흑연, 코발트, 니켈의 수요는 25배, 희토류의 수요는 7배 폭증할 것이라고 예측했다. 이러한 예측들은 최근 시장 변화에서 사실로 확인되고 있다. 전기차, 태양광 패널, 디지털 제품 등의 주요 소재인 구리, 알루미늄, 니켈, 아연 등의 기본금속 가격이 일제히 폭등하는 그린플레이션 현상이 등장하고 있기 때문이다. 천연가스 가격도 덩달아 오르고 있다. 전기차 제조와 금속 가공 과정은 엄청난 전기를 필요로 하기 때문이다.

19세기 말 강대국들은 자원 확보를 위해 '아프리카 쟁탈전'을 벌였다. 2009년 이후 세계는 다시 자원 쟁탈전에 돌입했다. 21세기의 새로운 아프리카 자원쟁탈전A New Scramble for Africa의 포문을 연 것은 중국이고, 뒤늦게 미국과 유럽이 뛰어들고 있다.[5] 1973년 소련의 지도자 브레즈네프 Leonid Brezhnev가 한 말이 다시금 떠오른다. "우리의 목표는 두 개의 거대한 보물창고를 통제하는 것이다. 서방이 의존하는 페르시아만의 에너지 보물창고와 중부 및 남부 아프리카의 광물 보물창고 말이다."

미국, 유럽, 일본 등은 그때나 지금이나 중앙아프리카의 구리와 콜탄(탄탈럼), 남아프리카의 크롬, 코발트, 백금족 광물, 망간 등을 탐냈다. 세상은 많이 변한 것 같지만, 자원 공급의 기본 구조는 19세기나 냉전시대나 21세기나 별로 변한 것이 없다. 새로운 자원 쟁탈전이 에너지 전환과 디지털 전환의 결과라는 점이 놀라울 뿐이다.

Again 아프리카 쟁탈전

19세기 국제 질서의 가장 큰 특징은 영국과 독일 간의 패권 경쟁이었다. 당시 영국은 지금의 미국과 비슷하게 자유시장 경제체제에 기반해 산업혁명을 주도하였으며 기술적으로 우월했다. 반면 독일은 후발 산업국으로서 현재의 중국과 유사하게 정부 주도의 산업화 전략을 펼쳤다. 즉 금융기관들에 영향력을 행사해 자국 산업을 보호·육성하였으며 영국의 산업화와 기술을 추격하고 모방하는 전략을 펼쳤다. 19세기 말로 오면서 금융과 자유무역을 표방하던 영국의 제조업 경쟁력이 약화되고 독일의 제조업 기술이 약진하면서 영국이 독일의 성장

방식에 문제를 제기하고 무역과 관세 전쟁 등의 형태로 본격적인 영국—독일 패권 경쟁이 시작되었다.[6]

두 강대국 사이의 무역, 기술, 군사 경쟁은 에너지, 자원, 광물, 식량의 확보를 위해 당시 최고의 신흥 시장이자 자원 공급지인 아프리카 쟁탈전으로 확대되었다. 1884년 독일의 재상 비스마르크는 아프리카 분할과 개발을 논의하기 위해 미국과 13개 유럽 국가들을 소집해 '베를린 회의Berlin Conference'를 개최했다. 영국의 이코노미스트지는 이러한 강대국들의 움직임을 '아프리카 쟁탈전scramble for Africa'이라 명명했다. 100년전 독일의 아프리카 자원 확보 노력은 오늘날의 중국과 매우 비슷하다.[7]

냉전이 종식되고 아프리카의 많은 국가들이 식민지에서 벗어나 독립국으로 거듭났다. 미국이 주도하는 '워싱턴 컨센서스'와 자유주의 국제질서 속에서 다양한 개발 원조와 투자가 이루어졌지만, 여전히 아프리카는 국제질서의 변방에 머무르며 서구의 자원 공급지로 전락했다.[8]

20세기 내내 유럽, 캐나다, 미국의 자원 메이저 기업들이 아프리카 광산과 자원을 지배했다. 보어전쟁의 여파가 가시지 않은 1904년, 남아프리카공화국의 금광 개발에 투입될 노동력은 절대적으로 부족했다. 그로부터 2년 동안 총 64,000명의 중국인 노동자들이 남아프리카에 수입되었다. 그들은 1906년 전체 비숙련 노동자의 34%를 차지했다.

중국인 노동자들은 3년 계약 조건으로 이주했는데, 계약 기간이 끝나가자 다수의 중국인 노동자를 이민자로 받아들여야 하는 상황이 발생했다. 정치적 논란 끝에, 1910년 모든 중국인 이주 노동자들이 중국으로 송환되었다. 그리고 100년이 지난 21세기, 중국인들이 다시 아프리카로 돌아오고 있다. 이번에는 투자자의 자격으로서다.[9] 중국은 자체 생산량만으로 급증한 자원 수요를 감당할 수 없게 되자, 외국인 직접 투자FDI라는 형태로 아프리카의 광활한 미개척 자원과 광산으로 몰려들고 있다.

자원 전쟁이 진짜 전쟁으로

자원 수요가 급격히 증가하면서 자원 공급이 정체되고, 각국 정부와 기업이 경쟁적 확보에 나설 때, 국가 간 갈등이 일어날 가능성이 팽배해진다. 역사상 많은 전쟁은 강대국의 자원 쟁탈전과 관련되어 있다.

중상주의 시대에는 금, 은, 향료에 대한 수요가 급증했다. 당시 자원을 통제하고 있던 주요 강대국인 포르투갈과 스페인은 떠오르는 강대국인 네덜란드, 영국, 프랑스의 도전에 직면했다. 19세기 제국주의 시대에 유럽의 강대국은 석유와 광물을 놓고 경쟁했고, 자원 확보를 위해 새로운 식민지 개척의 물결이 일어났다. 자원의 독점적 확립을 위한 국가 간 경쟁은 외교 갈등과 전쟁으로 이어졌다.[10]

당시 두 차례의 중요한 자원 전쟁이 발발한 장소는 남아프리카공화국과 중앙아프리카의 구리 광산이 밀집해 있는 잠비아, 르완다, 콩고공화국 등이다. 당시 영국은 광산 기업가 세실 로즈Cecil Rhodes의 종용으로, 오늘날의 남아프리카공화국인 트랜스발Transvaal Republic 금광 개발권을 장악하기 위해 보어전쟁을 일으켰다.[11] 중앙아프리카 구리벨트 지역에서는 영국과 벨기에가 구리 광산 지배권을 놓고 한판 붙었지만, 다행히 1885년 베를린 회의에서 합의한 경계를 통해 전쟁으로 치닫지는 않았다.

잠비아 은창가Nchanga 노천 구리 광산 ⓒWikimedia

　가장 중요한 자원 전쟁의 한 장면은 제2차대전의 진주만 공격이다. 일본은 미국과 영국이 장악한 말라야와 네덜란드 동인도 지역을 군사적으로 장악하고자 했다. 1937~1941년 일본이 중국을 군사적으로 침공하자, 미국은 일본에 대한 석유 및 고철 선적 금지 등 자원 공급을 제한했다. 일본에게 석유와 광물 자원을 제한하는 것은 전쟁 수행뿐 아니라 국가로서의 존립 자체를 위협하는 것이었다. 일본은 자원 공급 루트를 확보하기 위해 서태평양 지역에서 미국과 대립할 수밖에 없었다. 일본으로서는 미국을 공격할 만큼 필사적이었다는 의미다.[12]

　냉전 기간 중에도 미국과 소련은 아프리카와 중남미 국가들을 상대로 자원 전쟁을 벌였다. 소련은 중앙아프리카의 구리와 콜탄(탄탈럼), 남아프리카공화국의 크롬, 코발트, 백금족 광물Platinum Group Metals, 망간 등을 통제해 서방세계를 취약하게 만들고자 했다. 소련에 대응하기 위해 미국은 로디지아와 남아프리카공화국 정치에 지속적으로 개입했고 백인 소수자 정권을 지원하는 정책을 펼쳤다. 미국 정부의 버드 수정안(Byrd Amendment: 1971~1976), 레이건 행정부의 남아프리카공화국 아파르트헤이트 체제 지원(1981~1986) 등은 모두 전략 광물에 대한 접근을 유지하려는 전략이었다.

미국은 1977년 자이르(현재 콩고민주공화국)의 모부투 독재 정권을 대신하여 구리와 코발트 광산이 위치한 샤바(카탕가)주를 군사적으로 보호하였다. 친소련을 표방하는 앙골라 및 쿠바가 지원하는 반군세력이 호시탐탐 자이르 정부의 구리 및 코발트 광산을 노렸기 때문이다.[13]

04
2010년 이후
글로벌 희토류 시장 변화

중희토류 개발 붐

2010년 중국의 희토류 수출 규제 이후 전 세계적인 희토류 개발 붐이 일어났다. 중국 밖에서 200개의 개발회사가 탐사를 시작한 것이다.[14] 이들의 탐사 대부분은 프리미엄 가격이 형성된 중희토류 '디스프로슘'과 경희토류 '네오디뮴'을 목표로 했다. 두 가지 희토류에 대한 2007~2015년 기간의 가격 변동은 해당 희토류의 고갈과 희소성을 반영한 것이다. 세계적으로 희토류 광산이 개발되자, 중희토류 소재에 비해 경희토류 소재들이 초과 공급되는 경향이 발생했다. 이러한 상황은 란탄과 세륨의 가격 변화에서 잘 나타난다.

영구자석에 필요한 네오디뮴, 디스프로슘, 프라세오디뮴 중 공급 리스크가 가장 큰 것은 디스프로슘이다. 이와 같은 현실을 반영하듯이 중국의 생산과 수출 규제 과정에서 가장 가격 급등이 심했던 것 또한 디스프로슘이었다. 2003년 5월 kg당 35달러였던 디스프로슘 가격은 2011년 2월에 kg당 375달러, 같은 해 12월에는 3,500달러까지 치솟았다. 가격이 안정된 2020년 8월 현재에도 여전히 350달러 내외를 유지하고 있는데, 이는 다른 소재의 10배에 가깝다.

디스프로슘 가격에 프리미엄이 붙는 이유는 매장량과 생산량 비중이 적은 중희토류이기 때문이다. 글로벌 매장량과 생산량에 있어 경희토류와 중희토류의 비율은 약 18:1이다. 경희토류 가운데 가장 풍부한 세륨은 2020년 8월 현재 kg당 가격이 1.9달러에 불과하다. 세륨 다음으로 풍부한 란탄은 4.5달러다. 네오디뮴과 프라세오디뮴은 2020년 8월 현재 kg당 67달러와 88달러로 경희토류 중에서는 고가에 속한다.

중희토류 가운데 유로퓸, 에르븀, 테르븀이 각각 kg당 30달러, 22.5달러, 665달러에 거래된다. 유로퓸은 형광체로서 텔레비전 스크린과 LCD 모니터, 가스램프 등에 사용되어 왔으나 LED 전구가 일반화되면서 수요가 감소하고 있다. 최근 수요 증가세에 있는 경희토류 네오디뮴과 중희토류 디스프로슘은 호주의 마운틴 웰드 광산에서도 생산된다.

중국 비중 감소하다

최근 글로벌 희토류 생산 구도에서 가장 큰 변화는 중국의 비중이 2010년 90%에서 2018년 70%로 낮아졌다는 점이다. 중국 외 지역ROW 비중 확대에 가장 큰 역할을 한 희토류 기업은 호주의 라이너스Lynas Corp.사다. 라이너스는 2013년 1,000톤에 불과하던 희토류 생산량을 2018년 19,000톤까지 끌어올렸다. 호주 최대의 희토류 기업이자 상장 기업인 라이너스는 서호주의 마운트 웰드 광산을 운영한다. 다만 환경 문제로 인해 국내에서는 원재료만 생산하고, 분리 및 가공은 말레이시아에서 처리한다. 라이너스는 중국 밖에 있는 디스프로슘과 네오디뮴 최대 기업이다.[15]

2009년 국영기업인 중국비철금속광업사CNMC: China Nonferrous Metal Mining Co.가 라이너스를 인수하려고 시도했으나, 호주 정부의 거부로 무산된 적이 있다. 중국에 희토류 공급의 90% 이상을 의존하고 있으며, 2010년 수출 규제의 매운맛을 보았던 일본도 호주에 눈독을 들였다. 2011년 희소금속 확보를 위해 창립된 국영기업 JOGMACJapan Oil, Gas and Metals National Corporation과 무역상사 소지츠Sojitz가 공동으로 2억 5천만 달러를 투자해 마운트 웰드 광산에서 생산을 시작했다. 이제는 라이너스사가 일본 희토류 수요의 30%를 공급하게 되었다.

디스프로슘 수요는 2010년 1,500톤에서 2020년 2,400톤으로 증가했다. 이런 추세를 감안하면 2050년에는 최소 14,000톤이 필요해지므로 중국 밖의 공급을 확보하는 데에는 상당한 어려움이 따를 것으로 판단된다. 2020년 현재 약 2,400톤의 디스프로슘이 생산되는데 여전히 중국의 비중이 압도적이다.

현재 새롭게 개발된 중국 밖 희토류 광산들은 대부분 2010년 중국의 수출 규제 이후 일어난 희토류 개발 붐의 산물이다. 문제는 희토류 광산은 하루아침에 뚝딱 만들어지는 것이 아니란 것이다. 개발부터 상업적 생산까지 최소 10년 이상이 걸린다. 그래서 예전에 폐광된 광산들에서 생산을

디스프로슘 공급 현황, 2013~2020(단위:톤)

지역		2013	2014	2015	2016	2017	2018	2019	2020
중국	남부	1350	1350	1350	1350	1350	1350	1350	1350
	북부	155	155	155	155	155	155	155	155
러시아	Lovozersk	3	5	5	5	5	5	5	5
	Kuttesay II	–	–	–	–	–	–	–	–
브라질	Buena Norte	–	–	–	–	–	–	–	–
호주	Mt. Weld	50	50	50	50	50	50	50	50
	Nolans	34	34	34	34	34	68	68	68
	Dubbo	22	22	31	31	31	31	31	31
미국	Mt. Pass	6	6	10	10	10	10	10	10
	Bear Lodge	–	–	20	20	20	20	20	20
	Deep Sands	–	71	71	71	71	71	71	71
캐나다	Thor Lake	–	–	158	315	315	315	315	315
	Hoidas Lake	–	14	14	18	18	18	18	18
	Strange Lake	–	–	–	205	205	205	205	205
	Benjamin Riv.	–	–	–	–	–	–	–	–
	Douglas Riv.	–	–	–	–	–	–	–	–
남아프리카	Steenkampk	34	34	34	34	34	34	34	34
	Zandkopsdrift	–	–	–	55	55	55	55	55
그린란드	Kvanefjeld	–	–	–	–	–	–	–	–
	Sarfartoq	–	–	–	–	–	–	–	–
스웨덴	Norra Karr	–	–	–	–	–	–	–	–
말라위	Kangankunde	3	3	3	3	3	3	3	3
합계		1660	1767	1957	2378	2378	2412	2412	2412

출처: S. Hoenderdaal, L. T. Espinoza, F. Marscheider-Weidenmann, and W. Graus, "Can a Dysprosium Shortage Threaten Green Energy Technologies?" Energy 49 (2013), p. 353.

재개하는 방법이 관심을 받고 있다. 특히 노천광산의 경우 상업 생산의 시간을 대폭 단축할 수 있다.

50여 개의 희토류 개발 기업들이 전 세계에서 탐사를 진행하고 있지만, 대부분은 경제성이 떨어져 포기하는 수순을 밟는다. 다른 자원과 달리, 희토류는 채굴 자체보다 화학적 가공이 필요한 분리separation 단계에서 어려움에 직면한다. 또한 희토류 생산 시 함께 채굴되는 토륨, 우라늄 같은 방사성 폐기물을 처리할 시설을 어떻게 마련하느냐 하는 것도 관건이다. 중국의 희토류 가격이 저렴한 이유는 이러한 환경 비용을 가격에 반영하지 않았기 때문이다.

수백 개의 희토류 광산들이 개발되었지만 최종 개발에 들어간 것은 소수에 불과하다. 우선 상업적 경제성이 있어야 하고, 여기에 정부의 적극적 지원과 투자자라는 세 박자가 갖춰져야 하기 때문이다. 아직 미개발 상태이지만 해저에도 대규모 희토류가 매장되어 있고 이는 대부분 중희토류 계열이라고 한다.

향후 공급 갭을 줄이기 위해서는, 호주가 네오디뮴과 디스프로슘을 생산하는 동안에 추가 프로젝트가 활발한 생산 활동에 들어가야 할 것이다. 현재 진행되는 프로젝트들은 대부분 네오디뮴과 디스프로슘 개발에 초점을 두고 있으며, 2025년까지 250~300톤의 생산이 가능한 사업들이다.[16]

대표적 프로젝트들은 다음과 같다.

- 노던 미네랄스Northern Minerals사의 브라운스 레인지Browns Range 프로젝트
- 알케인 리소시즈Alkane Resources사의 두보Dubbo 프로젝트
- 아라푸라 리소시즈Arafura Resources사의 놀란스Nolans 프로젝트
- 헤이스팅 테크놀로지 메탈Hasting Technology Metal사의 양기바라 Yangibara 프로젝트

디스프로슘과 관련해 가장 관심을 끄는 지역은 그린란드의 크바네필드Kvanefjeld로, 주목받기 시작한 시점은 2007년으로 거슬러올라간다. 호주 기업 그린란드 미네랄스Greenland Minerals사가 크바네필드 개발권을 사들였고, 2015년 5월에 처음으로 개발 실행 가능성 보고서가 나왔다. 2016년 말 자본금 25조 원의 세계적 희토류 개발 회사인 중국의 성허 리소시스Shenghe Redources가 지분 투자를 하면서 개발이 급물살을 탔다.

성허 리소시스는 중국 쓰촨에 본부를 두고 있으며 주로 쓰촨과 중국 남부의 간시성 중희토류를 개발하는 회사다. 규모면에서는 세계 2위에 해당한다. 2016년 중국 정부는 희토류 산업을 6개의 공기업 체제로 단일화했는데, 이때 만들어진 국영기업 치날코Chinalco: the Aluminum Corporation of China의 자회사격이다.

2015년 이후 중국은 해외 희토류 광산 확보에 본격적으로 나섰다. 성허 리소시스사는 호주와 아프리카에서 50여 개의 희토류 개발 사업들을 검토했고, 그 결과 유일하게 사업성이 있다고 판단한 곳이 바로 그린란드 크바네필드다. 2018년 8월 그린란드 미네랄스사와 성허 리소시스는 양해각서를 체결했다. 성허 리소시스가 그린란드 미네랄스로부터 32,000~34,000톤의 희토류 산화물을 오프테이크로 구매한 후, 중국 내에서 화학적 가공을 하기로 합의했다.

일본-호주 간 희토류 협력은 트럼프 정부 출범 이후 미국-일본-호주 희토류 삼각동맹으로 확대되었다. 2017년 12월 트럼프 대통령은 주요 광물들에 대한 국가의 취약성을 줄이는 행정명령에 서명하고, 2018년 2월에는 호주 총리와 '희소금속과 희토류 공동 탐사개발 · 가공'에 대한 협약을 체결했다. 이는 2018년 12월 미국 지질연구소와 호주 자원연구소 Geoscience Australia 간 협력 체결로 이어졌다. 라이너스는 미국의 화학회사인 블루라인Blue Line Corp.과의 협력하에 텍사스 샌안토니오에 호주 마운트 웰드에서 생산된 희토류 원재료를 분리·가공하는 시설을 갖추기 위한 준비를 하고 있다.

미국 정부는 중국이 '중국 제조 2025 계획'에 의해 영구자석 생산을 빠르게 늘려나가는 것에 주목하고 있다. 영구자석 시장은 현재 16조 원(US$ 14billion) 규모이지만 2027년에는 2배로 늘어날 것으로 전망된다. 현재 중국이 공급량의 60%를 지배하고 있어, 중장기적으로는 미국 내에 영구자석 원재료 채굴·가공에서 제품 제조까지 공급망을 갖춰야 한다고 보고 있다. 미국은 2019년 12,000톤의 영구자석 제품을 수입하였다. 세계 시장의 8%에 해당하는 규모다. 미국의 영구자석 수요가 이런 상태를 유지한다면, 2027년 추가로 7,000톤을 더 수입해야 한다.

중국의 희토류 전략 대전환

중국은 수출 쿼터제와 수출관세를 무기로 사용하고 있는데, 이는 경제개발계획과 밀접하게 연결되어 있다. 중국은 이제 희토류 부품과 완제품 등 국내 다운스트림 산업과 하이테크 제조업을 목표로 하고 있다. 12차 경제 5개년 계획(2011~2015)에는 중국을 재생에너지의 주요 생산국으로 변화시키기 위한 야심찬 목표가 포함되어 있었다. 방대한 양의 재생에너지를 비롯해 국가의 에너지 믹스를 다양화하려는 중국의 계획을 감안할 때 희토류는 이제 녹색에너지 응용 프로그램의 성공 여부를 가르는 핵심 요소가 되었다. 2011년 국토자원부 차관인 왕민Wang Min은 "희토류는 현대 산업의 비타민이며 중국의 21세기 신소재 보물창고"라고 말했다.

2014년 세계무역기구WTO는 중국의 희토류 수출 쿼터와 수출관세가 세계무역기구 규정에 위배된다는 판정을 내렸다. 따라서 2015년 1월과 5월 중국의 희토류 수출 쿼터제와 수출관세는 모두 철폐되었다. 중국의 희토류 수출량은 2014년 27,640톤에서 2016년 46,562톤, 2018년 53,026톤으로 점차 증가하였고, 평균 수출 가격도 2014년 kg당 12.82달러에서 2018년 9.69달러로 하락했다.

2016년 10월 발표된 희토류 산업 5개년 계획에서, 중국 정부는 희토류 생산량을 14만 톤으로 제한하고 6개의 희토류 국영기업만 생산할 수 있도록 할 것이며, 수출은 쿼터가 아닌 허가제 등의 방법으로 2025년 이후까지 계속 줄여 나갈 것이라고 선언했다.

이에 따라 중국 전역의 22개 희토 광산과 54개 제련 분리 기업에 대한 통폐합이 이루어졌고, 2016년 말에는 6대 희토 그룹의 구도를 갖추었다. 중국우쾅그룹, 중국알루미늄그룹, 북방희토그룹, 샤먼텅스텐그룹, 남방희토그룹, 광둥희토그룹이다. 이는 희토류 개발로 인한 환경 피해를 최소화하고, 향후 두 자리 숫자로 늘어나는 국내 수요를 충당하겠다는 전략이다.

2005~2020년 다양한 산업에서 희토류 사용이 늘어나면서 수요는 지속적으로 증가했다. 2018년까지 중국의 생산 쿼터가 늘어나긴 했지만 연 120,000톤 수준을 유지하였다. 2018년 중국 정부의 공식 발표에 의하면 2018년 희토류 생산량은 112,000톤이었는데 내몽골 바오터우 지역에

희토류 주요 생산국과 생산량, 2018~2019 (단위: 톤)

국가	2018년	2019년
중국	120,000	132,000
미국	18,000	26,000
미얀마	19,000	22,000
호주	21,000	21,000
인도	2,900	3,000
러시아	2,700	2,700
마다가스카르	2,000	2,000
태국	1,000	1,800
브라질	1,100	1,000
베트남	920	900
부룬디	630	600

https://www.statista.com/statistics/268011/top-countries-in-rare-earth-mine-production/ (검색: 2021년 10월 5일)

중국 vs. 중국 외(ROW: Rest of World) 희토류 생산량 추이, 2013~2018(단위:톤)

	2013	2014	2015	2016	2017	2018
중국	93,800	105,000	105,000	105,000	105,000	120,000
ROW	18,000	28,000	38,000	44,500	64,500	74,500

출처: N. A. Mancheri, B. Sprecher, G. Bailey, J. Ge, and A. Tukkera, 2019, "Effect of Chinese Policies on Rare Earth Supply Chain Resilience," Resources, Conservation & Recycling, 142 (2019), pp. 101-112.

서 69,000톤, 쓰촨 지역 28,000톤, 장시성과 광둥 지역 등 남부 중국에서 11,100톤 그리고 산둥 지역에서 3,600톤으로 구성된다(Argus Media 2019).

중국의 첨단 제조업과 자원 확보

2000년 이후 중국에는 알루미늄, 탄탈럼, 코발트 등의 대규모 정제 및 생산 시설이 설립되었다. 중국이 지난 20년간 탐사한 광물 매장량은 세계 매장량 및 정제 능력보다 빠른 속도로 증가했다. 중국 기업들은 꾸준히 국내의 광물을 탐색하고 발견해 왔다. 예를 들어 '후난 지질 및 광물 탐사 개발국'은 2014년 후난성에서 대규모 아연, 납, 구리 및 은을 발견했다. 또한 주요 구리 광산(Uygun, Xizang 자치구)이 발견되어 개발에 들어가기도 했다. 한 전문지(Mining Engineering Annual Exploration Review)에 따르면 2013년 중국은 전 세계 탐사 예산의 약 4%를 차지했다.

세계 1위는 전 세계 탐사 비용의 약 14%를 차지한 호주, 2위는 약 13%를 차지한 캐나다이다. 해외 광산 개발 비용만으로 따져도 호주와 캐나다는 각각 22%와 21%를 차지한다. 대부분 국가들의 탐사 예산은 2012년에 정점을 찍은 후 2013년에 크게 감소했다. 세계 신규 광산 프로젝트와 관련해서는 캐나다와 호주가 각각 400개로 가장 많고 EU가 200개, 중국이 120개로 4위를 기록했다. 하지만 다른 나라들의 개발 침체와 달리, 중국은 국내와 해외에서 자원 탐사 및 생산, 금속 정제 및 제련 시설에 대규모 투자를 해왔다.

2000년 이후 중국의 원자재 공급과 수요 증가는 경제 성장 속도를 상회했다. 이 기간 동안 구리, 철강, 알루미늄 수요가 연평균 20% 증가했다. 구리 정광과 철광석의 수입은 각각 300%와 500% 증가했다. 2005년부터 2010년까지 중국은 금속 및 금속 제품에 대한 전 세계 수요 증가의 80% 이상을 차지했다. 급속한 도시화에 대응하기 위해, 중국은 2003년 2억 2천만 톤에서 2013년 7억 1,700만 톤으로 철강 생산을 늘렸다. 이러한 기록적인 수요 증가를 감당하기 위해서는 국내 철광석 생산뿐 아니라 해외로부터 대규모 철광석을 수입해야 했다.

자원	1993년	글로벌 비중(%)	2012년	글로벌 비중(%)
구리	3,000,000	1	30,000,000	4
티타늄	30,000,000	11	200,000,000	29
리튬	N/A	N/A	3,500,000	27
망간	14,000,000	2	44,000,000	8
몰리브덴	500,000	9	4,300,000	39
바나듐	2,000,000	20	5,100,000	36
아연	5,000,000	4	43,000,000	17
알루미늄	N/A	N/A	26,900,000	47

출처: USGS, Mineral Commodity Summaries, 1995, 2013, and 2014.

금속	2003년	글로벌 비중(%)	2012년	글로벌 비중(%)
알루미늄	5,450,000	20	20,300,000	44
시멘트	813,000,000	42	2,210,000,000	58
게르마늄	N/A	0	90,000 kg	70
흑연	450,000	61	800,000	68
인듐	100	27	405	52
철광석	261,000,000	23	1,310,000,000	45
리튬	2,500	17	4,500	13
마그네슘 혼합물	1,070,000	31	4,600,000	72
마그네슘 금속	340,000	67	698,000	87
망간	800,000	10	2,900,000	18
몰리브덴	30,600	24	104,000	40
희토류	92,000	93	100,000	91
실리콘	1,970,000	44	5,050,000	65
철강	220,000,000	23	717,000,000	46
티타늄 스펀지	4,100	6	80,000	40
텅스텐	52,000	84	64,000	85
바나듐	13,200	33	39,000	53
이트륨	2,300	거의 100	7,000	거의 100
아연	1,650,000	18	4,900,000	36

주: 중국에서 인듐은 일차적으로 아연의 분리가공 공정에서 생산된다. 인듐 생산량에 대한 데이터는 접근 가능하지 않지만, 미국지질조사국은 중국이 세계 인듐 최대 보유 국가라고 밝혔다. 중국은 탄탈럼의 최대 생산자이기도 한데 정확한 자료는 구할 수 없다.
출처: USGS, Mineral Commodity Summaries, 2005 and 2014.

중국은 이러한 수요 증가 추세가 계속될 것이라고 판단하고 대책을 준비하고 있다. 하지만 여기에는 전제조건이 있다. 이러한 수요 증가 시나리오가 현실화되려면, 중국이 추구하는 경제성장을 뒷받침할 만큼 충분히 높은 임금을 받는 사람들로 도시가 채워져야 한다는 것이다. 이처럼 높은 수준의 소비자 수요가 실현될지는 미지수다. 중국의 경제 성장률은 2000년대 초반 연간 약 10%에서 2014년 약 6%로 상당히 둔화되었다. 그러나 중국의 광물 수요 증가가 글로벌 금속 공급망에 큰 영향을 미친다는 사실엔 변함이 없다.

2012년 미국지질조사국USGS 데이터에 따르면, 1995년 대비 2012년 전세계적으로 철광석과 구리의 생산량이 급증했다. 중국은 여러 광물 및 금속의 1위 생산국이자 주요 수입국이기도 하다. 중국의 구리 생산량은 2003년 이후 2배 증가한 반면 철광석 생산량은 5배 증가했다. 중국의 생산량 증가는 세계 다른 지역을 훨씬 능가했다.

중국은 2003년 시멘트, 흑연, 인듐, 마그네슘 화합물, 마그네슘 금속, 희토류, 실리콘, 텅스텐, 바나듐 및 이트륨 생산에서 이미 지배적인 위치에 올라섰고, 2012년에는 전 세계 총량의 50% 이상을 생산하게 되었다. 중국에는 단일 독점 생산업체가 없지만, 국가 전체적으로 희토류 원소(90%)와 이트륨(99%)의 독점 생산국이 되었다.

망간, 몰리브덴, 바나듐 등은 대부분 도로, 주택, 철도 및 전력망과 같은 제철 및 기반 시설 프로젝트에 사용되었다. 희토류, 리튬, 인듐, 탄탈럼, 갈륨 및 게르마늄은 휴대폰, 노트북, 배터리, 재생에너지 시스템과 같은 고부가가치 전자제품 및 전기차 제조에 사용되었다.

중국은 1980~90년대의 노동 집약적 단계를 지나 광물 및 에너지 집약적인 단계로 들어갔다. 높은 제조업 비율과 고급 철강 생산, 자동차 제조와 같은 중공업 비중이 높아지면서 자원의 수요가 급증했다. 중국은 현재 세계 최고의 자동차 생산국이기도 하다. 철강, 알루미늄과 같은 생산 투입물이 중요한 역할을 한다는 의미다.

중국의 자원 수요는 역대급으로 증가했으며 앞으로도 계속 증가할 것이다. 중국의 중산층 확대로 소비재 시장은 아직도 포화점에 이르지 못했으며, 새로운 거대 도시의 건설과 첨단산업의 확장으로 산업용 금속, 비금속 및 리튬, 인듐, 텔루륨, 코발트, 희토류 같은 첨단 금속에 대한 수요가 늘어날 전망이다.

아래의 표는 2003년부터 2010년까지 알루미늄, 아연, 구리 수요의 급증을 보여준다. 중국의 수요는 이 기간 동안 두 배 이상 증가했으며 전 세계 수요의 거의 두 배에 달했다. 중국은 또한 니오븀과 구리의 가장 빠르게 성장하는 시장으로, 2010년 세계 소비의 25%를 차지했다. 망간 소비량은 2003년 약 2,200톤에서 2008년에는 약 9,000톤으로 증가했다. 바나듐에 대한 중국의 수요는 철강 수요와 유사한 패턴을 보였으며 2003년부터

2003년과 2010년 중국의 금속 수요량 단위: 천톤(괄호 안은 세계 수요량 중 비율)

원자재	2003	2010
알루미늄	5,177.6 (18.5)	12,412.5 (34.5)
구리	3,083.7 (20.0)	7,418.6 (39.0)
아연	2,003.5 (21.0)	5,305.6 (43.0)

출처: World Metals Statistics Yearbook, 2011.

2010년까지 매년 13% 증가했다. 일반적으로 바나듐 수요는 제강과 재생에너지용 신기술인 리튬-바나듐-인산염 배터리에 적용될 가능성이 크므로 2010년에서 2025년까지 두 배로 증가할 것이 예상된다.

2010년 중국은 크롬 광석 수입량의 85%를 차지했다. 중국은 크롬을 주요 원료로 하는 스테인리스강의 세계 최대 생산국이다. 중국의 고부가가치 제품 수출, 도시화 및 미래 산업에 있어 스테인레스강이 큰 부분을 차지함에 따라 크롬 수입은 계속 증가할 것이다. 현재 중국의 인듐 데이터는 쉽게 구할 수 없지만, LCD를 포함한 전자제품과 LED 조명에 사용이 증가했기 때문에 2009년 약 40톤에서 2010년 75톤으로 1년 만에 거의 두 배 증가했다고 추정된다.

2017년 중국의 코발트 제련소는 전 세계 공급량의 60%를 차지했고, 중국 코발트 수요의 77%는 배터리에 사용되었다. 2017년 기준으로 중국은 백금 수요의 약 25%를 차지했고, 자동차 촉매변환기에 사용되는 팔라듐 수요의 25%를 차지했다.

중국의 중요 광물 수입

중국은 메이저 생산국인 동시에 구리, 철광석, 크롬, 망간, 코발트, 탄탈럼, 니오븀, 백금족 원소 및 리튬의 최대 수입국이다. 지난 몇 년 동안 중국이 자원, 특히 철광석을 장기적으로 독점 계약하려 한다는 전 세계적인 우려가 있었다. 중국은 일부 철광석 수입에 대해 장기 계약을 맺고, 일부는 지분 투자나 합작 투자를 했다.

중국의 철광석 수입량은 2016년 처음으로 10억 톤을 돌파했으며 국내외적 상황에 따라 증가와 감소를 거듭하고 있다. 영국계 철강회사인 리오 틴토Rio Tinto는 중국 이외 지역의 수출 시장을 위해 철광석 생산량을 확장하고 있는 것으로 보고되었다.

중국은 대부분의 철광석을 호주에서 수입한다. 지난 10년간 중국의 엄청난 수요 증가로 인해 철광석 가격은 2001년 톤당 12.81달러에서 2011년 187.18달러로 급상승했다. 아래의 표에 의하면, 2003년부터 2012년까지 10년간 칠레로부터 수입하는 구리의 양이 엄청나게 증가했음을 알 수 있다.

광업 부문은 전통적으로 유럽, 북미(미국 및 캐나다), 호주의 다국적 기업들이 지배해 왔다. 중국은 세계 자원시장에서 비교적 신생 국가이지만, 최근 몇 년 동안 해외 자원개발 정책을 통해 세계적인 자원 강국으로 변신하는 데 성공했다.

2003년과 2012년 중국의 자원 수입량 (단위: 톤)

원자재	2003	2012
보크사이트	N/A	39,638,000
크롬	1,780,000	9,290,000
코발트	N/A	166,500
구리	2,670,000	7,830,000
철광석	148,130,000	743,550,000
마그네슘 광석	2,860,000	12,370,000
니켈 광석	8,400	65,000,000

출처: USGS, Minerals Yearbook Volume III, China Chapter.

05
중국의
해외 자원개발 투자

슈퍼 사이클과 해외투자

　　　　　　　　중국의 광물 자원 확보를 위한 해외 진출은 1980년대와 1990년대 초반에 소규모로 시작되었다. 초기의 사업은 주로 철광석 광산 투자였고, 중국의 양대 철강 국영회사인 시노스틸Sinosteel과 바오스틸Baosteel이 주도했다. 중국의 해외투자에 질적인 변화가 일어난 것은 1992년이다. 100% 중국 자본으로 당시 민영화를 추진 중이던 페루의 마르코나 철광석 광산을 인수한 것이다. 아프리카에 대한 투자는 1997년 시노스틸이 남아프리카공화국의 딜로콩Dilokong 크롬 광산을 인수하면서 시작되었다. 글로벌 금융 위기 이전, 중국의 해외 광업 투자는 연간 50억 달러 미만이었다.

　2005년에서 2012년 사이, 중국의 극적인 경제 성장에 힘입어 금속 수요가 폭발적으로 증가했다. 이른바 슈퍼 사이클이다. 이로 인해 자원의 수입 비용도 급격히 증가했다. 중국은 기존 가격 메커니즘에 영향을 주어 철광석 가격을 낮추려고 했지만 실패했다. 이에 중국 정부는 해외 광산을 통제해서 자원 메이저들이 장악하고 있는 자원 시장에 대한 의존도를 줄이려고 했다. 금속과 자원 가격이 상승하자, 중국 국영 기업들은 물론이고 다양한 규모와 형태의 민간 기업들이 대거 해외 광물 투자에 나서는 것이 큰 흐름이 되었다.

중국 국가통계국의 2020년 자료에 따르면, 2010년대 초반에 해외 자원 투자액은 100~150억 달러였고 최대 투자액은 250억 달러였다. 2016년 이후에는 몇 년 간 투자가 크게 감소하여 2017년에는 마이너스를 기록하기도 했다. 중국 지도부가 해외 자원개발에 있어 보다 신중한 태도를 요구했고, 중국 금속의 수요세가 둔화되었기 때문이다. 중국 측의 통계에 따르면

중국의 해외 광물 투자 (단위: 십억 달러)

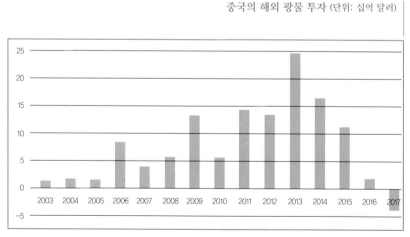

출처: Magnus Ericsson, Olof Löf & Anton Löf, "Chinese control over African and global mining-past, present and future," Mineral Economics, 33 (2020), p. 157.

2003~2017년 중국의 총 해외 광업 투자는 약 1,250억 달러로 같은 기간 중국 전체 외국인 직접투자FDI의 약 14%를 차지했다.

2007년까지만 해도 중국이 통제하던 해외 광산의 숫자는 미미했다. 2005년 중국이 운영하는 해외 광산은 13개였고 실제 건설과 운용 단계에 진입한 프로젝트는 3개에 불과했다. 5년 후인 2010년에는 추가로 15개의 광산이 생산을 시작했고 24개의 프로젝트가 다양한 개발 단계에 있었다. 2010년과 2011년은 슈퍼 사이클의 정점이었다. 중국의 투자가 집중되어 2010년에만 8개의 새로운 광산이 가동을 시작했다. 2013년에 중국의 기업들이 통제하는 전 세계의 광산은 약 60개에 달했다.

사실 정보가 부족해 중국이 통제하는 추가적인 광산은 통계에 제대로 잡히지 않는다. 이러한 광산들은 북한, 인도네시아, 카자흐스탄, 라오스, 미얀마, 몽골, 필리핀, 러시아, 베트남을 포함하여 중국과 국경을 접하고 있는 국가에 위치한다. 선박, 트럭 또는 기차를 이용해 소량씩 중국에 수출할 수 있다는 의미다.

중국에게 가장 중요한 금속은 철광석, 보크사이트, 니켈이다. 위에서 언급한 국가들의 생산량 중 50%가 중국에 의해 통제된다고 가정하면 이들 국가에서 중국이 추가로 확보한 자원은 철광석 5~6백만 톤, 보크사이트 4~5백만 톤, 니켈 약 5만 톤 정도로 추정되고 총 가치는 약 10억 달러에 달한다. 이는 전 세계 광산 생산량의 0.15%에 해당한다.

중국의 자원 확장이 이루어지는 주요 지역은 다음과 같다.

• 호주와 캐나다, 최근에는 라틴 아메리카를 포함한 환태평양 지역

- 남아프리카, 최근에는 서아프리카
- 몽골, 라오스, 북한, 미얀마, 베트남, 타지키스탄을 포함한 인접 국가

중국에게 호주와 남아프리카는 가장 중요한 해외 자원투자 지역이다. 중국이 필요로 하는 철광석과 구리와 같은 대규모 자원을 보유한 주요 광산 국가이면서 투자 기회가 많기 때문이다. 호주의 장점이라면 신생 광산 기업들이 많고 위험한 탐사 및 채굴 프로젝트를 원하는 투자자도 많다는 것이다. 요하네스버그의 증권거래소에 비해, 시드니의 ASX 거래소에는 상장된 주니어 탐사 및 광산 회사가 훨씬 많다.

반면 남아공에는 탐사 및 채광에 필요한 광산 회사, 탐사 및 건설 서비스 회사, 관련 전문가가 많다. 또한 남아프리카 전체로 가는 중요한 관문이라는 이점도 있다. 1990년대 후반 중국이 아프리카에 관심을 갖게 된 것은 잠비아의 광산 민영화 때문이었다. 2000년대 중반에서 2010년대 중반까지, 자원의 슈퍼 사이클 기간에 중국의 최대 투자 국가는 호주였다. 민간 기업, 국유 기업을 가리지 않고 많은 중국 기업들이 열광적으로 호주 자원에 투자했다. 그 외에 지난 몇 년 동안 남미 지역에서 몇 개의 대규모 프로젝트가 생산을 시작했다.

중국 투자자들은 특히 철광석, 구리, 금에 관심이 많았다. 2018년에는 중국 투자자가 전체 또는 부분적으로 지분을 소유한 철광석 광산 10개, 구리 광산 20개(그중 일부는 코발트 생산), 금광 14개가 운영되고 있었다. 이 밖에도 2개의 아연·납 및 4개의 보크사이트 광산이 있었다. 기타 크롬철광, 리튬, 망간, 니켈, 니오븀, 인산염, 백금족 및 우라늄 등의 10개 광산을 소

유했다.

2018년 기준으로 중국 투자자가 통제하는 해외 광산의 생산 가치는 215억 달러였다. 구리는 코발트와 함께 80억 달러를 차지한 가장 중요한 금속이다. 철광석은 미화 49억 달러로 두 번째로 중요한 금속이며 금과 보크사이트가 각각 19억 달러와 14억 달러다. 알루미늄의 원료인 보크사이트는 전체의 7%에 불과하지만 가장 빠르게 성장하는 금속으로, 2014년 대비 14배 증가했다. 철광석에 대한 중국의 통제는 이 기간 동안 감소했으며, 중국 투자자가 통제하는 여러 철광석 광산이 운영을 중단했다.

중국의 해외 자원개발은 중국의 수요 상황을 반영한다. 지난 5년 동안 중국의 알루미늄 생산량 증가와 함께 보크사이트는 중국 투자의 중요한 목표가 되었다. 금에 대한 관심은 아마도 금광이 상대적으로 작기 때문에 플랜트 및 장비나 운송 시설에 많은 투자가 필요하지 않다는 이유도 있을 것이다. 금광에 대한 지속적인 관심으로 2010년경에 라오스와 타지키스탄에서 첫 번째 광산이 가동되었다.

1990년대 후반과 2000년대 초반 중국의 해외 광산 장악률은 0.1~0.2%에서 2014년에는 약 0.8%로 아주 느리게 증가하였다. 2018년에는 3%가 되었다. 이에 비해 호주 기업은 2013년에 전 세계 광산 생산량의 거의 10%를 차지했고, 캐나다 기업은 8%를 차지했다. 중국은 다른 나라에 비해 수입 의존도가 높고, 매년 막대한 수입을 하고 있다는 점을 감안하면 초기 중국의 투자는 놀랄 만큼 낮은 수준이다. 중국은 페루의 라스 밤바스Las Bambas, 콩고민주공화국의 텡게 풍구루메Tenke Fungurume 같은 몇 개의 주요 광산 지분을 인수하면서 해외 자원 통제를 가속화했다.

탐사 및 생산 프로젝트는 하이 리스크, 하이 리턴이다. 중국 해외사업 중 일부는 여러 가지 이유로 중단되었고 심각한 문제에 부딪쳤다. 개발이 지연되는 가장 일반적인 문제는 금속 가격 하락 또는 비용 상승으로 인한 수익성 악화다. 2017년에 중국이 통제하는 해외 자산의 40%가 '비활성'으로 간주된 것으로 추정된다.

중국의 해외 자원개발 투자가 처음부터 원활했던 것은 아니다. 2000년대 초 중국이 해외 자원개발을 시작했을 때, 중국은 대규모 광업에 대한 기술 및 관리 경험이 일천했다. 게다가 그들은 후발 참여자에 불과했다. 정말 매력적인 프로젝트들은 이미 자원 메이저들이 선점했거나 현지 정부의 지원을 받는 국내 기업의 통제하에 놓여 있었다. 해외 광산 프로젝트에 투자할 때의 어려움과 위험을 중국 기업들이 충분히 인지하지 못했을 것으로 보인다.

2004년 희토류와 특수 광물을 수출하는 중국의 국영기업China Minmetals이 글로벌 메이저이자 세계 10대 광산 회사 중 하나인 캐나다 노랜다Noranda의 적대적 인수를 시도했다. 이 입찰은 캐나다의 국가 재산에 대한 공격으로 간주되었다. 캐나다 정부는 제안된 거래가 성사되지 않을 것임을 분명히 했고, 중국의 첫 번째 시도는 무산되었다.

2008~2009년에 중국이 전 세계 광산 생산량의 상당 부분을 통제하게 될 만한 두 번째 초대형 거래가 시도되었다. 국영 중국 알루미늄공사Chinalco가 전 세계 광업 분야의 3대 기업 중 하나인 리오 틴토와 글로벌 동맹을 맺기 위해, 중국이 지배주주가 되는 새로운 합작회사를 설립하려고 한 것이다. 두 회사는 다양한 합작 투자 및 개발 프로젝트를 시작할 계획

이었다.

중국 알루미늄공사는 리오 틴토의 첨단 기술과 국제 네트워크에 접근할 수 있고, 리오 틴토는 빠르게 증가하는 중국의 금속 수요에 대응할 수 있는 윈윈 거래가 될 것으로 생각한 것이다. 리오 틴토는 중국 은행들의 재정적 지원도 은근히 기대했다. 하지만 2009년 6월 호주 당국과 리오 틴토 주주들의 반대에 부딪혀 합작기업 설립이 중단되었다.

비슷한 기간 글로벌 금융 위기가 절정에 달했을 때 캐나다의 비철금속 기업인 테크 리소시즈Teck Resources는 큰 어려움에 처했다. 이때 중국 국부펀드인 중국투자공사CIC가 나서서 15억 달러에 테크의 클래스B 주식을 사들였고 17%의 지분을 확보했다. 회사의 설립자 겸 회장인 노만 키빌 Norman Keevil은 '감사'라는 제목의 2009년 연례 보고서에서 다음과 같이 기대감을 밝혔다.

'중국은 우리 사업에 중요한 시장이다. 우리는 상호 이익을 위해, 시장에서 우리의 입지를 강화하기 위해 귀하와 협력할 기회를 기대한다.'

1995~2018년 기간 동안 중국의 중앙 정부 또는 지방 당국이 소유한 국영 기업과 민간 기업이 세계 광산 생산을 장악했다. 또한 아프리카개발기금CADF과 같은 정부 기관도 있다. 옆의 표는 그중 가장 중요한 회사의 목록이다. 여기엔 뉴욕, 홍콩 및 상하이 증권거래소에 상장된 거대 기업 중국 알루미늄 공사Chalco와 완전한 국영기업 및 펀드도 포함된다.

해외 광산 사업에 참여하는 중국 기업(1995-2018)

해외 사업 수	중국 기업명
2	안후이 대외경제건설그룹, 중국 기계 및 장비 수출 공사, 동중국 광물 탐사 개발국, 중국북공업 등 (총 22개 기업)
3	중국금유한공사, 중국원자력총국, 중국철도건축총공사, 중국해외우라늄 홀딩스, 장시성간펑리튬 주식회사, 구이신국제투자 주식회사, 중국 홍교 그룹, 저장성화유코발트 주식회사, 장시구리주식회사, 진촨그룹 주식회사, 중국야금 등 (총 15개 기업)
4	중국 알루미늄 공사, 낙양몰리브덴 주식회사, 중국국제신탁투자공사, 중국비철금속광업 주식회사, 중국민메탈
5	안산철강 그룹, 바오산철강 주식회사, 허베이강철, 화릉그룹
투자	중국-아프리카 개발기금, 중국국제기금

출처: Magnus Ericsson, Olof Löf & Anton Löf, "Chinese control over African and global mining-past, present and future," Mineral Economics, 33 (2020), p. 171.

이들은 5개의 주요 그룹으로 나눌 수 있다.

- 영세 사업자 및 소규모 민간 사업자

- 민간이 소유한 소규모 회사이지만 산업적으로 운영되는 광산

- 모든 유형의 광산을 보유한 개인 또는 국영 중소기업

- 세계적 수준의 프로젝트를 운영하는 주요 기업(대부분 국영 기업)

- 철광석 확보를 목표로 하는 철강회사

중국의 아프리카 전략

남아공의 딜로콩Dilokong 크롬 광산은 2000년까지 아프리카에서 중국인이 운영하는 유일한 광산이었다. 이는 글로벌 광물 및 금속 생산 가치의 0.009%에 해당했다. 글로벌 광물 및 금속

생산 가치 중 중국의 비중 역시 0.06%로 미미한 수준이었다. 그러나 중국의 자원 장악률은 빠르게 증가했다. 2010년 중국은 가나, 남아프리카공화국, 잠비아, 짐바브웨의 4개 국가에서 광산 생산을 했다. 이 모든 광산에서 중국의 생산량은 글로벌 총 가치의 0.1% 미만이거나 전체 아프리카 생산량의 약 0.5%였다.

2013년이 되자 2010년부터 운영 중이던 일부 광산에서 생산량이 증가했고, 잠비아에 새로운 구리 광산이 문을 열었다. 골드원Gold One은 남아프리카의 금광을 추가로 인수했고, 허베이 강철 그룹HBIS: Hebei Iron and Steel은 팔라보라Palabora 구리 광산을 장악했으며, 마침내 가봉에서 망간 생산이 시작되었다. 전체적으로 중국의 장악률은 글로벌 총 가치의 0.25% 또는 아프리카 총 가치의 2.2%에 달했다.

1995~2018년 중국의 해외 광산 장악률

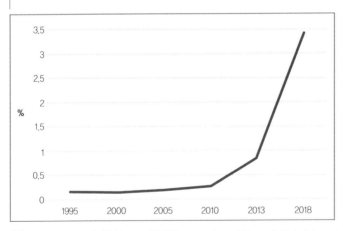

출처: Magnus Ericsson, Olof Löf & Anton Löf, "Chinese control over African and global mining-past, present and future," Mineral Economics, 33 (2020), p. 167.

2013~2018년 사이에 성장이 가속화되었다. 이 기간 동안 중국의 장악률은 글로벌 총 가치의 0.8%, 아프리카 광산 총 가치의 거의 6%가 되었다. 옆의 그래프는 해외 자원 개발이 시작되고 15년 이상의 지연 기간을 거쳐, 지난 10년 동안 기하급수적인 성장을 이루었음을 보여준다.

아프리카 각 국가별로 중국 기업의 장악력을 분석해보면, 중국의 투자가 어디에 중점을 두는지 알 수 있다. 2018년 중국 기업은 잠비아에서 생산되는 광물 및 금속의 총 가치의 12%를 생산했다. 콩고민주공화국의 수치는 24%로 잠비아의 약 2배이다. 중국 기업들이 콩고에 집중한 이유는 그곳에 고품위 구리가 매장되어 있기 때문이다. 콩고의 구리와 코발트 광산에 대해서는 이미 널리 알려져 있었지만, 콩고 국영광업공사Gecamines는 개발하지 않고 수년간 방치하고 있었다. 또 다른 이유는 콩고의 정치적 불안과 인권 상황 때문에 다른 다국적 기업들이 관심을 보이지 않았기 때문이기도 하다.

다국적 기업의 관심에서 벗어난 또 다른 국가는 에티오피아에서 독립한 에리트레아였다. 중국 회사들은 에리트레아 정부와 생산권을 6대 4로 나누는 계약을 맺었다. 기니에서는 중국 기업이 전체 국가 광산 생산량의 37%를 장악했다. 이 수치 자체는 매우 크지만, 잠비아와 콩고민주공화국의 총 채굴 가치는 기니나 에리트레아보다 훨씬 높다. 또한 에리트레아와 기니의 전체 경제에 미치는 영향은 잠비아나 콩고민주공화국에서보다 훨씬 적다.

중국 회사 CITIC이 가봉의 망간 생산량 중 25%를 관리하고 있다. 현재 다른 광산 생산량이 거의 없는 상태여서, 중국 회사가 중요한 역할을 하고 있는 것이다. 콩고(브라자빌)에서는 중국이 통제하는 Mfouati가 유일한 생산 광산이기 때문에 현지 정부에 대한 중국의 영향력이 매우 크다. 반면 가나, 나미비아, 남아프리카공화국은 중국 기업이 통제하는 생산이 전체 국가 생산량에 비해 비교적 적은 편이다.

아프리카에서 중국 기업이 통제하고 있는 중요 금속은 구리, 보크사이트, 코발트, 아연, 금, 망간, 크롬철광, 우라늄 순이다. 아래 표를 보면 중국 전체 해외 생산에서 아프리카가 차지하는 비중과 아프리카 전체 생산에서 중국이 차지하는 비중도 확인할 수 있다.

중국 기업은 주로 콩고와 잠비아에서 강력한 영향력을 행사한다. 아프리카 구리 생산량의 28% 이상, 코발트 생산량의 41%를 통제하고 있다. 지난 10년간의 빠른 성장에도 불구하고 중국의 통제는 전체 아프리카 생산

2018년 중국이 통제하는 생산량(아프리카와 중국 제외 글로벌 생산)

금속	아프리카에서 중국이 통제하는 생산량(MUSD)	아프리카 전체 생산량(MUSD)	중국이 통제하는 글로벌 총생산량[1] (MUSD)	아프리카 전체 생산량 중 중국이 통제하는 비율(%)	중국이 통제하는 글로벌 총생산량 중 아프리카 비율 (world total[1] %)
구리[2]	2902	10,300	7605	28	38
보크사이트	1318	1600	1365	82	97
코발트[2]	901	2200	901	41	100
금[3]	544	30,600	1921	12	28
아연	226	780	816	29	28
우라늄	163	400	163	40	100
망간	189	5800	189	3	100
크롬	102	4800	102	2	100
철광석	0	6000	3306	0	0

주: 1. 중국 이외 지역. 2. DRC 내의 확인되지 않은 중국 업체에 의해 70kt의 구리와 10kt의 코발트가 통제되고 있다고 가정하고 있다. 3. 소규모 수공업은 제외

출처: Magnus Ericsson, Olof Löf & Anton Löf, "Chinese control over African and global mining-past, present and future," Mineral Economics, 33 (2020), p. 175.

량의 30%가 되지 않는다는 사실에 주목할 필요가 있다. 다른 다국적 기업들(Glencore, Barrick 및 First Quantum)이 중국보다 더 많은 구리 생산량을 통제한다.

코발트의 경우, 전 세계 총 생산에서 콩고민주공화국DRC이 차지하는 비중이 크고 배터리 기술에서 코발트가 필수적이라는 사실을 감안할 때 중국의 통제는 매우 우려할 만한 상황이다. 일반적으로 '통제'라는 용어를 사용할 때 적어도 부분적 소유권을 갖고 있음을 의미한다. 그런데 콩고민주공화국의 경우 소규모 영세 기업들이 많다. 중국 상인과 소규모 회사가 영세 기업들의 지분을 다시 사들이기 때문에 실제 중국의 장악력은 우리의 예측보다 더 클 수 있다. 여러 생산량 자료에 의하면 중국의 총 통제량은 최대 41kt 또는 DRC 총 생산량의 50%로 추정된다.

콩고민주공화국 외의 아프리카 국가(마다가스카르, 모로코, 남아프리카공화국, 짐바브웨, 잠비아)에서 생산되는 코발트는 10kt로 추정된다. 잠비아에서 중국이 통제하는 광산은 소량의 코발트(3~4kt)를 생산하며, 다른 아프리카 국가에서는 코발트 생산 광산에 대한 중국의 통제가 없는 것으로 파악된다. 따라서 아프리카 코발트 총생산에 대한 중국의 통제는 50%를 초과하지 않을 것이다.

2018년 아프리카의 통제된 광산 생산량을 기업별로 살펴보자. 1위는 차이나 몰리로 약 13억 달러(아프리카 총 생산량의 1.5%)를 보유한다. 2위는 CNMC로 약 4억 4000만 달러(0.5%), 다음이 지진Zijin과 민메탈스Minmetals로 각각 약 4억 달러, 그리고 진추안Jinchuan이 약 2억 5000만 달러를 보유하고 있다.

기니에서 보크사이트 생산량이 빠르게 증가함에 따라, 홍차오Hongqiao 가 주요 업체로 떠올랐다. 이 회사는 합작회사인 SMB를 완전히 통제하고 있는 것으로 간주되지만, 정확한 소유권 및 당사자 간의 내부 합의가 없어 확인할 수 없으므로 약 10억 달러를 통제할 것으로 추정된다.

망간 가격은 지난 몇 년 동안 치솟았다. 가봉에 위치한 CITIC의 벰벨 Bembele 광산의 생산 가치도 그와 같이 올라갈 것이다. 망간 가격이 계속 높은 수준을 유지한다면 CITIC은 아프리카에서 가장 큰 중국 광산 회사가 될 전망이다. 아프리카의 크롬과 바나듐이 중국이 통제하는 글로벌 총생 산량의 100%를 차지한다는 사실은 주목할 만한 가치가 있다.

일대일로와 아프리카

아프리카의 운명이 바뀌게 된 계기 는 2000년에 창설된 중국-아프리카 협력 포럼The Forum on China-Africa Cooperation: FOCAC이다. 44개 아프리카 국가 정상들이 참여한 이 포럼에 서, 양측은 2000년 당시의 교역량 약 12조 원(100억 달러)을 2010년 120조 원(1000억 달러)으로 늘리기로 합의하였다. 중국과 아프리카 간의 경제협 력이 기존 미국, 유럽의 아프리카 개발과 크게 다른 것은 없었다. 기본적 으로 중국과 아프리카의 경제 협력은 아프리카의 에너지, 광물, 농지에 대한 투자와 제조업의 상품을 수입하는 형태였다.

그렇다면 왜 아프리카는 중국을 파트너로 받아들였을까? 중국이 기존 미국, 유럽의 투자와 달랐던 점은 아프리카의 도로, 항만, 송유관, 전력망 등 인프라에 집중적으로 투자하는 방침을 병행했다는 점이다. 2004년 UN

사무총장 자문관 제프리 삭스 교수는 신문 기고를 통해 '수십년 동안 미국과 유럽이 아프리카 개발과 투자를 주도했음에도 불구하고, 세계에서 가장 넓은 농지를 갖고 있는 아프리카는 식량 위기를 겪고 있으며, 이는 단순히 아프리카 국가들의 거버넌스 문제 때문이라고 보기에는 어렵다'라고 밝혔다. 중국은 미국, 유럽의 '신식민지주의new colonialism' 모델의 개발을 지양하고, 아프리카의 산업화와 경제개발을 도모하는 경제 협력 모델을 제시한 것이다. 중국의 의도까지는 알 수 없으나 표면적으로는 그랬다는 것이다.

중국 정부의 이러한 의지를 드러내는 상징물이 있으니, 에티오피아의 아디스 아바바Addis Ababa에 위치한 아프리카 연합Africa Union 본부 건물이다. 중국은 무상으로 20층 규모의 현대식 건물을 건설했고, 여러 국가들의 채무를 탕감해주기도 했다.

시진핑 정부가 출범한 이후, 일대일로 계획을 통해 중국의 아프리카 전략은 더욱 뚜렷해졌다. 시진핑 주석은 "아프리카의 발전을 저해하는 가장 큰 장애물은 인프라 부족이다"라고 언급하기도 했다. 아프리카 개발은행은 향후 아프리카의 인프라 구축에 소요될 비용이 150조 원에서 200조 원(1300억~1700억 달러)에 이를 것으로 추산한다.

2013년 9월 일대일로 계획이 공식적으로 발표되고 나서, 2014년 5월 리커창 총리는 일주일 동안 케냐, 앙골라, 나이지리아, 에티오피아 4개국을 방문하였다. 에티오피아는 중국이 무상으로 건설해 준 AU 본부를 방문하기 위함이고, 나머지 국가들은 모두 일대일로의 대규모 인프라 사업이 계획된 국가들이다. 특히 14조 원(120억 달러) 규모의 나이지리아 해안철도 사업, 6조 원(45억 달러) 규모의 아디스 아바바–지부티 철도, 13조 원(110억 달러) 규모의 탄자니아 바가모요Bagamoyo 항구 개발 등은 일대일로의 상징적 사업들이다. 철도와 항만 개발은 기본적으로 내륙의 자원을 인도양으로 운반하는 데 필수적인 인프라들이다.

2019년 3월 영국의 이코노미스트지는 2010년대 중국을 포함한 세계 각국들의 움직임이 아프리카 개발 붐을 가져왔다고 밝히며, 이러한 현상을 '신 아프리카 쟁탈전the new scramble for Africa'이라 불렀다. 투자 규모 면에서 여전히 미국과 주요 유럽 국가들이 수위를 차지하고 있었지만, 중국이 빠르게 약진하고 인도, 터키 등이 괄목할 만한 활동을 늘려가고 있음을 알 수 있다. 이코노미스트지는 2010~2016년 기간에 아프리카 전체 지역에 새롭게 개설된 외교 공관 숫자만 320개였다고 한다. 터키는 26개 대표부를 개설하였고, 인도는 2018년 한 해에만 18개를 열었다.

최근 IMF 보고서에 따르면 아프리카는 도시화 등의 측면에서 세계에서

아디스 아바바(에티오피아)–지부티 시티(지부티) 철도 ⓒWikimedia

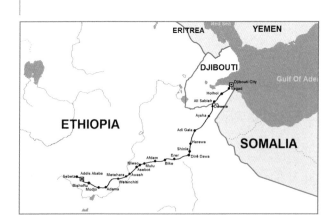

두 번째로 빠르게 성장하는 지역이고, 머지 않아 GDP 규모가 약 5조 달러에 이를 것이라고 한다. 현재 11억인 인구가 2050년이면 2배 이상 증가해 20억 명이 넘게 되고 그 가운데 80% 이상이 도시에 거주하게 되어, 제2의 중국처럼 주요한 소비 시장이 된다는 전망이다.

디지털 실크로드 사업

일대일로 사업은 철도, 도로, 항만, 전력망 등 전통 인프라를 구축하는 프로젝트다. 사업이 시행되고 몇 년 지나서인 2015년부터 중국 정부는 디지털 실크로드Digital Silk Road 사업을 별도로 운용해 왔다. 국가 간 협약과 포럼을 개최한다는 개념은 일대일로와 비슷하지만, 디지털 실크로드는 특히 국가 간 결제 시스템, 데이터센터 구축, 통신망, 광케이블, 해저케이블 연계connectivity를 주요 목표로 하고 있다. 현재 공식적으로 16개국이 참여 중이다.

2020년 코로나 팬데믹 이후에는 비대면 수요와 감염병 초기 진단 등 의료 분야에 있어서의 디지털 수요 급증으로 디지털 실크로드 구축이 우선적으로 앞당겨 추진되고 있다. 아프리카와 같이 인터넷 보급과 디지털 갭이 사회 문제로 대두되는 지역에서는 공공 보건 차원에서 중국의 디지털 분야 기술 기업들이 디지털 경제화를 추진하는 방안이 논의되고 있다.

디지털 전환과 함께 에너지 전환도 가속화됨으로써 희소금속과 광물에 대한 수요 급증이 예상된다. 코로나 팬데믹이 석유와 가스의 시대를 보다 빨리 저물게 할 것이란 예측은 현실이 되고 있다. 석유와 가스의 시대가 가고 재생에너지의 시대가 오면, 에너지를 둘러싼 지정학적 충돌이 사라

중국의 디지털 실크로드 사업 참가국

지역	국가
아프리카	이집트
아시아	한국, 터키, 방글라데시, 라오스
중앙아시아	카자흐스탄
동유럽	체코, 세르비아, 폴란드, 헝가리
유럽	에스토니아, 영국
남미	쿠바, 페루
중동	사우디아라비아, UAE

출처: Eurasia Group, Fudan University

질 것이란 오래된 믿음도 깨지고 있다. 재생에너지와 디지털 시대는 더 많은 희소금속과 광물을 필요로 하며, 이러한 자원은 석유나 가스보다 더 특정 국가와 특정 지역에 치중되어 있다. 미래에는 더 치열한 지정학적 충돌이 예상되는 것이다.

이미 미중 무역분쟁의 회오리가 국제사회를 일촉즉발의 위기 속으로 몰아넣고 있다. 주요 금속과 광물 공급망이 새롭게 재편되는 가운데 구리, 코발트, 콜탄 등 디지털 경제 구축에 필수적인 자원을 두고 미국과 중국의 치열한 경쟁이 가속화될 것이다.

중국의 13차 5개년 계획(2016~2020)

중국은 1953년부터 경제 계획을 발표해 왔다. 글로벌 경제에서 중국의 비중이 점점 커지다 보니, 중국 경제가 어디에 방점을 둘지는 전 세계의 관심사가 되었다. 가장 최근에 종료된 13차 5개년 계획은 환경 거버넌스, 생태계 보호 및 복원, 탄소 감축, 재생에너지 전환의 가속화 등을 강조하고 있다.

2017 REN21(21세기 재생에너지 정책 네트워크) 보고서에 따르면, 중국은 이미 2016년에 신규 풍력 발전 설비의 글로벌 리더였다.[17] 용량 면에서도 최고를 자랑한다. 중국 재생에너지산업협회CREIA, 중국 풍력에너지협회 CWEA 및 세계 풍력에너지위원회GWEC의 이전 보고서는 풍력 발전의 급속한 성장을 보여주었다. 중국의 풍력 발전 연간 시장 성장률은 24%다. 풍력 발전은 2013년에 이미 화력, 수력 발전에 이어 세 번째로 큰 발전원이었으며, 중국 전체 전력의 2.5%를 공급했다. 이는 EU의 8%보다는 낮지만 2012년보다 25% 증가한 수치라는 데 의미가 있다. 풍력 발전뿐 아니라 태양광 발전에 있어서도 중국은 이미 글로벌 리더의 위치에 올랐다.

06
디지털 실크로드,
해저 광케이블 사업

태평양 해저 광케이블 사업

2020년 9월 1일, 구글과 페이스북은 태평양 해저 광케이블PLCN: Pacific Light Cable Network의 노선을 변경한다고 발표했다. 애초에 미국의 로스엔젤레스와 홍콩을 연결할 예정이었지만, 홍콩 대신 타이완과 필리핀으로 연결한다는 것이다. 태평양 해저 광케이블 프로젝트는 2016년 이후 진행되어 왔는데 길이는 총 8,000마일(12,800km)에 달한다. PLCN은 1초당 120테라바이트를 전송할 수 있는 규모로서 LA와 홍콩에서 동시에 8천만 명이 고화질 화상회의를 할 수 있는 시스템이다.[18]

이런 거대 프로젝트의 노선이 변경된 배경은 무엇일까? 미국 법무부는 통신 분야의 안보 리스크를 검토해 왔는데, 최근 연방통신위원회Federal

Communications Commission에 PLCN의 위험성을 알리고 사업 취소를 권고했다. 이와 같은 판단의 근거로 구글, 페이스북의 공동 사업자인 홍콩 기업이 중국 정부와 연루되어 있다는 의혹을 제시했다. 홍콩의 Pacific Light Data Communication Co. Ltd의 모기업으로 알려진 Dr. Peng Telecommunication and Media Group은 중국의 국영기업으로 전 세계 해저 광케이블 공사 수주 4위에 올라 있다.

미국은 2020년 4월에 발표된 클린 네트워크 프로그램CNP: Clean Network Program을 통해 중국과의 디지털 인프라 구축 경쟁을 위해 화웨이 5G 통신 장비부터 중국산 앱과 제품, 클라우드 데이터센터, 네트워크 스토어, 해저 광케이블 등으로 영역을 확대할 것이라 선언했다. 2020년 8월 11일 미국 국무부는 클린 네트워크에 참여한 국가와 통신사 명단을 공식 발표하기도 했다.

PLCN 사건은 미국과 중국 간 디지털 인프라 구축 경쟁에서 해저 광케이블이 새로운 영역으로 등장했음을 알렸다. 동시에 디지털 인프라 구축의 각축장은 동남아, 인도 등 신남방 지역임을 확인하는 것이라 할 수 있다.

클린 네트워크 참여 국가와 통신사

클린 네트워크에 가입한 20개국	알바니아, 호주, 캐나다, 체코, 덴마크, 에스토니아, 프랑스, 그리스, 이스라엘, 일본, 라트비아, 노르웨이, 폴란드, 루마니아, 슬로베니아, 스웨덴, 대만, 영국, 미국, 베트남
클린 네트워크에 가입한 통신 기업 (출처: 미국 국무부)	프랑스 Orange, 인도 Jio, 호주 Telstra, 한국 SK와 KT, 일본 NTT, 크로아티아 흐르 밧 스키 텔레콤(Hrvatski Telekom), 에스토니아 Tele2, 아일랜드 Three, 라트비아 LMT, 네덜란드 보다폰 지고(Vodafone Ziggo), 폴란드 Plus, 싱가포르 싱텔(Singtel), 덴마크 TDC, 영국 오투(O2) 등

해저 케이블의 역사

해저 케이블이 처음으로 설치된 것은 1858년으로, 미국과 영국 사이에 전신telegraph 송수신을 위해 만들어졌다. 영국 빅토리아 여왕과 미국 부캐넌 대통령은 북미대륙과 유럽 간의 역사적 통신 인프라 연결을 축하하는 전신을 교환하였는데 한 글자당 송신에 2분 30초가 소요되어 전체 메시지를 교환하는 데 17시간이 걸렸다. 이후 전화 해저 케이블(Transatlantic No. 1[TAT-1])이 설치된 것은 1956년, 인터넷용 해저 광케이블(TAT-8)은 1988년 처음 설치되었다.

21세기에도 초국가 디지털 인프라의 초석은 해저 광케이블이다. 오늘날 전 세계에는 약 380개의 해저 광케이블이 설치되어 있으며 길이로는 120만 킬로미터(745,645마일)에 달한다. 현존하는 해저 광케이블 인프라의 40%는 2000년 이전에 구축된 것이다. 2000년대 초 닷컴 버블 시기에 해저 케이블 건설 붐이 일어났고, 금융위기 직전인 2007~2008년에도 붐이 있었다. 현재의 붐은 2016년경 시작된 것으로 5G 통신망 구축을 앞두고 데이터 교통량이 늘어나고 클라우드 지역 데이터센터를 연결해야 할 필요가 있는 국가들을 위한 것이다.

전 세계의 70%가 바다이므로 대륙과 대륙을 통신으로 연결하기 위해서는 해저 케이블이 필수적이다. 전 세계 200여 국가 가운데 40개 정도의 국가는 해안선이 없는 이른바 내륙 고립landlocked 국가로 분류된다. 이런 국가들은 국가 간 광케이블terrestrial cable이나 인공위성으로 연결된다.[19]

1990년대까지만 해도 데이터 통신에 있어서 위성통신과 해저 케이블의 비중이 비슷했다. 그러나 스마트폰 보급 등으로 대용량 데이터 수요가 커지자 다량의 데이터를 안정적으로 보낼 수 있는 케이블의 비중이 높아졌다. 현재 인터넷 데이터 전송의 95%는 해저 케이블이 담당한다. 영국의 O3b와 같은 인공위성 인터넷 서비스를 제공하는 기업도 등장했지만, 해저 케이블은 위성에 비해 적은 비용으로 훨씬 많은 데이터를 전송할 수 있기에 해저 케이블 산업과 시장은 전 세계적으로 매우 규모가 크고 경쟁이 치열하다.

해저 광케이블 시장을 주도하는 기업들은 미국의 초대형 인터넷 기업인 구글, 페이스북, 마이크로소프트, 아마존 등이다. 케이블 공사에 있어서는 미국, 일본, 프랑스가 3파전을 벌였는데 최근 중국이 급부상하고 있다. 현재 해저 광케이블망 사업은 미국 TE 서브컴SubCom이 약 40%, 일본 NEC가 약 30%, 프랑스 알카텔 서브마린 네트웍스가 약 20%로 3사가 세계 시장의 약 90%를 점유하고 있다.

해저 케이블 사업에 있어 구글과 페이스북의 적극적인 투자가 눈에 띤다. 2011~2015년 기간 중 완성된 케이블 중 이들 양사가 투자한 케이블의 총 연장 길이는 9천 ㎞였다. 그런데 2016~2020년 완성분에 있어서는 총 연장 길이가 15만 5천 ㎞에 이를 것이라고 한다. 이는 같은 시기에 부설되는 세계 해저 케이블의 3분의 1에 해당한다.

중국의 해저 광케이블 시장 진출

중국은 무려 14개 국가와 국경을 맞대고 있다. 이 가운데 부탄, 아프가니스탄을 제외한 12개 국가와의 사이에 국가 간 육상 광케이블이 설치되어 있다. 해저 광케이블에 있어서는 1993

년 일본과의 연결을 시작으로 현재는 10개의 해저 케이블이 구축되어 있다. 이러한 케이블의 운영자는 중국의 3대 통신 공기업인 차이나 유니콤(중국연합통신), 차이나 텔레콤(중국통신), 차이나 모바일(중국이동통신)이고, 케이블 제조 및 건설 기업은 YOFC, Hengtong, FiberHome, ZTT, TG, Huawei Marine 등이다.

2012~2015년 기간에는 주로 홍콩과 타이완을 연결하는 해저 케이블 공사만 하던 중국 기업들이 2016년 이후 전 세계 해저 케이블 시장의 20%를 점유할 정도로 급성장하였다. 중국의 3대 통신사는 2016~2020년 기간에 인도양과 지중해 등에 13만 8천 km의 해저 케이블을 부설할 계획이다. 구글과 페이스북에 버금가는 규모다.

2015년 중국 정부는 중국의 디지털 통신 기업들의 해외 진출을 적극 권장하는 디지털 실크로드 정책을 발표했는데, 이것이 해저 케이블 분야가 해외에 진출하는 계기가 되었다. 중국 정부는 일대일로 연선 국가들과의 외교 협력을 통해 케이블 사업 진출을 도왔다.

반면 미국과 유럽 등 서구의 인터넷 통신 기업들은 아프리카, 남미, 중동 등의 개발도상국들의 디지털 변환에 맞춘 투자를 하지 않았다. 해저 통신망을 지배하는 국가가 사실상 세계의 데이터 유통을 좌지우지할 것이라고 생각한 중국은 아프리카, 남미 등 일대일로 틀 안의 개도국 시장에 진출해 서구 기업들의 독점에 도전했다. 화웨이는 2008년 영국의 글로벌 마린시스템과 합작으로 화웨이 마린 네트웍스를 설립했다.

화웨이 마린은 2015년 브라질-카메룬 해저 케이블 사업CBCS을 수주해 업계 관계자들을 깜짝 놀라게 했으며, 2018년 9월 남미 브라질과 아프리

중국의 국가 간 육상 광케이블

	방향	교차 경계 지상 케이블	경유지	통신사
1	러시아 및 몽골	중국-러시아	푸위안, 만저우리, 헤이허, 쑤이펀허	중국통신(中國電信), 중국연합통신(中国联合网络通信公司), 중국이동통신(中国移动通信)
2		중국-몽골	얼렌하오터	중국통신, 중국연합통신, 중국이동통신
3	아세안	중국-베트남	핑샹, 둥싱	중국통신, 중국연합통신, 중국이동통신
4		중국-미얀마	루이리	중국통신, 중국연합통신
5		중국-라오스	멍라	중국통신, 중국연합통신
6	중앙아시아	중국-카자흐스탄	후얼거스, 알라산커우	중국통신, 중국연합통신, 중국이동통신
7		중국-키르기스스탄	아투스	중국통신, 중국연합통신
8		중국-타지키스탄	타스쿠얼간 타지크	중국통신
9		중국-파키스탄	타스쿠얼간 타지크	중국통신
10	동남아	중국-인도	야둥	중국통신, 중국연합통신, 중국이동통신
11		중국-네팔	장무	중국통신, 중국연합통신, 중국이동통신
12	동북아	중국-북한	단둥	중국연합통신

출처: China Academy of Information and Communications Technology(CAICT), 2018, White Paper on China International Optical Cable Interconnection, 11.

중국의 해저 케이블 연결 현황

	지역	해저 광케이블	해저 연결 지점	통신사
1	미국	TPE	청도, 상하이시 충밍	중국통신, 중국연합통신
2		NCP	상하이시 충밍, 상하이시 난후이	중국통신, 중국연합통신, 중국이동통신
3	동남아	EAC	청도	중국연합통신
4		APG	상하이시 충밍, 상하이시 난후이	중국통신, 중국연합통신, 중국이동통신
5		APCN2	상하이시 충밍, 산터우	중국통신, 중국연합통신
6		C2C	상하이시 난후이	중국연합통신
7		SJC	산터우, 홍콩	중국통신, 중국연합통신, 중국이동통신
8	유럽	FLAG	상하이시 난후이	중국통신, 중국연합통신
9		SWM3	상하이시 충밍, 산터우	중국통신, 중국연합통신
10		AAE-1	홍콩	중국연합통신

출처: China Academy of Information and Communications Technology (CAICT), 2018, White Paper on China International Optical Cable Interconnection, 11.

각국의 해저 케이블 연결 현황

	중국	미국	일본	영국	싱가폴
해저 케이블 숫자	10	80	23	53	24
국제 통신 대역폭(total international bandwidth Gbps)	43445	201527	38799	151066	46544
1인당 국제통신 대역폭	0.031	0.618	0.306	2.289	8.297

출처: China Academy of Information and Communications Technology (CAICT), 2018, White Paper on China International Optical Cable Interconnection, 14.

카 카메룬을 연결하는 6천여 km의 해저 케이블을 성공적으로 완성했다. 2017년에 공사를 착공한 파키스탄 과다르-지부티 해저 케이블 사업PEACE 은 2021년 완공 예정이다. 이는 파키스탄에서 출발해 동아프리카 각국을 연결하고 프랑스에서 끝나는 총 연장 1만 5000km에 이르는 해저 광케이블 사업이다.

미국의 신남방 해저 광케이블 구축

빠르게 성장하는 동남아 디지털 경제와 클라우드 시장을 두고 미국과 중국이 격돌하고 있다. 먼저 현지에 진출해 광범위한 사업 생태계를 구축한 중국 기업들을 미국 기업들이 바짝 추격하는 양상이다.

인터넷 서비스 패러다임은 통신에서 콘텐츠 공유로 변모되면서, SNS를 넘어 동영상 콘텐츠 공유로 옮겨갔다. 여기에 커넥티드 홈, 스마트 자동차와 운송 등 사물인터넷IoT 서비스 분야 성장세까지 고려하면 인터넷 서버 용량과 트래픽이 기하급수적으로 늘고 있다. 이처럼 양질의 인터넷 서비스에 대한 수요가 커지고 있는 가운데 세계를 휩쓴 코로나19 팬데믹은 소비 행동이나 기업 운영 방식의 디지털화를 촉진해 클라우드 시장의 성장을 가속화하고 있다.

중국 IT 기업들은 이미 수년 전부터 동남아 지역 디지털 서비스의 폭발적 수요 증가에 따라 데이터센터 설립에 매진하고 있었다. 초기에 동남아 지역의 데이터센터 시장을 이끈 것은 구글과 아마존이다. 2011년 구글은 싱가포르 데이터센터를 세우는 데 1억 2000만 달러(약 1308억 원)를 쏟아 부었지만 알리바바, 화웨이, 텐센트가 구글과 아마존의 강력한 경쟁 상대로 부상했다.

동남아 지역의 해저 케이블 시장도 미국, 중국 등의 각축장이 되고 있다. 특히 섬이 많은 동남아의 지역 특성상 해저 케이블 수요는 무궁무진하다. 현재는 작은 섬들을 연결하는 중전압MV 케이블에 국한돼 있어 앞으로 수요가 폭발적으로 증가할 것으로 전망된다. 일본과 중국의 통신 기업들은 동남아와 아시아 태평양 국가들을 해저 통신망으로 연결하기 위한 다수의 사업들을 추진하고 있다.

일본 NEC는 ADCthe Asia Direct Cable, JUPITER, JGAJapan-Guam-Australia cable system, SJC2the 10,500-km Southeast Asia-Japan 2 consortium, BtoBEBay to Bay Express Cable System 등 다수의 사업을 추진 중이다. 중국 통신 기업들은 미국의 안보 문제 제기에도 불구하고 동남아 지역에서 다수의 해저 통신망 연결 사업을 추진하고 있다. 미국은 구글과 페이스북의 PLCN 사업을 좌초시킨 것과 별도로, 미국과 동남아를 연결하는 추가 사업을 추진하고 있다.

TPNTrans Pacific Networks은 주로 5G 확대를 앞둔 인도네시아의 통신망 현대화를 염두에 둔 사업으로, 미국 오레건주 해안과 인도네시아를 연결하는 최장 길이(16,000km)의 노선이다. 여기서 주목할 사실이 있다. TPN은 중국의 디지털 일대일로의 대항마로 구성된 인도태평양 전략의 예산이 직접 투입되는 사업이다. 2019년 11월 태국에서 열린 인도태평양 비즈니스 포럼에서 미국의 인프라 투자청OPIC장이 직접 발표한 바 있다.

07
미국은 어쩌다
자원 빈국이 되었나?

지난 20년간 미국의 실수

미국의 핵심광물critical raw materials에 대한 정의는 2008년 미국 학술연구원NRC: National Research Council 보고서를 따른다. 즉 '주요 산업에 필수적이며 대체하기 어려운 반면, 공급이 차단되기 쉬운 광물'이라는 것이다. 핵심광물은 전략광물이라고도 불린다. 이는 일반적으로 '국가 비상사태 시 국가 안보 및 군사적 필요성'과 관련되어 있다.

그런데 이는 별반 새로운 개념이 아니다. 미국 역사에서 광물이 국가 안보의 문제로 취급된 것은 아주 오래된 일이기 때문이다. 대표적인 것이 1800년대 초반, 총알 제조에 사용되는 납 부족 사태다. 1939년 독일이 폴란드를 침공한 후, 미국에서 전략물자법(50 U.S.C. §98, P.L. 76-117)이 통과되었다. 이에 따라 법적으로 전략물자 비축량을 설정할 수 있게 되었다.

1946년에는 군사적 비상사태에 대비하고 물자 부족을 방지하기 위해 전략 및 핵심물자 비축법이 제정되었다. 1946년 법(PL 79-520)은 비축 예산을 21억 달러로 설정했는데, 이후 의회는 이 자금을 4년(1950~1953)에 걸쳐 40억 달러로 늘렸다. 1950년 국방물자생산법(Defense Production Act of 1950) (50 U.S.C. §4501, P.L.81-774)에 따라 이 예산은 84억 달러로 확대되었다.

1951년 트루먼 대통령은 전략 자재를 비축하고 보다 저렴한 해외 공급처 사용을 권장하는 자재정책위원회(Paley Commission이라고도 함)를 구성했다. 아이젠하워 대통령은 제2차 세계대전과 한국전쟁 당시 비축품 부족을 방지하기 위해 국가비상사태 시 장기 비축 목표를 세웠다. 비축을 위한 자금은 이후 200억 달러로 늘었다.

냉전 시대라고 다르지 않았다. 국방비축센터NDS: National Defense Stockpile 에는 대량의 전략 및 중요 자재 목록이 있었다. 냉전 시대가 끝난 시점인 1993 회계연도에는 국방수권법(NDAA PL 102-484)에 따라 알루미늄 금속, 페로크롬, 페로망간, 코발트, 니켈, 은, 구리, 아연 등 44개의 과잉 원자재를 대규모 매각했다. 전략물자의 현대화 차원이었다. 이러한 재료들은 대부분 민간에 판매되었고 판매 수익은 연방 또는 국방부DOD 예산에 사용되었다.

1988년 미국 국방부 장관은 비축물 관리를 국방부 획득기술군수차관에게, NDS의 작전활동은 국방군수청DLA 국장에게 위임했다. DLA가 비축 프로그램의 일상적인 관리 책임을 지고 있는 것이다. 현재 비축된 물자는 37종의 원재료로 11억 5200만 달러에 달한다. 원재료의 대부분은 가공 금속 또는 콜럼븀(니오븀) 금속 잉곳ingot, 게르마늄 금속, 탄탈럼 금속, 금속

스크랩, 베릴륨 봉, 석영 결정 및 티타늄과 같은 다운스트림 제품이다.

NRC가 광물을 보는 기준은 두 가지다. 첫째는 미국 경제에 대한 중요성, 둘째는 공급 차단의 위험성이다. NRC의 기준에서 고위험군 광물은 인듐, 망간, 니오븀, PGM, 희토류다.

MIT 역시 재생에너지 관련 시스템, 전기자동차 및 자동차 전반에 중요하다고 간주되는 광물의 수요와 공급을 조사했다. MIT 연구에서는 게르마늄, 인듐, 텔루륨, 희토류, 이트륨, 리튬, PGM 및 코발트가 고위험군 광물로 선정되었다.

2011년에 발행된 미국 에너지부DOE 보고서는 풍력 터빈, 전기자동차, 광전지 박막 및 에너지 효율적인 조명에 중요한 원재료를 조사했다. 그 결과 란탄, 인듐, 텔루륨, 리튬, 갈륨, 망간, 니켈이 고위험군에 포함되었다.

미국입법조사처US Congressional Research Service는 2010년, 2013년, 2015년[20] 연속으로 희토류와 전략광물 전 분야에 걸쳐 미국의 수입 의존도와 공급 리스크 정도를 분석했다. 미국지질연구소 조사[21]가 밝혔듯이 미국은 자국 내에 희토류와 전략광물이 풍부히 존재함에도 불구하고 35개 중요 광물 중 29개 광물의 절반 이상을 수입에 의존하고 있다. 더욱이 35개 중 14개 광물의 경우 국내 생산이 제로 상태다.

미국이 가장 많은 광물을 수입하는 국가는 단연 중국이다. 희토류의 경우 대對 중국 수입 의존도는 절대적으로 높다. 지난 20년 동안 미국은 중국산 희토류에 위험할 정도로 의존하게 된 것이다. 미국은 한 해 1만 톤 전후의 희토류를 수입하는데, 이 중 80%가 중국과 관련되어 있다. 2005~2015년 기간 동안 중국은 남미, 아프리카, 동남아 등의 해외 전략광물 개발과 지분투자를 통한 자원 확보에 매진했다. 그 결과 상당수의 해외 자원들도 중국의 지배하에 들어갔다.[22] 세계적 규모의 아프가니스탄 구리 원광석 채굴 프로젝트가 대표적인 예다.

2009년 희토류 공급 위기 이후 미국 의회의 주된 관심사는 희토류였다. 국유지 광산에서 희토류를 생산·가공할 수 있는 프로젝트들에 대한 허가를 간소화하고, 국방 비축물자에 희토류를 추가하는 것까지 다양한 정책이 마련되었다. 2014 회계연도 국방 수권법(PL 113-66) 섹션(1411 및 1412)에는 국방부가 희토류 물질 연구를 시작하고 국방 비축을 위해 중금속 희토류 구매를 요구하는 내용이 포함되어 있다.

마운틴 패스 광산의 운명

1960년대 중반부터 1980년대까지, 미국 캘리포니아주의 마운틴 패스 광산은 세계 최대 희토류 공급원이었다. 그러나 어찌된 일인지 2000년이 되면 거의 모든 희토류 산화물을 중국에서 수입하게 된다. 마운틴 패스 광산을 소유한 몰리코프사Molycorp, Inc.는 중국에서 수입된 저가 희토류와의 경쟁에서 밀리고, 여러 환경 규제로 인해 2002년 생산을 중단했다.

한편 중국 정부는 2009년 3월 희토류 생산과 수출 쿼터 축소를 발표했다. 중국에서 생산된 희토류는 중국 국내 제조 활동을 위해서만 사용될 것이라는 내용이었다. 마음이 급해진 미국은 국내 유일의 희토류 광산인 마운틴 패스로 눈길을 돌렸고, 이곳에 월가와 미국 국방성의 투자가 집중되었다. 2002년 폐쇄되었던 마운틴 패스는 6년 만인 2008년 운영사인 몰리코프에 의해 부활했다.

몰리코프사는 희토류 산화물 분리, 금속 합금 생산, 영구자석 제조를 포함한 수직 통합 운영 체제를 구축하기 위해 노력했다. 당시 몰리코프사의 접근 방식에 대해서는 낙관론과 비관론이 공존했다. 수직 통합 운영에 대해서 다음과 같은 문제가 제기된 것이다.

- 과연 완전히 통합된 공급망을 미국 국내에 구축할 수 있는가?
- 잠재적인 공급 위험을 해결하기 위해 해외보다는 국내에 공급망을 두는 것이 맞는가?
- 희토류 공급망의 모든 측면에서 중국이 거의 독점에 가까운 위치에 있는 상황에서, 동맹국 가운데 중국에 대한 대체 공급망을 제공할 곳은 없는가?

몇 차례의 생산 개시와 부도를 반복하고 마운틴 패스에서 희토류가 생산된 것은 2012년이다. 중국의 수출 규제 이후 희토류 가격이 치솟자 몰리코프는 아리조나와 에스토니아에 분리·가공 플랜트 시설을 확장하는 등 몸집 불리기에 나섰다. 그러나 2012년부터 희토류 가격이 정상화되자 중국과의 가격 경쟁을 버티지 못하고 2015년 다시 생산이 중단되고 만다.

몰리코프는 자산을 중국으로 이전하거나 중국 회사에 지분을 매각했다. 결국 몰리코프는 법정관리에 들어갔고, 분식회계 혐의로 미국 증권거래위원회의 조사도 받게 되었다. 2017년 미국이 주도하는 컨소시엄MP Mine Operations LLC이 마운틴 패스 광산을 인수해 현재에 이르고 있다.

1960년대 중반 ~ 1990년대	몰리코프사의 마운틴 패스 광산은 희토류 산화물의 세계 지배적인 공급원. 미국의 생산은 1990년대에 중국의 저가 생산이 가속화되기 시작하면서 급격히 감소하기 시작.
2000년까지	미국에서 분리된 거의 모든 희토류 산화물은 주로 중국에서 수입.
2002년	중국의 공급 과잉 및 저비용 생산, 여러 환경(예: 오염된 물을 운반하는 파이프라인 유출) 및 마운틴 패스 광산의 규제 문제로 인해 몰리코프사는 광산에서 생산을 중단함. 그 이후로 미국은 희토류 공급망에서 거의 모든 능력을 상실.
2008년	새로운 소유권 아래 몰리코프사는 "마인에서 마그넷으로"(수직 통합) 비즈니스 모델로 미국에서 희토류 위치를 전환하기 위한 캠페인에 착수.
2011년	몰리코프사는 더 적은 수의 시약을 사용하고 폐수를 재활용하여 처리 연못이 필요 없도록 설계된 독점적인 산화물 분리 공정을 촉진하기 위해 마운틴 패스 광산에 새로운 분리 시설을 착공. (4월) 몰리코프사는 아제르바이잔 Tolleson에 있는 일본 자회사 Santoku America사를 인수하고 Molycorp Metals and Alloys(MMA)로 사명을 변경. 이번 인수는 수직적으로 통합된 회사가 되기 위한 전략의 일부이며 영구자석 생산에 사용되는 네오디뮴 영구자석(NdFeB) 및 사마륨코발트(SmCo) 합금을 모두 생산. Molycorp Metals and Alloys는 네오디뮴 영구자석 합금의 유일한 미국 생산업체. (4월) 몰리코프사는 에스토니아에 기반을 둔 희토류 원소 및 희소금속 가공업체인 AS Silmet사의 과반수 지분 90.023%를 인수(Molycorp Silmet으로 사명 변경). (11월) 몰리코프사는 일본의 Daido Steel사 및 Mitsubishi Corporation사와 합작 투자하여 일본에서 네오디뮴 영구자석을 제조하여 세계 시장에 판매.
2012년	(6월) 몰리코프사는 중국에 희토류 처리 및 영구자석 분말 시설을 갖춘 토론토 기반 회사인 Neo Materials Technology사(Molycorp Canada로 개칭)를 인수. 몰리코프사의 희토류 생산 재개.
2015년	(6월) 몰리코프사의 파산보호 신청
2016년	구조조정에 따라 민간기업으로 설립되며 마운틴 패스 광산의 소유자로서 별도의 법인으로 남아 있음.
2017년	Neo Performance Materials는 토론토 증권거래소에서 기업공개(IPO) 완료.
2017년	(6월) JHL Capital Group사, LLC사(MP Materials)(65%), QVT Financial LP사(25%), Shenghe Rare Earth Company사(10%)로 구성된 MP Mine Operation 컨소시엄이 마운틴 패스 광산을 2,050만 달러에 구입.
2018년	(1월) MPMO에 따르면 마운틴 패스 광산의 생산은 2018년 1월에 다시 시작.

출처: CRS using CRS Report R41347, Rare Earth Elements: The Global Supply Chain, by Marc Humphries, and articles from http://www.mining.com including "Molycorp Thrown a Lifeline" (August 31, 2016), and "Mountain Pass Sells for $20.5 Million" (June 16, 2017), by Andrew Topf.

미국의 공급망 구축 목표

중희토류 원재료 생산에서 영구자석 부품 제조까지 미국 내에 완전한 공급망을 구축한다는 목표하에, 2019년 미국 콜로라도에 본부를 둔 USA Rare Earth LCC.가 설립되었다. 이 회사는 서부 텍사스 엘파소에서 85마일 떨어진 라운드탑Round Top 중희토류 광산을 매수했다. 여기서 채굴된 중희토류는 콜로라도 휘트릿지Wheat Ridge 가공·분리 공장으로 이동한다. 휘트릿지는 광산과 자원 분야 최고 전문대학원인 콜로라도 광산대학원Colorado School of Mines이 위치한 곳으로, 산학협력을 위한 최적의 장소이기도 하다.[23]

콜로라도 휘트릿지 공장은 중국 밖에서는 최초로 경희토류와 중희토류를 모두 처리하는 시설이다. 영구자석 부품 제조를 위해, 과거에 히타치메탈이 운영하던 노스캐롤라이나 공장을 재가동하기 위한 준비를 하고 있다. 미국 지질연구소는 2019년 미국의 희토류 생산이 전년 대비 8,000톤 증가한 26,000톤을 기록해 중국에 이어 세계 2위의 희토류 생산국이 되었다고 발표했다. 하지만 분리·가공 시설이 충분치 않아 채굴된 대부분의 희토류 원재료는 중국에서 분리·가공되어 희토류 산화물의 형태로 미국으로 다시 수입되고 있다.

미국 프로젝트들 가운데에는 와이오밍주의 베어 롯지Bear Lodge 프로젝트와 알래스카주의 보칸—닷슨Bokan-Dotson 프로젝트가 주목받고 있다. 특히 보칸산맥 희토류 광산은 매장량의 약 40%가 중희토류인 것으로 밝혀져 더욱 주목받고 있다. 2017년 트럼프 대통령의 지시로 만들어진 공급망 구축방안 보고서도 보칸 희토류 광산의 중요성을 강조하고 있다. 개발사로 지정된 유코어 레어메탈Ucore Rare Metal사의 2012년 보고서에 의하면, 개발 첫해에 2500톤의 희토류를 생산하고, 첫 5년 동안 105톤의 디스프로슘을 생산할 수 있을 것으로 예측했다. 개발사는 광산에서 35마일 떨어진 항구에 분리ㆍ가공 시설을 갖출 계획도 갖고 있다.

한편 수출 규제의 직격탄을 맞은 일본은 해외 자원으로 눈길을 돌렸다. 2020년 3월 JOGMEC(Japan Oil, Gas and Metals National Corporation)은 아프리카 나미비아와 로프달Lofdal 중희토류 합작회사를 설립한다고 발표했다. 합의서에 의하면, 나미비아 북서쪽에 위치한 광산에서 희토류를 9,230톤 생산할 계획인데, 이 중 중희토류를 7,050톤 생산할 것을 목표로 하고 있다.

다각적인 노력에도 불구하고 미국의 취약성은 희토류에만 국한된 것이 아니다. 기타 희소금속에 대한 취약성은 더 심각한 실정이다. 지난 20년 동안 미국은 중국으로부터의 광물 수입을 지속적으로 늘려왔다. 1993년 이후 일부 공급선 다변화를 이루었지만 최근까지 핵심광물의 주요 공급자로서 중국의 위치는 변하지 않았다.

과거에는 미국이 활발히 생산하다가 현재는 순수입국이 된 희소금속에는 게르마늄과 바나듐도 포함된다. 게르마늄의 경우 1950년대부터 1980년대까지는 미국 내 생산이 활발히 진행되었다. 그런데 첨단 전자제품, 태양광 제조, 인공위성과 광통신섬유 등에 게르마늄이 사용되기 시작한 시기부터 국내 생산이 감소하고 해외 의존률이 급격히 증가했다. 현재 미국은 거의 대부분의 게르마늄을 중국에서 수입한다.

바나듐은 강철에 0.15%만 첨가해도 강도가 높아지는 희소금속이다. 바나듐강은 고온에서도 경도를 유지하기 때문에 드릴 비트, 전동 톱, 엔진 터빈 및 기타 많은 열을 발생시키는 부품에 사용된다. 교량이나 철근 구조물에도 들어가므로 건설 수요가 많은 중국 때문에 수요가 폭증했다. 세계 바나듐 수요의 40%를 중국이 차지한다. 미국에서는 1980년대 초까지 바나듐 생산이 활발했고, 심지어 1950년대에는 바나듐 수출국이었다. 현재 미국은 러시아, 체코, 남아프리카에서 바나듐을 100% 수입한다.

최근 미국이 17종의 희토류와 40여 종의 희소금속을 대상으로 최소 50% 이상 수입에 의존하고 있는 품목을 조사했다. 그 결과 가장 많은 품목을 수입한 나라는 중국과 캐나다였다. 1위를 기록한 중국에서 무려 24개 금속을 수입하고, 2위인 캐나다에서는 16개 금속을 수입했다. 멕시코, 러시아, 남아프리카가 그 뒤를 이었다.

일부 금속의 경우 재활용을 하는 하지만, 미국은 미국 경제와 국가 안보에 결정적으로 중요한 금속과 19가지 광물을 100% 수입에 의존하고 있다. 미국은 코발트, 티타늄 정광, 게르마늄, 아연 및 백금족 금속을 비롯한 여러 다른 광물도 75% 이상 수입에 의존하고 있다. 단, 철광석과 몰리브덴은 자급자족이 가능하다. 정제된 알루미늄, 아연, 우라늄의 경우 미국의 주요 교역 파트너는 안정적인 동맹국인 캐나다.

한편 크롬, 망간, 백금족 금속, 탄탈럼, 코발트의 주요 생산 지역은 남아프리카다. 미국 지질조사국 데이터에 따르면 브라질은 세계 니오븀의 88%를 생산하고 호주는 세계 리튬 생산량의 58%를 생산한다. 이렇게 단일 국가가 생산량을 지배하는 주요 광물에는 브라질의 니오븀, 콩고민주공화국 DRC의 코발트, 남아프리카공화국의 백금족 금속, 중국의 희토류와 텅스텐

이 포함된다.

금속의 재활용과 회수는 금속 정제 및 제조 공정에서의 폐기물, 또는 폐

미국의 대중국 수입 의존 광물(2014년)

광물	수입 의존율(%)	대중국 수입 의존율(%)
인듐	100	21
흑연	100	45
탄탈럼 금속	100	28
스칸듐	100	100
바나듐(Vanadium Pentoxide)	100	15
갈륨	99	23
이트륨	>95	62
게르마늄	95	65
코발트	76	21
실리콘(Silicon Carbide)	77	NA
희토류	59	75
마그네슘 화합물	43	54
티타늄 금속	51	12
텅스텐	43	45
텔루륨	>80	17

출처: USGS, Mineral Commodity Summaries, 2015.

미국의 중국 이외 수입 의존 광물(2014)

광물	수입 의존율(%)	수입국
망간	100	남아프리카
바나듐	100	중국, 남아프리카, 러시아
탄탈럼	100	남아프리카, 브라질
니오븀	100	브라질, 캐나다
티타늄	91	남아프리카, 브라질
백금족(PGMs)	85	남아프리카
코발트	76	남아프리카
크롬	72	남아프리카, 러시아

출처: USGS, Mineral Commodity Summaries, 2015.

기된 제품에서 발생한다. 하지만 미국에서 순수입 의존도가 높은 주요 광물의 대부분은 재활용과 폐기물로부터의 회수가 거의 이루어지지 않는다.

미국에서 상당한 양의 2차 회수가 이루어지는 주요 광물 9가지는 알루미늄, 크롬, 코발트, 갈륨, 인듐, 마그네슘 금속, 백금족 금속, 주석, 티타늄이다. 1997년에서 2016년까지, 약 20년간 금속 및 기타 물질의 2차 회수 능력은 크게 증가하지 않았고 회수율은 매년 변동했다. 철강은 미국에서 가장 많이 재활용되는 재료다. 강철, 구리, 알루미늄, 코발트, 크롬 등 일부 금속의 경우, 스크랩에 대한 기반시설이 잘 구축되어 있다.

반면 망간, 희토류, 니오븀과 같은 금속은 재활용이 거의 되지 않는다. 2018년 미국 지질조사국이 조사한 금속 재활용률은 알루미늄 28%, 구리 35%, 니켈 52%, 아연 25%였다. 철강은 가장 재활용률이 높은 금속이다. 2014년 자동차 산업의 철강은 106% 재활용되었는데, 이는 국내 제조에 사용된 것보다 많은 양이다. 철강이 포함된 가전제품의 재활용율은 90%, 철강 캔은 67%에 달한다.

중국은 국내에서 많은 금속들을 생산하고 있지만, 해외 국가들에 의존하고 있는 금속도 많다. 대표적인 것이 구리, 철광석, 크롬, 니켈, 티타늄, 망간, 코발트, 탄탈럼, 니오븀, 백금족, 리튬이다. 미국과 중국이 모두 해외에 의존하다 보니 경쟁이 치열할 수밖에 없다.

미국의 핵심 광물: 산업 응용 및 수입 의존도

광물	산업 응용	수입 의존도(%)	주요 수입국	비고
알루미늄 (보크사이트)	운송, 포장, 건물, 전기	〉75	자메이카(46%), 브라질(25%), 기니(15%), 기타(14%)	알루미늄 원천 광물, 보크사이트의 수입 의존도 반영
안티모니	도자기, 유리 및 고무 제품, 난연제	85	중국(61%), 기타(39%)	주요 공급원은 산화안티몬
비소	납축전지, 제초제, 살충제, 군 활용	100	중국(91%)	비소 금속 수입
중정석	플라스틱 및 고무의 충전제, 증량제 및 칭량제	86	중국(63%), 인도(14%), 기타(23%)	
베릴륨	자동차 및 소비자 전자 제품, 국방 애플리케이션	17	카자흐스탄(44%), 일본(14%), 기타(42%)	
비스무트(창연)	무연 파이프 피팅용 첨가제	97	중국(80%), 기타(20%)	
세슘	광전 셀 및 에너지 변환 장치	100	캐나다	대부분 수입품은 캐나다에서 수입, 수입 의존도는 추정 불가(USGS)
크롬	운송, 포장, 건물, 전기	71	남아프리카공화국(97%)	크로마이트 광석에 대한 수입 의존도
코발트	초합금, 항공기 엔진, 배터리, 영구자석	69	노르웨이(18%), 중국(12%), 일본(12%), 기타(58%)	수입은 금속, 산화물 및 염류에 함유된 코발트 반영
형석	알루미늄 및 우라늄 가공에 사용	100	멕시코(69%), 베트남(10%), 남아프리카(8%), 기타(13%)	
갈륨	집적 회로(첨단 장비), 발광 다이오드(LED), 태양 전지	100	중국(32%), 영국(28%), 독일(15%), 우크라이나(14%), 기타(11%)	
게르마늄	광섬유, 적외선 광학, 태양 전지, 기타 태양 에너지 응용 분야	〉50	중국(58%), 벨기에(26%), 기타(14%)	게르마늄 금속 수입 의존도

광물	산업 응용	수입 의존도(%)	주요 수입국	비고
천연 흑연	제강, 내화물 응용, 주조 작업, 브레이크 라이닝	100	중국(37%), 멕시코(29%), 캐나다(17%), 기타(17%)	
하프늄	초합금	없음	독일, 프랑스, 영국	각 국가의 수입 의존도는 추정 불가
헬륨	리프팅 가스, 실험실 응용품, MRI, 용접	–		미국은 순수출국
인듐	전기 전도, 액정 디스플레이(LCD), 태양 전지 및 광전지	100	중국(27%), 캐나다 (22%), 기타(51%)	
리튬	충전지, 세라믹, 유리, 화합물	>50	아르헨티나(51%), 칠레(44%), 기타(4%)	
마그네슘 화합물	농업, 화학, 건설 및 산업 응용	51	중국(57%), 캐나다 (22%), 기타(21%)	
망간	철강 및 기타 금속 생산	100	가봉(74%), 남아프리카 (13%), 호주(8%), 기타(5%)	
니오븀	강철 및 초합금	100	브라질(72%), 캐나다 (18%), 기타(10%)	니오븀 수입에는 광석 및 정광, 니오븀 산화물, 페로니오븀 및 니오븀 금속 포함
백금족 원소	자동차 촉매, 연료 전지, 보석	71	남아프리카공화국(44%), 독일(15%), 영국(10%), 기타(31%)	수입 의존도는 백금만 해당, 미국은 팔라듐에 대한 수입 의존도가 38%로 주로 러시아와 남아프리카공화국
칼륨	비료, 화학산업 응용	92	캐나다(84%)	
희토류 원소	영구자석, 정유, 유리, 레이저, 합금강, 형광등	100	중국(80%)	
레늄	고온 터빈 엔진 부품 및 석유 개질 촉매의 초합금	81	카자흐스탄(34%), 캐나다 (19%), 한국(13%), 독일(10%), 기타(24%)	
루비듐	생물의학 연구, 전자, 특수 유리	100	캐나다	캐나다의 수입 의존도 추정 불가
스칸듐	도자기, 전자, 레이저, 방사성 동위원소, 조명	100	중국, 유럽, 일본, 러시아	각 국가의 수입 의존도 추정 불가

광물	산업 응용	수입 의존도(%)	주요 수입국	비고
스트론튬	유정 및 가스정용 드릴링 유체 첨가제	100	멕시코(52%), 독일(39%), 기타(9%)	
탄탈럼	전자용 장치 콘덴서	100	브라질(35%), 르완다(31%), 호주(15%), 기타(19%)	
텔루륨	광전지 패널, 태양 전지, 열전 장치	>75	캐나다(66%), 중국(27%), 기타(7%)	
주석	화학 물질, 주석 도금, 땜납 및 합금	76	인도네시아(23%), 말레이시아(23%), 페루(22%), 볼리비아(17%), 기타(15%)	
티타늄 농축물	항공 우주 응용 프로그램	92	남아프리카공화국(35%), 호주(27%), 캐나다(12%), 모잠비크(11%), 기타(15%)	
텅스텐	절삭 공구, 건설 및 금속 제조에 사용되는 내마모 재료	>50	중국(32%), 독일(9%), 볼리비아(9%), 캐나다(8%), 기타(42%)	
우라늄	원자로용 연료	93	캐나다, 호주, 러시아	2017년 미국 발전소가 구매한 우라늄의 7%가 국내산
바나듐	제강, 항공 우주 응용 분야	100	남아프리카공화국(46%), 러시아(18%), 브라질(13%), 중국(10%), 기타(13%)	
지르코늄	세라믹, 주물사, 내화물 및 연마재에 사용	–	남아프리카공화국(59%), 호주(22%), 세네갈(14%)	미국은 순수출국

출처: USGS, Mineral Commodity Summaries, 2019.

08

미국과 중국 사이, EU의 희소금속 대응책

개방적 자립 전략

유럽이 꿈꾸는 21세기는 지식 사회, 혁신 사회, 포용적 저탄소 경제로의 완전한 전환을 목표로 한다. 이런 목표를 달성하기 위해 유럽은 새로운 녹색 기술에 많은 투자를 해 왔다. 2008년 글로벌 경기 침체와 계속된 부채 위기 이후, 유럽은 녹색경제와 기후행동을 통해 위기를 극복해왔다. 그러나 이러한 비전을 달성하고 첨단기술 부문을 발전시키기 위해서는 필연적으로 핵심금속과 광물이 필요하다는 것이 문제다. 희토류 위기가 발생했을 때 이 문제는 표면화되었다. 금속 광물의 유럽 생산 비중은 극히 낮으며, 유럽이 글로벌 공급망에 전적으로 의존해 있음이 드러났기 때문이다.[24] 다음은 유럽연합 집행위원회에서 나온 발언이다.

"금속metals, 광물minerals, 자원raw materials은 이제 유럽 국가들의 일상생활 일부가 되었다. 경제적으로 가장 중요하고 공급 위험이 높은 것을 핵심자원critical raw materials이라고 부른다. 핵심자원은 광범위한 첨단 제품의 기능과 산업 생태계에 필수적이다. 텅스텐은 휴대폰 진동 기능에 없어서는 안 되는 금속이고, 갈륨과 인듐은 LED 기술의 필수요소다. 반도체에는 실리콘 금속이 필요하다. 수소 연료 전지와 전해조에는 백금족 금속이 필요하다."

유럽연합은 이러한 필수 자원에 대한 안정적 공급을 그린딜을 완성하기 위한 전략적 안보 문제로 다루어 나가겠다고 밝혔다. 자원과 금속의 문제는 유럽의 새로운 산업 전략의 일부이기도 하다는 것이다. 과거의 산업 체제는 화석연료에 의존했기에 화석연료의 안정적 공급이 전략적 안보 문제

유럽연합 집행위원회 ⓒWikimedia

였다. 이제는 그 자리를 금속, 광물이 대체했다.

유럽은 금속과 광물의 공급 문제에 대해 개방적 자립open strategic autonomy을 목표로 하고, 이를 통해 유럽의 기후 중립을 달성할 것이라고 주장한다. 전 세계적으로 금속과 자원에 대한 수요가 폭발적으로 늘어나고 있기에 국가들 간의 쟁탈전이 완화될 가능성은 거의 없다는 것이 EU의 입장이다. EU는 재활용과 순환경제를 통해 금속과 광물 수요를 감축하는 방법을 최종 해결책으로 제시하고 있다.[25]

유럽연합은 자원을 에너지, 식량, 금속, 광물 등으로 포괄적으로 규정하면서 이러한 모든 분야에서 폭발적으로 수요가 늘어나는 것이 문제의 본질이라고 본다. 이러한 증가가 결국 온실가스 배출량의 절반 이상을 차지하며, 지구 생물 다양성 파괴, 수질 악화, 물 부족에 있어서 90% 이상의 원인을 제공한다는 것이다.

자원과 관련한 유럽연합의 정책 목표는 자원의 안정적 공급과 동시에 지속가능성sustainability이다. 단순한 자원의 공급과 확보를 넘어서 회복탄력성resilience을 달성하겠다는 의미다. 이를 위해서는 자원과 물질의 1차적인 생산과 공급primary resources뿐 아니라 2차적인 재활용을 통한 공급 강화가 필요하다. 즉 자원의 효율성과 순환성circularity을 강화하는 것이 공급 다양화란 사실을 강조하고 있다. 이러한 정책은 금속과 비금속뿐 아니라 광범위한 의미의 자원 모두에 해당되며 특히, 공급 리스크가 큰 핵심 광물들은 더욱 그렇다.

유럽연합은 금속과 광물이 2008년에 시작된 유럽의 에너지 기술 정책을 실현하는 데 중요한 필수 조건이라는 사실을 인식했다. EU는 2008년 이후

EU 집행위원회가 지정한 핵심광물 리스트 추이

광물	2011	2014	2017	2020
보크사이트				
중정석				
비스무트				
붕산염				
크롬				
점결탄				
천연 고무				
하프늄				
헬륨				
리튬				
마그네사이트				
인산염 암석				
인				
스칸듐				
규소				
스트론튬				
티타늄				
바나듐				
안티모니				
베릴륨				
코발트				
형석				
갈륨				
게르마늄				
흑연				
인듐				
마그네슘				
니오븀				
백금족 원소				
경희토류				
중희토류				
탄탈럼				
텅스텐				

412

출처: UN Comtrade

SET—PlanStrategic Energy Technology Plan: 전략적 에너지 기술 계획으로 알려진 저탄소 에너지 기술을 개발하고 에너지 및 기후 변화 목표를 달성하기 위한 에너지 기술 변환 R&D를 추진해왔다.

SET—Plan은 EIIEuropean Industrial Initiatives와 협력하여 유럽 수준에서 핵심 에너지 기술을 신속하게 개발하기 위한 것이다. EERAEuropean Energy Research Alliance는 유럽 전역의 R&D 활동을 통합하기 위한 것이다. 이를 통해 2030년 기후 및 에너지 정책 목표를 실현하고 궁극적으로 온실가스 배출량을 2050년까지 80~95% 감소하겠다는 것이 EU의 계획이었다.

그런데 이렇게 중요한 국면에서 희토류 공급 위기를 맞게 되었다. 유럽연합 집행위원회는 2008년에 석유·가스를 제외한 비에너지 자원에 대한 유럽의 수입 의존도를 줄이기 위한 전략을 처음으로 수립했다. 공급 리스크가 큰 금속과 광물CRM: Critical Raw Materials 리스트를 공개하는 것이 주요 내용이었다. CRM 리스트는 3년마다 검토하여 수정하게 되어 있었다. 유럽연합 집행위원회는 2011년에 지정한 전략광물 리스트에 대해 각 소재별로 공급 리스크와 경제적 중요성 차원에서 서로 다른 전략적 가치를 부여하였다. 2014년, 2017년 수정 보완한 리스트가 공개되었으며 2020년 9월에는 네 번째 수정된 리스트가 공개되었다.

공급망 다변화와 순환경제

EU는 CRM 리스트를 작성하는 데 있어 주로 경제적 중요성과 공급 리스크라는 2개의 기준을 두었다. 경제적 중요성은 광물과 금속이 유럽의 산업과 경제에 얼마나 활용되는지 알려주는 지표이기도 하다. 공급 위험은 1차적 광물이 생산되는 국가의 생산 집중도(생산의 편재성), EU의 수입 의존도, 공급 국가의 거버넌스, 환경적 측면, 재활용 가능성, 대체 기술 가능성 등을 종합해서 평가한다.

2011년 14개, 2014년 20개를 거쳐 2020년 목록에는 30개가 포함되어 있다. 보크사이트, 리튬, 티타늄 및 스트론튬이 처음으로 목록에 추가되었다. 헬륨은 단일 국가 미국에서 지나치게 많은 양이 생산·공급되어 여전히 우려가 남아 있지만, 2020년 목록에서 제외되었다. EU는 헬륨을 면밀히 모니터링할 것으로 보인다. 다양한 디지털 제품, 특히 배터리 원료에 대한 수요 증가와 관련해서 니켈도 면밀한 관찰 대상이다.

유럽연합의 수급 상황을 살펴보면, 많은 금속과 광물이 한 개 혹은 두 개 국가에 고도로 집중되어 있음을 알 수 있다. 예를 들어 중국은 EU에 공급되는 희토류의 98%를 차지하고, 터키는 붕산 공급량의 98%를 담당한다. 남아프리카는 백금, 이리듐, 로듐, 루테늄 등 백금족 금속 수요의 71%를 차지한다. 하프늄과 스트론튬 공급은 EU의 한 개 기업에 의존한다.

- **중국**: 중정석barite(38%), 비스무트(49%), 마그네슘(93%), 천연 흑연(47%), 스칸듐(66%), 티타늄(45%), 텅스텐(69%), 바나듐(39%), 경희토류(99%), 중희토류(98%)

- **미국**: 베릴륨 88%

- **멕시코**: 형석 25%

- **브라질**: 니오븀 85%

- **칠레**: 리튬 78%

- **핀란드**: 게르마늄 51%

- **노르웨이**: 금속규소 30%

- **프랑스**: 하프늄 84%, 인듐 28%

- **독일**: 갈륨 35%

- **스페인**: 스트론튬 100%

- **모로코**: 인광석 24%

- **기니**: 보크사이트 64%

- **콩고민주공화국**: 코발트 68%, 티타늄 36%

- **남아프리카공화국**: 이리듐 85%, 백금 71%, 로듐 80%, 루테늄 93%

- **러시아**: 팔라듐 40%

- **카자흐스탄**: 인 71%

- **터키**: 안티모니 62%, 붕산염borate 98%

- **인도네시아**: 천연 고무 31%

- **호주**: 원료탄 24%

유럽연합은 금속과 광물에 대한 지식과 정보 체계를 잘 구축하는 것이 올바른 의사 결정의 핵심이라고 판단해, 자원정보 네트워크Raw Materials Information Networks를 구축했다. 이를 통해 주요 산업 분야에 대해 계획과 자원 공급과 관련한 가상 시나리오에 대비할 예정이다. 현재의 CRM 목록 선정 방법을 계속 점검해서 2023년에 새로운 목록 선정을 위한 준비도 할 것이다.

EU는 단순히 금속과 광물 공급 리스크에 대비하는 것을 넘어, 다양한 국제기구들과 함께 전반적 자원관리resource management를 위한 국제 협력 체계를 갖추어 나갈 예정이다. 이런 방법을 통해 EU는 2050년까지 기후 변화와 디지털 전환이 가져올 새로운 변화에 탄력적으로 대응할 수 있으며, 국제사회에서 영향력과 리더십을 계속 유지할 수 있을 것이다. 향후 새로운 기술과 산업의 등장을 예측하고 자원 측면에서 장애물이 생기지 않도록 전략과 계획을 세우는 것을 중요한 목표로 하고 있다. EU는 다음과 같은 전망을 내놓았다.

- 전기자동차 배터리 및 에너지 저장장치의 경우, EU는 2030년까지 최대 18배의 리튬, 5배의 코발트가 필요하고, 2050년에는 60배의 리튬, 15배의 코발트가 필요할 것이다.
- 영구자석에 사용되는 희토류에 대한 수요는 2050년까지 10배 증가할 것이다.

세계은행은 기후변화 대응에 따라 금속과 광물에 대한 수요가 급격히 증가할 것으로 예상한다. 예를 들면 에너지 저장장치와 자동차용 배터리 관련 금속, 알루미늄, 코발트, 철, 납, 리튬, 망간 및 니켈에 대한 수요는 '2℃ 시나리오'에서 2050년까지 1000% 이상 성장할 것이다. OECD경제협력개발기구는 자원 집약도와 자원 효율성의 개선, 서비스 부문의 증가에도 불구하고, 전 세계 자원 사용은 2011년 790억 톤에서 2060년 1,670억 톤으로 두 배 증가할 것이라 봤다. 이 수치는 상대적으로 풍부하고 지리적으로 골고루 분포하는 건축 자재 및 목재와 같은 자원까지 포함한 것이다.

OECD의 금속 소비만으로 좁혀서 보면 현재의 80억 톤에서 2060년에는 200억 톤으로 증가한다. EU의 해외 금속 수입 비중은 75%에서 100% 사이에 있다.

OECD는 기후변화 대응으로 인한 금속과 광물 사용 증가를 잘 관리하지 않으면 이러한 자원의 채굴, 가공, 폐기물과 관련되어 환경적 폐해가 초래될 것이라 경고한다. 지구 전체 차원의 자원 고갈로 인류의 복지에 부정적 영향을 가져올 것이다.

코로나19 위기로 인해 자원과 중간 부품이 특정 국가와 특정 지역에 고도로 집중되는 공급 위험은 더욱 표면화되었다. 전 세계 국가들이 금속과 광물 공급망의 회복 탄력성을 개선하는 데에 지대한 관심을 갖고 있다. 청정 에너지 전환과 에너지 안보가 이런 방식으로 새롭게 연결되는 것이다.

유럽연합은 보다 개방된 전략적 자율성을 목표로 한다. 다양한 국가와 협력체계를 구축하여 공급의 다변화와 공급망 강화에 노력해야 하며, 과도한 수입 의존도 감소, 순환성 및 자원 효율성 향상을 이루어야 한다. 고도의 전략 산업의 경우에는 EU 자체의 생산 능력을 강화할 필요가 있다.

중국, 미국, 일본 등은 이미 미래 공급을 확보하기 위해 빠르게 움직이고 있으며, 자원 부국과의 파트너십을 통해 공급원을 다양화하고 국내 자원 생산 능력과 공급망을 강화하고 있다. EU는 안전하고 지속가능한 자원 공급을 담보하기 위해 긴급 조치를 취해야 한다. 유럽연합의 공급망 회복 탄력성에 꼭 필요한 요소들은 다음과 같다.

• EU 산업 생태계를 위한 탄력적인 가치 사슬

- 자원의 순환적 사용, 지속가능한 제조 방식과 혁신을 통해 1차 생산 핵심 광물에 대한 의존도 축소
- 지속가능하고 책임 있는 국내 광물 생산과 가공 강화
- 지속가능하고 책임감 있는 해외 자원개발을 통한 공급 다변화와 이를 위한 광물 무역 장애 개선

결론적으로 EU는 현재 광물에 관해 회복탄력성resilience을 갖고 있지 않으며, 이것이 공급망 취약성으로 이어지고 산업 생태계를 약화시키고 있다. 예를 들어 리튬과 희토류의 경우 EU 안에서 채굴이 된다 하더라도, 가공과 분리를 위해 다른 나라로 수출해서 가공 후 다시 수입해야 하기 때문이다. 따라서 EU는 금속과 광물에 대해 생산 능력뿐 아니라 가공, 정제, 분리 등의 기술을 확보해야 한다.

유럽 배터리연합European Battery Alliance은 정부와 민간기업들의 협력으로 배터리 산업 공급망을 유럽 내에 구축하는 것을 목표로 한다. 2050년까지 리튬 수요의 80%를 유럽 내에서 자체적으로 공급한다는 것이 일차 목표다. 이처럼 향후 유럽의 산업 동맹과 전략은 금속과 광물 공급에 관한 내용을 필수적으로 고려할 것이다.

현재 EU 내에는 유럽자원동맹European Raw Materials Alliance이 구축되어 있다. 동맹의 최고 우선 순위 업무는 영구자석 공급망의 회복탄력성 달성이다. 영구자석은 재생에너지, 국방, 우주 산업에 매우 중요하다.

유럽은 순환경제circularity 실행 계획도 실천하고 있다. 지속가능한 제품 설계와 금속 광물의 재활용을 통해 2차적 생산 원료를 확대하고 탄소중립

목표를 달성할 것이다. 순환경제와 재활용은 탄소 중립에서 없어서는 안 될 필수 정책이다. 아울러 2030년까지 EU 내에서 700,000개의 일자리를 창출할 것을 목표로 하고 있다.

또한 제품의 수명을 연장하고 재활용 재료를 사용함으로써 자원 수요를 줄여 나가려고 한다. 2020년 10월 EU는 갈수록 증가하는 자동차 배터리의 재사용, 재활용, 용도 변경re-purposing 등 개념 규정과 함께 배터리 재활용 재료의 회수, 재활용된 내용물과 생산자 책임 제도 등을 종합적으로 정비하였다. EU는 순환 경제의 선두주자다. 철, 아연, 백금족 금속 등은 재활용율이 EU 소비량의 25% 이상이다. 그러나 희토류, 갈륨, 인듐과 같은 금속의 재활용 비율은 아직 미미하다.

유럽은 폐기물 관리와 재처리에도 많은 투자와 연구를 하고 있다. 이를 통해 많은 귀중한 금속과 자원이 폐기물로 버려지거나, 상당한 양의 자원이 폐기물과 스크랩의 형태로 개발도상국으로 수출되는 것을 개선하려고 한다. 이러한 폐기물들을 잠재적인 2차 자원으로 재활용하는 것이 목표다. 자원 채굴과 광산도 친환경적으로 바뀔 필요가 있다. 사실 아직도 우리는 폐기물로 버려지는 물건 속에 어떠한 자원이 포함되어 있는지 정보가 부족하다. 폐기물에서 자원을 회수하고 재활용하는 기술과 방법에 많은 투자를 해야 한다.

핵심 자원의 경우 유사한 기능을 하는 금속과 광물로 대체하는 방안에 대한 연구도 병행되어야 한다. 대체기술 개발과 지속가능한 제품 디자인 등은 공급 리스크를 완화하는 좋은 대책이 될 수 있다.

미주

1. Guido Alberto Casanova, "Rare Earths: Is There Room for a Western Alternative to China?" Itlian Institute for International Political Studies (ISPI), August 6, 2021 (https://www.ispionline.it/en/pubblicazione/rare-earths-there-room-western-alternative-china-31344)

2. Eva Barteková and René Kemp, Critical Raw Material Strategies in Different World Regions, Maastricht Economic and Social Research Institute on Innovation and Technology, UNU-MERIT Working Paper Series, # 2016-005, p. 1

3. Weizhen Tan, "China may align itself with Taliban and try to exploit Afghanistan's rare earth metals, analyst warns," CNBC, August 17, 2021 (https://www.cnbc.com/2021/08/17/taliban-in-afghanistan-china-may-exploit-rare-earth-metals-analyst-says.html).

4. 'critical'이란 공급량이 수요량에 못 따라가거나 공급망에 차질이 생긴다는 의미.

5. Irene Yuan Sun, The Next Factory of the World (Cambridge, USA: Harvard Business Review Press, 2017); The Economist, "The New Scramble for Africa," March 7, 2020.

6. 허재환. 『코로나 19 이후 G2의 운명』 유진투자증권. 2020. 07.01

7. 김연규. "미·중 패권경쟁과 아프리카 신흥 쟁탈전." CSF 전문가 오피니언. 2020년 7월. 대외경제정책연구원.

8. Jake Bright & Aubrey Hruby. The Next Africa: An Emerging Continent Becomes a Global Powerhouse. (London: Thomas Dunne Books, 2015).

9. Magnus Ericsson, Olof Löf, and Anton Löf. "Chinese Control over African and Global Mining—Past, Present and Future." Mineral Economics, 33 (2020), p. 153.

10. Stephen Burgess & Janet Beilstein. "This Means War? China's Scramble for Minerals and Resource Nationalism in Southern Africa," Contemporary Security Policy, Vol. 34 (2013), p. 123.

11. Ibid., p. 124.

12. Ibid.

13. Ibid.

14. H. Paulicka & E. Machacek. "The Global Rare Earth Element Exploration Boom: An Analysis of Resources outside of China and Discussion of Development Perspectives." Resources Policy 52 (2017), pp. 134−153

15. F. Matsumoto, "US and Australia Team up against China's Dominance in Rare Earths." Nikkei Asian Review, July 28, 2019.

16. Adamas Intelligence. Spotlight on Dysprosium: Revving up for Rising Demand. August 2018.

17. S. Kalantzakos, China and the Geopolitics of Rare Earths (London and New York: Oxford University Press), p. 124.

18. 김연규, "미 · 중 디지털 경쟁: 신남방 지역 해저 광케이블 구축 경쟁," CSF 전문가 오피니언, 2020.10.28

19. China Academy of Information and Communications Technology(CAICT). White Paper on China International Optical Cable Interconnection (2018).

20. US Congressional Research Service. China's Mineral Industry and US Access to Strategic and Critical Minerals: Issue for Congress (2015); US Congressional Research Service. Rare Earth Elements in National Defense: Background, Oversight Issues, and Options for Congress (2013); US Congressional Research Service. Rare Earth Elements: The Global Supply Chain (2010).

21. US Geological Survey. Rare Earths Statistics and Information (2020); US Geological Survey. Mineral Commodity Summaries 2020.

22. Magnus Ericsson, Olof Löf, and Anton Löf. "Chinese Control over African and Global Mining−Past, Present and Future." Mineral Economics, 33 (2020), pp. 153 – 181.

23. A. Stutt, "USA Rare Earth's Ambitious Plans for Domestic Supply Chain." Mining.com, May 1, 2020.

24. European Commission, "Critical Raw Materials Resilience: Charting a Path towards greater Security and Sustainability," 3.9.2020, p. 1.

25. Ibid.

—

CHAPTER 05

대한민국
경제안보 생존전략

01
자원 최빈국,
대한민국의 딜레마

글로벌 공급망의 재편

　　　　　　　　미·중 패권경쟁의 패러다임이 군사안보에서 첨단산업과 기술로 바뀌고 있다. 또한 배터리, 전기차, 태양광, 풍력 등 21세기 첨단 산업 분야에서 국가들 간의 경쟁도 치열해지고 있다. 미국과 중국을 비롯한 주요 국가들은 첨단 산업과 기술에서 경쟁우위를 갖지 않으면 세계를 지배할 수 없다는 입장이다. 반도체와 배터리 영역에서는 이미 총성 없는 전쟁이 벌어지고 있다.

　과거 국제 경제 질서를 이끌던 자유무역이 퇴조하고 '경제안보'가 화두로 떠오르고 있다. 이제 경제와 안보를 분리해서 생각할 수 없게 된 것이다. 많은 국가들에서 경제안보는 곧 국가안보라고 간주된다.

경제안보란 자유무역의 기치 아래 민간 기업이 운용했던 경제 영역에 정부와 국가가 적극적으로 개입하는 것을 말한다. 민간기업은 아무래도 비용 효용성과 경제성을 기준으로 삼기 때문에, 글로벌 공급망을 특정 국가에 지나치게 의존할 수 있다. 이것이 국가안보와 산업 경쟁력에 심각한 위협 요인이 된다.

세계 경제는 글로벌 공급망을 통해 사슬의 형태로 긴밀히 연결되어 있다. 과거 40년 동안 글로벌 공급망은 중국을 중심으로 구축되었다. 세계화의 시대라 일컬어지는 1980년대, 기업 경영에도 근본적인 변화가 일어났다. 기업은 핵심 사업에 치중하고 단순 반복 작업은 외주outsourcing를 주는 것이다.

이러한 경향은 범세계적인 것이었는데, 국내에서의 외주가 아니라 부품 생산이나 완제품 제조를 아예 외국에 맡기는 오프쇼어링offshoring도 등장했다. 공급망은 글로벌 차원으로 재편됐으며 효율성과 비용이 그 기준이 됐다. 이 와중에 중국의 존재감이 두드러졌다. 2019년 기준으로 중국 제조업의 부가가치 비중은 세계 시장의 28.7%로 모든 나라를 압도하는 수준이다.

최근 몇 년간 글로벌 공급망의 교란이 심화되고 있는 데는 코로나19 발생, 미·중 패권 경쟁 지속, 탄소중립과 인권 규범 등이 원인으로 작용한다. 게다가 러시아의 우크라이나 침공으로 인해 지정학적 리스크까지 가중되고 있다. 글로벌 공급망은 현재 심각하게 훼손되었다. 팬데믹이 차츰 진정되면서 수요는 폭증하는데, 여기저기 마비된 공급망으로 인해 공급이 따르지 못하고 있다. 외국 생산기지 봉쇄, 노동력 부족에 따른 물류시스템

훼손, 원자재 가격 폭등이 각각 일조했다.

중국의 전력난도 글로벌 공급망 혼란과 인플레이션 압력을 키울 것이라는 우려가 커지고 있다. 전력난의 원인 중 하나는 중국이 '탄소중립' 목표를 추진하는 것이고, 다른 하나는 석탄 수급의 문제다. 2021년 하반기 전력 수요가 폭증하자 수요를 맞추지 못하게 된 것이다. 가뜩이나 원자재 값 상승으로 시달리는 세계 앞에 공급난과 중국발 인플레이션 위기가 닥치고 있다.

중국 내의 공장이 제대로 돌아가지 않고 있다는 증거는 수도 없이 소개되고 있다. 현재 중국 내 31개 직할시·성·자치구 가운데 저장성·장쑤성·광둥성 등 20개 이상 성시가 전력난을 겪고 있다. 특히 중국의 겨울철 난방 시즌을 앞두고 전력난이 심화되는 패턴을 보이고 있다. 중국의 낮은 인건비와 에너지 비용에 의존했던 글로벌 상품 공급망이 구조적 변화를 일으키고 있는 셈이다.

이미 미국 중심의 글로벌 공급망GVC 재편으로 기업들이 생산 기지를 중국 외 지역으로 옮기고 있는 와중에 발생한 전력난은 기업들의 '탈脫중국' 현상을 가속화할 것으로 보인다.

2021년 미국과 유럽은 그동안 세계의 공장 역할을 해 왔던 중국 의존형 글로벌 공급망 구조를 개편하여 반도체와 배터리, 재생에너지 등 핵심 전략산업의 주요 공급망을 국내 분업 체계 중심으로 내재화하는 정책을 추진했다. 세계 지역 간 분업화의 결과 주로 한국, 중국, 일본, 대만 등 동아시아 국가들을 중심으로 구축되었던 반도체와 배터리 산업 공급망과 동아시아 중심의 제조 능력이 큰 변화를 맞이할 것으로 보인다.

조 바이든 미국 대통령은 중국을 노골적으로 견제하며 '글로벌 공급망 재편'의 신호탄을 쏘아 올렸다. 2021년 6월, 미국은 반도체와 배터리 · 의약품 · 희토류 등 4개 품목에 대해 자국 공급망 분석을 담은 보고서를 발표한 바 있다. 보고서에서 바이든 대통령은 전 세계 제조 · 물류의 공급 사슬에서 중국의 힘을 빼고 미국 중심으로 전환하겠다는 의지를 분명히 했다. 미 · 중 의존도가 높아 '샌드위치 신세'인 한국은 또 다시 시험대에 서게 됐다. 2021년 9월 25일, 미국 정부는 '반도체 공급망 안정'을 명분으로 글로벌 반도체 기업에게 45일 이내에 재고와 주문 · 판매 관련 장부를 제출하라고 요구한 바 있다.

바이든 대통령은 2021년 10월 31일 '글로벌 공급망 정상회의'를 개최해 유럽 주요국은 물론, 쿼드Quad · 미국, 일본, 호주, 인도 안보협의체 참여국인 인도 · 일본 · 호주, 그리고 우리나라를 위시한 14개국을 초청했다. 미국은 중국이라는 단일 공급원 의존에서 벗어나 공급망을 다각화해야 한다고 주장했다.

반도체와 배터리를 중심으로 한 미국의 공급망 재편 문제는 우리에게 큰 고민거리이다. 그동안 한국이 수출하는 반도체의 50% 이상은 중국 시장을 대상으로 한 것이었다. 그런데 미국이 자국 내에 반도체와 배터리 생산과 제조시설을 대대적으로 확충하면서, 미국 중심의 글로벌 공급망을 구축하고 있기 때문이다. 우리는 어려운 선택의 기로에 서 있다. 만약 우리가 미국 주도의 공급망에 편입되는 전략으로 선회한다면 중국 시장을 잃을 위험이 크다. 코로나19 장기화로 미국과 중국의 공급망 국수주의가 심화하면서, 우리의 국익을 최대화할 수 있는 글로벌 공급망과 경제안보 전략이 필요한 시점이다.

우리나라는 절대적인 자원(에너지) 빈국이면서 소비 부국이다. 광물 자원의 90%, 에너지의 97% 이상을 해외에서 수입해야 한다. 에너지와 자원의 안정적 가격과 지속적 공급이 우리 경제의 생존과 성장에 필수적이라는 말이다. 에너지와 자원의 공급망 리스크 관리가 경제안보의 핵심 과제일 수밖에 없다.

자원과 원자재가 취약한 우리로서는 미국과의 공급망 협력을 기조로 하되, 중국과도 원만한 관계를 유지해야 하는 어려운 숙제를 떠안았다. 참고로 중국은 전 세계 전기자동차 배터리 핵심 원재료를 장악하고 있으며 리튬, 코발트, 니켈 등 배터리 핵심 원재료 가공 시장의 90%를 차지하고 있다.

격화되는 반도체 전쟁

반도체 칩은 우리 주변의 모든 디지털 기기에 들어가는 핵심 부품이다. 2019년 세계 반도체 무역 규모는 1조 7000억 달러에 달한다. 반도체는 세계 무역에서 원유, 자동차 및 부품, 정제 석유 다음인 4위 규모의 무역 상품이며, 120개국이 넘는 국가들이 생산과 수입에 참여하는 글로벌 상품이다.

반도체의 종류는 전동칫솔용 칩부터 슈퍼컴퓨터 칩에 이르기까지 약 1000개에 달한다. 반도체의 공급에 문제가 생기면 디지털 기기의 생산이 중단된다.

• 자동차업계를 강타한 칩마겟돈

2020년 12월 말 살아나고 있던 자동차 업계에 '칩마겟돈'이라고 불리는 상황이 벌어졌다. 신형 차량에는 보통 100개 이상의 마이크로프로세서가 장착되는데, 때마침 자동차 제조사들이 반도체 수급에 어려움을 겪게 된 것이다. 포드 자동차의 경우, 이미 25억 달러 매출 손실과 110만 대의 생산 차질이 발생했다. 제너럴모터스는 북아메리카의 생산공장 3곳의 운영을 중단하고, 한국에 있는 네 번째 공장의 생산량을 줄이는 계획을 세웠다. 애플은 2021년 2분기에 30억~40억 달러 매출 손실이 우려된다. 세계 최대의 칩 제조사 중 하나인 삼성전자와 최신 스마트폰을 비롯한 소비자 기기에 들어가는 프로세서와 모뎀을 제조하는 퀄컴 등도 일부 칩의 부족 문제를 겪고 있음을 밝힌 바 있다.[1]

2020년 말부터 시작된 반도체 수급 부족의 원인은 복합적이다. 자동차 반도체 부족 문제가 발생한 직접적 이유는 2020년 코로나19 팬데믹의 충격으로 자동차업체들이 수요 감소를 예상했기 때문이다. 봉쇄 조치로 재택근무가 증가하자 컴퓨터를 비롯한 디지털 기기들의 수요가 급증했다. 집에서 시간을 보내기 위해 디지털 기기를 새로 구입하는 사람도 늘었다.

한편 자동차 업계는 팬데믹으로 인한 수요 급감으로 칩 발주량을 줄였고, 반도체 칩 생산업체들은 생산 라인을 교체했다. 그런데 2020년 3분기 차량 판매량이 예상보다 크게 늘면서 여기저기서 문제가 터지기 시작한 것이다.

5G 인프라의 출시도 수요 증가에 일조하고 있다. 화웨이는 미국의 제재를 받기 전 많은 양의 반도체 칩을 확보하기 위해 다량 발주에 나섰다. 반

면 자동차 업계는 상대적으로 마진이 작아 부품들을 미리 확보해두지 않는 편이다.

승용차 한 대에는 약 1000개의 반도체가 들어가는데, 주로 파운드리 방식의 반도체다. 이들은 대만의 TSMCTaiwan Semiconductor Manufacturing Company Limited와 중국의 SMICSemiconductor Manufacturing International Corporation가 제조한다. 중국의 SMIC는 차량용 반도체와 같이 고기술을 요구하지 않는 반도체 위주로 사업을 영위했다. 그런데 트럼프 행정부가 중국의 반도체 기업 SMIC를 제재하면서, 차량용 반도체와 같이 기술 수준은 낮으나 대량생산이 필요한 반도체의 공급이 끊겨버렸다. 다른 반도체 기업들이 그 물량을 수주하느라 자동차 이외 분야 반도체의 공급은 물론이고 대신 수주한 물량마저 부족해지는 연쇄효과가 일어난 것이다.

차량용 반도체 생산 공장은 주로 일본과 유럽에 있고, 그 다음으로는 중국과 동남아에 다수 포진해 있다. 세계적인 공급 병목 문제와 관련해 아세안 5개국의 상황도 예의 주시해야 한다.[2] 인도네시아, 태국, 베트남, 필리핀, 말레이시아의 아세안 5개국이 2015년 이후 중국을 대체하는 생산 기지로 급부상했기 때문이다. 이들 국가의 생산 차질은 공급망 문제를 더욱 악화시킬 수 있다. 우리나라는 아세안 5개국에 대한 중간재 수입 의존도가 일본, 중국에 이어 세 번째로 높은 편이다.

말레이시아와 베트남, 필리핀 등에서 코로나 확진자가 급증하면서 반도체 조립 · 재가공 공장에서 생산 지연이 발생하고, 전 세계 반도체 칩 공급에 병목 현상을 유발하고 있다. 특히 말레이시아에는 주요 기업들의 생산 공장이 다수 위치해 있고, 글로벌 수출 비중도 높다. 동남아발 부품 수

급 차질로 인해 토요타, 혼다 등 일본업체들의 생산 차질이 심각한 수준이다.[3]

많은 전문가들은 2020~2021년 반도체 대란은 미래에 발생할 더 큰 수급 위기의 전조라고 보고 있다. 대만의 TSMC는 세계 최대의 반도체 기업이다. 대만과 한국이 전 세계 프로세서 칩 생산의 83%와 메모리 칩 생산의 70%를 차지한다. 중국은 오래전부터 이런 구도에서 벗어나 '반도체 독립'을 꿈꾸었다. 현재의 반도체 대란은 중국 지도부로 하여금 반도체 독립에 더욱 박차를 가하게 하고 있다. 미국 정부 인사들은 반도체 대란을 국가 비상사태라고 규정한다.

• 중국의 대만 침공 시나리오

영국의 이코노미스트지가 2021년 5월 1일호에서 대만을 '지구상에서 가장 위험한 지역The most dangerous place on Earth'이라 지칭했을 만큼, 대만해협을 둘러싼 미국과 중국 간 군사적 갈등이 높아지고 있다. 2021년 3월, 필립 데이비슨 미군 인도 · 태평양사령관은 의회청문회에서 "6년 이내에 중국이 대만을 침공할 가능성이 높다"라고 증언한 바 있다. 6년 후인 2027년은 중국 인민 해방군 창건 100주년이 되는 해다.[4]

중국의 위협 아래 있는 대만의 지정학적 요인을 고려할 때, 미국에게는 대만에 의존하고 있는 현재의 글로벌 반도체 공급망의 판을 완전히 바꿔야 할 충분한 이유가 있다. 미국이 설계한 반도체 칩의 63%를 대만의 파운드리 기업 TSMC가 생산하는 현재의 구조는 안전하지 않다고 생각하는 것이다. 미국 내 반도체 제조 기반을 확충하고 중국의 반도체 굴기를 최대한 억제하겠다는 것이 미국의 방침이다.

미국의 관점에서 보면, 대만과 한국의 반도체 칩 독점 생산 상황은 중동 국가들 중심의 석유수출국기구OPEC가 석유 생산을 좌지우지하는 것과 비슷하다. 두 나라의 시장 점유율은 갈수록 높아지고 있어 미국의 우려가 커지고 있다. 미국 상원의원 15명은 바이든 대통령에게 서한을 보내 자국 내의 반도체 생산을 지원할 것을 촉구했다.

미국은 혁신경쟁법을 제정해 첨단기술 개발에 총 2500억 달러를 지원할 계획인데, 특히 반도체 분야에 540억 달러가 배정돼 있다. 바이든 정부는 '미국 반도체 산업 지원법'을 통해 2024년까지 반도체 제조 설비 투자비용의 40% 세액공제(2025년 30%, 2026년 20%, 2027년 폐지)를 제공하고, 반도체 생태계 조성과 기술 개발에 총 250억 달러를 지원한다. 미국 정부는 고급 기술 인력 확보를 위해 2029년까지 STEMScience, Technology, Engineering, Mathematics 교육 이니셔티브를 추진하고 이 분야 교육 투자도 50% 확대할 계획이다. STEM 전공자를 2배 늘이는 한편, 외국인 STEM 전공자들이 미국 반도체산업체에 근무할 수 있도록 이민제도를 개혁하는 정책까지 포함하고 있다.

미국의 종합반도체 기업 인텔은 파운드리 사업 재진출을 선언하고, 애리조나주에 2개의 반도체 공장을 건설하겠다고 발표했다. 삼성전자는 2021년 한 해에 3차례나 백악관이 주재하는 반도체 회의에 참석했고, 2021년 11월에는 텍사스주 테일러시에 170억 달러 규모의 제2 반도체 파운드리 공장 건설을 발표했다.[5]

세계 반도체산업은 1970년대 미국에서 시작되었고, 1980년대 생산 중심지가 일본으로 이동했다. 1986년 미국은 일본산 반도체 수입에 100% 관세를 부과함으로써 일본의 반도체산업에 타격을 입혔다. 그 틈을 타 한국과 대만이 미국 시장에 진출할 기회를 얻었다.

1990년대 이후 세계화가 진행됨에 따라 물류 비용이 낮아지고 직접투자를 통해 세계를 상대로 비용 효율성이 높은 공급사슬이 구성되었다. 그 결과, 미국의 반도체 기업들은 지적재산권을 중시하면서 반도체의 최종 생산지는 신경 쓰지 않게 됐다. 세계 반도체 공급사슬은 비교우위에 따라 특정 부분에 집중하는 지역적 특화 분업 체제로 형성되었다. 특히 반도체 제조 공정이 고도화되고, 투자 규모가 방대해질수록 미국 반도체 산업은 설계(팹리스) 중심으로 재편됐다.[6]

D램, 낸드플래시 같은 메모리 반도체는 기억과 저장이라는 목적을 위해 한정적으로 사용된다. 시스템 반도체는 컴퓨터의 중앙처리장치CPU나 스마트폰의 애플리케이션 프로세서AP처럼 데이터 연산과 처리를 수행하는 응용처에 다양하게 사용된다. 명령을 연산 처리하는 CPU · AP 외에도 TCP/IP 프로토콜 칩처럼 통신 신호를 처리하거나, 이미지 센서 같이 주변 데이터를 수집 · 측정하는 데도 두루 쓰인다.

미국 내 파운드리 반도체 3파전

기업명	투자 내역	위치
삼성전자	-오스틴 공장: 누적투자 약 170억 달러(20조 원) -테일러 신규 공장: 170억 달러 투자	텍사스주
TSMC	120억 달러(14.2조 원) 투자, 2024년 완공 목표	애리조나주
인텔	200억 달러(24조 원) 투자	애리조나주

출처: 심재현 · 오문영, "삼성 반도체 수장의 첫 방미…메모리 · 파운드리 챙겼다," 『머니투데이』 2022.02.07

시스템 반도체는 수요자의 요구사항에 따라 기획·설계되기 때문에 '주문 후 생산' 방식을 따르는 것이 일반적이다. 따라서 시스템 반도체 산업은 설계(팹리스, Fabless)와 제조(파운드리, Foundry)가 분리돼 있다.[7]

2021년 전 세계 반도체 매출은 25% 급증하여 5835억 달러에 달했으며 10년 안에 지금보다 2배 늘어난 1조 달러를 돌파할 것으로 예상된다.[8] 세계반도체무역통계기구WSTS가 2021년 8월 16일 발표한 반도체 시장 동향 자료에 따르면, 2021년 시스템 반도체 시장 규모는 약 2986억 달러(약 352.4조 원)로 추산된다. 전체 반도체 시장에서 시스템 반도체의 점유율은 약 54%이다. 2020년 기준 시스템 반도체 시장의 대부분(70%)을 미국 기업이 점유하고 있으며, 유럽과 대만 기업이 뒤를 잇고 있다. 시장조사업체 옴디아OMDIA에 따르면 글로벌 상위 10개 시스템 반도체 기업 중 7개가 미국 회사다.[9]

2021년 2분기 팹리스·파운드리 매출액 상위 10개 기업 (단위: 백만 달러)

순위	팹리스		파운드리	
	기업명	매출액	기업명	매출액
1	퀄컴	6,472	TSMC	13,300
2	엔비디아	5,843	삼성전자	4,334
3	브로드컴	4,954	UMC	1,819
4	미디어텍	4,489	글로벌 파운드리	1,522
5	AMD	3,850	SMIC	1,344
6	노바텍	1,219	화홍반도체	658
7	마벨	995	PSMC	459
8	자일링스	879	VIS	363
9	리얼텍	834	타워세미컨덕터	362
10	시냅틱스	328	DB하이텍	245
총계		29,862		24,407

출처: 테크월드뉴스 (https://www.epnc.co.kr/news/articleView.html?idxno=217514)

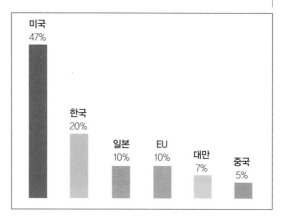

출처: SIA, 2021 Factbook

　매출 규모로 보면 전체 팹리스 시장 매출의 60% 정도를 미국 기업이 차지한다. 유럽 기업으로는 차량용 반도체와 전력 반도체에서 강세를 보이는 NXP반도체(네덜란드), 인피니언(독일), ST마이크로(스위스) 등이 대표적이며, 전체 시스템 반도체 시장의 10% 내외를 점유하고 있다. 2분기 AP 시장 점유율 29%를 기록한 '미디어텍'은 대만 기업이다.

　파운드리 시장은 TSMC를 중심으로 대만이 글로벌 시장 대부분을 점유하고 있다. 상위 10개 파운드리 기업 중 4개 업체가 대만 국적으로, 2021년 2분기 시장 점유율은 총 63.3%에 달한다. 미국은 최대 반도체 회사인 인텔을 비롯해 AMD, 퀄컴, 엔비디아 등 세계 굴지의 반도체 회사들을 거느린 반도체 강국이다. 미국반도체업협회의 분석에 따르면 2020년 기준 전 세계 반도체 매출 비중은 미국(47%), 한국(20%), 일본(10%), EU(10%), 대만(7%), 중국(5%) 순이었다.

그동안의 글로벌 반도체 국제 분업 체제에 의하면, 미국 반도체 기업들은 주로 공장 없이 팹리스라고 불리는 반도체 설계·개발에 치중했고 일본과 네덜란드는 반도체 장비를 제조했으며, 한국과 대만은 파운드리라고 불리는 반도체 제조를 전담하였다. 전 세계 반도체 제조 부문에서 미국이 차지하는 비중은 13%밖에 되지 않는다. 70% 이상을 한국, 중국, 일본, 대만 등 동아시아에서 생산한다. 2019년 기준으로 대만이 20%로 가장 앞서고 다음이 한국 19%, 일본 17%, 중국 16% 순이다.

• 몸집 불리는 중국 반도체 시장

세계반도체통계기구WSTS에 따르면 중국의 반도체 시장 규모는 2010년 570억 달러에서 2020년 1434억 달러로 급성장했다. 특히 2016년 이후 연평균 12%씩 폭발적으로 커지면서 같은 기간 글로벌 반도체 전체의 연평균 성장률 6%를 두 배나 상회하는 모습을 보이기도 했다.

중국은 글로벌 시장에서 가장 큰 비중을 차지하지만 이것이 중국 내 반도체 생산의 큰 증가로 이어지지 않았으며, 부가가치 창출 분야에서도 여전히 낮은 수준이다. 미국과 중국은 각각 세계 소비의 25%, 24%를 차지하는 최대의 반도체 시장이다. 2019년 미국에 기반한 기업은 대형 PC 및 정보통신 인프라(데이터 센터 및 네트워크 장비 포함) 애플리케이션 시장에서 총 45%의 시장 점유율을 차지했고, 스마트폰 및 산업 장비 시장에서 30%의 시장 점유율을 차지했다.

중국은 지난 10년 동안 시장 비중이 약 3배 증가하면서 세계 제2의 시장으로 부상했다. 중국이 반도체 수요의 큰 원천으로 성장한 것은 스마트폰,

PC, 가전제품 분야에서 자국 기업들이 강세를 보였기 때문인 것으로 분석된다. 중국은 세계 주요 제조 중심지로 2019년 기준 전 세계 칩 매출의 약 35%를 차지했다. 그런데 중간 단계를 통해 중국에 들어오는 다량의 칩들은 중국의 최종 소비자가 구매한 제품으로 소비되지 않고, 다른 나라에 수출되는 중국산 기기의 구성품이 되어 해외에 재출하되는 경향이 있다.[10]

중국은 2014년부터 반도체산업 발전 추진 요강을 발표하고 국가 반도체산업 투자펀드를 출범시키며 반도체 산업 육성에 드라이브를 걸었다. 1990년 중국의 반도체 생산량은 전 세계의 1%도 되지 않았으나 지금은 15% 수준으로 이미 미국을 추월했다. 미국의 비중은 1990년 37%에서 현재 12%로 낮아졌다.

중국의 반도체 시장이 이처럼 성장할 수 있었던 것은 중국 정부의 강력한 의지 덕분이다. '중국 제조 2025'는 지난 2015년 중국 정부가 발표한 제조업 고도화 전략인데, 반도체 자급률을 2020년 40%, 2025년 70%로 끌어올린다는 것이 핵심 목표였다.

2020년 미국 트럼프 정부가 중국의 화웨이와 SMIC에 제재를 가하면서 중국 반도체 산업이 전 세계적인 이슈로 등장했다. 트럼프 정부의 화웨이 제재로 매출이 급감한 화웨이 자회사 하이실리콘Hisilicon과 SMIC는 중국 팹리스와 파운드리 산업을 대표하는 기업들이다. 화웨이의 반도체 설계 회사인 하이실리콘은 2020년 세계 5G 시장에서 23%의 점유율을 보였으나, 2021년에는 5% 이하로 급감하였다.

미국 정부는 중국 반도체 기업들이 10나노 이하 미세 공정 기술을 확보하지 못하도록 제재를 가했다. 삼성이나 TSMC는 이미 7나노, 5나노 공정

의 양산 체제에 돌입한 데 반해 중국 파운드리 1위 기업 SMIC는 14나노
공정에 머물러 있다. 14나노에서 7나노로 가는 데는 약 5년이 소요될 것으

주요 국가의 반도체 정책

국가/일시/ 발표기관	정책명	내용
한국 2021.5 산업부	종합 반도체 강국 실현- K-반도체 전략	• 정부는 관련 기업을 위해 세금 감면, 금융, 인프라 확대 등 포괄적인 지원 방안 마련 • 국내 단기 기술 추격 어려운 고품질 기술 해외 기업 유치 확대, 다양한 기능 단일 칩 구현을 위한 차세대 반도체 기술투자 확대, 우수인재 양성 • 반도체 연구 개발 세액 공제율 최대 40~50%, 설비 투자 세액공제 최대 10~20%로 제고
미국 2021.6 국회	2021 미국 혁신과 경쟁 법안	반도체와 반도체 칩 등 핵심 영역에 520억 달러 투자 예정
일본 2021.6 경제산업성	반도체-디지털 산업 전략	• 자국 반도체 산업 사슬에서 첨단 선진형 반도체(Logic 등) 부문이 부족하다는 취약점을 인식하고 일본 주요 산업의 안정적 생산(정보 통신, 신에너지차), 원재료 부품 확보를 위해 일본 국내 생산 기업의 합자공장 설립 장려 • 선진기술의 도입을 통한 스마트화: 세계 반도체산업의 선두주자로서 원재료, 생산설비 기술을 기반으로 관련 기술 향상을 추진하는 것을 일본의 발전 방향으로 수립. 각국과 산업 정책 협력을 강화하고, 특히 미국과의 협력을 바탕으로 대만 및 유럽 등 지역과 협력 발전하고 국제 공동 개발 연구 추진
EU 2021.3 EU집행위원회	2030 디지털나침반: 유럽 디지털 10년의 길	2030년까지 EU의 첨단, 지속가능한 반도체 산업 생산 규모를 최소 전 세계 총 생산액의 20% 비중까지 제고(생산 효율은 현재의 10배 수준으로 제고)
미국 2020.10 국회	미국 반도체칩 법안	일련의 미국 반도체 제조업의 연방 투자를 촉진하는 것을 포함하고 있으며, 이 중 약 100억 달러는 미국 반도체 제조 설비 구매를 장려하는 데 활용됨. 이 법안은 신규 반도체 면허 장비 구매에 대한 세금 공제도 포함
미국 2020.10 SIA, SRC	반도체 10년 계획	반도체 시뮬레이션 하드웨어, 메모리, 컴퓨팅 관련 영역의 연구개발 지원 목적으로 향후 10년간 매년 34억 달러의 연방 투자를 미국 정부에 요청

출처: 각국 정부 발표, KOTRA 상하이 무역관 정리

기업명	사업 부문	매출액	연간 성장률
HiSilicon	반도체 설계 전문	75억 달러	22%
SMC	파운드리	43억 달러	36%
JCET	패키징/테스트	41억 달러	20%
Omnivision	반도체 설계 전문	27억 달러	63%
UNISOC	반도체 설계 전문	23억 달러	1%
ZTE	반도체 설계 전문	16억 달러	118%
TF Micro	패키징/테스트	16억 달러	39%
Nexperia	종합 반도체 회사	15억 달러	1%
Zhixin Micro	반도체 설계 전문	15억 달러	92%
Huada Semi	반도체 설계 전문	15억 달러	23%

출처: 미국 반도체협회(SIA), 2022년 1월 10일

로 예상된다.

　2022년 1월 9일 월스트리트 저널은 '중국 제조 2025'의 반도체 자급률 70% 목표가 실패할 가능성이 크다고 보도했다. 2020년 달성율은 15.9%였다. 이런 추세가 지속된다면 2025년 목표인 70%가 아니라 19.5%에 머물 가능성이 크다는 예측이다.

K-배터리와 전기차

　　　　　　　　탄소중립과 기후변화 시대에는 누가 뭐래도 배터리(2차전지) 산업이 핵심이 될 것이다. 2차전지란 충전과 방전을 반복하며 영구적으로 사용할 수 있는 전지를 말한다. 최근 전기차 시장이 확대되면서 제2의 반도체라 불리는 2차전지 선점 경쟁이 치열하다. 전기차용 배터리 시장 규모는 2020년 304억 달러에서 2030년 3047억 달러로

10년간 10배 성장할 것으로 추산된다. 배터리 시장의 호황은 예상보다 훨씬 빠르게 성장하는 전기차 시장 덕분이다. 2021년 말 기준 연간 전기차 판매 대수는 560만 대로, 2020년의 300만 대, 2019년의 200만 대에서 비약적으로 증가했다.

이런 추세라면 2025년 전 세계 전기차 판매 대수는 1200만 대, 2030년 1억 대를 돌파할 것으로 예상된다. 본격적인 전기차 시대 개막을 앞두고 전세계 배터리 시장의 지형이 바뀌고 있다. 한국, 중국, 일본이 각축전을 벌이던 배터리 전쟁은 바이든 정부와 유럽연합이 배터리 내재화를 선언하며 참전함으로써 새로운 국면에 진입했다.

2차전지는 전기차뿐 아니라 에너지 저장장치ESS, 무선 가전, 로봇, 사물인터넷 등 4차산업의 코드리스 상품을 움직이는 필수품이다. 향후 배터리 산업의 양대 산맥은 전기차 배터리와 ESS라 할 수 있는데 각각 2025년에 1600억 달러, 2026년에 1060억 달러 규모로 성장할 것으로 전망된다.

현재 시장에서 가장 각광받는 2차전지는 리튬이온 배터리LIB이다. 리튬이온이 전해질을 통해 양극에서 음극으로 이동하면 충전되고, 반대의 흐름이면 방전되는 원리로 작동된다. 리튬 이온이 양극재와 음극재 사이를 오가며 발생시킨 전자의 움직임이 전기를 만들어내는 것이다. 리튬 이온의 통로가 되는 것이 전해질이고, 양극재와 음극재가 만나지 않도록 물리적으로 막아주는 것이 분리막이다.

배터리에서 가장 중요한 것은 양극재이다. 양극재가 용량(사용시간과 주행거리)과 평균전압을 결정하고 원가의 40%를 차지하기 때문이다. 일반적으로 양극재는 리튬을 기반으로 니켈, 코발트, 망간, 알루미늄 등을 조합해 제조된다.

한국 기업들이 주로 생산하는 삼원계 배터리는 양극재가 3가지 금속으로 구성된다고 해서 붙여진 이름이다. 전기차에 주로 사용되는 우리 기업들의 주력 제품은 NCM(니켈-코발트-망간) 혹은 NCA(니켈-코발트-알루미늄)이다. NCM은 니켈, 코발트, 망간이 6:2:2로 구성된다. 삼원계 배터리의 가장 큰 불안 요소는 코발트에 있다. 코발트는 비싸고 희소할 뿐 아니라 코발트 생산 국가들은 정치적으로 불안하다. 중국이 장악한 코발트 광산을 통해 채굴된 코발트 원료의 90%가 중국에서 가공된다는 점도 우려를 낳고 있다.

삼원계 배터리의 다른 문제점이라면 불이 잘 난다는 것이다. 안전성 문제를 해결하기 위해 셀을 모듈로 감싼 다음 몇 개의 모듈을 모아서 다시 팩으로 만드는 방법, 즉 이중 포장으로 안정성을 높이고 있다.

• 중국의 셀투팩 기술, 한국의 하이니켈 기술

최근 테슬라가 충격적인 발표를 하였다. 테슬라 전기차에 중국 배터리 업체들의 주력 제품인 LFP(리튬인산철) 배터리를 도입하겠다는 내용이다. 이제까지 LFP는 삼원계 배터리를 100으로 했을 때 70 정도의 성능이라고 알려져 있었다. 인산과 철을 양극재로 사용하기 때문에 저렴하고 안전성이 높은 반면 무겁고 에너지 밀도가 낮다는 것이 단점이었다.

그런데 중국의 배터리 최강 기업 CATLContemporary Amperex Technology Limited이 신기술로 이런 문제를 극복했다. 기존의 셀-모듈-팩 단계에서 모듈을 없애고, 셀로 바로 팩을 만드는 셀투팩Cell to Pack 기술을 적용해 에너지 밀도를 높이는 데 성공한 것이다. 모듈 공간에 셀을 더 넣을 수 있어서 1회 주행거리를 삼원계 수준으로 끌어올린 것이다. 값이 비싼 니켈, 코발트 대신 철Ferro과 인산염Phosphate을 사용해 가격 경쟁력을 담보하고 주행거리 성능까지 얻게 되었다.

또 다른 중국의 배터리 업체 BYD도 셀투팩을 활용해, 1회 충전 605km 주행을 목표로 하는 LFP 배터리를 내놓았다. 그러나 LFP 배터리는 현재 원천 기술 개발 특허를 가지고 있는 미국의 구디노프 교수가 특허 소송을 진행 중이기 때문에 수출은 할 수 없다.

한국과 중국의 배터리 업체들은 배터리 제조에 있어 규모의 경제를 달성하기 위해 치열한 경쟁을 벌이고 있다. LG에너지솔루션과 CATL은 서로 견제하면서 공격적인 생산 능력 증대에 나선 상태이다. 글로벌 배터리 업체들의 성능이 일정 수준에 도달했기 때문에 이제는 본격적인 가격 경쟁을 벌이는 것이다. 각 업체는 생산 능력을 늘려 규모의 경제를 확보함으로써 경쟁사보다 빨리 가격 우위를 점하는 전략을 펼치고 있다.

우리나라 업체들은 하이니켈 배터리로 업그레이드하고 있다. 니켈 함유량을 80~90%까지 늘려 20%가 필요하던 코발트를 5~10%만 넣는 것이다. 기본 삼원계 배터리 조합에서 니켈 함유량을 높인 하이니켈 배터리는 배터리 용량이 커지고 주행거리를 늘릴 수 있으나 니켈 비중이 늘수록 안전성이 떨어져 고도의 기술력이 필요하다.

반도체산업에 있어서 한국, 중국, 일본 3국의 집중도가 높다고 생각하지만, 글로벌 배터리산업은 이러한 집중도가 훨씬 더 높다. 배터리 셀을 만들기 위한 대형 시설인 기가팩토리 숫자만 보더라도 중국이 93개, 미국은

4개에 불과하다. 2021년 한 해 동안 미국은 글로벌 배터리 공급망 재편과 미국 내 배터리 제조 기반 확충을 위한 주목할 만한 정책들을 발표했다. 2030년까지 미국 내에 40여 개의 배터리 공장이 신규 건설될 예정이다. 2025년까지 13개가 우선적으로 건설될 것이다. 13개 시설 가운데 우리나라 배터리 3사가 11개 시설에 참여하고 있어, 2030년까지 미국 신규 배터리 제조 능력의 70%를 우리 기업이 담당할 것으로 예상된다.

앞으로 5년 동안 미국과 중국 간 반도체 배터리 '군비경쟁'의 진검승부가 펼쳐질 것이다. 국가안보 차원에서 우리 반도체산업과 배터리산업의 취약성을 파악하여 향후 5년을 기회로 활용해야 한다.

• 불안한 1위, K배터리

우리나라의 대표적인 배터리 제조회사 LG에너지솔루션 단일 기업의 배터리 수주 잔고가 150조 원일 정도로 어마어마한 부의 창출이 이루어지고 있으며, 향후 폭발적 시장 확대가 기대된다. 지난해 500억 달러를 넘긴 배터리 시장 규모는 2025년 1,600억 달러로 성장해 메모리 반도체 시장(1,490억 달러)을 뛰어넘을 전망이다. 2030년엔 전체 반도체 시장 규모도 추월할 것으로 예상된다.[11]

글로벌 배터리 시장은 한국, 중국, 일본 3개국이 지배하고 있다. 배터리 분야 기술력과 생산 역량에 관한 한 미국과 EU는 한참 뒤쳐져 있다. 2021년 8월 5일 미국 바이든 대통령은 2030년까지 신차 판매의 약 절반을 전기차로 채우겠다는 행정명령을 발표한 바 있다.

이것이 현재 전 세계에서 전개되고 있는 첨단 제조업의 현황이고 국가

간 경쟁 지도라 할 수 있다. 따라서 전 세계 배터리 생산의 90% 이상을 생산하는 한·중·일 간 주도권 다툼은 날이 갈수록 치열해지고 있다.

최근 5년간 배터리 3국의 시장점유율을 글로벌 10대 배터리 제조 기업 출하량 기준으로 살펴보면, 한국이 2016년 9.5%에서 2020년 34.7%를 기록해 1위로 뛰어올랐다. 중국은 2020년 감소세로 돌아섰고, 일본은 2018년 이후 지속적으로 감소했다. 2021년 글로벌 전기차 배터리 시장에서 국내 배터리 3사의 점유율은 30.4%로 전년에 비해 감소했다. LG에너지솔루션은 2020년과 같이 2위 자리를 지켰지만, 점유율은 20.3%로 줄었다.

하지만 내용면에서 보면 중국과 우리나라의 배터리 시장은 큰 차이를 보인다. 국내 전기차 시장은 연간 3만 대 수준인데, 우리의 배터리 공급과 판매는 주로 해외에서 이루어진다. 즉 중국은 자국 시장이 대상인 반면, 우리는 해외 시장을 대상으로 한다는 점이다.[12] 중국 시장을 제외하면, 2021년 현재 한국산 배터리의 세계 시장점유율은 56.5%로 압도적이다.

SNE리서치에 따르면 지난해 중국을 제외한 79개국에 등록된 전기차 배터리 총량은 전년 대비 79% 증가했고, 그중 LG에너지솔루션은 점유율

2021년 누적 글로벌 전기차용 배터리 시장점유율(%)

순위	기업	2020년(중국 시장 포함)	2021년(중국 시장 포함)	2021년(중국 시장 제외)
1위	중국 CATL	24.6	32.6	12.9
2위	한국 LG에너지솔루션	23.4	20.3	36.5
3위	일본 파나소닉	18.4	12.2	24.0
4위	중국 BYD	6.7	8.8	
5위	한국 SK온	5.5	5.6	11.1
6위	한국 삼성SDI	5.8	4.5	8.9

출처: SNE리서치

36.5%로 1위를 차지했다. 점유율 24%의 파나소닉을 따돌린 압도적 1위이다. 3위는 11.1%의 SK온(SK이노베이션의 자회사), 4위는 8.9%의 삼성SDI이다. 이에 따라 국내 3사의 점유율은 56.5%로 상승했다.

하지만 우리나라 배터리 산업이 '불안한 1위'를 지키고 있다는 우려는 상존한다. K-배터리의 치명적 약점은 원자재 공급 불안이다. 배터리 원자재란 리튬, 니켈, 코발트, 흑연 등 금속을 말한다. 우리나라는 이러한 금속들을 전량 해외 수입에 의존하고 있다. 배터리 가격 중에서 주요 원재료 금속 비중은 대략 60%에 달한다.

태양광과 풍력발전

2021년 글로벌 태양광 시장은 전년 대비 20% 이상 증가한 150GW를 넘어설 것으로 예상된다. 중국은 이미 태양광·풍력 등 신재생에너지 초강대국으로 부상했다. 최근 조선일보 보도에 따르면(2021년 7월 8일자), 중국이 세계 태양광 시장의 75%, 풍력발전 시장의 56%를 차지했다고 한다.[13]

2019년 기준으로 중국 태양광 업체들의 태양전지 시장점유율은 78%, 태양광 패널의 점유율은 72%에 이른다. 전 세계 태양광 산업의 4분의 3을 중국이 독점하고 있는 것이다. 중국 대표 기업인 롱지솔라는 2020년 기준 태양전지 소재인 실리콘 웨이퍼의 글로벌 점유율 62%를 차지하고 있다. 이 회사는 2021년 1분기에만 매출 159억 위안(약 2조 8000억 원)을 기록하며 전년 대비 85% 성장했다. 2위인 진코솔라는 생산량의 82%를 북미와 유럽에 수출한다. 글로벌 컨설팅 기업 S&P글로벌은 '중국의 공급망 밖에서 태양광을 확대하는 것은 현재로서는 거의 불가능한 일'이라고 평가했다. 글로벌 태양광 기업 순위 10위 안에 한국의 한화큐셀(6위)과 미국의 퍼스트 솔라(9위)를 제외하곤 모두 중국 기업이다.

태양광 시장뿐 아니라 풍력발전도 더 이상 거스를 수 없는 시대적 흐름이 되었다. 수심이 깊은 바다를 대상으로 하는 부유식 풍력이 급속히 확대되고 있다. 해상 풍력발전 건설 비용의 32%(송전 및 전선)를 차지하는 해저 케이블 수요도 함께 증가할 것이다. 해상풍력 터빈은 해저 케이블을 통해 해상 변전소에 연결되고, 해상 변전소에서 다시 해저 케이블을 통해 육상 변전소로 연결된다. 해상풍력 1GW를 설치하는 데에는 해저 케이블 등 전선 분야에서 3.6억 달러가 소요된다.[14]

풍력도 중국이 최강국이다. 세계풍력에너지협의회GWEC에 따르면 2020년 새로 설치된 풍력 발전 설비의 56%가 중국산이다. 특히 중국의 국영 풍

주요국 태양광 수요 수정 전망치 (단위:GW)

국가	2019년 설치량	2020년(2분기 전망치)	2020년(3분기 전망치)	2020년(4분기 전망치)
중국	33.0	29.0	40.0	40.4
미국	11.0	10.7	13.4	14.2
일본	6.7	7.3	7.3	8.1
인도	11.6	5.7	5.3	4.1
독일	4.0	4.4	4.4	4.7
한국	3.1	3.4	3.4	3.8
호주	3.6	2.2	3.4	3.4
브라질	2.8	1.8	3.1	3.9
네덜란드	2.3	3.7	3.0	3.0
베트남	5.4	2.3	2.8	3.3

출처: 이진오, "코로나19 이겨낸 '태양광'… 2021년 신규 설치 5GW 시대 개막도 예상돼," 『인더스트리뉴스』 2021.01.04

력발전 업체 골드윈드는 풍력발전의 원조인 덴마크 베스타스를 제치고 시장점유율 2위(13.5%)에 올랐다. 조만간 미국 GE(14%)를 넘어 1위에 오를 것이 확실시된다.[15]

미국은 바이든 대통령 집권 이후 태양광 패널과 풍력 발전용 터빈을 각각 5억 개, 6만 개 설치하고 탄소 포집capture 및 저장storage 등 친환경 기술 투자와 친환경 에너지 생산 확대로 2035년까지 미국 전력 분야의 이산화탄소 배출량을 제로로 만들겠다고 선언했다. 최근 설치되고 있는 6MW급을 기준으로 풍력 터빈 6만 개는 360GW에 달하는 어마어마한 양이다. 이렇게 하려면 산술적으로 15년간 매년 24GW의 신규 풍력발전을 설치해야 한다는 계산이 나온다.[16]

미국, 중국, 북유럽이 각축을 벌이는 풍력발전 시장에서 우리나라는 어느 정도 위치에 있을까? 2019년 노르웨이의 해상풍력 기업 에퀴노르Equinor ASA는 울산시와 부유식 해상 풍력발전 단지를 조성하는 업무협약을 체결했다. 에퀴노르는 노르웨이 석유 전문업체인 스타토일Statoil과 화학 회사인 노르스크하이드로Norsk Hydro의 정유·가스 사업 부문이 합병해 설립된 회사다.

에퀴노르는 울산 지역에서 2개의 부유식 해상 풍력 개발사업을 추진하고 있다. 하나는 100% 자체 개발로 진행하는 사업으로 '반딧불 프로젝트'라 불린다. 800MW 규모의 부유식 해상 풍력단지 건설을 목표로 한다. 또 다른 부유식 해상 풍력 개발사업은 동해1 프로젝트다. 석유공사·동서발전과 컨소시엄을 구성해 공동 개발하는 사업으로 200MW 규모다.

우리나라는 2020년 8월 세계 5대 해상 풍력 강국으로 도약하겠다는 '해상풍력 발전방안'을 발표하고, 2030년까지 해상풍력 12GW를 보급하겠다는 목표를 내놨다. 이를 위해 우리 정부는 우선 48조 원을 들여 신안 앞바다에 대규모 해상 풍력발전 단지를 조성하기로 했다. 설비용량은 세계 최대인 8.2GW로, 1GW급 원전 약 8기에 해당한다. 문재인 대통령은 2021년 2월 5일 전남 신안군에서 열린 해상 풍력단지 투자 협약식에서 "우리는 삼면이 바다로 무궁한 잠재력을 가지고 있다. 정부는 2030년까지 5대 해상 풍력 강국으로 도약한다는 목표하에 필요한 지원을 아끼지 않겠다"라고 말한 바 있다.

첨단산업 경쟁은 배터리, 전기차, 태양광, 풍력에 그치지 않고 드론, 3D 프린팅, 인공위성, 통신장비 등 디지털 분야로 무한 확장되고 있다. 이 가운데 중국이 압도적 우위를 보이는 분야가 상업용 드론이다.

농업, 항공촬영, 재해 방지 등의 분야에서 사용되는 드론의 경우 미국 시장의 80%를 중국 제품이 장악하고 있다. 중국의 드론 1위 기업은 프랭크 왕Frank Wang이 설립한 DJI다. 2020년 미국 국방부는 중국산 드론의 미국 시장 장악을 국가안보에 대한 위협으로 간주하고, 공공기관이 중국산 드론을 구입하는 것을 금지하는 법안을 통과시킨 바 있다.

02
원자재 공급 대란,
우리는 어디쯤 있는가?

태생적 공급 위기

앞장들에서 희토류와 희소금속, 그리고 중국을 정점에 둔 글로벌 밸류 체인에 대해 알아보았다. 최종적인 관심과 의문은 하나의 질문으로 귀결된다. '그렇다면 우리는 글로벌 자원 전쟁의 어디쯤에 위치하는가'이다. 지금까지의 모든 논의가 이번 장을 위해 존재했다고 해도 과언이 아니다.

우리는 앞에서 희토류와 희소금속이 어디에 분포되어 있고, 어떤 국가가 생산과 공급을 담당하는지 매우 상세하게 살펴보았다. 17종의 희토류뿐 아니라 갈수록 중요도가 커지는 희소금속, 여기에 공급 우려가 있는 기본금속을 포함해 금속, 광물 자원 전체의 매장 지역과 생산국가를 살펴보면서 깨닫게 되는 사실이 있다.

'대한민국'이란 이름은 방대한 공급망 리스트에 거의 등장하지 않는다. 다시 말해 우리나라는 자원의 공급 위기에 극도로 취약하다. 그렇다면 남는 방법은 자원 부재를 극복할 만큼 매우 치밀한 대비뿐이다. 해외 자원 개발이나 경제 협력 체계, 대체재 개발, 재활용 등이 해당될 것이다. 우리는 과연 자원 전쟁에서 살아남을 수 있을 만큼 준비가 되어 있는지 검토하는 것은 미래의 번영을 위해서 필수적인 일이다.

그렇다면 우리나라에서 희소금속을 어떻게 정의하고 분류하는지부터 살펴보자.

우리나라의 희소금속 정의

우리나라가 본격적으로 희소금속 데이터를 구축한 것은 2011년이다. 한국지질자원연구원KIGAM은 2011년부터 희소금속을 유형별로 정의하고, 범주를 표준화하고, 통계를 구축하는 일을 하고 있다.

한국지질자원연구원은 희소금속의 유형을 크게 두 가지로 나눴다. 즉 원재료와 소재·부품이다. 원재료는 다시 정광, 금속, 합금, 화합물, 스크랩으로 분류된다. 희소금속의 수요는 원재료의 형태일 수도 있고 소재·부품 내에 함유된 형태일 수도 있으니 이런 분류는 바람직하다고 생각한다. 그런데 정작 관세청과 무역협회 등에서 희소금속 품목별 수출입 통계를 작성할 때는 유형별 및 개별 광종의 전체 교역량을 집계하지 않고 있다. 광종별 총체적 수급 구조를 파악하는 데에 한계가 있다는 의미다.

KIGAM은 매년 5~6월 광산물 수급 통계 홈페이지를 통해 이런 내용을 고지하고 있다. 총 37개 희소금속을 광종별(정광, 미가공 금속, 가공 금속, 합금, 화합물, 스크랩, 소재·부품)로 분류하고 교역 구조를 분석한 다음, 이를 원소기호 알파벳순으로 정렬한 「희유금속 원재료 교역분석」 데이터가 그것이다.

여기서 눈에 띄는 용어가 있다. 바로 희유금속이다. 우리나라는 희유금속稀有金屬과 희소금속稀少金屬이란 용어를 혼용하고 있는 실정이다. 미세하게 뉘앙스 차이가 느껴진다. 그깟 용어가 뭐 중요하냐 싶지만, 용어 자체에는 당시의 상황과 가치 판단이 담겨 있으므로 짚고 넘어갈 필요가 있다.

KIGAM에 따르면,[18] 우리나라는 꽤 오래전부터 학술용어로서 '희유금속'을 사용해왔다. 본격적인 용어로 정립된 계기는 1984년 한국동력자원연구소(현 한국지질자원연구원)가 발간한 '희유금속과 첨단기술'이란 자료인데 여기서 '드물다'라는 개념으로 희유금속이란 용어를 사용했다. 그렇다면 같은 한자 문화권에 있는 중국과 일본은 어떤 용어를 사용할까?

중국은 우리나라와 같이 '희유금속'이라 명명하고 있다. 중국 포털사이트 '바이두'의 용어사전에서 'Rare-metal'을 검색하면 '희유금속'으로 표기되어 있다. 반면 일본은 '희소금속'이란 용어를 사용한다. 앞에서 살펴보았듯이 'Rare metal'이라고 해서 절대 부존량이 적은 것이 아닌데도, 희소稀少라는 용어에는 '드물다, 적다'라는 개념이 더해져 오해를 불러일으킬 수 있다는 점에서 '희소'보다는 '희유' 쪽이 적절하다고 생각된다. 그래서 우리나라는 학계뿐만 아니라 정부에서도 'Rare Metal'을 정의하고 분류한 이래로 '희유금속'이란 용어를 사용해 왔다.

전 세계적으로 희유금속의 존재가 각인된 계기는 '워크맨'이다. 1980년대 일본 소니사가 만든 워크맨은 '경박단소' 제품으로 각광받으며 선풍을 일으켰다. 기존의 알니코 자석을 사마륨 자석으로 바꾸면서 소형화, 경량화가 가능해진 것이다. 당시 중화학공업이 주축이던 우리나라도 희소금속을 주목하게 되었다.

동력자원부(현 산업통상자원부)가 앞장서 희토류 16종을 포함한 총 39종을 희유금속으로 지정하고, 앞으로의 수요에 대비하기 위해 1987년도부터 동력자원연구소(현 한국지질자원연구원)를 중심으로 '희유금속 사업단'을 설치해 자원조사와 국내외 수급분석 및 기술개발을 추진했다. 이러한 역사적 배경에서 2001년부터 주기적으로 수립하고 있는 '해외자원개발 기본계획'에도 희유금속이라는 용어를 사용하고 있으며, 관련 지원제도에서도 희유금속이라 명명하고 있다. 철강신문사는 희유금속 시황을 게재하고, 각종 백과사전에도 희유금속이라는 용어가 사용되고 있다.

그런데 일반 대중의 인식은 조금 다르다. 자원 전문가가 아닌 일반인들은 희유금속이 아닌 희소금속이란 용어를 먼저 접했을 가능성이 크다. 2000년대 후반 중국이 수출 규제를 시작하면서부터 언론과 포털사이트, 시사용어사전 등에 '희소금속'이란 용어가 등장했다. 아마도 중국에 희소금속과 희토류를 의존하고 있던 일본 측에서 많은 기사와 자료들이 쏟아졌고, 그것을 그대로 옮겨 썼기 때문일 것이다.

한때 에너지 절약을 의미하는 일본식 용어 '省 에너지'를 우리 식으로 발음해 '성 에너지'라고 공식화했던 적이 있다. 한자 '省'은 돌아본다는 의미로 쓰일 때는 '성'이지만, 생략하고 줄인다는 의미로 사용될 때는 '생'으로 읽는다. 의미를 살핀다면 최소한 '생 에너지'라 해야 되지 않았을까 싶다.

정확한 용어 선택은 해당 자원을 바라보는 첫걸음이다. 올바른 용어를 쓰는 것이 바람직하지만, 희소금속이란 용어가 이미 광범위하게 유통된다는 점에서 독자들의 편의를 위해 이 책에서도 희소금속이라 지칭하고 있다.

앞에서도 밝혔지만 'Rare Metal'에 대한 최초의 정의는 1954년 미국에서 발간된 「Rare Metals Handbook」이다. 이에 따르면 '부존량이 적거나, 생산하는 데 경제성이 없거나, 추출이 어렵거나, 용도가 없거나'의 4가지 조건에 해당하는 금속이다. 그렇다면 우리나라는 어떻게 정의하고 있을까? KIGAM의 희소금속 정의 2가지 역시 크게 다르지 않다. 다만 자원의 편재성과 공급 위험 등을 포함했다는 점에서 최초의 정의에서 발전된 개념이라 볼 수 있다.

- 지각 내에 존재량이 적거나, 또는 지각 내 존재량은 많으나 생산 및 추출이 어려운 금속 자원 중 현재 산업적 수요가 있고 향후 수요 신장이 예상되는 금속 원소
- 극소수의 국가에 매장과 생산이 편재되어 있거나 특정국에서 전량을 수입해 공급에 위험성이 있는 금속 원소

희소금속의 분류는 당연하게도 각 나라의 산업 특성에 따라 상이하다. 미국은 33종, 일본은 31종으로 분류하고 있다. 우리나라는 2021년 8월 5일 산업통상자원부가 희소금속 2.0 발전 대책을 발표하면서 총 35종 56개 (희토류와 백금족 원소들은 각각 1종으로 분류) 원소를 희소금속으로 지정해 관리하고 있다.

구분	원소명
알칼리족(6종)	리튬, 마그네슘, 세슘, 베릴륨, 스트론튬, 바륨
반금속(9종)	게르마늄, 인, 비소, 안티모니, 비스무트, 셀레늄, 텔루륨, 주석, 규소(실리콘)
철족(2종)	코발트, 니켈
보론족(5종)	붕소, 갈륨, 인듐, 탈륨, 카드뮴
고융점 금속(11종)	티타늄, 지르코늄, 하프늄, 바나듐, 니오븀, 탄탈럼, 크롬, 몰리브덴, 텅스텐, 망간, 레늄
백금족(1종)	백금, 루테늄, 오스뮴, 팔라듐, 이리듐, 로듐(총 6개 원소)
희토류(1종)	스칸듐, 이트륨, 란탄, 세륨, 프라세오디뮴, 네오디뮴, 프로메튬, 사마륨, 유로퓸, 가돌리늄, 테르븀, 디스프로슘, 홀뮴, 에르븀, 툴륨, 이테르븀, 루테튬(총 17개 원소)

출처: '희소금속 안심국가' 실현을 위한「희소금속 산업 발전대책 2.0」 수립, 산업통상자원부 보도자료(2021.8.5)

대한민국 희소금속 교역 동향

우리 정부와 민간기업에서 희토류와 희소금속에 대해 본격적인 전략을 마련하기 시작한 것은 2016년경이다.[19] 직전 2년간(2014~2015)은 석유와 천연가스는 물론이고 희소금속과 주요 광물 자원 가격도 하락과 침체기였다. 2016년부터 경기 회복 기대에 따른 투자심리 개선, 신산업 성장에 따른 수요 증가 등으로 가격이 오르기 시작했다. 2017년에는 전기차 배터리의 핵심 소재를 중심으로 수요가 급증했다. 2017년 12월 말을 기준으로 2016년 말과 대비한 가격 상승률은 코발트가 130.8%로 가장 높았고, 그 다음이 바나듐(90.8%), 지르코늄(89.6%), 티타늄(78.7%), 텅스텐(57.9%) 순이었다.[20]

한국무역협회 국제무역연구원(2018)은 2018년 발표한 「첨단산업의 비타민, 희소금속의 교역동향과 시사점」이라는 보고서에서 이렇게 지적했다.

'희소금속의 안정적 확보는 반도체, 디스플레이 등 우리나라 주력산업의 경쟁력을 좌우할 뿐만 아니라 전기자동차, 신재생 에너지 등 빠르게 성장하는 신시장을 선점하기 위해서도 필수적이므로 국가적 차원에서 희소금속의 안정적 확보를 위한 전략적 접근이 필요하다.'

이는 우리나라 최초의 희소금속 전반에 대한 보고서로서 KIGAM이 매년 발표하는 기초통계 자료를 넘어서는 분석을 하고 있다. 본 보고서의 가장 큰 공헌이라면 우리나라 희소금속 수출·수입에서 중국이 차지하는 비중과 중국 의존도를 명확히 드러냈다는 점이다.

당시 우리 정부(한국광물자원공사)는 신산업과 관련성이 높으면서 우선적으로 확보가 요구되는 핵심 광물자원 5종(코발트, 리튬, 텅스텐, 니켈, 망간)의 수급 동향을 분석했다. 조사 기간 중 코발트가 가장 높은 가격 상승률을 보였으며, 향후 늘어나는 수요에 비해 공급 부족 현상이 가장 심각할 것으로 지목되었다. 2016년 10.9만 톤이었던 전 세계 코발트 수요는 2025년 26.4만 톤으로 2.4배 증가할 전망이며, 국내 수요도 2016년 1.6만 톤에서 2025년 4.8만 톤으로 연평균 13.2% 증가할 것으로 예상되었다.[21]

그 다음으로 주목받은 희소금속은 리튬이다. 리튬은 대부분 2가지 화합물의 형태로 수급되는데 바로 수산화리튬과 탄산리튬이다. 이 두 화합물은 리튬 함량이 달라서, 일반적으로 시장에서 수량을 언급할 때는 탄산리튬 기준인 LCELithium Carbonate Equivalent 수치로 환산한다. LCE 기준으로 전 세계 리튬 수요는 2015년 17.7만 톤에서 2025년 32.8만 톤으로 1.9배 증가할 전망이다. 같은 기간 국내 수요는 1.9만 톤에서 5.5만 톤으로 연평균 11.2% 증가할 것이 예상된다. 이렇게 수치만 나열하면 어떤 상황인지 짐작하기가 쉽지 않다.

당시 우리나라는 전 세계 4위의 리튬 수요국이었다. 중국(40%), 유럽(21%), 일본(11%), 한국(11%) 순이다. 그런데 우리나라가 가까운 미래에 리튬 2위 수요국이 될 것이란 예측이 나온 것이다. 리튬은 전 세계 생산의 91.4%를 단 3개국(호주 40.9%, 칠레 34.3%, 아르헨티나 16.3%)이 담당해 생산의 편재성이 매우 높은 자원이다. 공급 위기가 언제든 발생할 수 있다고 판단하고 대비해야 한다.

반도체 금속 배선의 주요 재료인 텅스텐도 핵심 광물로 지목되었다. 텅스텐은 초경합금, 특수강, 절삭공구 분야에서도 꾸준한 수요가 예상된다. 그런데 전 세계 텅스텐 부존량의 60%, 생산량의 82%를 차지한 중국이 지난 1991년부터 텅스텐을 국가 보호 광종으로 지정하고 수출량을 제한하고 있어 공급 부족에 대한 우려가 상존한다.[22]

다른 광물과 비교해 부존 및 생산의 편재성이 높지 않은 니켈도 핵심광물로 올라가 있다. 공급 리스크는 낮은 편이지만, 수요 급증이 예상되기 때문이다. 2차전지의 양극재가 NCM(니켈-코발트-망간)과 NCA(니켈-코발트-알루미늄) 중심으로 대체되면서 향후 니켈 수요를 견인할 것이다. 최근 기술개발을 통해 삼원계 배터리의 양극재에 사용되는 니켈-코발트-망간의 비율이 조정되고 있다(1:1:1→5:3:2→6:2:2→8:1:1). 값비싼 코발트의 비중

2016년 희소금속 원재료 수입 1억 달러 이상 원소의 주요 수입국과 비중(단위: 천 달러, %)

순위	금속명	수입액	1위(비중)	2위(비중)	3위(비중)
1	규소	1,192,403	중국(45)	미국(11)	일본(8)
2	니켈	1,071,895	뉴칼레도니아(22)	일본(15)	인도네시아(13)
3	크롬	644,498	남아공(34)	인도(24)	카자흐스탄(22)
4	몰리브덴	314,213	칠레(43)	멕시코(16)	일본(10)
5	주석	312,495	말레이시아(36)	인도네시아(32)	일본(14)
6	팔라듐	299,528	영국(34)	남아공(23)	일본(15)
7	백금	288,887	독일(40)	중국(11)	영국(10)
8	리튬	253,011	칠레(71)	중국(23)	아르헨티나(5)
9	티타늄	250,253	일본(34)	중국(23)	카자흐스탄(7)
10	텅스텐	225,721	중국(56)	일본(25)	미국(10)
11	망간	210,309	호주(55)	남아공(24)	중국(8)
12	니오븀	181,209	브라질(83)	캐나다(7)	중국(5)
13	마그네슘	168,263	중국(72)	일본(18)	오스트리아(4)
14	코발트	136,306	중국(36)	벨기에(15)	일본(12)

자료: 희유금속 원재료 교역분석 2017(한국지질자원연구원)
출처: 한국무역협회 국제무역연구원, 2018, 「첨단산업의 비타민, 희소금속의 교역동향과 시사점」, p. 17.

을 줄이고 니켈의 비중을 높이는 방향으로 개선되고 있다는 것도 니켈에 주목해야 할 이유 중 하나다.

2016년 우리나라의 희소금속 원재료 교역 규모는 수출 29.7억 달러, 수입 60.9억 달러로 수입이 수출의 2배 이상이다. 원재료 수입액이 1억 달러가 넘는 원소는 총 14개인데, 그중 철강 생산에 다량 사용되는 규소, 니켈, 크롬의 비중이 전체 희소금속 수입액의 절반 가까이(48%)를 차지했다.

전체 35종의 희소금속 중 대對 중국 수입 비중이 1위인 광종은 12개이며, 수입액 1억 달러 이상의 주요 원소 중에는 규소(45%), 텅스텐(56%), 마그네슘(72%), 코발트(36%)의 비율이 높은 것으로 나타났다.

희소금속 소재·부품을 수입하는 국가는 해당 산업의 경쟁력이 높은 일본, 중국, 미국에 집중되는 경향을 보인다. 특히 희토류 소재·부품의 경우 대중국 수입 비중이 98%에 달한다. 리튬(67%), 망간(81%), 크롬(69%), 몰리브덴(88%)의 소재·부품 역시 중국 의존도가 높아 수입선 다변화나 국산 자급도를 높이기 위한 대책이 시급하다.

2016년 희소금속 소재·부품 수입 1억 달러 이상 원소의
주요 수입국과 비중(단위: 천 달러, %)

순위	금속명	수입액	1위(비중)	2위(비중)	3위(비중)
1	규소	1,927,334	일본(31)	중국(29)	싱가포르(10)
2	리튬	541,717	중국(67)	베트남(9)	미국(8)
3	티타늄	499,120	미국(33)	중국(20)	일본(12)
4	백금	219,953	미국(53)	프랑스(14)	일본(11)
5	망간	209,144	중국(81)	싱가포르(10)	독일(4)
6	니켈	159,233	일본(34)	스웨덴(20)	중국(14)
7	희토류	127,225	중국(98)	미국(1)	일본(1)
8	탄탈럼	109,397	일본(35)	필리핀(21)	태국(18)

자료: 희유금속 원재료 교역분석 2017(한국지질자원연구원)

03

2020~2021
패러다임 대전환

코로나 팬데믹 속 다시 뜨거워진 자원 전쟁

코로나 팬데믹이 여전히 세계 경제를 억누르고 있는 가운데, 희소금속 원재료와 소재·부품 확보를 위한 국가 간의 치열한 쟁탈전이 다시 뜨거워지고 있다. 2021년 2월 미국 바이든 대통령은 배터리, 반도체, 희토류, 의약품 4대 업종에 대한 공급망 리스크를 검토하라는 행정명령을 내렸다. 2021년 6월 관계 부처의 4대 산업에 대한 공급망 검토 보고서가 발표된 데서 알 수 있듯이, 배터리 산업은 기후변화에 대응한 리더십 확보, 국가 안보, 일자리 창출에 필수적이다.

각 국가들이 배터리 금속과 희토류 등 공급망 취약성에 대응한 투자 확대 등 즉각적인 조치와 더불어 공정하고 지속가능한 산업 기반 구축, 공급망의 회복력 강화를 위한 장기 전략 등을 마련하고 있는 가운데, 우리나라도 국가 안보 차원에서 배터리 금속과 희토류 공급망 리스크에 대비하는 정책들을 신속히 마련하고 있다.

2016~2017년과 2020~2021년, 우리나라의 배터리 금속과 희토류 원재료 교역과 공급망에 몇 가지 중요한 변화들이 감지된다. 무엇보다 코로나 팬데믹으로 글로벌 밸류체인이 분산됨에 따라 주요국들이 핵심 품목의 중요성을 인식하면서 공급망 재편을 추진하고 있다는 것이다.

미국과 EU가 배터리 공급망 재편 계획을 가동하고 있어, 이러한 변화가 가져올 기회와 도전과제에 우리나라도 적절히 대응해야 하는 상황이 되었다. 최근 우리 정부는 '2030 2차전지 산업 발전 전략'을 발표한 바 있다.

주요국들의 상황을 배터리 산업의 밸류체인 관점에서 살펴보자. 중국은 원자재 채굴 및 가공, 배터리 4대 핵심소재(양극재, 음극재, 전해질, 분리막) 제조, 모듈과 팩 제조에 이르기까지 그야말로 토탈 밸류체인을 갖추고 있다.

미국과 EU는 배터리 밸류체인 중 원자재 가공 및 배터리 소재 제조 기반 부족을 가장 큰 리스크로 평가한다. 그들은 탄력적 공급망 구축을 위해 수요 촉진, 원자재 공급 강화, 소재의 국내 생산, 인력 및 기술 투자에 힘을 쏟고 있다. 한편 일본은 첨단 하이브리드 기술을 보유했으나 이를 고집하다 보니 전기차 시장으로의 전환이 더디게 이루어졌다. 자동차 강국 일본이 뒤처지고 있다는 내부의 위기의식이 확산되면서 최근 일본의 전기차·배터리 산업 발전을 위한 민·관·학 협력이 활발히 진행 중이다.

우리나라 배터리 산업의 특징은 소재·부품 업체가 동반 성장하여, 4대 핵심소재 제조를 비롯해 안정적인 배터리 밸류체인을 국내에 구축했다는 것이다. 특히 배터리 핵심소재에 있어, 압도적 1위를 차지하고 있는 중국에 이어 2위 자리를 놓고 일본과 경합 중이다. 우리나라 배터리 공급망에서 가장 취약한 부분은 원자재 수급이다. 급증하는 배터리 수요로 인한 공급 부족과 가격 변동성 등의 리스크가 상존하고 있기 때문이다.

희토류에 대한 변화도 감지된다. 희토류 수출 제한에 나선 중국이 해외 자원 개발을 통해 빠른 속도로 희토류 수입국으로 전환되고 있다. 중국은 희토류 원재료 채굴, 소재 부품화, 사용 후 재활용까지 완벽한 밸류체인을 구축한 상태다.

미국과 EU의 경우, 희토류 공급망은 배터리 공급망보다 더 취약하다. 미국은 이제 겨우 국내에서 희토류를 채굴할 수 있는 정도이고 EU는 채굴도 힘든 단계다. 중국의 글로벌 희토류 공급망은 생산과 채굴에 있어서는 현재 약 60%로 장악력이 감소했지만, 분리와 가공은 여전히 90% 정도에 이른다. 영구자석 등 소재 · 부품 단계의 시장 장악력도 분리 · 가공 분야와 비슷한 정도다. 일본은 말레이시아, 호주 등지에 희토류 생산과 분리 · 가공 기지를 운영함으로써 미국과 EU보다는 중국 의존도가 낮은 편이다.

우리나라는 일부 지역에서 희토류 매장이 확인되고 있으나 경제성이 없어 희토류 전량을 수입에 의존하고 있다. 과거에는 중국으로부터의 수입 비중이 가장 높았으나, 2020년에는 중국을 제치고 일본이 희토류 수입국 1위로 부상했다. 다만 전기차, 풍력발전 등에 필수적으로 사용되는 네오디뮴 영구자석의 경우 중국으로부터의 수입이 전체 수입액의 88.0%에 달해 중국 의존도가 심각한 것으로 나타났다.

2021년 희소금속 가격 상승

최근 코로나 팬데믹으로 침체되었던 경기가 회복세를 보이고 있다. 2021년 상반기부터 리튬 · 니켈 · 코발트 등 주요 광물 가격이 상향곡선을 그린 데 이어, 철광석과 구리 등 제조업에 필수적인 자원마저 연일 브레이크 없는 가격 상승이 이어지고 있다.[23]

2020년 희소금속 원재료 주요 수입국은 중국, 일본, 미국, 남아프리카공화국, 칠레 등이다. 특히 중국과 일본의 수입 비중이 31%를 차지하고 있다. 주요 수출국은 중국, 일본, 미국, 영국 등이며 중국, 일본으로의 수출 비중이 37%를 차지하고 있다.

2021년 주요 광물 가격 추이

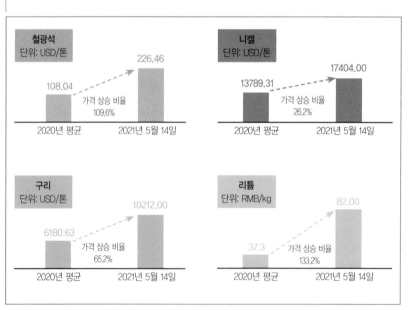

출처: 이한듬 권가림, "날뛰는 광물값에 수요업체 비상… 미나민 원자재 사냥," 『머니투데이』, 2021.05.30, 〈https://moneys. mt.co.kr/news/mwPrint.html?no=2021052815078058850&type=1〉

한국무역협회 국제무역통상연구원이 2021년 6월 발표한 '우리나라와 주요국의 희토류 공급망 현황 및 시사점'에 따르면 2020년 우리나라 희토류 수입액은 7,421만 달러로 수출액(2,421만 달러)의 3.1배에 달했으며, 수입량은 3,215톤으로 수출량(320톤)의 10배를 기록했다.

2020년 희토류의 대일 수입액은 전년 대비 39.5% 증가한 반면, 대중 수입액은 35.2% 감소하면서 일본이 우리나라의 1위 수입 대상국으로 부상했다. 우리나라의 대중국 희토류 수입 비중은 2011년 71.6%를 기록한 이후 점차 감소하는 추세인 반면, 일본의 비중은 꾸준히 증가한 점이 특징이다.

2020년 희토류의 국가별 수입 비중은 일본이 40.2%로 가장 높았고 다음이 중국(35.2%), 대만(9.9%), 미국(1.6%), 러시아(0.7%) 순이었다. 이를 단순 중량 기준으로 보면 중국 58.9%, 프랑스 16.2%, 일본 12.9% 순이었다.[24]

2020년 희토류 금속 및 합금(HS 280530) 수입액은 746만 달러, 화합물(HS

우리나라의 희토류 수입액 및 비중 (단위 : 천 달러, %)

수입국	2019년		2020년	
	금액	비중	금액	비중
일본	21,393	26.7	29,843	40.2
중국	40,343	50.4	26,137	35.2
대만	5,593	7.0	7,360	9.9
미국	2,123	2.7	1,151	1.6
러시아	53	0.1	497	0.7
오스트리아	278	0.3	411	0.6
독일	332	0.4	399	0.5

주: HS 280530과 HS 2846의 합계
자료: 김경훈·박가현 "우리나라와 주요국의 희토류 공급망 현황 및 시사점," 2021.6 한국무역협회 국제무역통상연구원, p. 31.

2846) 수입액은 6,675만 달러로 화합물 형태의 수입이 대부분을 차지했다. 금속 및 합금은 거의 중국(91.8%)으로부터 수입되는 반면, 화합물은 일본 (44.1%) 비중이 가장 높았다.[25]

희토류의 주요 응용분야 중 하나인 네오디뮴 영구자석NdFeB은 전기차 모터, 풍력발전 터빈 등의 핵심 소재로 사용되면서 전 세계적으로 수요가 급증하고 있다. 우리나라의 경우 네오디뮴 영구자석의 대 중국 수입 비중 이 88%에 달해 중국 의존도가 심각한 것으로 나타났다. 2020년 수입 금액 은 1억 8,064만 달러로 수출액(2,094만 달러)의 8.6배에 달했으며, 수입량은 4,317톤으로 수출량(994톤)의 4.3배를 기록했다.[26]

04
한중일
베터리 삼국지

현대기아차와 LG의 만남

2018년 미국의 전기차 판매량은 약 36,1000대로, 전년 대비 81%의 성장률을 보였다. 영국이나 프랑스에 비해 전기차 확산에 '소극적'이라는 평가를 받아 오던 독일도 2018년부터 적극적으로 관련 대책을 내놓기 시작했다. 독일 정부는 총 35억 유로를 투자해 공공 전기차 충전소를 현재 2만 개 수준에서 2022년 5만 개까지 늘린다는 방침도 세웠다. 2020년까지 전기차를 100만 대로 늘리고 2030년까지 700만~1,000만 대의 전기차를 보급한다는 것이 독일 정부의 계획이다.

2020년 세계 전기차는 400만 대를 넘어섰다. 코로나19에도 불구하고 전기차 확산 속도는 최근 더 빨라지고 있다. 내연기관 자동차와 전기차의 판매 가격이 동일해지는 시점을 '프라이스 패리티Price parity'라고 부른다. 토니 세바Tony Seba 스탠포드대학 교수는 배터리 팩 가격이 200달러가 되면 프라이스 패리티가 달성될 것으로 예측했다. 2010년 배터리 팩 가격은 1000달러대에 머물렀으나, 2020년 200달러대로 떨어지고 2025년에는 100달러 이하가 될 것으로 예측했다. 2025년경 전 세계 전기차 대수는 최소 1200만 대가 될 것으로 전망된다.

2021년부터 본격적으로 시작된 500㎞ 이상 가는 3세대 전기차에는 더 많은 리튬과 희소금속들이 사용된다. 현재 리튬이온 배터리를 탑재한 테슬라 전기차의 주행거리는 600km 정도로 알려져 있다. 세계 배터리 시장은 연평균 20~30%씩 성장해 2025년 시장 규모가 1600억 달러(약 182조 원)에 이를 것으로 전망된다. 이는 메모리 반도체 시장(1490억 달러)을 뛰어넘는 수준이다.

이렇게 국내 배터리산업이 크게 성장하고는 있지만, 핵심광물인 리튬은 1차 가공된 리튬 화합물 형태로 전량 수입에 의존하고 있다. 중대형 배터리에 사용되는 수산화리튬의 경우, 2018년 국내 수입액은 전년 대비 72% 증가한 2억 2447만 달러이며, 2019년 1~10월 수입액은 전년 동기 대비 74% 증가한 3억 122만 달러다. 2021년 중국 수입 비중은 71%에 달하며, 수입 증가율도 전년 동기 대비 94%에 달한다.

소형 배터리에 사용되는 탄산리튬의 2018년 수입액은 전년 대비 85% 증가한 4억 5847만 달러이며, 2019년 1~10월 수입액은 전년 대비 8% 증가한 4억 1398만 달러 규모이다. 2019년 탄산리튬 수입 1위 지역은 칠레(비중 75%)이지만 수입 증가율이 전년 동기 대비 5.4%에 그친 반면, 중국(비중 21%) 수입액은 57% 증가해 중국 의존도가 높아지고 있다.

2019년 10월 기준 국내 탄산리튬 수입 가격은 kg당 11.9달러다. 2세대 전기차 기준으로 대당 순수 리튬 비용만 714달러가 소요되고, 3세대 전기차는 800달러 이상이 소요될 것으로 예상된다. 국내 배터리 3사인 LG화학, 삼성SDI, SK이노베이션은 세계 배터리 시장의 약 18%를 점유하고 있으며, 매년 점유율이 크게 높아지고 있다. 3사의 배터리 수주 잔고가 이미 200조 원을 돌파했다.

현대·기아차는 오는 2025년까지 전기차 23종을 출시하고 56만 대를 생산해 전 세계 전기차 시장 3위권에 진입하겠다는 목표를 세우고 있다. 2020년 6월 22일, 정의선 현대차그룹 부회장이 구광모 LG그룹 회장을 만났다. LG화학이 집중 개발하고 있는 '리튬황Li-S 배터리'에 대한 협력 때문이다.

리튬황 배터리는 양극+에 아무것도 없는 리튬이온 배터리와 달리 황S을 양극 재료로 사용한다. 음극-에는 리튬이온 배터리처럼 리튬Li 금속이 들어간다. 리튬황 배터리는 리튬과 황이 만나 황화리튬(리튬폴리설파이드)이 되는 과정에서 발생하는 에너지를 저장하는 장치다. 앞서 테슬라도 리튬인산철 배터리를 개발한 바 있는데, 저렴하지만 부피가 크고 무겁다는 단점을 갖고 있었다.

볼리비아 리튬과 MB의 자원외교

칠레, 아르헨티나, 볼리비아는 리튬 삼각지대로 불리며, 이 지역에 세계 리튬 매장량의 70%가 집중 분포한다. 볼리비아 900만 톤, 칠레 750만 톤, 아르헨티나 80만 톤으로 추정된다. 볼리비아는 세계 최대 리튬 매장 국가이지만 상업적 생산이 어려워 아직 미개발지로 남아 있다.

약 1억~8000만 년 전 안데스산맥이 솟아오르며 딸려 올라온 바닷물이 빙하기를 거쳐 2만 년 전부터 녹아내렸고 빠르게 증발하면서 남미 리튬 삼각지대를 형성했다. 당연히 보통의 바닷물에서도 리튬을 구할 수 있지만, 농도가 고작 0.17ppm에 불과하다. 반면 리튬 삼각지대에 고인 소금물의 리튬 농도는 200~1400ppm이다. 즉 바닷물의 최대 8000배가 농축되어 있는 것이다. 그중 볼리비아 우유니Uyuni 소금호수엔 전 세계 리튬 매장량의 4분의 1인 2100만 톤이 묻혀 있다.[27]

우유니 소금호수의 면적은 12,000㎢로 서울의 약 스무 배에 해당한다. 에보 모랄레스 볼리비아 대통령은 볼리비아를 리튬 강국으로 탈바꿈시키겠다는 야망을 품고 있었다. 그는 볼리비아의 리튬이 토요타 자동차에 사용되는 것을 보고 싶다고 말하기도 했다. 볼리비아 광물 자원의 전면 개발이 볼리비아의 살 길이며, 리튬 개발은 모든 볼리비아 사람들을 위한 프로젝트여야 한다는 점도 강조했다.

하지만 많은 전문가들은 볼리비아 리튬의 경제성에 대해 의문을 제기했다. 과거 볼리비아는 일본, 한국, 프랑스 등과 계약에 합의한 적이 있지만 이러한 합의들이 실제 계약으로 구체화되지는 못했다. 2006년 당선된 모랄레스 대통령은 주요 산업을 모두 국유화했다. 아울러 서방 세계의 리튬 개발 참여를 허용하되 국영 광산기업 코미볼, 국영 리튬기업 YLBYacimientos del Lithio Bolivianos와 합작해야 한다고 규정했다.

그런데 볼리비아 리튬 개발에 한국이 밀접하게 관련되어 있었다는 사실을 모르는 사람들이 많다. 한국광물자원공사KORES와 포스코는 염수를 화학 반응으로 분해해 1개월 안에 리튬을 초고속으로 추출하는 독자 기술을 개발한 바 있다. 한국은 후발주자로 참여했지만 중국, 일본, 캐나다, 브라질, 프랑스 등을 제치고 가장 먼저 볼리비아 정부로부터 사업권을 따냈었다. 과거형으로 쓰는 이유는 일이 어그러졌기 때문이다.

볼리비아 국영 리튬 생산업체인 YLB의 몬테네그로 대표는 2012년 한국과의 계약은 해지되었다고 해명했다. 한국광물자원공사와 맺은 합의서는 배터리 음극재 파일럿 사업과 조사를 위한 것이지 리튬 배터리 생산에 대한 것은 아니었다는 것이다. 한국의 볼리비아 리튬 사업이 무산 위기에 처한 데는 이명박 정부의 무리수를 둔 자원외교와 함께 포스코 경영진의 판단 착오가 복합적으로 얽혀 있다.

이명박 정부는 출범 초기부터 자원외교를 새로운 국정 기조로 삼았으며 그중에서도 볼리비아 리튬 사업에 가장 공을 들였다. 이명박 전 대통령의 친형인 이상득 전 의원이 볼리비아를 수차례 특사로 방문했고, 2009년 볼리비아가 리튬 프로젝트를 가동하면서 볼리비아 측에서 요청한 리튬 추출 기술 개발에 포스코가 나선 것이다. 2010년 8월 모랄레스 대통령은 볼리비아 역사상 처음으로 한국을 방문하기도 했다. 다른 나라와는 맺지 않은 리튬 개발 양해각서를 한국과 체결했고, 기술 개발에 쓰라며 우유니 소금 호수 물을 보내 주기도 했다.

이후 볼리비아와 리튬 산업화 연구개발을 위한 MOU를 수차례 체결하는 등 리튬 확보가 눈앞에 있는 것처럼 보였다. 그러나 좀처럼 성과가 나타나지 않자 이명박 전 대통령은 2010년 모랄레스 볼리비아 대통령과의 정상회담을 통해 2억 5000만 달러(약 2700억 원)에 달하는 차관을 제공하기로 약속했다. 이 약속은 아직도 한국수출입은행을 통해 이행 중이다. 막대한 차관 제공의 명분은 볼리비아 사회간접자본SOC 건설을 지원한다는 것이었지만 실제로는 자원 확보 차원에서였으므로, 막대한 혈세를 쏟아붓고도 헛발질을 한 것에 다름없다.

2015년 모랄레스 대통령은 '한국이 리튬 개발 사업을 중단해 유감이다. 다시 사업을 진행하고 싶다'라는 뜻을 박근혜 대통령에게 전했지만, 박 대통령은 응답하지 않았다.

2018년 12월 볼리비아는 리튬 추출과 배터리 생산을 위해 독일 회사 ACI와 13억 달러의 계약에 합의했다고 발표했다. ACI는 수입의 51%를 볼리비아 몫으로 줄 것이며, 볼리비아에 제조 공장도 건설할 것이라고 밝혔다. 독일 지방의 소규모 업체에 불과한 ACI의 참여는 의외였다. 이 계약을 위해 독일은 2년 동안 정부 차원의 로비를 집중적으로 벌였다. 독일 경제장관 알트마이어Peter Altmaier는 모랄레스 대통령에게 직접 서한을 보내 독일의 리튬 개발이 볼리비아의 환경을 해치지 않도록 하겠다고 다짐하기도 했다.

2019년 2월에는 볼리비아 국영 리튬 기업 YLB가 코이파사, 파스토스 그란데스 소금호수의 리튬을 비롯한 원료의 추출과 산업화를 위해 중국의 변압기 제조업체 TBEA를 전략적 파트너로 선정했다고 밝혔다. YLB와 TBEA는 이를 위해 합작사를 설립하고 각각 51%, 49%씩 지분을 나눠 갖기로 했다. 볼리비아 정부는 이 프로젝트에 약 23억 달러(약 2조 5800억 원)가 투입될 것으로 추산하고 있다. 초기 비용은 TBEA가, 리튬 생산이 본격화된 이후에는 YLB가 나머지를 지불한다는 방침이다. 루이스 알베르토 볼리비아 에너지기술부 차관은 "이번 투자는 1년이 아닌 몇 년에 걸친 긴 과정이 될 것"이라고 했다. 여기에는 YLB와 TBEA가 중국에 리튬이온 배터리 공장을 설립한다는 계획도 포함되어 있었다.

2019년 내내 모랄레스 대통령은 해외업체의 볼리비아 리튬 개발에 반대하는 시위에 시달렸다. 독일과의 70년짜리 계약에는 볼리비아 노동자를 활용한 전기차 공장 건설 등이 포함되어 있었다. 하지만 주민들은 로열티를 3%에서 11%로 올리는 등 광산에 대한 주민들의 통제권을 높일 것을 요구했다. 또한 리튬 추출로 호수 주위의 생태계가 파괴되고 담수 공급이 차단되는 데 불만을 제기하기도 했다. 볼리비아는 1500년대부터 200여 년 동안 스페인의 식민지로서 은광 개발에 따른 수탈의 경험을 가지고 있었기에, 외국인의 자원 투자에 반감이 컸다. 특히 독일이 포토시에 건설할 예정이던 리튬 가공 공장에 대해 반대가 극심했다.

그러던 중 2019년 11월 10일, 모랄레스 대통령이 군부 쿠데타에 의해 물러나는 일이 벌어졌다. 그는 "나의 죄는 내가 원주민이자 좌파이고 반제국주의자라는 것이다"라는 말을 남기고 사임했다. 일부 언론은 쿠데타의 근본 원인이 리튬 개발권이라고 보도했다. 쿠데타 며칠 전인 11월 4일, 모랄레스 대통령은 2018년 12월 독일 기업 ACI와 체결한 리튬 프로젝트를 전격 취소하고 중국에 리튬 개발권을 주었다. 이 일이 서방세계를 자극해 쿠데타를 유발했으며, 모랄레스는 '서방 대 중국' 간에 벌어진 신냉전의 희생물이라는 이야기가 회자되었다. 결국 볼리비아 리튬 게임의 최종 승자는 중국이었다.

문재인 정부하에서 자원외교는 거의 자취를 감추었다. 이명박 정부의 자충수들이 반작용으로 돌아온 것이라 판단된다. 자원개발 사업을 북돋기 위해 민간 기업에 주던 융자도 축소됐다. 해외자원 개발 사업 특별융자 예산은 2007년 4260억 원에서 2020년 369억 원으로 쪼그라들었다.

우리가 움츠리고 있는 동안 일본과 중국은 공격적 투자로 격차를 벌렸다. 일본은 2019년 자원개발에 7조 원 이상을 투입했다. 2019년 중국 국영 석유기업 3곳의 투자액만 80조 원이 넘는다. MB 정부의 해외자원 개발 사업의 실패는 고유가 상황에서도 공격적이고 방만한 투자판을 벌인 것이 가장 큰 원인이었다. 자원 투자의 적기는 세계적 유가 급락기였던 박근혜 정부 시절이었지만, 투자는 거의 이루어지지 않았다.[28]

포스코의 아르헨티나 프로젝트

지질자원연구원의 조사 결과, 우리나라에도 단양, 울진 등에 많은 양은 아니지만 리튬 광물이 매장돼 있는 것으로 나타났다. 업계는 리튬 자원 개발을 통해 일정 부분 자급율을 확보하고, 관련 기술을 습득해 호주 등 세계 리튬 자원 개발 시장으로 나가는 디딤돌로 삼아야 한다고 지적한다.

사실 리튬 사업은 2009년 이래로 포스코의 숙원 사업이다. 2010년 포스코는 세계 최초로 염호(소금호수)에서 리튬을 채취하는 기술을 개발했고, 이어서 칠레와 아르헨티나 염호에서 리튬 시험 생산에 성공했다. 2016년에는 전남 광양제철소에 리튬 생산 공장도 지었다(박상용 2018). 그러나 정작 염호를 확보하지 못했다. 볼리비아 등 남미 국가 두세 곳을 전전했으나 성과가 없었다. 특히 볼리비아의 모랄레스 정부와 우유니 사막 리튬 추출 사업 계약을 체결하려 했으나 협상 지연과 사업 불확실성, 현지 정부의 불합리한 요구에 직면하면서 계약은 실패로 돌아갔다.

포스코는 그룹의 신성장동력 중심축으로 2차전지 사업을 선택하고 대규모 투자를 하는 중이었다. 리튬은 2차전지의 핵심인 양극재의 원료이므로 안정적 사업 확대를 위해서는 리튬 공급처 확보가 필수였다. 볼리비아 사업이 가로막히자 포스코는 칠레와 아르헨티나로 방향을 틀어 투자를 이어갔다. 2013년 1월 칠레 마리쿤가Maricunga 염호, 2014년 1월 아르헨티나 포수엘로스Pozuelos 염호에 시험 공장을 짓고 상업화를 위한 실증 연구를 진행했다.

그러던 중 2018년 8월, 포스코는 아르헨티나 옴브레무에르토Hombre Muerto 염호 북측 17,500헥타르(175㎢)를 호주의 자원개발 기업 갤럭시리소시즈로부터 약 3100억 원에 사들였다. 서울 면적의 3분의 1 크기로 리튬 약 220만 톤이 매장되어 있을 것으로 추정되었다. 그런데 2020년 말 탐사에서 리튬 매장량이 추정치보다 6배가량 많은 1350만 톤에 달할 것으로 확인됐다. 포스코는 옴브레 무에르토 염호의 리튬 추출 사업을 성사시키기 위해 데모 플랜트를 2020년 상반기 준공하고 향후 생산 능력을 연간 25,000톤까지 확대한다는 방침이다.

포스코는 현재 진행 중인 아르헨티나 염호의 정밀 탐사 결과 리튬 매장량과 염수 생산 능력이 인수 계약 당시 산정했던 것보다 훨씬 많은 것으로 확인했다. 당초 연간 2만 5000톤의 수산화리튬을 약 20년간 생산할 것으로 예상했었는데, 이것이 50년 이상으로 늘어난 것이다.

포스코는 2021년 2월 리튬 현물가격(중국 탄산리튬 기준)인 톤당 11,000달러를 기준으로 하고 추출 효율을 약 20%로 가정하면, 누적 매출액이 약 35조 원에 이를 것이라고 발표했다. 3100억 원에 구입한 소금호수가 알고 봤더니 35조 원 가치라는 의미이니, 수익률로 따지면 10000%가 넘는 셈이다.

그런데 놀랍게도 포스코가 대박을 터트리기 전인 2010년 이미 LG상사와 GS에너지가 아르헨티나 옴브레무에르토 염호에 진출했다가 개발 비용 증가로 2016년 철수를 결정했다고 한다. 포스코의 뚝심이 빛을 본 것이다. 포스코는 2018년 호주 필바라미네랄스Pilbara Minerals사로부터 연간 4만 톤의 리튬을 생산할 수 있는 리튬 정광의 장기 구매 계약도 체결해 원료 수급 문제는 어느 정도 해결했다고 볼 수 있다.

배터리 산업의 글로벌 밸류체인은 원재료, 중간 가공(분리 · 정제 및 화학적 가공), 배터리 제작으로 이어진다. 원재료 채굴은 호주와 남미, 중간 가공은 중국, 최종 배터리 제작은 한국, 일본, 중국, 미국 등지에서 이루어진다. 중간 가공 단계인 리튬 추출에는 화학물질이 다량 사용되고 환경 정화 설비도 갖춰야 하므로 주로 중국에서 이루어진다.

중간 가공 단계를 거친 리튬은 탄산리튬Li₂CO₃ 약 50%, 수산화리튬LiOH 약 16%, 스포듀민 정광산화리튬, Li₂O 약 14%, 염화리튬 및 부틸리튬 14% 등으로 만들어진다(한국광물자원공사 2018, 8). 우리나라는 대부분 중국에서 중간 가공된 리튬 화합물의 형태로 수입하고 있다.

우리나라 소형 배터리에 사용되는 탄산리튬의 2018년 수입액은 전년 대비 85% 증가한 4억 5847만 달러이다. 2020년 1~10월 탄산리튬 수입액은 전년 대비 8% 증가한 4억 1398만 달러 규모다. 2020년 탄산리튬 수입 지역 1위는 칠레(비중 75%)이지만 수입 증가율이 전년 동기 대비 5.4%에 그친 반면, 중국(비중 21%) 수입액은 57% 증가해 중국 의존도가 높아지고 있는 실정이다. 또한 중대형 배터리에 사용되는 수산화리튬의 2018년 국내 수입액도 전년 대비 72% 증가한 2억 2447만 달러였으며, 중국 수입 비중은 71%에 달했다.

리튬 전량을 특정 국가의 수입에 의존하고 있는 실정이어서, 공급 위기 시 리스크가 큰 상황이다. 국내 기관 및 기업이 세계 경암형 리튬 개발 시장을 선도할 수 있도록 정부와 정치권의 지원이 필요하다.

배터리 금속과 슈퍼 사이클

최근 자원 가격 상승이 심상치 않다고 보는 전문가들이 많다. 일부는 원자재 슈퍼 사이클이 다시 도래하는 징조라고도 한다. 슈퍼 사이클이란 경제학자 니콜라이 콘드라티예프Nikolai Kondratiev와 조지프 슘페터Joseph Schumpeter가 제시한 '원자재 슈퍼 사이클 이론'에서 나온 말이다. 원자재 가격이 수십 년에 걸쳐 일종의 패턴에 따라 오르고 내리는 주기를 반복한다는 가설이다.

장기간 경제의 변화가 어떤 주기에 의해 움직인다는 가설을 믿기는 어렵지만, 최근 원자재 가격 상승이 이 이론과 맞아떨어진다고 보는 사람들도 있다. 자원 가격 상승은 국내 제조업체들에 원가 상승 압력으로 작용하므로 달갑지 않은 소식이다. 그중에서도 가장 민감하게 받아들이는 업종은 배터리일 것이다. 우리나라가 경쟁국들을 따돌리기 위해서는 반드시 충분한 원재료를 안정적으로 확보해야만 한다.

2000~2011년 중국발 글로벌 원자재 붐은 1960~1970년대 일본발 원자재 붐에 이은 20세기 최대 원자재 공급 위기였다. 2011~2018년 기간 동안 주요 원자재 시장(자원, 에너지, 식량 포함)은 공급 과잉과 가격 하락을 겪었다. 2015년 미국의 달러 강세로 원자재 구매자의 구매력이 떨어지고 원자재에 비해 주식이나 채권 투자 매력도가 더 높아진 것도 원자재 가격을 끌어내린 요소였다.

광물자원 시장은 2011년부터 공급 과잉이 시작된 반면, 국제 유가와 천연가스 가격은 2014년 여름부터 하락이 시작되었다. 2017년 들어 시장 분위기가 확연하게 달라지며 자원과 에너지 가격이 회복되는 와중에 코로나 팬데믹을 맞게 되었다. 리튬·니켈·코발트 가격은 전년 대비 29~193% 폭등했다. 이들은 리튬이온 배터리에서 양극재를 구성하는 원자재로서, 배터리 가격의 3분의 1을 차지한다.

수산화리튬은 2021년 톤당 16만 1500위안(약 2만 4970달러/2990만 원)으로 2020년 평균값에 비해 193%가 올랐다. 니켈은 톤당 1만 7800달러(약 2100만 원)로 2020년 대비 29% 상승했고 등락을 거듭하고 있어 언제 다시 가격이 뛸지 모르는 상태다.[30]

코발트는 2020년에 비해 2021년 69% 올랐다. 테슬라의 일론 머스크 최고경영자도 최근 자신의 트위터에 전기차의 리튬이온 배터리를 만드는 데 가장 큰 걸림돌은 원재료 확보라고 말했다. 전기차 시대가 예상보다 빨리 다가오면서 배터리 수요가 폭증하는 데 반해, 배터리에 필요한 금속 채굴량이 턱없이 부족하기 때문이다.

전기차의 리튬이온 배터리 생산 비용의 약 80%는 리튬, 니켈, 코발트 등 희소금속이 차지한다. 또한 전기차 가격에서 40% 이상이 배터리 가격이다. 코발트는 전 세계 생산량의 4분의 1이 스마트폰 제작에 쓰였다. 하지만 대형 자동차 기업들이 전기차 개발에 뛰어들면서 전기차용 배터리 수요는 급증 일로에 있다. 전기차 한 대에는 스마트폰 한 대에 쓰이는 코발트의 1000배 이상이 사용된다.

국제 코발트 시세는 지난 2015년 톤당 3만 달러에서 2021년 8만 달러 이상으로 3배 가량 폭등했다. 스마트폰용 배터리에 이어 전기차용 배터리

4차례의 원자재 슈퍼사이클

	1899~1932	1933~1961	1962~1995	1996~현재
고점	1904년	1947년	1978년	2011년
장기 추세에서 슈퍼 사이클 고점(%)	10.2	14.1	19.5	33.5
장기 추세에서 슈퍼 사이클 저점(%)	−12.9	−10.0	−38.1	23.7
저점에서 저점까지 기간(연도)	33	29	34	20
상향 기간(연도)	5	15	17	16
하향 기간(연도)	28	14	17	진행 중

자료: BCPI(Bank of Canada commodity price index)
출처: Büyükşahin (2016), p. 37에서 재인용.

가격 오른 배터리 주요 원자재

원자재	톤당 가격(2021년 10월 5일, 리튬은 10월 1일 기준)	가격 변화	2020년 평균 가격 대비 상승률
니켈	1만 7800달러	4011달러	29%
코발트	5만 2960달러	2만 1540달러	69%
리튬 (수산화)	16만 1500위안	10만 6390위안	193%

자료: 한국광해광업공단
출처: 문병주, "배터리, 또 다른 전쟁, 광물을 확보하라," 『중앙일보』 2021.10.07.

수요가 급증한 데다 콩고 정부의 세금 인상이 가세했기 때문이다. 현재 콩고의 코발트 생산에 아동 노동력을 이용하고 있어 인권 문제가 제기되고 있다. 많은 전문가들은 지난 세기의 석유처럼 배터리가 이번 세기를 장악하게 될 것으로 전망한다.[31]

코발트 수급 불안으로 세계 배터리 시장을 선도하는 국내 기업들에게도 비상이 걸렸다. SK이노베이션은 헝가리 공장에서 제조하는 전기차 배터리에 충당하기 위해, 호주 광산업체인 오스트레일리언 마인즈와 7년간 코발트, 니켈 공급 계약을 맺었다. LG화학도 기업간 협업이나 조인트벤처 같은 장기 대책으로 원재료 수급에 나섰고, 삼성SDI도 칠레에서 리튬을 확보하는 데 성공했다.

최근 전기차 배터리 제조 강국인 한국, 중국, 일본은 핵심 소재인 니켈 확보를 위해 총력전을 펴고 있다. 국가별 니켈 생산량은 인도네시아가 80만 톤으로 가장 많고, 필리핀(42만 톤), 러시아(27만 톤), 뉴칼레도니아(22만 톤), 호주(18만 톤)가 그 뒤를 잇는다.[32]

그런데 2019년 10월, 니켈 최대 생산국인 인도네시아가 나쁜 소식을 전해왔다. 2022년에 니켈 원광 수출 금지 조치를 하기로 했는데 이를 2020년 1월로 앞당겨 시행하겠다는 내용이다. 자국의 제련소 경쟁력을 키우고 고부가가치 상품을 생산하기 위해서라고 한다. 이 소식이 발표되자마자 니켈 가격이 급등했다.

글로벌 광업 전문매체 마이닝닷컴 등에 따르면 중국 기업들이 인도네시아 니켈 광산에 투자하고 있으며, 인도네시아가 수출 금지 결정을 내리기 직전에 조코 위도도(조코위) 인도네시아 대통령이 중국 기업가들을 만났다고 한다. 게다가 중국 기업들이 미리 재고를 확보한 정황이 드러났다며 중국 기업들의 개입 의혹을 제기했다.[33]

중국은 주요 니켈 생산국으로 꼽히는 인도네시아와 뉴칼레도니아에서 활발한 활동을 펼치고 있다. 2018년 중국의 배터리업체 GEM은 중국 철강 생산업체인 칭산그룹 등과 함께 인도네시아 술라웨시섬의 모로왈리에 니켈 공장을 짓겠다는 계획을 발표했다. 참고로 칭산그룹은 니켈선철NPI과 스테인리스 철강 생산에 투입되는 클래스2 니켈을 전기차 배터리에 들어가는 클래스1 니켈로 변환시킬 수 있다고 주장하고 있다. 그 말이 사실이라면 획기적 전환점이 될 것이다.

니켈이 나오는 광석은 크게 황화 광석과 라테라이트 광석으로 나뉜다. 이 중 황화 광석은 순도 높은 클래스1 니켈로 만들어져 전기차 배터리의 원자재가 되고, 라테라이트 광석에서 추출된 순도 낮은 클래스2 니켈은 NPI와 스테인리스 철강 생산에 투입된다.[34]

중국 GEM은 2021년 9월 초 중국의 광산업체 닝보 리전드와 인도네시아의 복합기업 하리타 그룹이 공동 참여한 인도네시아 오비섬의 니켈 공장에서 2022년부터 8년간 7만 4400톤~17만 8560톤의 니켈을 공급받기로 합의했다.

한국과 일본은 아프리카 마다가스카르의 암바토비 광산에 지분을 투자하며 니켈 확보에 나서고 있다. 한국광물자원공사는 지난 2006년 사업에 참여해 지분 약 33%를 보유하고 있었으나, 2020년 10월 암바토비 니켈·코발트 생산사업에 대한 매각작업에 들어가면서 이 광산 운영 회사인 일본 스미토모가 꽃놀이패를 쥘 것으로 전망된다.

암바토비 니켈 · 코발트 생산사업은 2020년 말 기준으로 2조 1945억 원을 투입한 광물자원공사 최대의 해외자원 개발 사업으로, 2014년부터 연간 최대 4만 7000톤에 달하는 니켈과 3000톤에 달하는 코발트가 생산되고 있다.

광물자원공사(지분 33%) · 포스코인터내셔널(5.87%) · STX(1.46%) 등으로 구성된 한국컨소시엄은 이 사업 지분 40.33%를 보유하고 있다. 광물자원공사는 광물자원 가격 하락과 그에 따른 광산 가치 하락, 분할 출자에 따른 금융 비용 증가 등으로 2016년부터 자본 잠식에 빠졌다.[35]

일본의 스미토모상사와 캐나다의 셰릿도 각각 지분 47.67%, 12%를 보유하고 있다. 사실상 광물공사와 스미토모상사가 지분 약 80%를 보유하고 있었던 것이다. 암바토비 광산은 '세계 3대 니켈 광산'으로 주목받았다. 니켈 매장량은 약 1억 9000만 톤에 달해 향후 23년간 채광이 가능한 것으로 평가된다.

05
희소금속
안심 국가를 향해

국내 매장량 점검

국내 희토류 매장량은 약 2,597만 톤(품위 2.1%)으로 파악된다. 강원, 충남, 울산 등 일부 지역에 희토류가 매장되어 있는 것은 맞지만, 품위가 낮고 경제성이 없어 현재는 전량을 수입에 의존하고 있다. 매장된 희토류의 환산가치는 8억 원 정도로 추정되며, 충남에서 희토류 원석이 일부 채굴된다고 보고되고 있으나 효용 가치는 거의 없는 것으로 판단된다.

한국 지질자원연구원은 2010년 6월부터 국내 11개 지역을 대상으로 희소금속 매장량을 조사해왔다. 그 결과 홍천과 충주에서 대규모 희토류 광맥이 발견됐지만, 충북 단양군과 전북 무주군은 일찌감치 경제성이 없는 것으로 판명돼 조사가 중단되기도 했다.[36] 당시의 조사 결과에 대해 동아

사이언스는 다음과 같이 보도했다.

　'홍천군 두촌면 일대의 희토류 광맥은 평균 23m 폭으로 남북에 걸쳐 1.2km 길이로 발달되어 있다. 1264만 톤 규모로 품위는 0.1~4.7%이며 평균 0.6%다. 규모와 품위로 미뤄 희토류는 7만 6000톤 정도 있을 것으로 추정된다. 이곳의 희토류 광맥에도 유용한 자원이 포함돼 있다. 철광석과 더불어 열에 강한 합금을 만들 때 사용되는 희유금속인 니오븀Nb과 탄탈 럼Ta이 섞여 있다.'[37]

　2009년 한국 광물학회지에 실린 '국내 희토류 자원의 수급, 부존 현황 및 자원 잠재성'이라는 논문에서 고상모는 좀 더 구체적으로 우리나라의 희토류 부존량과 특징에 대해 분석했다.

　'홍천 광화대는 국내 유일의 카보나타이트형 희토류 광상으로 알려져 있 다(박중권, 2001). 중국 바이윈 어보 광상(광화 시기 1,280Ma)과 미국 마운틴 패스 광상(광화 시기: 1,400Ma)이 대표적 카보나타이트형 희토류 광상이다. (중략) 어래산 희토류 광화대 면적은 약 20㎢로서 다소 넓게 분포한다. 어 래산 광화대 지역 외 소위 계명산층으로 알려진 변성 화산암층 내에 더 많 은 자원이 부존되었을 가능성이 있어 신규 광체 확보 가능성이 크다. 그러 나 어래산 광화대는 주 희토류 광물이 갈렴석allanite으로 선광 및 침출 비 용이 많이 들며 갈렴석으로부터 희토류를 추출하는 사례가 없는 것이 단 점이다.'[38]

북한 희토류에 대한 기대

희토류의 중국 장악과 공급 위기가 부각되면서 북한의 희토류에 관심을 갖는 사람들이 많다. 북한의 희토류 매장량은 글로벌 공식 집계에 잡히지 않는다. 우라늄과 마찬가지로, 북한 정부가 매장량을 국제사회에 제대로 발표한 적이 없기 때문이다. 전문가들의 추정치는 큰 편차를 두고 엇갈린다. 한국광물자원공사는 2000만~4800만 톤가량이 북한에 매장되어 있다고 추정했다. 최대치에 근접한다면, 북한은 중국을 제치고 세계 1위의 희토류 보유국이다. 최소치 역시 세계 4위로 적지 않은 규모다.[39]

일각에서는 북한의 희토류 매장량이 현재의 글로벌 수준을 10배 이상 뛰어넘는다는 주장도 한다. 실제로 2016년 6월 한반도 광물자원개발DMR 융합연구단은 함경남도, 평안북도, 황해도 일대에 희토류가 20억 톤가량 매장되어 있다고 발표했다. 미국지질조사국이 발표한 글로벌 매장량 총합(1억 2000만)의 16배가 넘는 양이다.

2014년에는 영국계 사모펀드(SRE미네랄스)가 북한 조선천연자원무역회사와 평안북도 정주 지역 희토류 개발 협약을 체결했다면서 파악된 매장량만 2억 1600만 톤이라고 주장했다. 이러한 희토류 매장량 논란은 북한만의 일이 아니다. 앞서 중국희토류협회는 중국 내 미확인 희토류가 1억 톤이라고 추정했다.

2021년 9월 8일 한국지질자원연구원 DMR 융합연구단(한반도 광물자원 개발 융합연구단)은 '포스트 코로나 시대 남북 자원협력 활로 모색'을 주제로 '2021 남북 자원협력 심포지엄'을 개최했다. 광물 · 석탄 활용, 기술 및 민

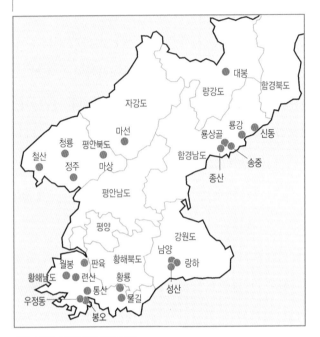

자료: 한반도 광물자원개발 융합연구단
출처: 심새롬, "中 무역전쟁 신무기 '희토류'… 매장량은 북한이 세계 1위?," 「중앙일보」 2019.05.23.

간기업, 당국 간 협력 등 분야별 협력 추진 방향을 논의하고 흑연, 마그네슘, 철강 동향과 남북 협력방안에 대한 의견을 나누었다.

고상모 DMR 융합연구단장은 "북한 광물자원은 미지의 보고이기에 많은 관심을 가지고 분석을 통한 준비가 필요하다. 이번 심포지엄이 북한 광물자원에 대한 새로운 접근 방법과 남북 광물자원 협력 추진을 위한 다양한 전략과 지혜를 나누는 자리가 되길 바란다"라고 밝혔다.

2021년 10월 15일, 국회 산업통상자원 중소벤처기업위원회 소속 김성환 더불어민주당 의원은 국정감사에서 "그린산업 핵심광물의 해외 의존도가 지나치게 높아 리스크에 취약하다"라며 공급망 대체 방안으로 북한과의 광물협력 추진을 주문했다. 김 의원의 주장에 따르면 북한은 흑연(10위)을 비롯해 마그네사이트(1위), 희토류(2위), 아연(4위), 중석(5위) 등 세계 10위권에 드는 광물이 다수이며 잠재가치가 약 3,795조 원에 달한다고 한다.

김 의원은 "우리는 기존에 남북 공동으로 광물자원 개발을 추진한 경험이 있다"라며 "대표적으로 2003년 국내 산업원료 광물 확보와 남북 자원협력 교두보 마련 등을 목적으로 추진한 정촌 흑연광산 시범사업이 있다"라고 강조했다. 당시 광물자원공사와 북한의 삼천리총회사가 주체로 참여했으며 2007년부터 2009년까지 인상 흑연 3,154톤을 생산하는 성과도 도출했다고 한다. 김 의원은 이어서 "2010년 5.24 유엔 안보리 대북 제재 조치로 협력사업이 중단된 것은 아쉬운 지점이지만, 사업 중단 이후 광물자원공사(2021년 9월 광물자원공사와 광해관리공단이 광해광업공단으로 통합)가 대북 제재를 이유로 손을 놓고 있던 점은 업무 방기"라고 질타했다.[40]

희소금속 산업 발전대책 2.0

2021년 8월 5일, 정부는 제42차 비상경제 중앙대책본부 회의를 통해 관계부처 합동으로 '희소금속 산업 발전대책 2.0'을 발표했다. 핵심은 '확보-비축-순환'의 3중 안전망 강화다. 희소금속 원료·소재의 수급 불안을 최소화할 수 있도록 확보, 비축, 순환의 3단계에 걸쳐 수급 안전망을 강화한다는 것이다. 희소금속 확보를 위해 에너지·자원협력위원회 등 양자 채널을 통해 주요 희소금속 보유국과 다각적인 협력 방안을 강구해 공급망 협력을 강화하고 민간 해외자원개발 지원

프로그램을 확충해 기업의 자원 탐사, 광권 확보 등 희소금속의 안정적 수급을 돕기로 했다.

또한 희소금속의 확보일수를 현행 30~100일에서 다른 나라와 유사한 수준인 60~180일로 확대 조정해서, 평균 비축물량을 현행 56.8일분에서 100일분까지 확대하는 방안을 적극 검토키로 했다. 이와 함께 비축 자산별 시장 상황에 따른 대응 매뉴얼을 고도화해 비상시에 대비한 민관 합동의 유기적 대응 시스템을 구축한다는 방침이다.

광물공사는 수입 의존도가 높고 첨단산업의 원료 광물인 주요 희소금속을 적정량 확보해 국가 위기 시에 대응력을 높이고, 공급 중단 등 수급 위기 시 국내 시장을 안정적으로 지원하기 위해 비축사업을 운영 중이다.

- **광물공사**: 크롬, 몰리브덴 등 희소금속 10광종 전략 비축
- **조달청**: 희소금속 11광종(실리콘, 코발트, 망간 등)과 비철금속 4광종(알루미늄, 구리, 아연)을 경제 비축해 상시 방출

광물자원공사는 지난 2004년부터 평상시에는 10가지 금속 광물을 창고에 보관하고 있다가, 비상시에만 방출하는 전략비축 방식으로 운영해 왔다. 2017년부터는 비축 광산물 대여제도를 도입해 민간이 요청하면 비축물량의 50% 이내에서 대여할 수 있도록 했다. 대여 대상은 비축 광산물을 사용해 제품을 생산·가공하는 업체나 유통업체이며, 대여 기간은 기본 90일이지만 추가로 1년까지 연장할 수 있다. 대여 수수료는 적정 원가와 적정 투자 보수를 합산해 연간 3.7% 수준이며 현물로 상환하는 방식이다.

2018년 3개 업체에 티타늄, 크롬, 몰리브덴 3개 광종을 대여했으며, 2021년 현재 2개 업체와 대여 계약과 관련해 협의 중이다. 광물공사는 희소금속의 시장정보 공유와 금속 자원 비축 제도 개선점을 도출하기 위해 민관 협의체도 운영한다. 민관 협의체에는 포스코대우와 코오롱글로벌 등 50개 업체가 회원으로 활동하고 있으며, 이들 업체에 월 1회 희소금속 시장동향 분석 자료를 제공하고 있다.

비축 기지는 전북 군산에 있다. 1만 5300평의 면적에 크롬, 몰리브덴, 니오븀 등을 보관하는 일반 창고와 희토류, 텅스텐 등을 제습 보관하는 특수 창고로 이루어져 있다. 기지는 광물자원공사와 조달청이 각각 운영하고 있으며 최대 적재 용량은 8만 800톤이다.

또한 희소금속이 포함된 폐자원의 재활용을 확대해 희소금속 자급률을 높일 수 있도록 재활용기업 인센티브를 확충하고 재활용 기반 시스템을 체계화하기로 했다. 희소금속을 회수할 수 있는 유용 폐자원에 대한 수입자 부담 완화, R&D 및 온실가스 감축 방법론 개발 지원 등을 적극 검토하고 태양광 패널, 2차전지 등 신산업 폐기물을 체계적으로 수거할 수 있는 시스템(거점 수거센터)과 재활용 클러스터를 구축해 나갈 계획도 가지고 있다.

우리 정부는 희토류, 반도체, 배터리 등 핵심 품목에 대해 공급망 리스크를 종합적으로 관리하기 위해 국가 차원에서 원료 광물과 소재·부품, 최종 생산물 단계에 이르기까지 공급망 각 부분의 리스크를 체계적으로 점검하고, 장기 구매계약 지원 및 공급처 다변화를 위한 국제 협력을 주도하는 컨트롤타워 구축을 제시하였다. 장기적으로는 정부와 공기업, 민간이 협력하여 위축된 해외자원 개발을 핵심 광종 위주로 다시 활성화하는 방안을 강구해야 할 것이다.

이제까지 우리나라는 거의 대부분의 영구자석을 중국에서 완제품 형태로 수입해 왔다. 일부 후처리 공정(표면 처리, 절단 등)만 국내에서 진행한 실정이다. 그런데 최근 반가운 소식이 들렸다. 호주 기업이 희토류를 채굴해 산화물 형태로 공급하고, 이를 국내에서 환원, 합금으로 생산한 후 자석으로 가공하는 공급망 구축이 추진된다는 것이다.

호주 광산 개발회사인 ASM사는 2019년 6월 충남대학교 스타트업인 ㈜지론텍에 120만 달러를 투자해 파일럿 플랜트 구축을 위한 합작사를 설립했다. 지론텍은 독성 가스를 사용하지 않고 금속 산화물로부터 직접 고순도 금속으로 환원시키는 친환경 기술을 보유하고 있다.

ASM사의 한국 자회사인 KSMT(연구개발 담당)는 영구자석의 원료인 NdFeB 합금을 시험 생산하는 데 성공했고, 2020년 11월 한국희토금속산업기술센터(KIRAM)의 인증을 획득했다. 2021년 3월에는 ASM과 충청북도, 청주시 간 MOU가 체결되었고, 충북 오창에 생산 공장을 건설하여 2022년 중반까지 연간 5,200톤, 2024년까지 16,000톤 규모로 생산을 확대할 계획이다.

희토류의 채굴, 정제 및 산화물 공급은 ASM이 담당하고, KSM은 네오디뮴 금속 및 합금 제조, 성림첨단산업은 소결 및 자석 완제품 생산에 참여한다. 성림첨단산업은 국내 유일의 전기차 구동 모터용 영구자석 생산업체다. 지금까지 중국 현지 공장에서 생산해 들여오던 자석을 국내에서 생산하게 된 것이다. 이렇게 생산된 영구자석은 현대모비스 등 전기차 업체와 전자제품 생산 기업에 납품할 예정이다.

이번 사례는 원재료의 수요와 공급 기업 간의 협력을 통해 영구자석의 원료 공급부터 최종 양산 및 납품에 이르기까지, 중국에 의존하지 않는 자립적인 공급망을 국내에 구축한 첫 번째 시도로서 큰 의미를 가진다.

희소금속 안심 국가

중국의 희토류와 희소금속 수출 규제가 촉발한 글로벌 자원 쟁탈전은 총성 없는 전쟁이다. 특히 초강대국인 미국과 중국의 갈등 양상으로 인해 '자원이 곧 안보'라는 인식이 팽배해지고 있다. 미국의 '4대 핵심품목 공급망 검토 행정명령', EU의 '핵심원자재 수급 안정화 계획', 일본의 '신 국제 자원 전략' 등 각국의 산업 전략에서도 희소금속은 매우 중요하게 다뤄지고 있다. 특히 일본은 2021년 6월 희소금속의 중국 의존도 탈피를 위해 지정학적 리스크가 높은 광종과 품목의 목표 비축일수를 기존 60일에서 최장 180일까지 연장했다.

우리나라에도 '자원안보'란 개념이 등장했다. 2021년 10월 5일 국회 산업통상자원 중소벤처기업위원회 소속 황운하 의원은 국회 국정감사에서 "자원안보기본법 제정과 한국형 자원안보 공급망 진단 체계 구축이 시급하다"라고 강조했다.

황운하 의원은 우리나라가 GDP 세계 10위, 수출 세계 7위의 경제 규모를 자랑하지만, 에너지 수입 의존도는 약 93~94%에 달하고, 광물의 약 95%를 해외 수입에 의존하는 절대적인 자원 빈곤 국가라고 지적했다.

그는 "미국 · 중국 간 에너지 패권을 둘러싼 갈등과 중국의 희토류 수출 규제 등 자원의 무기화 사례에서 보듯이 자원은 국가 안보에 매우 밀접한 사안이기 때문에 기존 자원 개발 중심 정책에서 자원안보 중심의 정책이 필요하다"라고 강조했다. 또한 미국, 영국, 일본, 호주 등 주요 국가들이 에너지 자원 안보 진단 체계를 구축해 자원 확보 전략과 정책을 체계적으로 수립 중인 것과 같이, 우리나라도 자원안보 지표를 개발해 상황을 항시 진단하고 대응 체계를 구축함으로써 정부의 자원안보 위기 대응 역량 제고가 필요하다고 말했다.

자원안보기본법(안) 주요 내용

- 자원안보위원회 설치
- 자원안보기본계획 수립
- 석유, 핵심광물 등 중요자원 지정
- 자원안보 위기시 긴급대응방안 마련

(자료: 황운하 더불어민주당 의원실)

문승욱 산업부 장관은 보도자료를 통해 "희토류를 비롯한 희소금속은 소량만으로도 소재의 품질 특성을 크게 좌우하고, 첨단 신에너지 산업에 꼭 필요하다는 점에서 '산업의 비타민'과 같은 존재"라고 설명하면서, 인체의 건강을 위해 비타민의 꾸준한 공급이 필요하듯이, 강건한 산업 생태계를 위해 안정적 희소금속 공급망을 구축하여 '희소금속 안심 국가'를 실현해 나가겠다고 밝힌 바 있다.[41]

미주

1. 김동원, "글로벌 반도체 패권경쟁의 겉과 속," 『월간중앙』 2021.05.17

2. 전슬기, "공급망 차질 중국만 문제 아냐… 아세안 5개국 상황도 예의주시해야," 『한겨레』 2021.11.07

3. 심재훈, "델타 변이가 동남아 공장 덮쳤다… 반도체 부족사태 악화," 『연합뉴스』 2021.09.24

4. 김동원, "글로벌 반도체 패권경쟁의 겉과 속."

5. 김영우, 『반도체 투자전쟁』 서울: 페이지2북스, 2021.

6. 김동원, "글로벌 반도체 패권경쟁의 겉과 속."

7. 서유덕, "미래 좌우하는 시스템 반도체에 기업도 정부도 올인," 테크월드, 2021.12.06

8. 송경재, "전 세계 반도체 매출, 2030년 1조 달러 전망," 『파이낸셜뉴스』 2022.1.31

9. 서유덕, "미래 좌우하는 시스템 반도체에 기업도 정부도 올인."

10. 김다인, "중국 반도체 시장 동향: 자국 공급망 강화 추세," Kotra 해외시장뉴스, 2022.02.09

11. 박일근, "배터리 시장, 반도체보다 커진다," 『한국일보』 2021.03.01.

12. 조성대 박가현, 『배터리글로벌 공급망 변화에 따른 기회와 도전 과제』 한국무역협회 국제무역통상연구원, 2021.09, p. 10.

13. 박건형 오로라, "中, 세계 태양광시장 75% 풍력 56% 차지… 원전도 13기 건설중," 『조선일보』 2021.07.08

14. Ibid., p. 2.

15. 박건형 오로라, "中, 세계 태양광시장 75% 풍력 56% 차지… 원전도 13기 건설중."

16. 이종형 김지산,『풍력발전: 전기는 바람을 타고』2020.09.4. 키움증권 리서치 센터, p. 7.

17. 한국지질자원연구원,『희유금속 원재료 교역분석 2021』, p. 2.

18. Ibid., p. 13.

19. 한국 무역협회 국제무역연구원,『첨단산업의 비타민, 희소금속의 교역동향과 시사점』, 2018, p. 9.

20. Ibid.

21. Ibid., p. 11.

22. Ibid.

23. 이한듬 권가림, "날뛰는 광물값에 수요업체 비상… 머나먼 원자재 자립,"『머니투데이』, 2021.05.30. (https://moneys.mt.co.kr/news/mwPrint.html?no=2021052815078058850&type=1)

24. 김경훈 박가현 "우리나라와 주요국의 희토류 공급망 현황 및 시사점," 2021.6 한국무역협회 국제무역통상연구원, p. 31.

25. Ibid.

26. Ibid.

27. Ibid.

28. Ibid.

29. Ibid.

30. 문병주, "배터리, 또 다른 전쟁, 광물을 확보하라,"『중앙일보』2021.10.07. (https://www.joongang.co.kr/article/print/25012917)

31. 박세윤, "세계는 지금 코발트 전쟁,"『블록체인 AI 뉴스』2018.8.28. (http://blockchainai.kr/client/news/newsView.asp?nIdx=33170)

32. 김태훈, "[세계는 지금 니켈 전쟁 중–①] 가진 자들의 속내… 더 적게, 더 비싸게"『아시아타임즈』, 2020.9.30. (https://www.asiatime.co.kr/article/20200928415390)

33. 김태훈, "[세계는 지금 니켈 전쟁 중–③] 한중일의 니켈 삼국지"『아시아타임즈』, 2020.10.2. (https://www.asiatime.co.kr/article/20200929415588?1=1)

34. Ibid.

35. 김진철, "韓 암바토비 매각 강행…日 스미토모 꽃놀이패 쥐나?,"『에너지타임즈』2020.10.12. (https://www.energytimes.kr/news/articleView.html?idxno=57690)

36. 전동혁, "30년 사용 가능한 희토류 광맥… 충북 충주–강원 홍천에서 발

견."『동아사이언스』 2011.06.29. (https://www.dongascience.com/news.php?idx=-5319088)

37. Ibid.

38. 고상모, "국내희토류 자원의 수급, 부존현황 및 자원잠재성,"『한국광물학회지』제22권 제4호 (2009년 12월), pp. 417-422.

39. 심새롬, "中 무역전쟁 신무기 '희토류'…매장량은 북한이 세계 1위?,"『중앙일보』 2019.05.23. (https://www.joongang.co.kr/article/23476628#home)

40. 조대인, "남북 광물협력 통해 핵심광물 공급망 대체지 삼아야,"『투데이에너지』 2021.10.15. (http://www.todayenergy.kr/news/articleView.html?idxno=241139)

41. "희소금속 안심국가 실현을 위한「희소금속 산업 발전대책 2.0」수립" 산업통상자원부 보도자료, 2021.08.05

이미지 저작권

황산 테르븀 ⓒwikimedia BY Hi−Res Images of Chemical Elements

디스프로슘 ⓒwikimedia BY Materialscientist

홀뮴 ⓒwikimedia public domain

휴대형 x선 장치 ⓒwikimedia public domain

인의 동소체 ⓒwikipedia BY Materialscientist

탄탈럼 커패시터 ⓒde.wikipedia BY Elcap

니오븀−가스관 ⓒwikimedia BY Pavel Kazachkov

니오븀−MRI 스캐너 ⓒwikipedia BY Tomáš Vendiš

3장 ————————————————————————————————

내몽골 바오터우시 ⓒwikimedia BY Nickm57

내몽골 자치구와 바오터우시 지도 ⓒwikimedia public domain

중국제 전기차 ⓒwikimedia BY Jengtingchen

에임즈연구소 ⓒwikimedia public domain

GM EV1 ⓒwikimedia BY RightBrainPhotography(Rick Rowen)

해상풍력단지 ⓒwikimedia BY Ben Paulos

미국 국방비축센터 ⓒwikimedia BY Tkeator

C17 전략수송기 ⓒwikimedia public domain

4장 ————————————————————————————————

아디스 아바바−지부티 철도 ⓒwikimedia BY Skilla1st

잠비아 은창가 구리 광산 ⓒwikimedia BY BlueSalo

중국 BMW 생산시설 ⓒwikimedia BY Tangray−nick